Virginia Binder · Arnold Binder · Bernard Rimland

Psycho-Fahrplan

Virginia Binder · Arnold Binder
Bernard Rimland

Psycho-Fahrplan

Ein praktischer Führer durch 12 verschiedene Therapieformen zur Überwindung psychologischer Probleme

mvg

Titel der Originalausgabe: Modern Therapies
Aus dem Amerikanischen übersetzt von Hans-Henning Werner, mit freundlicher Genehmigung des Rowohlt-Taschenbuch Verlages, Hamburg, wurde Kapitel II, 3. »Die Transaktions-Analyse« auszugsweise aus dem Buch *Ich bin o.k. – Du bist o.k.* von Thomas A. Harris,

Umschlagentwurf: Christel Aumann, München
Satz: moderne industrie publikationsgesellschaft, München
Druck: grafik + druck, München
Bindearbeiten: Oldenbourg, München
Printed in Germany · 040950/977404
ISBN 3-478-04950-4

Inhaltsverzeichnis

Vorwort

Vor einigen Jahren wurde an der University of California, Irvine, folgendes Seminar angeboten: Überblick über die Neuen Therapieformen. Jede Woche sollte ein Therapeut, der eine bestimmte Richtung vertrat, sein eigenes System beschreiben und demonstrieren. Die an dem Seminar teilnehmenden Studenten (es waren 380) waren hellbegeistert. Das schien ein Beweis zu sein für das Interesse vieler Laien an der therapeutischen Bewegung. Bei der Auswahl eines Textes wurde deutlich, daß die meisten »readers« auf diesem Gebiet entweder überholt waren oder von einem einzigen Autor stammten, der den Stil und die philosophischen Idiosynkrasien nicht vermitteln konnte. Da wir den Studenten nicht für jede Richtung ein Buch empfehlen konnten, befanden wir uns in einem Dilemma. Obwohl inzwischen einige »readers« von verschiedenen Therapeuten veröffentlicht worden sind, gab es noch nichts Entsprechendes für den Studenten der Anfangssemester oder für den interessierten Laien. Dieses Buch soll den Leser mit den zwölf Hauptrichtungen der Psychotherapie vertraut machen, die jeweils aus der Perspektive ihres Gründers oder einer ihrer Hauptvertreter dargestellt werden. Dabei blieb es jedem Autor überlassen, sein System so zu erklären, wie er es für geeignet hielt. Das Buch dient demnach als ausgezeichnete Einführung in die verschiedenen modernen Therapieformen, wobei es dem Leser freisteht, sich ganz nach eigenem Interesse in ein System weiter zu vertiefen.

Der Leser mag sich fragen, welche Kriterien bei der Auswahl dieser zwölf Therapeuten entscheidend gewesen waren, da es sich doch um ein so großes Gebiet handelt. Den Ausschlag gaben die Empfehlungen der Fakultät, der Studenten und der Therapeuten in dem Bezirk.

Jede Therapieform scheint eine Gefolgschaft unter den praktizierenden und noch in der Ausbildung befindlichen Therapeuten sowie unter den Klienten zu haben. Die Buchhandlungen in dem Bezirk deuten ebenfalls auf die Popularität der ausgewählten Therapieformen hin.

Der Leser wird sich vielleicht Gedanken machen, was an diesen Therapieformen modern ist. In den 60er und 70er Jahren haben sich auf dem Gebiet der psychischen Gesundheit beträchtliche Veränderungen abgezeichnet. Darunter befinden sich folgende:

Psychologen und Psychiater messen der Diagnose nicht mehr so viel Bedeutung bei.
Kurztherapien ersetzen die Langzeittherapien.
Familien- und Gruppentherapie lösen häufiger die Individualtherapie ab.
Therapien, die das Ziel haben, Verhaltensänderungen zu bewirken, werden jetzt für akzeptabel gehalten. (Beseitigung von Symptomen)
Was einst für zu mystisch gehalten wurde, wie zum Beispiel Meditation oder psychedelische Erfahrungen, wird jetzt mehr respektiert, was bereits ersichtlich ist aus der Forschung über die Transzendentale Meditation und über die LSD Therapie.
Forschungsvorhaben sollen verschiedene Therapieformen beurteilen und die vorherrschenden bestimmen. Beachtenswert erscheint dafür die jüngste intensive Forschung auf dem Gebiet der Reizüberflutungstherapie (Implosive Therapy).
Die Therapie findet jetzt nicht mehr so ausschließlich in der Praxis des Therapeuten statt, sondern verlagert sich mehr auf die Bezirkszentren.
Theorien, die die Funktionsstörungen des einzelnen erklären sollten, werden jetzt auf soziale Desorganisation angewandt. Glasser hat z.B. seine Konzeption der Realitätstherapie auf das Schulwesen übertragen.
Fachleute auf dem Gebiet der Parapsychologie werden als Berater akzeptiert, und eine Richtung wie die Verhaltensmodifikation (behavior modification) setzt sich dafür ein, daß Eltern und Lehrer als Therapeuten arbeiten können.
Im allgemeinen wird den Fachleuten auf diesem Gebiet immer mehr bewußt, daß eine Vielzahl von Faktoren (soziale, biologische und durch die Umwelt bedingte, sowie innerdynamische) das menschliche Verhalten beeinflussen.

Die unterschiedlichen Therapieformen, die in diesem Buch vorgestellt werden, reflektieren den sich abzeichnenden Bedeutungswandel. Obwohl sich die Anfänge der Gestalttherapie und der rational-emotionalen Therapie (rational-emotive therapy) bis in die 40er und 50er Jahre zurückverfolgen lassen, ist die Art und Weise, wie sie heute praktiziert werden, durchaus aktuell. Beide Therapieformen messen der Diagnose weniger Bedeutung bei; sie sind kurz und bedienen sich ganzer Gruppen. In ähnlicher Weise kann jedes therapeutische System, das wir in diesem Buch anbieten, als ein Höhepunkt der modernen Trends angesehen werden.

Abschließend sollten wir etwas über den Aufbau des Buches sagen. Wie wir bereits angedeutet haben, wurden die Therapien ausgewählt, die von allgemeinem Interesse waren. Fachliche Kriterien oder logische Verknüpfungen spielten bei der Auswahl eine untergeordnete Rolle. Das Ergebnis war eine Vielzahl von Therapien, was für die Herausgeber, von der organisatorischen Perspektive her gesehen, eine echte Herausforderung war. Gebräuchliche Dichotomien wie Einsicht kontra Handeln, verbal kontra behavioral, intellektuell kontra emotional sowie frühere kontra moderne Orientierung erwiesen sich als inadequat. Das Verfahren des Versuchs und Irrtums, das Modifikation und Expansion dieser Dichotomien zur Folge hatte, ließ uns zur folgenden Einteilung kommen:

Therapien, die kognitive und emotionale Prozesse betonen
Therapien, die die Aktivität und die Verhaltensprozesse betonen
Therapien, die biologische Prozesse betonen.

Es versteht sich von selbst, daß diese von uns gewählte formale Einteilung nicht als ideal verstanden werden soll. Beinahe alle Therapien, die kognitive und emotionale Prozesse betonen, messen dem tatsächlichen Verhalten wenigstens eine gewisse Bedeutung bei. Auch für die Sextherapie sind kognitive und emotionale Veränderungen von entscheidender Wichtigkeit, obwohl diese Richtung offensichtlich im Prinzip mehr behavioristisch orientiert ist. Und schließlich werden Therapien, die die biologischen Prozesse betonen, auch oft im Zusammenhang mit den Methoden benutzt, die wir den beiden anderen Kategorien zugeordnet haben.

Die Kategorien und ihre jeweilige Zuordnung reflektieren also eher unsere gemeinsamen Vorurteile. Wir können nur so argumentieren, daß sie vernünftig sind, nicht aber daß sie absoluten Anspruch auf Richtigkeit erheben.

Virginia Binder
Arnold Binder
Bernard Rimland

I

Einleitung

Das Wort »Therapien«, wie es im Titel dieses Buches verwendet wird, bezieht sich auf Verfahren, die anscheinend wirksam sind, um psychologische oder physische Beschwerden der Patienten zu beseitigen. Eine Erklärung der Prinzipien und der Wirkungsweise jeder dieser Therapieformen bilden die zentralen zwölf Kapitel dieses Buches.

Die folgende Einleitung jedoch bringt die Erklärungen in einen philosophischen Zusammenhang, indem sie die verschiedenen Charakteristiken diskutiert, die sie mit anderen begrifflichen Bezugsrahmen gemein haben. Es wird offensichtlich, daß die modernen Therapieformen sowohl religiösen Systemen als auch wissenschaftlichen Theorien verpflichtet sind. Man stellt fest, daß die Psychotherapie und die biochemische Therapie, wie sie in der westlichen Welt praktiziert wird, sich nicht so sehr von den Praktiken der sogenannten „primitiven" Völker unterscheiden, wie viele annehmen.

1

Kulturelle und wissenschaftliche Perspektiven über die Therapie

Arnold Binder[1]

Ein Säugling ist noch nicht lange auf dieser Welt, bevor seine Eltern damit anfangen, Symbole zu benutzen, um zu versuchen, sein Verhalten zu beeinflussen. Die frühen Symbole können eine Art Babysprache sein, um ihn zum Lächeln zu ermutigen oder plötzliche Schreie, um gefährliche Bewegungen zu verhindern; und bei diesem gegenseitigen Austausch kommt früh das unvermeidliche »Nein!«

Wenn das Leben voranschreitet, ersetzen immer mehr symbolische Entsprechungen die direkte Manipulation des Kindes – das Kind baden, seine Windeln wechseln, das Kind zu Bett zu bringen, wird zu einem: »Es ist an der Zeit, dich zu baden«, »geh' ins Badezimmer«, und »es ist jetzt Zeit für dich, ins Bett zu gehen«. Und im Laufe der Jahre erweitert sich der inhaltliche Gebrauch der Symbole, *hauptsächlich in Form von Sprache und Gestik,* um das Verhalten zu beeinflussen; er wird gegenseitig, soweit die motorischen Fähigkeiten es zulassen und erlangt schließlich in allen Beziehungen eine überragende Bedeutung. Lange bevor das Erwachsenenalter erreicht wird, kann der junge Mensch streng genommen als ein Produkt der symbolischen Interaktion zwischen sich selbst und seiner sozialen Umwelt betrachtet werden. Im traditionellen Sinne wird der Erfolg eines Kindes an dem Grad seiner sprachlichen Geschicklichkeit gemessen, das er oder sie entwickelt hat.

Es ist deshalb natürlich, daß der überwiegende Modus bei der Behandlung von Menschen, die an Problemen litten, in unserer Kultur die verbale Kommunikation war. Die moderne Ära beginnt mit der Methode der freien Assoziation, die von Freud eingeführt wurde. Die Verbindung zwischen Kommunikation und der Erleichterung von persönlichem Elend ist uns jedoch seit viel längerer Zeit bekannt; zum Beispiel war die Methode der Beichte (Sakrament der Buße) in der katholischen Kirche seit dem dritten Jahrhundert weit verbreitet. Die Beichte als eine Art von Katharsis hat sich wirksam erwiesen in der Reduktion von Schuld und ihr verwandten Spannungen.

Während die verbale Kommunikation einen Teil des Behandlungspakets in den nicht-westlichen Kulturen bildet – bemerkenswert vor allem in den nicht-westlichen Entsprechungen für unsere Prozesse der diagnostischen Evaluation, Suggestion und Katharsis (oder Beichte) – ist der hauptsächliche Interventionsmodus die Handlung, einschließlich dem Gebrauch nicht-verbaler Symbole. Zusätzlich zum Gespräch, das mit der Bewertung und Konfession verknüpft ist, schließen viele nicht-westliche Behandlungsmethoden eine indirekte verbale Kommunikation zwischen Patient und Heilenden ein, wenn zum Beispiel der Heilende mit den übernatürlichen Mächten spricht und von ihnen Botschaften erhält oder wenn der Heilende die gängigen Implikationen der kulturellen Mythen interpretiert. Aber die nicht-westliche Behandlungszeremonie besteht wahrscheinlich mehr aus Handlungen, wie zum Beispiel extasische Tänze, das Schlagen einer Trommel, »fremde Gegenstände« aus dem Körper des Patienten heraussaugen, schmerzvolle Reize, wie heiße Eisen und Messer mit dem Körper in Berührung bringen, den Patienten mit Sinnesreizen zu bombardieren und in einen tranceartigen Zustand eintreten zu lassen. Ein anderes häufig verwendetes Charakteristikum nicht-westlicher Behandlungspraktiken ist der Gebrauch von Drogen. Diese reichen von psychedelischen Drogen wie Peyote und Psilocybin bis zu milden Heilkräutern. Seguin (1970) berichtete, daß von den einheimischen Heilenden von Peru allein mehr als vierzig verschiedene Pflanzen (worunter sich mehrere mit psychedelischen Eigenschaften befinden) benutzt werden.

Eine interessante Entwicklung in mehreren erst seit kurzer Zeit entstandenen westlichen Therapien besteht in einer Abnahme des Gebrauchs der verbalen Kommunikation und einer Zunahme der aktiveren Techniken der nicht-westlichen Kulturen. Da gibt es zum Beispiel die ergänzenden Aufgaben und Spiele in der Gestalt-Therapie (Kapitel 5) und lautes Rufen und Schreien, die Bestandteile der Abreaktionsphase in der Gefühlstherapie sein könnten (Kapitel 6). Vielleicht spiegelt das die breitere

Tendenz vieler Gruppen in unserer Kultur wider, unsere »mechanistische« Gesellschaft abzulehnen und sich mit »natürlichen« (oder »primitiven«) Lebensformen zu identifizieren. (Vgl. Gould, 1970, wegen einer interessanten Analyse dieses Identifikationsprozesses und seiner vielen Verzweigungen). Vielleicht spiegelt das auch das zunehmende, uns zur Verfügung stehende Wissen auf dem Gebiet der Folklore oder der kulturellen Psychiatrie wider (vgl. Seguin, 1970, und Kennedy, 1973). Aber auf jeden Fall, wenn man die jüngsten Veränderungen in unserer Kultur in Betracht zieht, scheint der Prozeß Torreys (1972, p.78) Argumente zu illustrieren, daß die »Techniken der Therapie eng verknüpft sind mit der Kultur. Sie sind verknüpft mit den Theorien der Krankheitsursachen, der hocheingeschätzten Persönlichkeitstypen und der Therapieziele in der Kultur. Die letzte Bemerkung ist eine Reflektion der allgemeineren kulturellen Werte«. Wir entfernen uns vielleicht von den Werten der harten Arbeit, der Unabhängigkeit, der Rationalität und der persönlichen Verantwortlichkeit, welche solche Ziele verlangen wie Einsicht, Selbstgenügsamkeit, Anpassung und Beherrschung durch angestrengte Aufmerksamkeit.

Eine andere Entwicklung in den westlichen Ländern, die Parallelen mit den nicht-westlichen Behandlungsmethoden aufweist, ist der wachsende Gebrauch von Drogen. Und eine von diesen Drogen, LSD, ist das westliche (und synthetische) Äquivalent der psychedelischen Drogen, die in nicht-westlichen Kulturen verwendet werden (vgl. Kapitel 12).

Therapie als eine Art religiöser Erfahrung

Aufgrund vielfältiger Zwänge, sowohl persönlicher als auch sozialer Art, hat das Studium religiöser Glaubensvorstellungen und Praktiken auf einer objektiven Basis sich mit anderen Religionen beschäftigt als mit der Kultur, in der der Forscher beheimatet war. Wir finden also wahrscheinlich solche Termini wie »Magie«, »Mythologie« und »Aberglaube« in den Berichten religiöser Übungen der Baganda von Ostafrika oder der Zuni von Neu-Mexiko viel häufiger als in den Beschreibungen der verschiedenen christlichen und jüdischen Sekten – selbst bei der Beschreibung von Phänomenen, die alles andere als identisch sind. Während gewisser Entwicklungsperioden im Westen war solch differenzierte Wahrnehmung notwendig, um Leib und Leben zu erhalten. Es konnten nur sehr indirekte Hinweise auf irgendeine Beziehung zwischen den »heidnischen«

Praktiken der Primitiven und des Christentums gemacht werden. Zum Beispiel gibt es eine Bemerkung in dem Tagebuch eines der spanischen Eroberer, der an der Plünderung der Azteken von Cortes teilgenommen hatte, die besagt, daß es seltsam war, daß die Statuen der Azteken als böse Götzenbilder zerstört wurden, nur um durch andere Statuen ersetzt zu werden.

Obwohl es in den meisten westlichen Ländern zu dieser Zeit nicht lebensgefährlich ist, auf die Ähnlichkeit zwischen den christlichen »Glaubensbekenntnissen« und den primitiven »Mythologien« hinzuweisen, besteht immer noch eine beträchtliche Zurückhaltung, das tatsächlich zu tun, besonders bei den Massenmedien.

Eine ähnliche Zurückhaltung war sichtbar geworden, wenigstens bis vor kurzem, auf dem Gebiet der Behandlung und Heilung, sowohl der physischen als auch der psychologischen. Da die Institutionen der westlichen medizinischen und psychologischen Praxis niemals eine ähnliche Machtposition erreicht haben, wie das bei den Institutionen der westlichen Religion der Fall war, gab es niemals eine Bedrohung gegen Leib und Leben, um diese Zurückhaltung zu erzwingen. Aber es war erst in den frühen 60er Jahren, daß sich prominente Stimmen fanden (vgl. Kiev, 1964), die erklärten, daß die westliche Psychiatrie viel von den primitiven Praktikern lernen könnte. Im Jahre 1972 ging der Psychiater Torrey in seiner Behauptung so weit, daß es keinen wesentlichen Unterschied in den Techniken, Funktionen und Zielen zwischen Medizinmännern und Psychiatern gäbe. Aber es ist vielleicht bemerkenswert, daß sich auf der Titelseite von Torreys Buch ein kühnes Dementi vom National Institute of Mental Health (seinem Arbeitgeber) befindet, worin zum Ausdruck kommt, daß die Meinung des Autors »keine offizielle repräsentiert«, weder des NIMH noch des öffentlichen Gesundheitswesens.

In nicht-westlichen Kulturen sind religiöse und heilende Zeremonien fast immer ideologisch verflochten, und der Heilende praktiziert wahrscheinlich eine bestimmte Religion. Es gibt eine große Zahl allgemeiner Begriffe für solche Heilenden, einschließlich »Zauberer«, »Medizinmänner« und »Schamanen«. Um die pejorativen Konnotationen zu verringern, die mit den ersten beiden Begriffen verbunden sind, ist für dieses Kapital der Terminus »Schaman« übernommen worden. Der Begriff wurde ursprünglich für Heilende bei gewissen sibirischen Stämmen benutzt, aber er wird weithin für die Therapeuten verwendet, deren Arbeit religiöse Obertöne hat.

Vom Shaman nimmt man häufig an, daß er in wirksamer Weise Krankheiten heilen kann und persönliche Not durch seinen Kontakt mit den übernatürlichen Mächten lindert. Eigenschaften, die häufig mit Shamanen und ähnlichen aus dem Volk stammenden Heilenden verbunden sind, sind Charisma, Eindringlichkeit oder autoritäre Gesinnung, emotionale Unausgeglichenheit, die Fähigkeit, verschiedene Bewußtseinsebenen zu betreten, sich in Szene zu setzen und persönliche Distanzierung.

Üblich sind in nicht-westlichen Behandlungsmethoden dramatische Rituale, die tranceartige Zustände einschließen; Manipulation des Körpers des Patienten, manchmal in heftiger Form; starke sensorische Einwirkungen, die das Schlagen von Trommeln und ekstatisches Beten und Singen mit einschließen; symbolische Bombardements in Form von Farben, Formen und Gegenständen; und die Wiedereinführung von Mythen. Aber in einigen Gesellschaften führt der Shaman nur Routine und ziemlich monotone Rituale durch. Beim Heilungsprozeß werden häufig übernatürliche Mächte heraufbeschworen und zu Hilfe gerufen. Die Behandlung kann mit einem besonderen Hintergrund oder mit einer physischen Anordnung verbunden sein, wie zum Beispiel auf Sandgemälden von Gottheiten liegen oder in einem heiligen Tempel schlafen (»Inkubation«), um die allgemeine Atmosphäre von Ehrfurcht und Angst zu steigern.

Da die Behandlungsideologie Teil einer breiteren religiösen Ideologie einer nicht-westlichen Kultur ist, basieren die spezifischen Techniken des Shaman auf dem Glaubenssystem der Kultur, welches ihre Mitglieder auf das Universum beziehen. Zum Beispiel übernatürliche Geister in Form von Gebirgsgeistern, Wasserwesen, der Steppenwolfgeist und andere spielen eine zentrale Rolle in der Religion der Chiricahua Apachen. Sie sind die Hauptcharakteristiken der alltäglichen Ereignisse, und jeder erwachsene Apache hat mit einem dieser Geister eine Verbindung. Wenn ein Shaman der Apachen mit einem gestörten Patienten arbeitet, drängt er, bittet er inständig und kann vielleicht mit dem Schutzgeist (in Gesängen und Gebeten und symbolischen Handlungen) für die volle Wiederherstellung der Funktionsfähigkeit und des Wohlergehens des Patienten »kämpfen«. Auf der anderen Seite werden die Geister der Toten bei den Chiricahua gefürchtet, aber nicht verehrt, während diese Geister das wichtigste Element in den religiösen Glaubensüberzeugungen einer anderen Gruppe, der Baganda, sind. Tatsächlich kann Krankheit eine Folge der Vernachlässigung des Schreins oder des Grabes einer gestorbenen Person sein (im Glaubenssystem der Baganda). Wie man erwarten würde, wird der

Shaman der Baganda, aber nicht der Shaman der Chiricahua, versuchen, eine Heilung zu erwirken, indem er einen gekränkten Geist versöhnt, und falls dieser Versuch mißlingt, eine Heilung herbeizuführen, wird er versuchen, den bösen Geist zu zerstören, indem er ihn verbrennt oder ertränkt.

Es ist offensichtlich nicht leicht, die spezifischen Ursprünge der Glaubenssysteme der verschiedenen Kulturen aufzuspüren, aber es gibt Beweismaterial, daß viele von den Lebensbedingungen der Menschen stammen. Seguin (1970) hat z.B. die Erklärungen von Krankheit und Not der peruanischen Indianer verglichen, die im Dschungel des Amazonas leben, mit denen der Bewohner, die an der Küste leben. Im Dschungel, so wird vermutet, kommt das Elend von den natürlichen Mächten – es folgt, wenn die Seele von den Bergen oder Flüssen gestohlen wird; an der Küste von Peru, so vermutet man, wird das Elend von Menschen verursacht, die Schaden anrichten, aber nicht von der Natur. Seguin weist darauf hin, daß der Mensch im Dschungel für die Bewahrung des Lebens gegen die Natur kämpfen muß, während an der eine günstige Umwelt darstellenden Küste der Mensch der Hauptfeind ist.

Aus der distanzierten Perspektive des westlichen Beobachters heraus würde man sicherlich keine Behandlungsergebnisse erwarten, ohne daß der Patient an die heilende Macht der Methode glaubt, wie sie im Erklärungssystem genau bestimmt wird – natürlich ist es aber nicht wahrscheinlich, daß wir die Möglichkeit akzeptieren, daß wirklich Geister oder tote Seelen intervenieren. Autoren wie Frank (1961, 1968), Kiev (1964) und Prince (1964) haben besonders betont, welche Bedeutung Glaube, Hoffnung, Vertrauen und Suggestibilität bei der Wirksamkeit nicht-westlicher Heilmethoden spielen, als Ausgangspunkt im Vergleich und im Gegensatz nicht-westlicher und westlicher Methoden. Es ist völlig klar, daß der Hintergrund religiöser Begeisterung, die gesteigert wird durch die verschiedensten Mittel, die vom Shaman oder vom Heilenden benutzt werden, um mit Ehrfurcht zu erfüllen, eine mächtige Kraft ist, um vollständige Rezeptivität hervorzurufen.

Und wenn solche Faktoren wie Glaube, Hoffnung, Vertrauen und Suggestibilität (ergänzt vielleicht durch Katharsis und Schuldverminderung) von zentraler Bedeutung sind für den Heilungsprozeß des Shaman oder des volkstümlichen Heilenden, würde man sicherlich erwarten, daß sie bei der Wirksamkeit der westlichen Therapie als Bestandteile eine Rolle spielen. Es ist unzweifelhaft wahr, wie Frank (1961) feststellt, daß die Aura und Intensität religiöser Heilung möglicherweise in einem psychotherapeutischen oder in einem ähnlichen Kontext nicht erreicht werden kann. Aber der Unterschied ist vielleicht nicht so groß, wie er oberflächlich gesehen zu sein scheint, wenn man die Variationsbreite in Betracht zieht, die Shapiro (1971) als wesentlich für den therapeutischen Effekt ansieht. Er orientiert sich nach dem Placebo-Effekt in der Therapie – was soviel besagt, daß eine nicht-spezifische Wirkung hervorgerufen wird durch den Glauben an die Wirksamkeit der Therapie und nicht so sehr durch einen bestimmten Inhalt oder Agens. Der Placebo-Effekt wird am häufigsten mit Drogen in Zusammenhang gebracht, aber die Wirksamkeit hängt von der psychologischen Macht des Glaubens und Vertrauens ab, und nicht so sehr von der wirkenden Kraft oder der Form der Behandlung. Die wichtigsten Faktoren, die bei der westlichen Therapie eine Wirkung hervorrufen, schließen nach Shapiro die Neuheit der Methode und ihren intellektuellen, emotionalen und finanziellen Status (oder ihren Ruhm und ihre Popularität) ein; das Prestige des Therapeuten; das Interesse und die Haltung des Therapeuten dem Patienten gegenüber, die Behandlung und das wahrscheinliche Ergebnis der Behandlung; der Grad der Suggestibilität des Patienten; und eine Übereinstimmung zwischen dem therapeutischen Ansatz und den Vorurteilen bzw. Neigungen und Einstellungen des Patienten, wie sie durch die soziale Herkunft geformt worden sind.

Die Vergleichbarkeit dieser Faktoren mit der religiösen Ehrfurcht, der Wertschätzung des Shaman, der enthusiastischen Beteiligung des Shaman und der Entsprechung von religiösem Glauben und therapeutischer Praxis der nicht-westlichen Methode ist offensichtlich genug. Wie aber Shapiro (1964, p.439) hinsichtlich des Placebo-Effekts in der westlichen Therapie feststellt: »Diese Auffassung ist nicht populär, weil man die Psychotherapie häufig für eine moderne Behandlungsmethode hält, die auf wissenschaftlichen Prinzipien basiert, während der Placebo-Effekt als eine abergläubische Reaktion auf eine Droge angesehen wird.« Die Worte »abergläubisch« und »placebo« werden auf eine Art gebraucht, die überraschende Ähnlichkeit mit der religiösen Sphäre hat, und sie sind weithin den Therapien vorbehalten, die von anderen distanzierten Therapeuten befürwortet werden. Wie Shapiro (p.439) weiterhin feststellt: »Felsenfeste Behauptungen, daß die Psychotherapie für den Placebo-Effekt nicht empfänglich ist, stimmen mit dem Prinzip überein, daß jeder Placebo, wenn er erst einmal akzeptiert war, heftig als Nicht-Placebo verteidigt wurde. Die Geschichte der Medizin demonstriert deutlich, daß trotz der Sensibilität vieler Ärzte für den nichtspezifischen oder Placebo-Effekt bei anderen, sie ihn bei sich selbst nicht empfanden.«

Torrey hat diesen Gedankengang auf folgende zugespitzte Formel gebracht, die seine Position darstellt:

Medizinmänner und Psychiater erfüllen in ihrer entsprechenden Kultur im wesentlichen die gleiche Funktion. Sie sind beide Therapeuten; sie behandeln beide Patienten und verwenden ähnliche Techniken; und beide haben ähnliche Ergebnisse. Eine Anerkennung dessen sollte die Psychiater nicht im Rang herabsetzen; es sollte eher die Medizinmänner in ihrem Rang heben.

Für Torrey sind die wesentlichen Charakteristiken der psychologischen Heilung, die die westlichen Psychotherapeuten mit den Schamanen gemein haben, vergleichbare Konzepte zwischen dem Heilenden und dem Patienten hinsichtlich der Symptomursachen; der wünschenswerten persönlichen Eigenschaften des Heilenden, sowie Festigkeit und Reife; der Erwartung, daß die kulturell festgelegte Behandlung Verbesserung schafft; und effektive Techniken.

Therapie als eine angewandte wissenschaftliche Methode

Die bei weitem größte Zahl der therapeutischen Methoden, die im Westen praktiziert werden, basiert auf Theorien, die in ihrer Form wissenschaftlich sind. Man hätte es sich auch kaum anders vorstellen können, aufgrund der Tatsache, daß die meisten Vertreter der Therapien eine wissenschaftliche Ausbildung in Medizin (Psychiatrie) oder wissenschaftlicher Psychologie hinter sich haben. Aber die Wissenschaft und die wissenschaftliche Methode existieren bei uns noch nicht seit so langer Zeit – und ihr Einfluß auf die Psychiatrie und Psychologie reicht nicht weiter als bis zum Anfang des 20. Jahrhunderts zurück.

Tatsächlich unterschieden sich mehrere der vorwissenschaftlichen Methoden des Westens in vieler Hinsicht kaum von den sogenannten »primitiven« Kulturen. Es bestand nicht nur eine Ähnlichkeit gewisser Techniken, sondern enge Parallelen bei den übernatürlichen und religiösen Obertönen. Zum Beispiel glaubte Mesmer (ein Arzt, der die meiste Zeit im Frankreich des 18. Jahrhunderts gelebt hat), daß der menschliche Körper eine Eigenschaft hat, die ihn für Einflüsse verschiedener Himmelskörper empfänglich macht, sowie auch für mannigfaltige leblose Gegenstände auf Erden. Aufgrund der Ähnlichkeit seiner Wirkung im leeren Raum mit dem Magnetismus nannte er die Eigenschaft »animalischen Magnetismus«. Er argumentierte, daß Krankheit die Folge der Blockierung des freien Fließens des animalischen Magnetismus im Körper sei. Seine Behandlungsmethode bestand darin, daß eine Gruppe von Patienten um eine Wanne herumsaß, die Flaschen mit eisernen Feilspänen enthielt. Die Patienten berührten eiserne Stäbe, die aus der Wanne herausragten; der animalische Magnetismus, so vermutete man, floß von den Feilspänen durch die Stäbe. Er benutzte Musik, Lichteffekte und dramatische Gesten, indem er zum Beispiel einen eisernen Stab oder einen Finger auf ein Individuum richtete, um dieses Individuum zum Mittelpunkt der Aufmerksamkeit zu machen. Musik, Lichteffekte und dramatische Gesten, darauf sollte hingewiesen werden, sind häufig die Mittel des Shamans (sowie auch einiger der sehr aktuellen Therapieformen).

Alle Heilmethoden, nicht-westliche und westliche, haben ein Erklärungssystem, um den Prozeß zu begründen, wohingegen ein gewisses Verhalten von Seiten des Shamans oder des Therapeuten beim Patienten eine Veränderung hervorruft. Dieses Erklärungssystem reicht, in der westlichen Welt, von der sehr genau ausgearbeiteten psychoanalytischen Theorie bis zu einem empirischen Bezugssystem, wie es häufig auf dem Gebiet der Psychopharmakologie zu finden ist. Anschließend bieten wir ein Beispiel für ein nicht-westliches Erklärungssystem an.

Bei der Heilungszeremonie von Navajo wird der Patient, nachdem er Brechmittel und Reinigungsmittel eingenommen, geschwitzt und gebadet hat, auf Sandgemälde, die Götter darstellen, gelegt, sein Körper wird mit Sand eingerieben und dann wird sein Körper mit heiligen Gegenständen berührt. Es liegt die Erklärung zugrunde, daß Krankheit etwas Böses im Körper impliziert – deshalb ist es notwendig, die bösen Kräfte auszutreiben, und ihre Stelle sollen die Mächte des Guten einnehmen, die mit den Darstellungen der Gottheiten verbunden sind. Und um sicher zu gehen, daß die bösen Geister nicht während dieser Phase der Austreibung und Auswechslung sich wieder einschleichen, sind Fasten und strenge Enthaltsamkeit erforderlich.

Sicherlich kann eine Erklärung für »vernünftig« (befriedigend) oder »unvernünftig« (unbefriedigend) von der Person gehalten werden, auf die sie gerichtet ist. Die Entscheidung über das, was vernünftig und was unvernünftig ist, ist ein psychologisches Urteil, das abhängt vom kulturellen Hintergrund und von der Vorbildung der Person, von der Kenntnis alternativer Erklärungsversuche, vom wissenschaftlichen Fundament, von der persönlichen Lebensphilosophie, von der Suggestibilität usw. Eine Erklärung psychotischen Verhaltens im Sinne frühkindlicher Erziehungspraktiken wäre für einen in seiner Tradition verhafteten Navajo ebenso unbefriedigend wie eine Erklärung im Sinne von bösen Geistern für uns. Aufgrund unseres kulturellen Erbes, das ein Wissen vom Erfolg der Wissenschaften bei der Beherrschung und Veränderung der Umwelt mit einschließt, tendieren wir dazu, nur die Erklärungen für akzeptabel zu halten, die sowohl in der Sprache als auch in der Form wissenschaftlich sind.

Was sind aber die Chrarakteristiken einer wissenschaftlichen Erklärung und worin unterscheidet sich eine wissenschaftliche Erklärung von einer unwissenschaftlichen?

Die Wissenschaften studieren alle Phänomene, die der öffentlichen Überprüfung unterworfen sind, und sie gebrauchen in ihrem Erklärungssystem die Sprache der Natur (im Gegensatz zu solchen übernatürlichen Begriffen wie Götter, Geister, Seelen, Teufel, Hexen und Engel). Bei einer wissenschaftlichen Theorie gibt es drei Aspekte: die Beschreibung, die abgeleitet ist von der Klassifikation, die Erklärung und die Prognose.

Auf dem niedrigsten Niveau besteht eine wissenschaftliche Theorie lediglich aus einem Beschreibungsmodus über das, was in der Welt von Interesse ist. Es soll darauf hingewiesen werden, daß einige es vorziehen, einen Beschreibungsmodus nicht als eine wissenschaftliche Theorie zu bezeichnen. Es gibt Kategorien, Klassifikationen, Feststellungen über Gemeinsamkeiten, eine Fachsprache usw., die dazu benutzt werden, um den Informationserwerb zu systematisieren. Beschreibung ist nicht viel mehr als ein Katalog wichtiger Aspekte eines Interessengebietes.

Ein Fortschritt zeichnet sich ab, wenn bei den deskriptiven Kategorien Regelmäßigkeiten beobachtet und Feststellungen dieser Regelmäßigkeiten formuliert werden (dies nennt man empirische Relationen oder Gesetzmäßigkeiten). Wir haben zum Beispiel eine Patientin, die uns sagt, daß sie nicht in der Lage ist, einen Orgasmus zu erreichen und niemals einen Orgasmus erreicht hat. Es ist herausgefunden worden, daß man Frauen, die in die Kategorie »nicht-orgasmusfähig« fallen, ihre sensitiven erogenen Körperzonen in einem Prozeß, der »sensate focus« genannt wird, entdecken läßt. Die Beziehung der Interventionsmethode hinsichtlich der erwarteten Veränderung beim Patienten ist eine Feststellung empirischer Relationen.

Obwohl es Erklärungen auf der deskriptiven Ebene in einem trivialen Sinn sehr wohl gibt (zum Beispiel warum hat dieses Tier einen so langen Hals? Weil es eine Giraffe ist), kann nur auf dieser zweiten Ebene eine befriedigende Erklärung erzielt werden. Eine Erklärung wird typischerweise definiert als ein In-Betracht-Ziehen besonderer Begebenheiten und Ereignisse in deduktiver Weise in bezug auf allgemein entdeckte Beziehungen oder Gesetzmäßigkeiten. Erklärung führt zum Verstehen, in dem Sinne, in dem man ein gegebenes Phänomen in einen größeren Interaktionszusammenhang stellt; das gegebene Phänomen ist als Folge einer allgemeineren Sachlage ableitbar. Um ein Beispiel aus dem Gebiet der Psychologie zu geben, um einen bestimmten Verhaltenstypus zu erklären, schreiben wir dieser Person gewisse Einstellungen, Persönlichkeitscharakteristiken, Glaubensüberzeugungen, Charaktereigenschaften, Motivationen, moralische Maßstäbe und ähnliches zu. Dann bestimmen wir, welche allgemeinen Relationen zur Verfügung stehen, die dieses betreffende Verhalten mit diesen persönlichen Eigenschaften in Beziehung bringt. Warum stottert Helen bei Cocktail-Parties? Weil Helen ein äußerst schüchternes Mädchen ist – und es ist empirisch nachgewiesen, daß schüchterne Mädchen eine Tendenz haben, ängstlich zu sein und bei schwierigen sozialen Situationen stottern.

Die Theorie durchläuft verschiedene Stadien immer größerer Sophistikation, wenn höhere Generalisierungen entwickelt werden, um die empirischen Beziehungen einzuschließen. Dies impliziert den Prozeß der Induktion auf einer Ebene, die keine Hinweise auf direkt beobachtbare Phänomene beinhaltet. Erklärungen, die diese Konstrukte höherer Ordnung benutzen, wäre die klassische psychoanalytische Feststellung, daß Paranoia eine Abwehrreaktion gegen latente homosexuelle Wünsche ist. Latente homosexuelle Wünsche und der Prozeß der Abwehrreaktion sind in der Tat weit entfernt vom beobachtbaren Verhalten; hierdurch können viele verschiedene Verhaltensweisen erklärt werden – selbst das Verhalten, das so entfernt von der Homosexualität ist wie äußerstes Mißtrauen anderen gegenüber.

Aber es ist schwierig und vielleicht unmöglich, wissenschaftliche von nicht-wissenschaftlichen Erklärungssystemen zu unterscheiden auf der Basis dieses deduktiven Bezugssystems. Wenn Geister in die Körper der Menschen eindringen, die ihre symbolischen Andenken vernachlässigen, ist es einfach, daraus zu schlußfolgern (zu deduzieren), daß eine gegebene Krankheit nur dadurch geheilt werden kann, daß man den eingedrungenen Geist los wird. Der dritte Aspekt der wissenschaftlichen Theorie – nämlich die Prognose – liefert den Schlüssel für die Differenzierung.

Derselbe deduktive Prozeß wird bei der Prognose wie auch bei der Erklärung benutzt, nur bezieht er sich auf ein zukünftiges Ereignis. Bei der Erklärung beginnt man mit einer Begebenheit oder mit einem Ereignis, und es wird nach Gesetzmäßigkeiten und Regelmäßigkeiten gesucht, um das Ereignis plausibel zu machen als eine daraus herzuleitende Konsequenz; bei der Prognose beginnt man mit Gesetzmäßigkeiten oder Regelmäßigkeiten und deduziert zukünftige Ergebnisse. Es ist nicht wahrscheinlich, daß ein Shaman in der Lage wäre, auf der Grundlage übernatürlicher Mächte zukünftige Folgen genau vorauszusagen, es sei denn durch Zufall. Ein heftiger Sturm kann durch den Zorn der Götter erklärt werden, aber es ist nicht wahrscheinlich, daß die Prognose gestellt wird, daß die Götter nächsten Sonntag zornig sein werden und man deshalb zu dieser Zeit einen heftigen Sturm erwarten wird.

Während die Erklärungstheorien der westlichen Therapien in ihrer Form und im Gebrauch der Sprache wissenschaftlich sind, sind beinahe alle spezifischen Verfahren aus der klinischen Praxis entstanden und nicht aus der Deduktion, die Konstrukte höherer Ordnung verwendet. Ein Therapeut probiert typischerweise eine neue Technik aus, beobachtet gewisse Resultate bei seinen Patienten, entwickelt dann ein Erklärungssystem auf der Basis seiner oder ihrer fachwissenschaftlichen Kenntnis wichtiger Wissensgebiete und seiner oder ihrer idiosynkratischen Glaubensüberzeugungen und Einstellungen. Die besondere Art der Patienten, die der Therapeut behandelt, bestimmt natürlich die Natur seiner Beobachtungen; auf diese Beobachtungen müssen das Wissen des Therapeuten und seine Glaubensüberzeugungen wirken. Deshalb spiegeln Freuds Formulierungen die Tatsache wider, daß er in erster Linie mit viktorianischen, aus der Mittelschicht stammenden Neurotikern arbeitete, während Rogers klienten-zentrierte Methode auf der Therapie mit wortgewandten Collegestudenten basierte, die hauptsächlich vorübergehende Schwierigkeiten hatten. Ein Erklärungssystem erklärt, warum Patienten verschiedene Arten von Problemen haben und warum bestimmte Interaktionen zwischen Klient und Therapeut eine Veränderung (Verbesserung) hervorbringen. Spezifische Prognosen können innerhalb des abgeleiteten Systems deduziert werden, aber ein Überprüfen dieser Prognosen wird gewöhnlich nicht in einem strengen wissenschaftlichen Stil gehandhabt.

Die Verhaltenstherapien (vgl. Kapitel 9, 10, 11) basieren auf den formalen Lerntheorien, die sehr allgemein und gut entwickelt sind. Es bestehen beträchtliche Zweifel, daß der Wirkungsgrad dieser spezifischen Techniken für bestimmte Probleme direkt von den Generalisationen oder Konstrukten dieser Theorien deduzierbar ist, aber es ist der Fall, daß eine breite Kategorie adäquater Techniken deduzierbar ist. Demgemäß kann man von der operanten Lerntheorie sofort schlußfolgern, daß das Verhalten A in seiner Häufigkeit reduziert werden kann, indem ein Verhalten B verstärkt wird, was das Auftreten von A ausschließt.

Schließlich soll darauf hingewiesen werden, daß Torrey (1972) nur gewissen physischen Therapien (vor allem Drogen und Schocktherapie) einen wissenschaftlichen Status zuerkannt hat auf der Basis genauer, wirklich eintretender Prognosen. Seine allzu starke Position ist, daß »die Techniken, die von den westlichen Psychiatern benutzt werden, sich, von wenigen Ausnahmen abgesehen, auf der gleichen wissenschaftlichen Ebene befinden wie die Techniken, die von den Medizinmännern benutzt werden. Wenn es sich bei den einen um Magie handelt, so auch bei den anderen«. (p.8) Er liefert dann ein Beispiel aus einem Textbuch der Psychiatrie, in dem die Autoren »die unvermeidliche, aber trügerische Annahme machen, daß die westlichen psychiatrischen Theorien wissenschaftlich begründet sind«. (p.9). Es hat jedoch den Anschein, daß Torrey eine engere Definition der wissenschaftlichen Theorie akzeptiert als die, die wir vorher genau bestimmt haben und die im allgemeinen von den Wissenschaftstheoretikern akzeptiert wird.

Über die folgenden Therapieformen

Dieses Buch enthält die Darstellung von zwölf therapeutischen Methoden und schließt sowohl die Beziehung zwischen der therapeutischen Praxis und dem Problemkreis der Patienten ein, sowie die Beziehung zwischen der Interaktion dieser beiden Faktoren und der erwarteten Veränderungen bei den Klienten. Die Darstellungen reichen in ihrem Abstraktionsgrad von einer Reihe von Feststellungen empirischer Relationen bis zu elaborierten Theorien, die Konstrukte höherer Ordnung enthalten.

Man könnte eine Vielzahl von Fragen stellen, sowohl über ein spezifisches Erklärungssystem als auch über die Therapie, von der sie handelt. Es ergeben sich zum Beispiel die folgenden Fragen: Ist das Erklärungssystem vernünftig? Ist das Erklärungssystem gültig? Ist die Therapie effektiv, Veränderungen zu bewirken, wie sie vorgibt?

Ob ein Erklärungssystem vernünftig (befriedigend) oder unvernünftig (unbefriedigend) ist, hängt von einer Beurteilung ab, die auf der Grundlage persönlicher Neigungen des Beurteilenden beruht. In unserer Kultur besteht im Wesentlichen eine Übereinstimmung hinsichtlich der Kriterien, ob eine Erklärung vernünftig ist, aber berücksichtigen Sie auch, daß die Astrologie und die Dämonologie weitverbreitete Anerkennung genießen. Auf jeden Fall muß die Vernünftigkeit jeder Erklärung der Beurteilung des Lesers überlassen bleiben. – Diese Person wird ihr Wissen, ihre Vorurteile, Lebensphilosophie, Einstellungen und Ungewißheitstoleranz bei der Beurteilung mit einbringen.

Die Frage der Validität hängt von der Genauigkeit der Prognosen des Erklärungssystems ab. Nur sehr einfache Prognosen sind von den Erklärungen möglich, die sich auf der Ebene empirischer Gesetzmäßigkeiten oder etwas über dieser Ebene hinaus befinden. Für diese Erklärungen im besonderen, aber auch für alle anderen, sind die hervorstechendsten Prognosen jene, die in Beziehung stehen zu den Ergebnissen unter den Klienten, bei denen die vorgeschriebenen Methoden angewandt wurden. Dies beinhaltet natürlich die Frage der Effektivität der Therapie. Auf dieses Problem gehen wir in Kapitel 14 ein. Es ist kaum möglich oder nützlich, andere Arten von Prognosen im gegenwärtigen Kontext in Betracht zu ziehen.

Über diese Fragen hinaus, die auf spezifische Theorien und Erklärungen gerichtet sind, gibt es das weite Problem der Zielvorstellungen des Erklärungssystems im allgemeinen. Was sind die Zielvorstellungen des Klienten, des Therapeuten und der Menschen, die sich außerhalb der therapeutischen Beziehung befinden – wie zum Beispiel der Leser dieses Buches?

Erstens führt eine Erklärung zum Verständnis und zu einer Aufklärung in einem neuen, fest umrissenen Wissensgebiet. Das ist sicherlich ein Ziel für sich, besonders für den zufälligen Leser, da Verständnis und Wissen in unserem Kulturbereich ein sehr hohes Ansehen genießen.

Zweitens erlaubt eine Erklärung in dem Ausmaß, in dem ein Erklärungssystem eine gültige wissenschaftliche Theorie ist, dem Therapeuten, sich eine spezifische Methode auszuwählen, die er mit einem Klienten auf der Grundlage eines diagnostischen Interviews (auf Beobachtung gegründete Evaluation) mit dem Klienten benutzt. Außerdem befähigt eine gültige Theorie den Therapeuten, Veränderungen in der Methode zu deduzieren, die sich als wünschenswert herausstellen können, wenn neue Informationen im Laufe der Therapie erworben werden können. Dies mag von einer geringfügigen Dosierung eine Droge bis hin zu einer größeren Veränderung im Sinne der Interpretation variieren.

Und in dem Ausmaß, in dem das Erklärungssystem für eine Therapie für eine bestimmte Person vernünftig ist, motiviert es die Person, diese Therapie zu wählen und nicht eine andere, wenn relevante persönliche Probleme entstehen. Zweifellos entscheidet sich jemand für die Megavitamin-Therapie, wenn er eine biochemische einer psychologischen Erklärung für gewisse schwere Verhaltensstörungen vorzieht. Das bedeutet nicht, daß man leugnet, daß andere Variablen wie Popularität der Therapie und der Status des Therapeuten ebenfalls eine Rolle spielen, sondern daß eher die Annehmbarkeit des Erklärungssystems gesteigert wird. Es ist wenig wahrscheinlich, daß sich eine Person für eine Therapie entscheiden wird, die nicht annehmbar ist oder, in anderen Worten ausgedrückt, mit ihrem gesamten Überzeugungskomplex nicht übereinstimmt. Es ist ebenso unwahrscheinlich, daß ein Polar-Eskimo sich für die Psychoanalyse aussprechen wird, wenn sie ihm zur Verfügung steht, als daß sich eine vornehme Dame der Oberschicht für die ekstasischen Gesänge und Tänze des Eskimo-Shamanen entscheidet, falls ihr das freisteht.

Schließlich kann das Vertrauen auf das Erklärungssystem wichtig sein, um den Placebo-Effekt zustande zu bringen, der offensichtlich ein Bestandteil jeder Therapie ist. Er schafft das notwendige Vertrauen, die Hoffnung und Erwartung. Sicherlich ist es für den Placebo-Effekt nicht immer nötig, an ein Erklärungssystem zu glauben. Die Worte eines Therapeuten, der besonderes Ansehen genießt, insbesondere wenn er oder sie mit übernatürlichen Kräften ausgestattet ist, kann schon für sich genommen genug Vertrauen in die Wirksamkeit, den Effekt zu produzieren, hervorrufen. Es gibt außerdem gewisse intuitive oder weithin verbreitete kulturelle Assoziationen, die so natürlich erscheinen, daß sie keine weitere Ermutigung benötigen, um Vertrauen einzuflößen; ein gutes Beispiel hierfür ist das Phänomen der weitverbreiteten Mineralquellen-Therapie in Europa, um Heilungen für beinahe alle körperlichen und seelischen Beschwerden zu bewirken.

Wo aber Faktoren wie der Status des Therapeuten und der vorherrschende kulturelle Überzeugungsmodus nicht wichtig sind, ist es klar, daß das Vertrauen in die Erklärung der Arbeitsweise wichtig wird, um das notwendige Vertrauen zu erzeugen.

Vielleicht kann die Essenz dieses Kapitels durch Fragen zusammengefaßt werden, die den Status der »modernen Therapien« betreffen, wie solche, die in diesem Buch enthalten sind. Bringt diese Neuheit Prozesse wie neue Einsichten in die menschlichen Probleme, die Entdeckung wirksamer und spezifisch neuer Techniken oder die Elaboration einer wissenschaftlich gültigen Theorie mit sich? Oder trifft die folgende Warnung von Shapiro (1971, p.442) hinsichtlich der neuen Techniken zu: »Behandeln sie so viele Patienten mit den neuen Heilmitteln, während sie noch immer die Macht zu heilen haben?«

II

Therapien, die kognitive und emotionale Prozesse betonen

Viele Menschen, die aufgrund ihrer emotionalen Probleme an eine Therapie denken, stellen sich im Geiste folgendes vor: Ein Patient liegt auf einer Couch und enthüllt dem Therapeuten seine Gedanken, Erinnerungen, Gefühle, Träume und Phantasien; der gebildete Analytiker hört aufmerksam zu, um ihn zu verstehen und um seine Motivationen, die seinen Handlungen zugrunde liegen, zu interpretieren. Diese Vorstellung basiert auf den Techniken der Freudschen Psychoanalyse, die in den letzten fünfzig Jahren das Gebiet der Psychotherapie beherrschten. Um den Verlauf der Therapie zu bestimmen, mußte Freud eine Diagnose erstellen, die persönliche Vergangenheit des Patienten erforschen; aus dessen Beziehung zum Analytiker ließen sich wichtige Rückschlüsse über die Interaktion des Patienten mit früheren wichtigen Personen ziehen. Diese Methode wurde häufig die »talking cure« genannt, um damit die Unterschiede zu den anderen Behandlungsmethoden deutlich zu machen, die sich mehr auf den Gebrauch von Drogen und anderen medizinischen Techniken stützten.

Alle Therapien in diesem Teil des Buches können im Zusammenhang mit der »talking cure« gesehen werden. Sie alle bieten dem Klienten die Möglichkeit, sich mit dem Therapeuten über ihre kognitiven oder emotionalen Probleme zu unterhalten, um sich anschließend in einem neuen Licht zu sehen. Es gibt jedoch eine Vielzahl wichtiger Unterschiede zwischen allen modernen verbalen Therapien einerseits und der traditionellen Psychoanalyse andererseits. Die Zeitperspektive ist dabei ein wichtiger

Unterschied. Die Psychoanalyse beschäftigt sich vorwiegend mit der persönlichen Vergangenheit des Patienten, wohingegen sich die kürzeren modernen Psychotherapien mehr auf das »Hier und Jetzt« konzentrieren. Nur wenn die Vergangenheit des Patienten einen unmittelbaren Einfluß auf sein gegenwärtiges Verhalten ausübt, wird sie mitberücksichtigt. Ein weiterer wichtiger Unterschied liegt in der Bedeutung, die der Diagnose beigemessen wird. Die modernen Therapeuten halten sich mehr an die Beschreibung. Sie spüren, daß es wenig vorteilhaft ist, einen Klienten einer bestimmten diagnostischen Kategorie zuzuordnen, weil damit die Einzigartigkeit des Individuums verlorengeht. Zuletzt unterscheiden sich die modernen Therapieformen von der traditionellen Psychoanalyse in der Zeitdauer, in der sie eine Persönlichkeitsveränderung bewirken können. Sie dauern häufig nur ein knappes Jahr, manche sogar nur einige Wochen oder Monate, während bei der traditionellen Psychoanalyse der Patient drei, vier Jahre oder noch länger in analytischer Behandlung bleibt.

Trotz dieser Unterschiede sind viele der Meinung, daß in allen verbalen Therapien das Interesse eines aufmerksamen Zuhörers und die Beziehung, die sich zwischen dem Klienten und dem Therapeuten entwickelt, von entscheidender Bedeutung sind, um welche der folgenden Richtungen es sich auch handelt: Psychoanalyse, rational-emotionale Therapie, Transaktions-Analyse, Realitätstherapie, Gestalttherapie oder Gefühlstherapie.

Der rational-gefühlsmäßigen Therapie geht es vor allem darum, daß der Klient seine Probleme in einem anderen Licht sieht. Ellis vertritt die Ansicht, daß die negativen emotionellen Reaktionen nicht direkt aus bestimmten Ereignissen oder Erlebnissen abzuleiten sind, sondern vielmehr aus den Überzeugungen des Klienten herrühren, die er darüber hat. Wenn jemand eine unangenehme Erfahrung macht, so werden ihm seine rationalen Überzeugungen helfen, das Unangenehme daran zu erkennen und ihn dazu anregen, das nächste Mal die Situation besser im Griff zu haben. Läßt man sich dagegen von irrationalen Überzeugungen leiten, dann empfindet man die Situation als eine Katastrophe und gibt die Hoffnung auf. Die rational-emotionale Therapie wendet sich scharf gegen die irrationalen Überzeugungen des Klienten und ermutigt ihn zur Rationalität.

Die Transaktions-Analyse (TA) bietet dem Klienten für sein Verhalten ein Bezugssystem an. Der Klient lernt zu erkennen, daß seine Persönlichkeit sich zusammensetzt aus seinem Eltern-Ich, seinem Erwachsenen-Ich und seinem Kindheits-Ich und wie er seine Interaktionen mit den anderen

(Transaktionen genannt) aufgrund dieser drei verschiedenen Persönlichkeitskomponenten analysieren kann. Der Therapeut hilft dem Klienten, seine typischen Transaktionen zu verstehen und jene zu verändern, die ihm nicht o.k. erscheinen.

Von der Realitätstherapie erwartet Glasser, daß er durch die Beziehung zu seinem Klienten eine therapeutische Veränderung bewirken kann. Therapeut und Klient überprüfen und werten gemeinsam das weitere Verhalten des Klienten, wobei sie einen vernünftigen Plan ausarbeiten, um eine Verhaltensveränderung zu erreichen. Dann bemüht sich Glasser darum, daß der Klient seine verbindlichen Vereinbarungen einhält, wobei er bei einem Mißlingen keine Entschuldigungen akzeptiert.

Die Gestalttherapie sieht ihre Aufgabe vor allem darin, dem Klienten bewußt zu machen, was er tut und wie er es tut, ohne sich darauf zu konzentrieren, wie er sein sollte und warum er sich so entwickelt hat. In der Gestalttherapie lernen die Klienten, wie sie mit Hilfe ihrer eigenen Sinnesorgane alle Aspekte ihres Wesens ergründen können – Erkenntnisse, Emotionen und Handlungen – und wie sie ihre Probleme selbst lösen können. In der Gestalttherapie paßt sich der Klient nicht an eine bestimmte Situation an; er lernt es, auf jede Situation bewußt zu reagieren. Am Schluß dieses Teils wird in der Gefühlstherapie der Versuch unternommen, die gestörte Erlebniswelt des Klienten so zu verändern, daß er im Leben seinen wahren inneren Gefühlen vertraut. Bei den wahren Gefühlen handelt es sich um jene, die sich vollständig ausdrücken lassen und immer präsent sind. Bei der Gefühlstherapie wird aus dem Klienten, der auf sich allein angewiesen ist, dessen Erlebniswelt gestört ist und der sich an seiner Vergangenheit orientiert, ein Mensch, der sich zum Mitglied einer fühlenden therapeutischen Gemeinschaft gewandelt hat. Jede einzelne Therapieform in diesem Teil des Buches konzentriert sich also auf physische Aktivitäten, auf bestimmte vom Therapeuten zugeteilte Aufgaben, wobei das Individuum sein Verhalten verändern muß. Diese Aufgaben werden dem Klienten erst dann gegeben, wenn es ihm bereits gelungen war, mit Hilfe des Therapeuten sich selbst in einem anderen Licht zu sehen. Im dritten Teil des Buches konzentrieren sich die einzelnen Therapien auf Verhaltensänderungen, die kognitive und emotionale Veränderungen nach sich ziehen sollen. Die Unterschiedlichkeit dieser beiden Methoden spiegelt die Kontroverse innerhalb der Sozialpsychologie wider; ob nämlich die Veränderung der Einstellung der Verhaltensänderung vorausgeht oder ihr nachfolgt, wenn jemand seinem Leben eine Wende gibt.

2

Die rational-emotionale Therapie

Albert Ellis[1]

Die rational-emationale Therapie besteht aus einer Persönlichkeitstheorie, einem philosophischen System und einer psychologischen Behandlungsmethode. Ich möchte die Hauptaspekte dieser Therapieform kurz skizzieren und sie durch eine Fallstudie verdeutlichen.

Hauptaspekte der rational-emotionalen Therapie

Rationales und irrationales Verhalten

Die rational-emotionale Therapie definiert die angemessenen Gefühle und die rationalen Überzeugungen in dem Sinne, daß sie zum Überleben und zum menschlichen Glück beitragen und den einzelnen befähigen, die objektive Realität zu akzeptieren, im sozialen Verband freundschaftlich zusammenzuleben, mit einigen Mitgliedern aus dieser Gruppe in eine enge Beziehung zu treten, einer produktiven Beschäftigung nachzugehen und sich seine Freizeit angenehm zu gestalten (Ellis, 1975; Ellis and Harper, 1975; Maultsby, 1975). Irrationalität drückt sich darin aus, daß man sich ohne Grund Schaden zufügt.

Die Bedeutung der Werte

Die rational-emotionale Therapie betont die Bedeutung menschlicher Werte. Ihrer Meinung nach besteht die Persönlichkeit zum großen Teil aus Überzeugungen, Deutungen oder Haltungen; gesundes Funktionieren basiert auf rationalen und empirisch-begründeten Wertvorstellungen; absolutistische und perfektionistische Wertvorstellungen tragen gewöhnlich zu emotional-gestörtem Verhalten bei. Erst kürzlich haben Wahrnehmungspsychologen und Psychotherapeuten bewiesen, daß die Wertvorstellungen des einzelnen sein Verhalten stark beeinflussen, wobei therapeutische Veränderungen mit inbegriffen sind (Kelly, 1955; Rokeach, 1968; Raimy, 1975).

Die A-B-C-Theorie der psychischen Störungen

Gemäß der rational-emotionalen Therapie ist A nicht die Ursache von C, wenn C als emotionelle Reaktion (emotional consequence) angesehen wird, die einem aktiven Ereignis oder Erlebnis A (activating event) gefolgt ist, sondern daß eine bestimmte Überzeugung (B = Belief System), die jemand von A hat, C hervorgebracht hat. Fühlt sich zum Beispiel jemand nach einem aktiven Erlebnis A deprimiert, weil er anscheinend nach einer Zurückweisung emotionell so reagiert hat, dann war diese Zurückweisung jedoch nicht die Ursache für seine Depression, sondern seine vorgefaßte Überzeugung hatte sie hervorgerufen.

Die primären Überzeugungen sind rational, weil eine Zurückweisung als Unglück erlebt wird und man sich entsprechend traurig fühlt, weil das zugrundeliegende Wertsystem eines jeden darin besteht, am Leben zu bleiben, sich glücklich zu fühlen und von anderen akzeptiert zu werden. Die sekundären Überzeugungen sind jedoch weit weniger rational, weil man nämlich Zurückweisung als »schrecklich« definiert (was mehr als unglücklich bedeutet). Eine Zurückweisung ist zu ertragen – obgleich es einem selten behagt. Aber es stempelt einen nicht zum Ochsen, noch wird man dadurch als Individuum weniger geachtet – sondern schlimmstenfalls handelt es sich um jemand, der einige schlampige Eigenschaften hat.

Die rationalen Überzeugungen und die entsprechenden Konsequenzen, nämlich daß man sich betrübt und frustriert fühlt, wenn man von jemandem zurückgewiesen wird, werden außerdem dazu beitragen, mehr an sich zu arbeiten, um in Zukunft akzeptiert zu werden. Die irrationalen Überzeugungen und unangebrachten Konsequenzen jedoch, sich deprimiert zu fühlen, werden einen nur dazu ermutigen, den Kopf hängen zu lassen und auch in Zukunft nicht mehr damit zu rechnen, akzeptiert zu werden. Man wird sich entsprechend schlecht aufführen, so daß noch mehr Menschen dazu neigen werden, einen zurückzuweisen.

Bereits vor 20 Jahren habe ich die A-B-C-Theorie der emotionalen Reaktion vertreten und seitdem haben buchstäblich hunderte von Experimenten gezeigt, daß Gefühl und Verhalten zum großen Teil von kognitiven Prozessen, denen eine Vermittlerrolle zukommt, abhängig sind. In meinen Veröffentlichungen habe ich mehrfach darauf hingewiesen (Ellis, 1974).

Wie man irrationale Überzeugungen bekämpft

Die rational-emotionale Therapie hilft dem einzelnen intensiver und aktiver, als dies bei anderen kognitiven Therapieformen der Fall ist, diese irrationalen Überlegungen, die zu emotionalen Störungen führen, zu bekämpfen. Die rational-emotionale Therapie macht den Klienten bewußt, von welchen magischen (unlogischen und/oder sich selbst schadenden) Weltanschauungen sie sich haben leiten lassen. Sie findet eine Erklärung für die Ursachen ihrer emotionalen Verstimmung, bekämpft sie mit logisch-empirischen Argumenten und lehrt den einzelnen, wie er seine Denkstörungen beseitigen kann. Diese Therapieform läßt sich sowohl auf »normale« Kinder wie auch auf leicht »gestörte« Erwachsene anwenden. Dem Institute for Advanced Study in Rational Psychotherapy in New York City ist die sogenannte Living School angegliedert. Hierbei handelt es sich um eine Einrichtung, in der die Methoden der rational-emotionalen Lehre speziell für Jugendliche entwickelt werden und von wo aus auch die Kinder anderer privater und staatlicher Schulen erreicht werden.

Eigenes Engagement

Seit ihrem Beginn hat die rational-emotionale Therapie dafür plädiert, daß der einzelne sich zu Hause auf bestimmte, ihm zugewiesene Aufgaben konzentriert, was in vivo Desensibilisierung genannt wird, um ihm zu helfen, rational zu denken, zu fühlen und sich auch rational zu verhalten (Ellis, 1962, 1973, 1975). Mehrere Untersuchungen haben gezeigt, daß diese aktive Methode der eigenen Mitarbeit bessere therapeutische Ergebnisse gezeitigt hat als andere weniger aktiv-orientierte Desensibilisierungsprogramme (Shelton and Ackerman, 1974).

Operante Kontrolle des Denkens und Fühlens

Die rational-emotionale Therapie stützt sich häufig auf Skinners (1972) Behandlungsmethode der Verstärkung und des operanten Konditionierens, um dem einzelnen behilflich zu sein, sein deutlich sichtbares Verhalten und sein Denken selbständig zu verändern. Viele Klienten lernen es, ihre irrationalen Überzeugungen aufzugeben, indem sie sich etwas gönnen, was ihnen wirklich Freude bereitet (zum Beispiel Essen oder Sex), nachdem sie wenigstens zehn Minuten täglich ihre schädlichen Ideen bekämpft haben; neben diesen Belohnungen können sie sich aber auch Bestrafungen auferlegen (zum Beispiel indem sie das Haus reinigen oder einen 20 Dollar Scheck verbrennen), falls sie diesen Kampf nicht von sich aus aufnehmen. Andere Therapeuten, wie Goldfried und Merbaum (1973) und Meichenbaum (1974), die ebenfalls die Methoden der rational-emotionalen Therapie anwenden, haben mit den gleichen Prinzipien des Lernens am Erfolg (operant conditioning) bahnbrechende Arbeit geleistet.

Gruppentherapie und »Marathon-Sitzungen«

Die rational-emotionale Therapie legt, aufgrund ihrer pädagogischen Einstellung, Gewicht auf die Gruppentherapie und die »marathons«. Sie stützt sich dabei auf eine einzigartige Form der kognitiven, gefühlsmäßigen und verhaltenstherapeutischen Methode und nicht auf die einseitigen empirischen und abreagierenden Methoden, wie sie die meisten Gruppen praktizieren (Ellis, 1969, 1974a, 1974b). In den Gruppen der rational-emotionalen Therapie übernehmen die Mitglieder riskante sowie ihr Schamgefühl verletzende Aufgaben, um damit zu demonstrieren, wie ihre irrationalen Überzeugungen (»ich muß etwas leisten und jeder muß das anerkennen«) diese Handlungen »riskant« oder »anstößig« machen. Sie erhalten auch Angst provozierende und ihr Selbstbewußtsein stärkende Aufgaben für zu Hause, damit sie lernen, ihre Gedanken- und Gefühlshemmungen zu überwinden.

Logico-Empirismus und anti-magisches Denken

Die rational-emotionale Therapie behauptet, daß die »emotionalen Störungen« zum großen Teil auf Frömmigkeit, Intoleranz, Gejammer,

Dogmatismus und magischem Denken beruhen. Den Klienten wird gesagt, daß sie der logisch-empirischen Methode folgen, wenn sie alle Formen der Magie und des Absolutismus aufgeben. Diese Technik führt heftige Angstzustände, Depressionen, Schuldgefühle und Feindseligkeit auf die menschliche Neigung zurück, alles noch schrecklicher und katastrophaler zu machen – empirische Daten werden nicht berücksichtigt, sondern man hält sich dogmatisch daran, daß die schädlichen Erfahrungen absolut nicht existieren sollen und dürfen (Ellis, 1975; Ellis & Harper, 1975).

Ursprünglich stellte ich zehn bis zwölf der hauptsächlichen irrationalen Ideen auf, die bis zu einem gewissen Grade von den meisten Menschen geteilt werden. Wir können sie jedoch in drei Kategorien, die alle den Charakter des Sollens und Müssens haben, einteilen: 1.) »Ich muß etwas leisten und damit die Billigung aller Menschen gewinnen, die ich für wichtig halte.« 2.) »Man muß mich nett, freundlich und rücksichtsvoll behandeln.« Und 3.) »Im Leben müssen die Bedingungen einfach und angenehm sein.« Die Menschen lernen von der rational-emotionalen Therapie, wie sie diese unrealistischen Erwartungen und Forderungen bekämpfen und aufgeben können, wie sie sich selbst und andere – ohne Bedingungen zu stellen oder zu verurteilen – akzeptieren können und wie sie sich mit unvermeidlichen Ärgernissen und Frustrationen abfinden.

Die Semantik der emotionalen Störungen

Nach den Vorstellungen von Korzybski (1933) hilft die rational-emotionale Therapie den Menschen, ihre Störungen dadurch zu beseitigen, daß sie ihre Begriffe definieren, ihre übertriebenen Verallgemeinerungen aufgeben und lernen, objektiv zu sprechen und zu denken. Während meiner Sitzungen unterbreche ich meine Klienten häufig und veranlasse sie, ihre irrationalen Erläuterungen in semantisch präzisere Formulierungen umzuwandeln. Zum Beispiel: »Es wäre besser, wenn es mir gelingen würde«, anstatt »es muß mir gelinden!« »Ich habe einige schlechte Eigenschaften« anstatt »man hält mich für einen völligen Versager.« »Ich ärgerte mich über eure Leistungen« anstatt »Ihr habt mich wütend gemacht!« In den meisten meiner Bücher über die rational-emotionale Therapi lege ich darauf Wert, niemals die Verbform *sein* zu verwenden, und dadurch eliminiere ich das *ist* der Identität und das *ist* der Aussage (Ellis, 1975, 1976; Ellis and Harper, 1975).

Die Theorie vom Wert des einzelnen

Die rational-emotionale Therapie bringt dem einzelnen bei, daß er, obgleich er sich rein pragmatisch sagen kann: »Ich muß einen inneren Wert haben, weil ich existiere« und dadurch jegliche Selbsteinschätzung ausschaltet, wobei alle Formen der Selbstvergötterung und Selbstverteufelung eingeschlossen sind, nach reiflicher Überlegung vom philosophischen Standpunkt aus gesehen eine bessere Lösung erreichen kann: das heißt, er lernt es, mehr sich selbst und in seiner Gesamtheit zu beurteilen; er lernt es, nur einzelne Merkmale oder bestimmte Leistungen einzuschätzen und zu messen, um sich mehr darüber freuen zu können. Mit Hilfe der rational-emotionalen Therapie werden also die schädlichen Aspekte des menschlichen Egos beseitigt, während sein Gefühl für seine Einzigartigkeit, Lebendigkeit und Vorwärtskommen aufrechterhalten wird (Ellis, 1974, 1975).

Die umfassende Methode der Persönlichkeitsveränderung

In der rational-emotionalen Therapie stehen Erkenntnis, Gefühl und Verhalten in deutlicher Wechselbeziehung zueinander. Wer seine Persönlichkeit wirklich entscheidend verändern will, muß also in umfassender Weise darin unterwiesen werden, um seinen Symptomen und den zugrundeliegenden philosophischen Systemen den Krieg anzusagen. Als vernunftbegabtes Wesen kann der Mensch hauptsächlich die rationalüberzeugende Therapie oder die emotionale Erziehung verwenden bei einer Technik, die sich auf den Therapeuten zentriert und bei der jeder sich selbst hilft.

Kriterien für therapeutische Veränderungen

Die rational-emotionale Therapie erkennt die Tatsache an, daß es keine bombensicheren Kriterien für tatsächlich eintretende Veränderungen gibt und daß von den mehr als 40 durchgeführten empirischen Untersuchungen, die die Wirksamkeit der rational-emotionalen Therapie zeigen, keine vom Methodischen her unangefochten bleibt. Sie weist darauf hin, daß die Berater dem Einzelnen helfen, Fortschritte zu machen und sich nicht nur besser zu fühlen. So können wir Klienten, die an einer Flugzeugphobie leiden, als »geheilt« betrachten, wenn sie 1. davon überzeugt sind, daß es zwar nicht besonders wünschenswert und angenehm sein mag, mit dem Flugzeug zu fliegen, aber daß es auch nicht schrecklich oder furchtbar ist; wenn sie 2. an eine Flugreise ohne Angstgefühle und ohne physische Auswirkungen, wie zum Beispiel erhöhter Pulsschlag oder starkes Schwitzen, denken können; wenn sie 3. Flugreisen nicht meiden, sondern sie unbeschwert auf sich zukommen lassen und wenn sie 4. die anti-angsteinflössenden, risikofreudigen und verhaltenstechnischen Methoden anwenden, die sie in den Sitzungen der rational-gefühlsmäßigen Therapie gelernt haben, um ähnliche Phobien, die sie sich in Zukunft selbst aufbürden könnten, zu überwinden.

Fallstudie

Um Ihnen eine Vorstellung davon zu geben, wie die rational-emotionale Therapie angewandt wird, möchte ich Ihnen einen Fall darstellen. Es handelt sich um einen 27-jährigen Mann, der verschiedene Symptome zeigte. Wollte er Beziehungen zu einer Frau anknüpfen, fühlte er sich scheu und gehemmt; beim Geschlechtsverkehr ejakulierte er sehr frühzeitig; auf Autoritätspersonen reagierte er feindselig, seine Eltern und seine unmittelbaren Vorgesetzten eingeschlossen. Anfangs arbeitete ich mit ihm daran, seine enormen Versagensängste sowie sein bereits seit langem bestehendes Gefühl seiner eigenen Wertlosigkeit zu bekämpfen. Während unserer zweiten Sitzung hatten wir folgenden Dialog:

Therapeut: Sie scheinen furchtbare Angst zu haben, beim ersten Kontakt mit einer Frau sexuell zu versagen.

Klient: Zum Teufel, ja! Milde ausgedrückt habe ich auf diesem Gebiet scheißpanische Angst.

Therapeut: Weil, falls Sie auf einem Gebiet versagen, dann–?

Klient: Wenn ich versage, bin ich ein verdammter Hornochse!

Therapeut: Beweisen Sie mir das!

Klient: Ist das nicht offensichtlich?

Therapeut: Für mich nicht! Es ist ziemlich offensichtlich, daß es nicht gerade großartig ist, wenn eine Frau Sie als Freund oder als sexuellen Partner ablehnt. Aber beweist das bereits, daß Sie als ganze Persönlichkeit nichts wert sind?

Klient: Ich glaube immer noch daran. Würde dieselbe Frau jeden beliebigen ablehnen?

Therapeut: Wahrscheinlich nicht. Nehmen wir mal an, sie akzeptiert viele Männer, Sie jedoch nicht. Nehmen wir weiter an, daß sie Sie ablehnt, weil Sie nicht gerade ein toller Gesprächspartner sind und weil Sie so schnell zum Orgasmus kommen. Sie findet Sie also in doppelter Hinsicht unbefriedigend. Beweist das aber, daß Sie insgesamt nichts wert sind?

Klient: Es beweist aber bestimmt, daß ich für sie nichts tauge.

Therapeut: Ja, in gewisser Weise. Als Gesprächspartner und als Geschlechtspartner sind Sie für sie ungeeignet. Sie haben zwei hundsmiserable Eigenschaften.

Klient: Und sie mag mich nicht aufgrund dieser beiden Eigenschaften.

Therapeut: Stimmt. In diesem Fall nehmen wir an, daß sie Sie aufgrund dieser beiden Eigenschaften ablehnt. Aber das beweist nur, daß eine Frau zwei Ihrer Eigenschaften geringschätzt, und daß diese Frau Sie deshalb als Liebhaber oder Ehemann ablehnt. Selbst Sie, und das ist wichtig, mag Sie vielleicht als Freund, mit dem sie keine sexuellen Beziehungen eingehen will, akzeptieren. Denn Sie haben, vergessen Sie das nicht, viele andere Eigenschaften – wie zum Beispiel Intelligenz, künstlerische Begabung, Zuverlässigkeit usw.

Klient: Aber nicht die Eigenschaften, die für sie besonders wichtig sind!

Therapeut: Vielleicht. Aber beweist das bereits, daß alle Frauen Sie ebenfalls aus ähnlichen Gründen ablehnen werden? Einige könnten Sie sogar mögen, *weil* Sie schüchtern sind und *weil* Sie so schnell zum Orgasmus kommen, nämlich wenn sie am Geschlechtsverkehr keinen Spaß haben und ihn deshalb schnell hinter sich haben möchten!

Klient: Saftige Chance!

Therapeut: Ja, statistisch gesehen. Denn die meisten Frauen werden vermutlich dazu neigen, Sie abzulehnen, wenn Sie schüchtern sind und sexuell unzulänglich, in ihren Augen jedenfalls. Aber einige wenige werden Sie wenigstens aus denselben Gründen akzeptieren, aus denen die meisten Sie ablehnen; und noch weitere Frauen werden Sie normalerweise akzeptieren trotz Ihrer Mängel, weil Sie mit ihnen eine Verbindung eingegangen sind.

Klient: Wer zum Teufel wird *das* schon wollen!

Therapeut: Die meisten von uns sogar, wenn wir gesund sind. Denn, weil keiner von uns vollkommen ist, sind wir glücklich, daß uns einige Menschen mit diesen Fehlern akzeptieren. Aber wir wollen einmal das Schlimmste annehmen, nur um Ihnen zu zeigen, wie schief Sie gewickelt sind. Nehmen wir also an, daß *alle* Frauen Sie wegen Ihrer Schüchternheit und wegen Ihrer schnellen Ejakulation für *alle* Zeiten ablehnen. Wären Sie selbst dann ein wertloser Hornochse?

Klient: Ein toller Bursche wäre ich auch nicht gerade!

Therapeut: Das stimmt. Sie wären nicht Jesus Christus oder Napoleon oder gewiß nicht Casanova! Aber viele Frauen würden Sie nicht mögen, wenn Sie Jesus oder Napoleon wären. Jesus schien, falls er überhaupt wirklich existiert hat, im Umgang mit Frauen ziemlich schüchtern gewesen zu sein; und bei Napoleon ging es vielleicht ziemlich schnell. Was Casanova anbetrifft, die meisten Frauen würden ihn, wenigstens heutzutage, nicht mögen, gerade *weil* er zu sexy war. Wie auch immer, wir weichen der Frage aus; wären Sie dann ein völliger Hornochse?

Klient: Nun, ich, hm – nein, ich glaube nicht.

Therapeut: Weil?

Klient: Nun, weil ich noch andere, hm, gute Eigenschaften habe. Wollen Sie darauf hinaus?

Therapeut: Ja, teilweise. Sie haben noch andere gute Eigenschaften. Und Sie, falls es überhaupt darum geht, Sie zu beurteilen, würden alle Ihre Eigenschaften und nicht nur Ihre Schüchternheit und Ihren frühzeitigen Samenerguß in Betracht ziehen.

Auf dieser kognitiven Ebene arbeitete ich weiter mit dem Klienten, deckte die ihm zugrundeliegenden philosophischen Annahmen auf, zeigte ihm, wie diese zu seinen »emotionalen« Problemen (einschließlich seiner Angst, seiner Furcht zu versagen und seiner halben Impotenz) geführt haben und wie er sie verändern könnte. Ich benutzte hauptsächlich die A-B-C-Theorie der rational-emotionalen Therapie, um ihn dahinzubringen, sein Überzeugungssystem, das seine Störungen verursacht hat, zu attakkieren. Wir begannen mit der emotionalen Folgeerscheinung C (Consequence), nämlich seiner Schüchternheit und seiner Hemmung, wenn er sich einer attraktiven Frau nähert. Dann gingen wir zu seinen aktiven Erlebnissen A über, die im allgemeinen darin bestanden, daß er bei einem gesellschaftlichen Anlaß eine attraktive Frau sieht und sich ihr nähern möchte. Sobald A eintrat, fühlte er sich befangen und unfähig zu C.

Ich erklärte ihm, daß nicht A die Ursache von C war, sondern daß dies sein Überzeugungssystem B direkt bewirkt hatte. Zuerst hatte er bei B eine rationale Überzeugung (rB): »Ich würde mich gern mit dieser Frau anfreunden, aber es könnte mir mißlingen, und sie lehnt mich ab; und das würde ich als Unglück empfinden. Wie unangenehm das ist, abgelehnt zu werden!«

Wenn er rigoros seine rationale Überzeugung B aufrechterhält, würde er sich als Folgeerscheinung C *entsprechend* betroffen und irgendwie vorsichtig verhalten; und wenn er tatsächlich versucht, mit dieser Frau eine Verbindung anzuknüpfen und wirklich abgelehnt wird, wäre er traurig, bekümmert und frustriert.

Ich erklärte dem Klienten jedoch, daß das Hauptproblem in seiner irrationalen Überzeugung bestand: »Wie schrecklich, wenn sie mich ablehnt! Ich könnte es nicht ertragen! Es würde mir beweisen, daß ich ein nichtswürdiger Wurm bin!« Diese irrationalen Überzeugungen hatten wenig Sinn, und zwar aus folgenden Gründen:

1. Eine Frau, die den Klienten ablehnt, wäre keine so *schreckliche* Sache, weil der Begriff »schrecklich« folgende Bedeutung hat (wenn er präzise definiert wird): a) äußerst ungünstig oder schädlich hinsichtlich der fundamentalen Ziele des einzelnen, die nötig sind, um zu überleben und um das vom Leben zu bekommen, was man braucht; b) praktisch 100% verhaßt; c) noch mehr als 100% verhaßt; und d) etwas so Unerwünschtes, daß es nicht existieren *soll,* nicht existieren *darf.* Obwohl der Klient berechtigt ist, die Hypothese a) zu vertreten; b) kann praktisch niemals zutreffen (denn welche Erfahrung ist 100% verhaßt?) und c) und d) enthalten magisches Denken und sind nicht verifizierbar. Nichts kann, zweifellos, mehr als 100% verhängnisvoll sein; und nichts *darf* nicht existieren, weil jemand es für äußerst ungünstig halten würde, falls es der Fall wäre.

2. Obwohl der Klient es möglicherweise niemals gerne sehen wird, von einer Frau abgelehnt zu werden, kann er diese Ablehnung verkraften. Sie

wird ihn nicht umbringen. Er kann weitere Ablehnungen in Kauf nehmen – und Zusagen. Und er kann trotzdem ziemlich glücklich sein. Nur seine törichte Überzeugung, daß er es nicht ertragen kann, macht die Sache »unerträglich«.

3. Wie kann die Ablehnung einer Frau ihn zu einem *Wurm* oder zu einem wertlosen Individuum machen? Sein *Verhalten* kann vielleicht etwas wurmstichig sein – oder auch nicht (denn er könnte von einer Frau abgelehnt werden, die nur blauäugige Männer liebt, und er hat braune Augen). Aber selbst wenn er sich Frauen gegenüber ungeschickt, unpassend oder unangemessen verhält, so wäre das nur ein Teil von ihm und niemals das Ganze seiner Existenz und seiner Eigenschaft als Mensch. Niemand ist berechtigt, ihn als *ganze Person* als Wurm abzustempeln. In Wirklichkeit ist eine ganze Persönlichkeit zu komplex, um so eine globale Ettiketierung zuzulassen. Und bei ihm würde es sich immer um einen *Prozeß*, um ein Vorwärtskommen handeln, und wie kann er (oder irgend jemand) die Berechtigung haben, einen sich stetig wandelnden, auf die Zukunft ausgerichteten Prozeß so zu etikettieren?

Ich zeigte dem Klienten, wie er sich ungerechtfertigterweise selbst einstuft, anstatt seine *Eigenschaften* und *Leistungen* angemessen zu würdigen. Er sah allmählich ein, wie diese Art der Selbstbeurteilung beinahe unvermeidlich zum Gefühl der eigenen Wertlosigkeit, zu Depressionen und zu falschen Überzeugungen führen würde, daß er von attraktiven Frauen *niemals* akzeptiert werden würde. Dieses Gefühl und diese Überzeugung wären abwechselnd dafür verantwortlich, daß er sich Frauen gegenüber schüchtern, distanziert und unangemessen verhält.

Als der Klient einsah, welcher philosophischer Unterbau seinen Hemmungen und seiner Angst zugrunde lag, fragte er: »Wie kann ich mich von meinen irrationalen Überzeugungen befreien? Was kann ich tun, um diese zu verändern?« Es schließt sich unser Dialog über diese Frage an:

Therapeut: Zum Beispiel können Sie jeden Tag zehn Minuten dafür verwenden, prophylaktisch zu üben, irgendeine von Ihren irrationalen oder verrückten Überzeugungen – etwa, daß es für Sie furchtbar ist, von einer Frau, die Sie attraktiv finden, abgelehnt zu werden – aufzugeben, selbst wenn Sie abgelehnt werden.

Klient: Wie?

Therapeut: Indem Sie sich an die empirisch-logische Methode halten, um festzustellen, ob Ihre Hypothese mit Ihren anderen Zielen und Hypothesen übereinstimmt, und indem Sie nach faktischen Beweisen suchen, um sie aufrechtzuerhalten oder für ungültig zu erklären.

Klient: Könnten Sie etwas spezifischer sein?

Therapeut: Ja, in meiner Gruppentherapie habe ich in einer meiner letzten Sitzungen den meisten Teilnehmern Aufgaben gestellt, wie sie ihre irrationalen Überzeugungen bekämpfen können, und dabei bediente ich mich der Methoden des operanten Konditionierens – es handelt sich dabei um eine Technik, die den Theorien B.F. Skinners angepaßt ist, wobei der einzelne sich durch eigenständiges Üben selbst hilft.

Klient: Was verstehen Sie unter operantem Konditionieren?

Therapeut: Ich erkläre es Ihnen in einer Minute. Aber zuerst liegt es an Ihnen, sich darüber klarzuwerden, was für eine Hypothese oder verrückte Idee Sie täglich zehn Minuten lang bekämpfen wollen. In Ihrem Fall wäre es wieder die Vorstellung, daß es furchtbar für Sie ist, von einer Frau, die Sie attraktiv finden, abgelehnt zu werden. Sie nehmen sich diese Vorstellung vor und stellen sich grundlegende Fragen darüber, um sie anzugreifen und zu bekämpfen.

Klient: Was für Fragen wären das?

Therapeut: Im allgemeinen vier Fragen – obwohl es alle möglichen Variationen gibt. Die erste Frage lautet: »Was mache ich mir selbst vor?« oder »Was für eine verrückte Vorstellung möchte ich bekämpfen?« Und die Antwort wäre in Ihrem Falle: »Es ist furchtbar, wenn eine Frau, die ich attraktiv finde, mich ablehnt.« Die zweite Frage wäre: »Ist diese meine Hypothese wahr?« Und die Antwort wäre – ?

Klient: Hm, nun, hm. Nein, nicht wahr?

Therapeut: Schön. Hätten Sie gesagt, sie wäre wahr, dann hätte die dritte Frage gelautet: »Welche Beweise habe ich dafür?« Aber da Sie sagten, sie sei nicht wahr, lautet die dritte Frage: »Wo sind die Beweise, daß sie nicht wahr ist?« Nun, was meinen Sie?

Klient: Nun, hm, sie ist nicht wahr, wie wir vorhin schon gesagt haben; es kann vielleicht sehr unangenehm sein, wenn eine attraktive Frau mich ablehnt, aber es ist nicht mehr als das, hm. Es ist *nur* verdammt unangenehm.

Therapeut: In Ordnung. Und es gibt weitere empirisch-logische Beweise, daß es nicht furchtbar ist. Denn zum einen, es bedeutet nicht, weil *diese* Frau Sie ablehnt, werden *alle* Frauen Sie ablehnen. Zum anderen haben Sie es offensichtlich überstanden, bis jetzt, obwohl Sie abgelehnt worden sind. Aus einem weiteren Grund, viele Menschen auf der ganzen Welt sind von der Frau, die sie am meisten liebten, abgelehnt worden, und das war nicht für alle furchtbar gewesen, stimmt's?

Klient: Ich verstehe. Es gibt viele Beweise, daß die Tatsache, daß ich abgelehnt werde, nicht furchtbar ist. Und es gibt keinen Grund, was wir bereits vorher festgestellt haben, warum ich nicht auch abgelehnt werden *sollte.* Die Welt ist nun mal so beschaffen!

Therapeut: Ja, ich glaube, das ist Ihnen klar. Die vierte Frage wäre dann: »Was könnte mir schlimmstenfalls passieren, wenn eine attraktive Frau mich ablehnt?«

Klient: Sehr wenig, vermute ich. Ich, hm, wollte zuerst sagen, daß ich schlimmstenfalls lange deprimiert sein könnte. Aber jetzt sehe ich ein, daß nicht die Ablehnung daran schuld wäre, sondern meine Auffassung davon, hm, abgelehnt zu werden.

Therapeut: Dann könnte Ihnen, in Wirklichkeit, gar nicht so viel passieren, wenn man Sie ablehnt. Stimmt das?

Klient: Ja. Tatsächlich könnte ich dabei etwas lernen, wie man sich einer attraktiven Frau nähert. Und ich könnte auch etwas Wertvolles über mich selbst erfahren.

Therapeut: In Ordnung. Sie können jetzt diese Methode – nämlich sich selbst diese vier Fragen zu stellen und zwar solange, bis Sie vernünftige Antworten gefunden haben – jeden Tag wenigstens zehn Minuten selbst üben, selbst wenn sich in Ihrem Leben nicht viel abspielt und selbst wenn keine Gefahr besteht, abgelehnt zu werden. Und Sie können es mit der Methode der operanten Konditionierung kombinieren, um die Wahrscheinlichkeit zu erhöhen, daß Sie wirklich zehn Minuten jeden Tag daran arbeiten.

Klient: Oh, ich weiß jetzt Bescheid. Das ist die Skinnersche Methode der Verstärkung.

Therapeut: Ja, im Grunde schon. Sie finden erst heraus, was Sie wirklich gerne machen und Ihnen im allgemeinen Spaß macht – oder Ihnen Spaß machen würde – jeden Tag. Wie Sex, Essen, Rauchen, sich mit Freunden unterhalten usw. Was macht Ihnen am meisten Spaß, würden Sie sagen, so in dieser Richtung?

Klient: Wie wäre es, wenn ich sagen würde, Eiscreme essen?

Therapeut: Dann essen Sie jeden Tag, oder versuchen es jedenfalls, Eis zu essen?

Klient: Oh, ja. Ich esse selten weniger als einen halben Liter Eis. Es macht mir Riesenspaß.

Therapeut: Schön. Was machen Sie besonders ungerne, dem Sie immer aus dem Wege gehen?

Klient: Hm. Meine Wohnung sauberzumachen. Ich schiebe es immer wieder auf. Ich mache es nur selten.

Therapeut: O.K. Dann nehmen wir mal an, Sie sind damit einverstanden – ich meine in Wirklichkeit, es ist Ihre Meinung – daß, wenn Sie täglich wenigstens zehn Minuten damit zubringen, Ihre verrückte Vorstellung in Abrede zu stellen und dagegen anzukämpfen: »Es ist schrecklich, von einer Frau, die ich attraktiv finde, abgelehnt zu werden.« Nur dann werden Sie sich an diesem Tag ein Eis gönnen. Und wenn es Ihnen nicht gelingt, dagegen anzukämpfen, werden Sie nicht nur auf das Eis als Verstärkung verzichten müssen, sondern Sie werden sich auch die Strafe auferlegen, wenigstens eine Stunde lang Ihre Wohnung sauber zu machen.

Der Klient war damit einverstanden, gegen seine Tendenz, alles noch schrecklicher zu machen, selbständig mit Hilfe des Lernens am Erfolg, anzukämpfen und innerhalb der nächsten drei Wochen gab er langsam die Vorstellung auf, daß attraktive Frauen ihn akzeptieren *müßten.* Dies gelang ihm so gut, daß er ebenfalls damit begann, seine irrationale Überzeugung zu bekämpfen, daß er beim Geschlechtsverkehr lange aushalten müßte; und als er allmählich auch diese Vorstellung aufgab und auch aufhörte, sich selbst zu demütigen, weil er zu schnell einen Orgasmus hatte, ejakulierte er nicht mehr so frühzeitig.

Ich verwendete mit dem Klienten zahlreiche andere kognitive, gefühlsmäßige und verhaltenstherapeutische Methoden, gemäß der umfassenden Behandlungsmethoden der rational-emotionalen Therapie. Im kognitiven Bereich verwendete ich die Methoden der Sinnesvorstellungen (sensory imagery) und der rational-emotionalen Vorstellungen (rational emotive imagery). Bei der Methode der Sinnesvorstellungen sollte er üben, sich vorzustellen, er liege mit einer Frau im Bett, bekommt eine schöne Erektion und genießt den aktiven vaginalen Geschlechtsverkehr fünf Minuten lang oder noch länger. Bei der Methode der rational-emotionalen Vorstellung, wie sie Maultsby (1975; Maultsby and Ellis, 1975) skizziert haben, zeigte ich ihm, wie er sich lebhaft vorstellen sollte, beim Versuch, sich mit einer Frau zu verabreden, zu versagen und auch gelegentlich zu versagen, beim Geschlechtsverkehr lange auszuhalten; um bei dieser Vorstellung, nämlich auf diesen beiden Gebieten zu versagen, seine »normalen« Reaktionen von Panik und Depression umzuwandeln in Gefühle des Kummers und der Enttäuschung, indem sich gleichzeitig sein Gefühl verändert, beim Erlebnis des Versagens nicht mehr so heftig zu reagieren.

Auf kognitiver Ebene erklärte ich dem Klienten einige weitverbreitete Mythen und Fakten über die Sexualität. Ich zeigte ihm, wie man die meisten Frauen ohne viel Mühe auch ohne Koitus befriedigen könnte, falls er keine Erektion bekommen würde oder beim Geschlechtsverkehr nicht lange aushalten würde und wie er durch die Methoden des »sensate focus«, die durch Masters und Johnson (1970) berühmt wurde, der aber auch von der Sextherapie der rational-emotionalen Therapie in den fünfziger Jahren gelehrt worden war, anwenden könnte.

Auf emotionaler Ebene wendete ich mit anderen Gruppenmitgliedern die Methode der direkten Konfrontierung an, um dem Klienten zu helfen, sich einigen seiner grundlegenden Probleme zu stellen und frei über sie zu sprechen. Wir zeigten ihm mit Hilfe der emotionalen Rückkoppelung (feedback) von seiten der Gruppenmitglieder, wie attraktiv er auf Frauen wirkt; und wir gaben ihm gelegentlich die Gelegenheit, mit direkter Unterstützung einiger Gruppenmitglieder, die sich freiwillig zur Verfügung stellten, ihm bei seinem – von uns zur Aufgabe gestellten – Versuch, sich mit einer Frau zu verabreden, zu begleiten, um sich zu vergewissern, ob er sich wirklich einer attraktiven Frau nähert.

Auf verhaltenstherapeutischer Ebene wandte ich bei dem Klienten die Methode an, ihm mehrere aktiv-direktive Aufgaben, auch in vivo Desensibilisierungsaufgaben genannt, zu stellen. Die anderen Gruppenmitglieder und ich gaben ihm verschiedene Aufgaben, die sich im Schwierigkeitsgrad unterschieden, um sich mit Frauen zu unterhalten, den Versuch zu machen, sich mit ihnen zu verabreden und direkte erotische Annäherungsversuche zu machen. Um seine Feindseligkeit gegen Autoritätspersonen abzubauen, gab ich ihm direkt die Aufgabe, mit seinen Eltern wieder verstärkten Kontakt aufzunehmen, den er normalerweise gemieden hatte, so daß er 1. ihnen gegenüber intensive Haß- und Rebellionsgefühle empfinden konnte, 2. um genau zu beobachten, wie er diese Gefühle irrational selbst erzeugt und 3. um seine Überzeugungen zu bekämpfen, die diese Feindseligkeit hervorrufen.

Im Laufe von 14 Einzelsitzungen und 34 Gruppensitzungen hatte der Klient deutliche Fortschritte gemacht. Er hatte beinahe seine ganze Scheu überwunden, wenn es darum ging, mit Frauen in Kontakt zu kommen, wenn er sie gutaussehend fand. Beim aktiven Geschlechtsverkehr brachte er es gewöhnlich auf mindestens fünf Minuten und manchmal konnte er den Orgasmus solange zurückhalten, daß er sein ganzes Vorstellungsvermögen brauchte, um ihn zu erreichen. Seine Feindseligkeit seinen Eltern gegenüber war verschwunden, obwohl er sie nicht besonders gerne besuchte. Seinem Vorgesetzten gegenüber verlor er seine Angst und seinen Zorn, und indem der Klient ihm gegenüber die pädagogischen Methoden der rational-emotionalen Therapie anwandte, hatte sein Vorgesetzter sogar das Gefühl, vom Klienten beträchtlich unterstützt und etwas abhängig zu werden.

Am Ende der Therapie berichtete der Klient: »Ich glaube, ich werde nicht wieder in die alte Gewohnheit zurückfallen, mich selbst zu erniedrigen. Ich weiß, daß ich in Zukunft auf verschiedene Art mit Frauen schlafen werde. In den letzten Monaten habe ich eine lange Strecke zurückgelegt, aber es ist mir noch nicht gelungen, mit einer Frau eine längere Liebesbeziehung aufrechtzuerhalten, wozu ich kommen möchte. Aber ich bin sicher, ich meine praktisch sicher, daß ich mich nicht mehr selbst erniedrigen werde, ganz gleich, wie töricht ich mich verhalte. Ich bin entschlossen, *mich* zu akzeptieren, trotz meines idiotischen Verhaltens, mir selbst das Leben schwer zu machen. Wenigstens werde ich es versuchen!«

Zusammenfassung

Die rational-emotionale Therapie bedient sich einer umfassenden Behandlungsmethode, die die kognitiven, philosophischen und an Wertmaßstäben orientierten Aspekte der menschlichen Persönlichkeit besonders betont. Sie vertritt die Auffassung, daß die meisten Menschen ihre psychologischen Symptome selbst erzeugen, aber auch die Möglichkeit haben, bei kontinuierlicher Anstrengung und Mühe ihre grundlegenden Eigenschaften zu modifizieren, diese Symptome zu eliminieren oder zu reduzieren und so für Störungen weniger anfällig zu werden. Ihr Ziel liegt nicht so sehr in der Symptombeseitigung, als vielmehr in einer philosophischen Lösung der fundamentalen »emotionalen« Probleme des einzelnen. Klinische und empirische Untersuchungen bestätigen dies immer wieder; und sie gedeiht als wesentlicher und lebenswichtiger Teil der sich erst seit kurzer Zeit entwickelnden kognitiven Verhaltenstherapie (cognitive-behavior therapy). Obwohl die rational-emotionale Therapie kaum ein Allheilmittel für jede Art von Krankheiten ist, liefert sie einen wichtigen Beitrag für die psychotherapeutischen Methoden der Gegenwart.

3

Transaktions-Analyse: Eine Einführung

Thomas A. Harris[1]

Ein Hauptgrund, warum die Transaktions-Analyse uns ein berechtigtes Maß an Hoffnung gibt, die Kluft zwischen Behandlungsnotwendigkeit und Behandlungsmöglichkeit der universalen Lebensprobleme zu überbrücken, die jeden Menschen zu bestimmten Zeiten bedrücken, liegt darin, daß sie sich am besten bei der Arbeit in Gruppen bewährt. Es handelt sich dabei eher darum, wie man unterrichtet und lernt, und nicht so sehr um eine konfessionelle oder archäologische Erforschung der tieferen Schichten der menschlichen Psyche. In meiner privaten psychiatrischen Praxis gelang es mir durch diese Methode, viermal so viele Personen zu behandeln wie vorher. Während meiner 25-jährigen Tätigkeit als Psychiater, in der ich mit einzelnen Menschen und in der Administration mit großen institutionellen Programmen arbeitete, fesselte und erregte mich nichts so stark wie der authentische Wandel, der sich beim einzelnen innerhalb einer Gruppe vollzog, die das Wissen und die Anwendung der Transaktions-Analyse benutzte.

Einer der wichtigsten Beiträge der Transaktions-Analyse besteht darin, daß sie den Menschen ein Werkzeug gegeben hat, das sie benutzen können. Jeder kann es benutzen. Man muß nicht »krank« sein, um davon zu profitieren. Es erfordert die Motivation, diese Methode längere Zeit überall dort anzuwenden, wo die Menschen wichtige Beziehungen eingegangen sind. Die Transaktions-Analyse hat den Menschen, die sich eher verändern als anpassen wollen, eine neue Antwort gegeben. Sie ist für Menschen, die eher eine Transformation als eine Bestätigung wünschen. Sie ist realistisch in der Weise, daß sie den Patienten mit der Tatsache konfrontiert, daß er für das verantwortlich ist, was in der Zukunft geschehen wird, ganz gleich, was sich in der Vergangenheit ereignet hat. Außerdem befähigt sie die Personen, sich zu ändern, Selbstkontrolle und Selbststeuerung auszuüben und die Realität der Freiheit der Wahl zu entdecken. – Es ist eine außerordentlich lohnende Erfahrung zu erleben, wie die Menschen sich nach ihrer ersten Gruppenerfahrung zu wandeln beginnen, es ihnen besser geht, sie wachsen und die Tyrannei ihrer Vergangenheit hinter sich lassen. Wir gründen unsere noch größere Hoffnung auf die Beteuerung, daß das, was einst war, wieder kommen kann. Wenn die Beziehung zwischen zwei Menschen kreativ, erfüllend und frei von Furcht gestaltet werden kann, dann folgt daraus, daß dies auch für zwei oder drei oder hundert Beziehungen gelten kann oder, wovon wir überzeugt sind, für die Beziehungen, die ganze soziale Gruppen oder sogar Nationen beeinflussen können. Die Probleme in der Welt – und sie werden täglich in den Schlagzeilen, die von Gewalttätigkeit und Verzweiflung berichten, aufgezeichnet – sind im wesentlichen die Probleme jedes einzelnen. Wenn sich die Individuen ändern, kann sich der Lauf der Welt ändern. Dies ist eine Hoffnung, an die es sich lohnt zu glauben.

Zu allen Zeiten der Geschichte ist das Wesen des Menschen in einer Hinsicht immer gleich gesehen worden: daß nämlich der Mensch ein uneinheitliches, ein aus Gegensätzen gemischtes Wesen ist. Am häufigsten hat sich diese mythische, philosophische oder religiöse Vorstellung ausgedrückt in der Idee von der Doppelnatur des Menschen: ... »Zwei Seelen wohnen, ach, in meiner Brust.« Immer wurde dieses Denkmodell vom Menschen als einem Zwitterwesen so ausgelegt, daß die zwei Seelen in der einen Brust miteinander im Streit liegen: das Gute widerstreitet dem Bösen, das Gemeine dem Erhabenen, das Innere dem Äußeren.

»Es gibt Zeiten«, schreibt Somerset Maugham, »in denen ich die verschiedenen Teile meines Charakters mit Bestürzung betrachte. Ich erkenne, daß ich aus verschiedenen Personen bestehe und daß die Person, die im Moment die Oberhand hat, unvermeidlich einer anderen weichen wird. Aber welche ist die wirkliche? Alle oder keine?«

Als Sigmund Freud um die Jahrhundertwende mit seinen bahnbrechenden Arbeiten hervortrat, wurde diese Frage neu aufgerollt. Der Wiener Nervenarzt ging das Problem mit naturwissenschaftlichen Methoden an. Sein grundlegend neues Konzept war die Theorie: der Kampf der gegnerischen Kräfte wird *im Unbewußten* ausgetragen. Die gegnerischen

Kräfte erhielten probeweise Namen. Das Über-Ich bekam die Rolle des Zensors, der das Es (das Reservoir der triebhaften psychischen Energie) seiner Kontrolle unterwerfen will, während das Ich als Mittler zwischen beiden im »aufgeklärten Selbst-Interesse« der ganzen Person auftritt.

Freud hat eine großartige Pioniertat vollbracht, indem er die theoretischen Grundlagen schuf, auf denen wir heute aufbauen. Für dieses bleibende Verdienst sind wir ihm zu tiefem Dank verpflichtet. Im Laufe der Jahre haben Theoretiker und Kliniker seine Theorien weiterentwickelt, systematisiert und ergänzt. Doch die »Kräfte im Inneren« entschlüpfen nach wie vor dem sicheren Begreifen. Die Literatur über Psychoanalyse schwillt mehr und mehr an, auf die Bücher legt sich der Staub, schon entsteht eine unübersehbare Sekundärliteratur, und trotzdem: all diese Anstrengungen haben anscheinend das wesentliche Ziel nicht erreicht, nämlich den Menschen bei der Lösung ihrer Probleme zu helfen, um die es der ganzen Psychoanalyse eigentlich geht.

Der Gehirnchirurg mit der Sonde

Wer die Richtigkeit einer Hypothese nachweisen will, muß empirisch abgesicherte Beweise dafür vorlegen. Bis vor kurzem gab es kaum genug bewiesene Auskünfte darüber, wie sich der Erkenntnisprozeß im Gehirn abspielt, wie im einzelnen die zwölf Milliarden Zellen des Gehirns arbeiten, wenn sie Erinnerungen speichern, und welche Zellen an diesem Vorgang beteiligt sind. Wieviel Erinnerung bleibt erhalten? Kann sie verschwinden? Arbeitet das Gedächtnis generalisierend oder spezialisierend? Warum lassen sich einige Gedächtnisinhalte leichter abrufen als andere?

Ein anerkannter Forscher auf diesem Gebiet ist Wilder Penfield, Neurochirurg an der Universität Montreal. Seit 1951 hat er aufschlußreiche Versuche ausgewertet, mit denen er die Hypothesen empirisch bestätigen oder korrigieren konnte.

Penfield hatte Patienten mit Jackson-Epilepsie zu behandeln. Dabei handelt es sich um eine Sonderform der Epilepsie mit motorischen und sensiblen Anfällen, die von einem umschriebenen Krankheitsherd im Gehirn verursacht werden. Im Verlauf der operativen Eingriffe unternahm Penfield eine Reihe von Versuchen, bei denen er die Großhirnrinde des Schläfenlappens durch eine galvanische Sonde mit schwachen elektrischen Strömen reizte. Die Reaktionen auf diese Reizung hat Penfield untersucht und die Versuchsergebnisse mehrerer Jahre gesammelt. Der Patient war bei diesen Eingriffen an seiner Großhirnrinde nur örtlich betäubt, im übrigen aber bei vollem Bewußtsein und konnte mit Penfield sprechen. Die Aussagen der Versuchspersonen lösten Überraschung aus.

Die vielleicht wichtigste Entdeckung war, daß nicht nur vergangene Ereignisse detailliert aufgezeichnet werden, sondern auch die Gefühle, die mit diesen Ereignissen verbunden waren. Ein Ereignis und das Gefühl, das von diesem Ereignis ausgelöst wurde, sind im Gehirn unauflösbar miteinander verwoben, so daß eines nicht ohne das andere hervorgerufen werden kann.

»Der Patient«, schreibt Penfield, »empfindet wieder die Emotion, die ursprünglich die Situation in ihm bewirkt hatte, und er ist sich der gleichen Interpretationen bewußt, ob sie nun falsch oder richtig waren, die er zuerst auf das Erlebnis anwandte. Darum ist eine hervorgerufene Erinnerung nicht die genaue fotografische oder phonografische Reproduktion vergangener Ereignisse. Sie reproduziert das Ganze: was der Patient sah, hörte, fühlte und verstand.«

»Erinnerung, die im Schläfenlappen wachgerufen wird, behält den detailierten Charakter des ursprünglichen Erlebnisses. Wenn sie auf diese Weise dem Patienten ins Bewußtsein gebracht wird, scheint das Erlebnis in der Gegenwart stattzufinden, vielleicht weil es sich so unwiderstehlich seiner Aufmerksamkeit bemächtigt. Erst wenn es vorbei ist, kann der Patient es als eine lebhafte Erinnerung aus der Vergangenheit erkennen.«

Aus diesen Feststellungen ergibt sich, daß das Gehirn wie ein Hi-Fi-Gerät originalgetreu jedes Erlebnis von der Geburt an aufnimmt, vielleicht sogar noch aus der Zeit davor. Die Informationsspeicherung im Gehirn ist zweifellos ein chemischer Datenverarbeitungsprozeß, der noch nicht völlig erklärt werden kann. Obwohl er zu stark vereinfacht sein mag, hat sich doch der Vergleich mit dem Tonbandgerät bei der Erklärung des Erinnerungsvorgangs bewährt. Wichtig ist dabei, daß ungeachtet der Aufnahmemethode die Wiedergabe Hi-Fi-Qualität hat.

Als er noch am Anfang seiner Entwicklung der Transaktions-Analyse stand, beobachtete Berne, daß man sehen kann, wie sich Menschen vor den eigenen Augen verändern, während man sie betrachtet und ihnen zuhört. Es ist eine totale Art der Veränderung. Simultane Veränderungen treten auf im Gesichtsausdruck, im Vokabular, in Gesten, Haltungen und Körperfunktionen, die das Gesicht erröten, das Herz klopfen und den Atem schneller gehen lassen.

Diese abrupten Veränderungen können wir bei jedem beobachten: bei dem kleinen Jungen, der in Tränen ausbricht, wenn sein Spielzeug nicht funktioniert; bei dem Teenager, dessen trauriges Gesicht vor Erregung leuchtet, wenn das Telefon endlich klingelt; bei dem Mann, der erbleicht und zittert, wenn er von geschäftlichen Fehlschlägen erfährt; bei dem Vater, dessen Gesicht »sich versteinert«, wenn der Sohn ihm widerspricht. Das Individuum, das sich so verändert, ist in Knochenbau, Haut und Bekleidung immer noch dieselbe Person. Was also verändert sich in ihm? *Von* was *zu* was verändert es sich?

Veränderungen von einem Zustand in einen anderen drücken sich in Benehmen, Erscheinung, Worten und Gesten aus. Eine vierunddreißigjährige Frau suchte meine Hilfe, weil sie an Schlaflosigkeit litt, sich ständig sorgte, »was ich meinen Kindern antue«, und immer nervöser wurde. Im

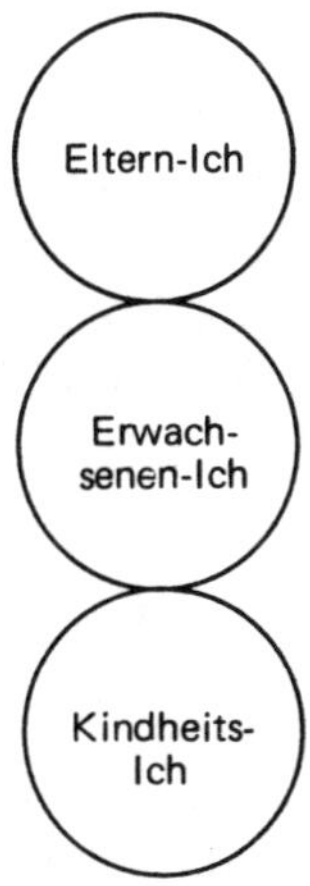

Abb. 1 Die Persönlichkeit

Laufe der ersten Stunde begann sie plötzlich zu weinen und sagte: »Ihnen gegenüber komme ich mir wie eine Dreijährige vor.« Sie sprach und benahm sich wie ein kleines Kind. Ich fragte sie: »Was ist geschehen, daß Sie sich wie ein Kind vorkommen?« – »Ich weiß nicht«, antwortete sie, und dann fügte sie hinzu: »Ich kam mir plötzlich wie ein Versager vor.« Ich sagte: »Gut, dann wollen wir über Kinder und über die Familie reden. Vielleicht können wir etwas in Ihnen entdecken, was diese Gefühle des Versagens und der Verzweiflung hervorruft.« Später in der Stunde veränderten sich wieder plötzlich ihre Stimme und ihr Benehmen. Sie wurde kritisch und dogmatisch: »Immerhin haben auch Eltern Rechte. Man muß Kindern ihre Grenzen setzen.« Während einer Stunde verwandelte sich diese Mutter in drei verschiedene Persönlichkeiten: in die eines kleinen Kindes, das von Gefühlen beherrscht wird, in die »Rolle« selbstgerechter Eltern und in die einer vernünftigen, logisch denkenden, erwachsenen Frau.

Ständige Beobachtung hat die Annahme bestätigt, daß diese drei Zustände in allen Menschen existieren. Es ist, als stecke in jedem Menschen derselbe kleine Mensch, der er mit drei Jahren gewesen ist. In ihm sind auch seine eigenen Eltern. Das sind Gehirnaufzeichnungen tatsächlicher Erfahrungen von inneren und äußeren Ereignissen, von denen sich die wichtigsten innerhalb der ersten fünf Lebensjahre abspielten. Und es gibt einen dritten Zustand, der sich von diesen beiden unterscheidet. Die ersten zwei werden Eltern-Ich und Kindheits-Ich genannt, der dritte Erwachsenen-Ich.

Diese Seinszustände sind keine Rollen, sondern psychische Realitäten. Berne sagt, daß »Eltern-Ich, Erwachsenen-Ich und Kindheits-Ich keine bloßen Begriffe sind wie Über-Ich, Ich und Es ... sondern phänomenologische Realitäten.« Der jeweilige Ich-Zustand wird herbeigeführt durch die Wiedergabe von gespeicherten Informationen, die ein vergangenes Ereignis »zu Protokoll« gegeben hat und an dem wirkliche Menschen, wirkliche Zeiten, wirkliche Orte, wirkliche Entscheidungen und wirkliche Empfindungen beteiligt sind.

Das Eltern-Ich

Das Eltern-Ich ist eine ungeheure Sammlung von Aufzeichnungen im Gehirn über ungeprüft hingenommene oder aufgezwungene äußere Ereignisse, die ein Mensch in seiner frühen Kindheit wahrgenommen hat. Diese Periode umfaßt etwa die ersten fünf oder sechs Lebensjahre. Das ist die Periode vor der sozialen Geburt des Individuums, bevor es mit den Anforderungen der Gesellschaft konfrontiert wird, den Kreis der Familie überschreitet und in die Schule eintritt (Abb. 2). Das Wort Eltern-Ich trifft diesen Sachverhalt insofern gut, als die wichtigsten Aufzeichnungen durch das Beispiel und durch Äußerungen der eigenen wirklichen Eltern oder Elternvertreter zustande kommen. Alles, was ein Kind seine Eltern tun sah und sagen hörte, ist im Eltern-Ich aufbewahrt. Jeder hat ein Eltern-Ich, weil jeder in den ersten fünf bis sechs Lebensjahren äußere Reize empfangen hat. Das Eltern-Ich ist bei jedem Menschen eigenständig, weil es die Aufzeichnung derjenigen Kombination von Früherfahrungen ist, die nur dieser Mensch in dieser Form erlebt hat.

Das Tatsachenmaterial im Eltern-Ich wird original aufgenommen und ohne Korrektur registriert. Die Situation des kleinen Kindes, seine Abhängigkeit und seine Unfähigkeit, mit sprachlichen Mitteln Sinnzusam-

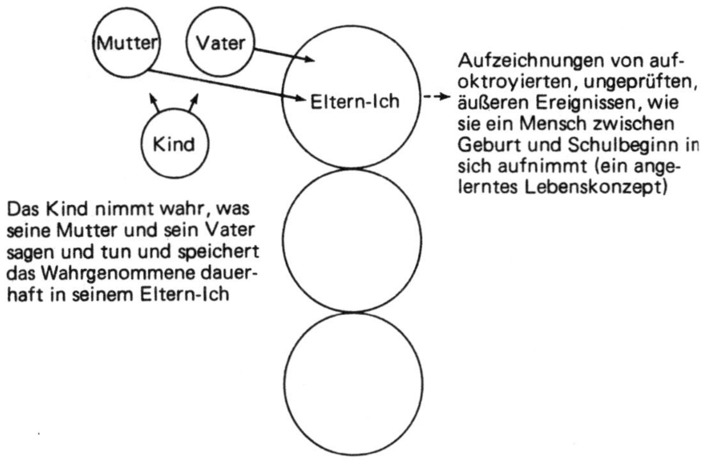

Abb. 2 Das Eltern-Ich

menhänge herzustellen, machen es ihm unmöglich, zu modifizieren, zu korrigieren oder zu erklären. Wenn daher die Eltern feindselig sind und ständig miteinander im Kriegszustand leben, wird ein Kampf aufgezeichnet mitsamt dem Schrecken, der das Kind erfaßt, wenn es sieht, wie zwei Menschen einander fast zerstören, von denen sein Weiterleben abhängt. Es gibt keine Möglichkeit, in diese Aufzeichnung die Tatsache einzublenden, daß der Vater betrunken ist, weil er gerade Pleite gemacht hat, oder daß die Mutter völlig am Ende ist, weil sie gerade entdeckt hat, daß sie doch wieder schwanger ist.

Im Eltern-Ich sind alle Ermahnungen und Regeln, alle Gebote und Verbote aufgezeichnet, die ein Kind von seinen Eltern zu hören bekommen hat oder von ihrer eigenen Lebensführung ablesen konnte. Sie reichen von den frühesten elterlichen Äußerungen, die nicht sprachlich, sondern durch den Klang der Stimme, durch den Gesichtsausdruck, durch Liebkosungen oder durch ihr Fehlen ausgedrückt werden, bis zu den zunehmend komplizierten Regeln und Vorschriften, die von den Eltern ausgesprochen werden, sobald der kleine Mensch Worte verstehen kann. In diesen Aufzeichnungen sind all die tausend »Neins« enthalten, die auf das Krabbelkind niederregnen, das ewige »Das darfst du nicht«, die entsetzten und leidenden Blicke der Mutter, wenn das Kind durch seine Ungeschicklichkeit Schmach über die Familie brachte in Form von Tante Ediths zerbrochener antiker Vase.

Ebenso sind die Koseworte einer glücklichen Mutter und die frohen Blicke eines stolzen Vaters aufgezeichnet. Wenn wir bedenken, daß dieser Empfänger ständig eingeschaltet ist, fangen wir an, die ungeheure Materialmenge zu begreifen, die im Eltern-Ich gesammelt ist. Später kommen die noch komplizierteren Aussprüche: Sag immer die Wahrheit! Bezahle deine Rechnungen! Sage mir, mit wem du umgehst, und ich sage dir, wer du bist. Ein braver Junge ißt seinen Teller leer. Verschwendung ist die erste aller Sünden. Trau niemals einem Mann! Trau niemals einer Frau! Was man auch tut, es ist immer verkehrt! Trau keinem Polizisten! Sich regen bringt Segen. Wer sich in Gefahr begibt, kommt darin um. Was du nicht willst, das man dir tu, das füg auch keinem andern zu. Wer nicht betrügt, der wird betrogen.

Der entscheidende Punkt ist, daß diese Regeln, ob sie nun im Lichte einer vernünftigen Ethik gut oder schlecht sein mögen, als *Wahrheit* aufgezeichnet werden, die aus der Quelle aller Sicherheit kommt, von den »großen Leuten«, denen das kleine Kindchen zu dieser Zeit gefallen und gehorchen muß. Die Aufzeichnung bleibt dieselbe. Niemand kann sie löschen. Ein ganzes Leben lang steht sie für die Wiedergabe zur Verfügung.

Wenn wir uns klarmachen, daß Tausende solcher einfacher Lebensregeln im Gehirn jedes Menschen aufgezeichnet sind, fangen wir an zu begreifen, welch einen umfassenden Datenspeicher das Eltern-Ich enthält. Viele dieser Anordnungen sind durch zusätzliche Imperative wie »Du darfst nie« und »Du mußt immer« und »Vergiß bloß nie« verstärkt, und wir können annehmen, daß sie von vornherein bestimmte Haupt-Nervenbahnen in Beschlag nehmen, die fertige Leitvorstellungen für heutige Transaktionen liefern. In diesen Regeln liegt der Keim für Zwangshandlungen, Ticks und Verschrobenheiten, die im späteren Verhalten auftreten. Ob die Vorschriften des Eltern-Ichs Last oder Lust bedeuten, hängt davon ab, wie sie sich für die Gegenwart eignen und ob sie vom Erwachsenen – Ich, dessen Funktion in diesem Kapitel noch behandelt wird, novelliert wurden oder nicht.

Der Eltern-Ich-Kodex speist sich noch aus anderen Quellen als nur aus dem Umgang mit Mutter und Vater. Ein Dreijähriger, der täglich stundenlang vor dem Fernseher sitzt, zeichnet auf, was er sieht: Das Programm, von dem er sich berieseln läßt, »programmiert« ihn für eine bestimmte Lebenshaltung. Wenn er brutale Sendungen sieht, dann glaube ich, daß er in seinem Eltern-Ich Brutalität registriert: So ist es, so ist das Leben! Zu dieser Folgerung muß er kommen, wenn die Eltern nichts dagegen tun, indem sie auf ein anderes Programm umschalten. Wenn aber auch seine Eltern gewaltstrotzende Filme genüßlich anschauen, bekommt der Kleine eine doppelte Bestätigung – vom Bildschirm und von der Familie –, und er nimmt an, daß Gewalttätigkeit erlaubt ist, solange man nur die erforderliche Anzahl von Ungerechtigkeiten zusammenbringt. Der kleine Mensch sammelt seine eigenen Gründe dafür, alles zusammenzuschießen, genau wie der Sheriff; drei Nächte mit Viehdiebstahl, ein Überfall auf die Postkutsche und ein Fremder, der Miss Kitty belästigt – solche Ereignisse können in anderer Form auch im Leben des Kindes vorkommen. Vieles, was ein Kind von seiten älterer Geschwister oder anderer Autoritätsfiguren erfährt, ist ebenfalls im Eltern-Ich aufgezeichnet. Jede äußere Situation, in der sich der kleine Mensch so abhängig fühlt, daß er sie nicht mehr in Frage stellen oder sich begreiflich machen kann, gerinnt zu Erlebnisinhalten, die im Eltern-Ich gespeichert werden. (Es gibt eine andere Art äußerer Erfahrung beim sehr kleinen Kind, die nicht im Eltern-Ich registriert wird und die wir bei der Beschreibung des Erwachsenen-Ichs untersuchen werden.)

Das Kindheits-Ich

Während äußere Ereignisse als Datenkombination registriert werden, die wir als Eltern-Ich bezeichnen, erfolgt gleichzeitig eine andere Aufzeichnung, die nun *innere* Ereignisse erfaßt: nämlich die Reaktionen des kleinen Menschen auf das, was er sieht und hört (Abb. 3). In diesem Zusammenhang müssen wir uns an Penfields Beobachtung erinnern.

»Der Patient empfindet wieder die Emotion, die die ursprüngliche Situation in ihm erregt hatte, und er ist sich der gleichen Sinndeutung bewußt, die er selbst zuerst dem Erlebnis gegeben hatte. Dabei spielt es keine Rolle, ob diese Sinndeutung den Tatsachen entsprach oder nicht. Darum ist hervorgerufene Erinnerung nicht die genaue fotografische oder phonografische Reproduktion vergangener Szenen oder Ereignisse, sondern die

Reproduktion dessen, *was der Patient sowohl gesehen und gehört als auch gefühlt und verstanden hat.«*

Diese Datenkombination aus Gesehenem, Gehörtem, Gefühltem und Verstandenem definieren wir als Kindheits-Ich. Da der kleine Mensch während seiner folgenreichsten Früherlebnisse noch über keinerlei sprachliche Mittel verfügt, bestehen die meisten seiner Reaktionen aus Gefühlen.

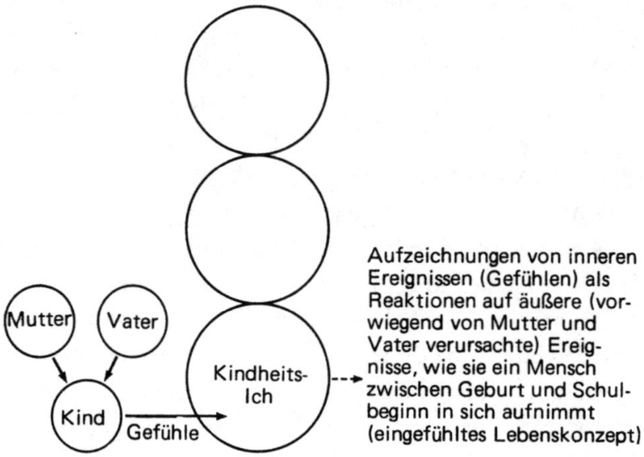

Abb. 3 Das Kindheits-Ich

Wir müssen uns in seine Situation während dieser frühen Jahre hineindenken. Er ist klein, er ist abhängig, er ist noch ganz dumm, er ist ungeschickt, er hat keine Worte, mit denen er Zusammenhänge erfassen könnte. Der amerikanische Dichterphilosoph Ralph Waldo Emerson (1803 – 1882) sagt, wir »müssen wissen, wie ein verdrießlicher Blick einzuschätzen ist«. Ein Kind kann das noch nicht wissen. Ein ärgerlicher Blick in seine Richtung kann bei ihm nur Gefühle erzeugen, die seinen Bestand an negativen Daten über sich selbst vergrößern. *Es ist mein Fehler. Schon wieder. So ist es immer. So wird es immer sein. Das hört nie auf.*

In dieser Zeit der Hilflosigkeit werden unendlich viele totale und unnachgiebige Forderungen an das Kind gestellt. Einerseits hat es den genetisch einprogrammierten Drang, seinen Darm zu entleeren, wann immer es soweit ist, den Drang, alles zu erkunden und kennenzulernen, auf alles mögliche draufzuhauen, überall zu ziehen und zu bohren, seine Gefühle auszudrücken und all die angenehmen Empfindungen zu erleben, die mit Bewegung und Entdeckung zusammenhängen. Auf der anderen Seite steht die ständige Forderung der Umwelt, vor allem der Eltern, auf diese Urbefriedigung zu verzichten, um dafür mit der elterlichen Anerkennung belohnt zu werden. Diese Anerkennung, die so schnell entzogen werden kann, wie sie gespendet worden ist, bedeutet für das Kind, das noch keinen bestimmten Zusammenhang zwischen Ursache und Wirkung sieht, ein unbegreifliches Geheimnis.

Überhaupt ist die Erziehung als langwieriger Sozialisierungsprozeß mit unzähligen großen und kleinen Frustrationserlebnissen verbunden, die sich in negativen Gefühlen niederschlagen. Aus dieser Gefühlsgrundlage keimt in dem kleinen Menschen schon früh der Gedanke auf: »Ich bin nicht o.k.« Wir bezeichnen diese umfassende Selbsteinschätzung als das Nicht o.k. oder das Nicht o.k.-Kindheits-Ich. Dieser Schluß und die ständige Erfahrung der kummervollen Gefühle, die zu ihm geführt haben und ihn bestätigen, werden dauerhaft im Gehirn registriert und lassen sich nicht löschen. Diese unauslöschliche Aufzeichnung ist das Vermächtnis unserer Kindheit. Jedes Kind häuft ein solches Erbe an. Selbst das Kind gütiger, liebevoller, wohlmeinender Eltern. Denn das Problem ergibt sich nicht etwa aus den Intentionen der Eltern, sondern aus der Situation an sich, in der ein Kind lebt. (Im nächsten Kapitel wird darauf näher eingegangen.)

Wenn selbst die Kinder »guter« Eltern die Bürde des Nicht-o.k. tragen müssen, dann dämmert einem die Ahnung, wie belastet Kinder sein müssen, deren Eltern sich grober Vernachlässigung, Mißhandlung und Grausamkeit schuldig machen.

Wie das Eltern-Ich ist auch das Kindheits-Ich ein Zustand, in den ein Mensch fast jederzeit während seiner alltäglichen Transaktionen versetzt werden kann. Auch heute können uns viele Dinge widerfahren, die wieder die Kindheitssituation heraufbeschwören und die selben Gefühle wecken, die wir damals empfunden haben. Häufig finden wir uns in einer Lage, wo wir nicht aus noch ein wissen, wo wir in die Ecke getrieben werden, entweder tatsächlich oder nur eingebildet. Solche Umstände schalten das Kindheits-Ich ein, und dann spielt es die ursprünglichen Gefühle von Frustration, Zurückweisung oder Verlassenheit wieder ab: Wir durchleiden die Ur-Beklommenheit des kleinen Kindes in einer späteren Version. Wenn ein Mensch von Gefühlen gepackt wird, sagen wir deshalb: sein Kindheits-Ich hat die Führung übernommen, Wenn sein Zorn stärker ist als seine Vernunft, dann sagen wir, daß sein Kindheits-Ich ihn in der Gewalt hat.

Häufig werde ich gefragt: Wann hören Eltern-Ich und Kindheits-Ich auf zu reagieren? Enthalten Eltern-Ich und Kindheits-Ich nur Erfahrungen aus den ersten fünf bis sechs Lebensjahren? Ich glaube, daß ein Kind bis zu dem Moment, in dem es sein Zuhause verläßt und seine erste selbständige Erfahrung in der Gesellschaft macht – in der Schule –, fast jeder möglichen Einstellung und Ermahnung seiner Eltern ausgesetzt ist. Weitere Äußerungen der Eltern sind von da an im wesentlichen eine Verstärkung dessen, was bereits aufgezeichnet ist. Die Tatsache, daß das Kind jetzt sein Eltern-Ich gegenüber anderen einzusetzen beginnt, wirkt ebenfalls verstärkend im Sinne der aristotelischen Vorstellung, daß wir nur Eindrücke ausdrücken. Was weitere Aufzeichnungen im Kindheits-Ich angeht, so läßt sich kaum ein Gefühl vorstellen, das ein Kind in den ersten Lebensjahren noch nicht in seiner intensivsten Form empfunden hätte. Das stimmt mit den meisten psychoanalytischen Theorien überein und entspricht auch meinen eigenen Beobachtungen.

Wie aber können wir denn auf Veränderung hoffen, wenn wir aus der Kindheit hervorgehen mit einem Erfahrungsvorrat im Eltern-Ich und im Kindheits-Ich, der unauslöschlich feststeht? Wie können wir aus dem Schatten der Vergangenheit heraustreten?

Das Erwachsenen-Ich

Im Alter von etwa zehn Monaten geschieht etwas Bemerkenswertes mit dem Kind. Bis dahin hat sein Leben hauptsächlich aus hilflosen, nicht verstandesmäßigen Reaktionen auf die Forderungen und Reize seiner Umgebung bestanden. Das Kleine hat ein Eltern-Ich und ein Kindheits-Ich. Aber ihm fehlt noch die Fähigkeit, unter seinen Reaktionsmöglichkeiten auszuwählen oder seine kleine Umgebung in seinem Sinne zu verändern. Es hat noch keine Selbststeuerung, keine Möglichkeit, sich seinen Lebensraum zu erobern. Es hat einfach entgegengenommen, was ihm in den Weg kam.

Mit zehn Monaten jedoch beginnt das Kleine die Macht über seine Bewegungen, über absichtliche Ortsveränderung auszukosten. Es kann mit Gegenständen hantieren und fängt an, sich zu rühren und sich aus dem Gefängnis der Bewegungslosigkeit zu befreien. Zwar ist der Säugling schon früher, etwa mit acht Monaten, durchaus imstande, Hilfe herbeizuschreien, um sich aus einer unbehaglichen Lage erlösen zu lassen. Aber selbst damit fertig werden kann er dann noch nicht. Mit zehn Monaten konzentriert sich der kleine Mensch, seine Spielzeuge zu untersuchen und auszuprobieren.

Professor Arnold Gesell, der Direktor des Forschungsinstituts für Kindesentwicklung an der Medizinischen Fakultät der Yale University, hat zusammen mit Professor Francis L. Ilg und zahlreichen Mitarbeitern über viele Jahre hin eine große Anzahl von Kindern beobachtet und aus dem reichen empirischen Material sogenannte Verhaltensprofile zusammengestellt, die mit großer Genauigkeit das Verhalten des normalen Kindes auf den verschiedenen Alters- und Entwicklungsstufen beschreiben. Die Ergebnisse dieser Pionierforschung sind in drei Bänden seit Anfang der vierziger Jahre erschienen. Über das Kleinkind im Alter von zehn Monaten heißt es im ersten Band mit dem Titel *»Säugling und Kleinkind in der Kultur der Gegenwart«* (New York 1943, deutsche Ausgabe: Christian Verlag, Bad Nauheim 1952):

»Der Säugling nimmt selbst sein Fläschchen bei der ersten Morgenmahlzeit ... Eine kleine Milchmenge kann manches Kind schon aus der Tasse trinken; die meisten neigen jedoch dazu, unter Verzicht auf weiteres Trinken in die Tassen zu pusten ... Es pustet gern Blasen und spielt mit Vorliebe ›Trinken‹ mit einer leeren Tasse ... Die Lautbildung wird in diesem Alter abwechslungsreicher; unartikulierte Laute fallen mehr und mehr fort. Das Kind plappert jetzt ›mama‹, ›papa‹, ›nana‹, ›gaga‹, ›dada‹. Mit Vorliebe formt es mit den Lippen Laute, singt sie in hohen Tonlagen und probiert etwa mit dem Silbenpaar ›dada‹ die verschiedensten Tonhöhen aus. Oft hält es plötzlich inne und lacht über seine eigenen Laute, besonders über die hohen ...

Mit gesammelter Aufmerksamkeit widmet sich der kleine Erdenbürger der genauen Untersuchung seiner Spielsachen. Er spielt gern mit einer Tasse und führt sie an die Lippen, als ob er daraus trinken wolle. Überhaupt steckt er alles Erreichbare in den Mund und knabbert daran. Er klatscht in die Hände oder winkt.

... Das Kind freut sich auch, wenn es seine Muskelkraft erproben kann: es sitzt gern und spielt (wenn es aufgesetzt worden ist), es lehnt sich weit nach vorn und richtet sich wieder auf. Es angelt sich ein Spielzeug, strampelt mit den Beinen, geht vom Sitzen zum Kriechen über, zieht sich hoch und läßt sich langsam wieder nieder. Es fängt an, verschiedene Richtungen einzuschlagen.

›Gesellschaftsspiele‹, die das Kind mit seinen Pflegern jetzt gern spielt, sind ›Guckguck – dada‹ und ›Lippenspiel‹ (es schlägt auf seine Lippen und bringt dabei einen Sington hervor); wenn man es an beiden Händen hält, wagt es erste Schritte; es läßt sich auch gern bäuchlings auf den Boden legen oder in ein Schaukelstühlchen setzen.

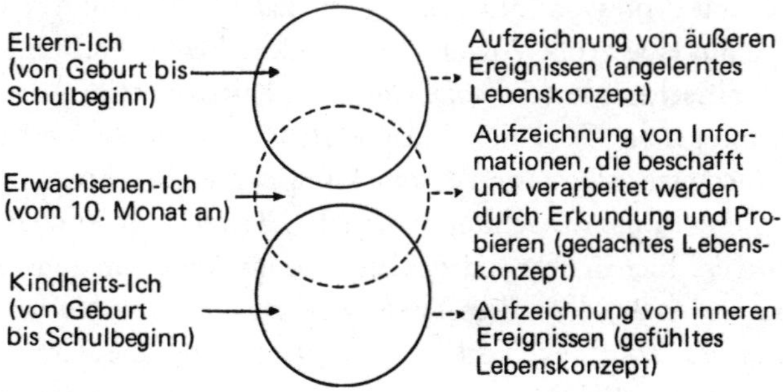

Abb. 4. Allmähliche Entstehung des Erwachsenen-Ichs vom zehnten Monat an

Bei kleinen Mädchen deuten sich erste Spuren von Schüchternheit an: Sie halten den Kopf schief und lächeln dabei, vor allem beim Baden.«

Der zehn Monate alte Säugling hat entdeckt, daß er etwas tun kann, was aus seinem eigenen Bewußtsein und seinem ganz eigenständigen Denken kommt. Mit dieser Selbstverwirklichung beginnt die Bildung des Erwachsenen-Ichs (Abb. 4). Das Erwachsenen-Ich füllt sich mit Inhalten, sobald das Kind die Fähigkeit besitzt, selbständig zu klären, worin sich die Lebenswirklichkeit unterscheidet von dem »gelernten Weltbild« seines Eltern-Ichs und von dem »gefühlten Weltbild« seines Kindheits-Ichs. Das Erwachsenen-Ich baut ein »gedachtes Weltbild« auf, indem es Informationen über die Realität sammelt und verarbeitet.

Das selbständige Bewegungsvermögen, aus dem das Erwachsenen-Ich geboren wird, dient im späteren Leben zur Beruhigung, wenn ein Mensch in Bedrängnis ist: Er geht an die frische Luft, um auf andere Gedanken zu kommen. Ähnlich gilt Auf- und Abgehen als spannungslösend. In unserem Innern ist gültig aufgezeichnet, daß Bewegung guttut, daß sie einem den nötigen Abstand verschafft zu den Dingen, daß sie einem hilft, seine Probleme deutlicher in den Blick zu bekommen.

Das Erwachsenen-Ich »ist hauptsächlich damit beschäftigt, Reize in Informationen umzuwandeln und diese Informationen auf der Grundlage früherer Erfahrung zu verarbeiten und zu speichern«.

Es unterscheidet sich sowohl vom Eltern-Ich, das »sein Richteramt ausübt, indem es sich dem Urteilsspruch anderer anschließt und übernommenen Rechtsvorschriften zum Sieg verhelfen will, als auch vom Kindheits-Ich, das eher sprunghaft reagiert, weil es sich aus dem prälogischen Denken speist und auf kaum differenzierte oder verzerrte Wahrnehmungen stützt«. Mit Hilfe seines Erwachsenen-Ichs kann der kleine Mensch allmählich den Unterschied feststellen zwischen dem Leben, wie es ihm beigebracht und gezeigt wurde (Eltern-Ich), dem Leben, wie er es gefühlt, sich gewünscht oder ausgemalt hat (Kindheits-Ich) und dem Leben, wie er es nun auf eigene Faust begreift (Erwachsenen-Ich).

Das Erwachsenen-Ich ist ein Datenverarbeitungssystem, das Entscheidungen ausspuckt, nachdem es Informationen aus drei Speichern durchgerechnet hat: aus dem Eltern-Ich, aus dem Kindheits-Ich und aus den Informationen, die das Erwachsenen-Ich gesammelt hat und noch sammelt (Abb. 5). Zu den Hauptfunktionen des Erwachsenen-Ichs gehört es, die Angaben im Eltern-Ich zu überprüfen, festzustellen, ob sie stimmen und heute noch anwendbar sind, und sie dann zu übernehmen oder zu verwerfen. Außerdem muß das Erwachsenen-Ich das Kindheits-Ich untersuchen, ob dessen Gefühle noch den Forderungen der Gegenwart angemessen sind oder aber veraltet und eine bloße Reaktion auf inzwischen längst ungültige Eltern-Ich-Daten. Das Ziel ist nicht, Eltern- und Kindheits-Ich

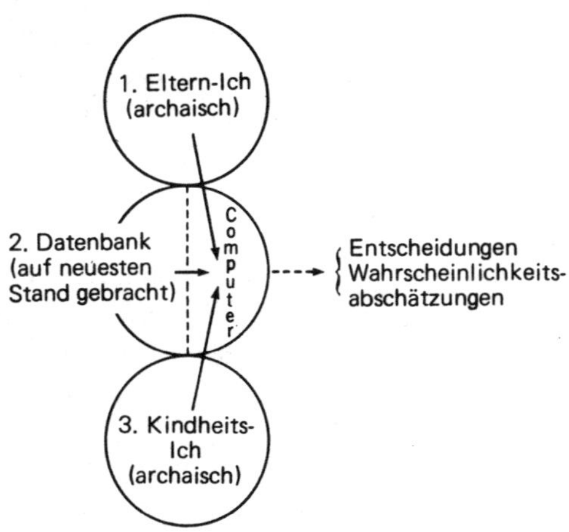

Abb. 5 Das Erwachsenen-Ich bezieht Informationen aus drei Quellen

loszuwerden, sondern unabhängig genug zu werden, um diese beiden Datenarchive gründlich zu entrümpeln. Das Erwachsenen-Ich soll, um mit Emerson zu sprechen, »sich von dem, was gut genannt wird, nicht blenden lassen, sondern soll scharf hinsehen, ob es wirklich gut ist«, beziehungsweise schlecht ist wie in der Frühentscheidung »ich bin nicht o.k.«.

Eine andere Funktion des Erwachsenen-Ichs ist die *Wahrscheinlichkeitsabschätzung.* Diese Funktion entwickelt sich im kleinen Kind langsam und hat es offenbar bei den meisten von uns schwer, im Laufe des Lebens aufzuholen. Der kleine Mensch sieht sich ständig unerfreulichen Alternativen gegenüber (»entweder du ißt deinen Spinat, oder du bekommst kein Eis«), die kaum dazu anregen, Wahrscheinlichkeiten abzuschätzen. Untaxierte Wahrscheinlichkeiten können zu vielen unserer Transaktions-Fehler führen, und unvorhergesehene Gefahrensignale können mehr Schwächeanfälle oder Lähmungen unseres Erwachsenen-Ichs verursachen als vorhergesehene.

Unrealistische, irrationale, unerwachsene Reaktionen sind bezeichnend für einen Zustand, der traumatische Neurose genannt wird. Die Gefahrensignale oder »Katastrophenmeldungen« treffen auf das Eltern-Ich und auf das Kindheits-Ich im gleichen Moment wie auf das Erwachsenen-Ich. Das Kindheits-Ich reagiert wie in der ursprünglichen Situation mit einem Gefühl von Nicht o.k. Das kann zu allen möglichen regressiven Symptomen führen. Das Individuum kann sich wieder als winziges, hilfloses, abhängiges Kind fühlen. Zu den urtümlichsten Symptomen dieser Art gehört die Denk-Blockierung. Man kann sie in geschlossenen psychiatrischen Anstalten beobachten. Wenn sich das Tor hinter einem neuen Patienten geschlossen hat, zieht er sich rapid und auffällig in sich zurück.

Die Arbeit des Erwachsenen-Ichs besteht also aus der laufenden Überprüfung alter Daten, die entweder bestätigt oder widerlegt werden, ehe sie dann für spätere Verwendung wieder richtig eingeordnet werden. Wenn sich diese Arbeit reibungslos vollzieht und wenn kaum ein Widerspruch zwischen dem Beigebrachten und dem Realen auftritt, ist unser »Computer« frei für eine wichtige neue Arbeit: *Kreativität.* Kreativität entsteht wie das Erwachsenen-Ich aus der Neugier im Kindheits-Ich. Das Kindheits-Ich stellt den Antrieb (»ich will«) zur Verfügung, das Erwachsenen-Ich die Steuerung (»wie man's macht«). Die wichtigste Voraussetzung für Kreativität ist, daß der Computer genügend Zeit hat. Wenn der Computer mit alten Arbeiten vollgestopft ist, hat er kaum Zeit für neue. Sind die Anweisungen aus dem Eltern-Ich erst einmal durchgeprüft, dann kann das System viele von ihnen automatisch verarbeiten, und der Computer wird frei für Kreativität.

Die vier Lebensanschauungen

Sehr früh im Leben kommt jedes Kind zu dem Schluß: »Ich bin nicht o.k.« Ebenso kommt jedes Kind schon früh zu einem Gesamturteil über seine Eltern: »Du bist o.k.« Dies ist das erste Resultat, zu dem schon das winzige Menschenkind kommt – eine Ungleichung am Beginn der lebenslangen Bemühung, sich selbst und die Umwelt auf einen Nenner zu bringen. Diese Anschauung: Ich bin nicht o.k. – Du bist o.k. ist die folgenschwerste Entscheidung im Leben eines Menschen. Es ist *die* Grundsatzentscheidung, sie ist für die Dauer aufgezeichnet und wird alles beeinflussen, was ein Mensch auch immer tut. Weil es sich jedoch um eine Entscheidung handelt, kann sie durch eine neue Entscheidung geändert werden – aber erst, wenn sie verstanden wird.

Zur Unterstützung dieser Behauptung will ich im ersten Teil dieses Kapitels die jeweilige Situation des Neugeborenen, des Säuglings und des Kleinkindes, bevor und nachdem es sprechen gelernt hat, untersuchen. Viele Menschen bestehen darauf, daß sie eine »glückliche Kindheit« hatten und daß sie niemals zu einer Folgerung gekommen waren wie Ich bin nicht o.k. – Du bist o.k. Ich bin der festen Ansicht, daß *jedes* Kind dazu kommt, wie glücklich eine Kindheit auch erlebt worden sein mag. Zuerst will ich die Situation seines Eintritts ins Leben untersuchen und dabei nachweisen, daß die Ereignisse seiner Geburt und seines Säuglingsdaseins sehr wohl aufgezeichnet werden, auch wenn sie später nicht erinnert werden.

In diesem Zusammenhang kommen wir noch einmal auf Penfields Feststellung: das menschliche Gehirn erfüllt drei Funktionen, 1. Aufzeichnung, 2. Erinnerung, 3. Wiedererleben. Obwohl eine *Erinnerung* an die früheste Lebensperiode nicht möglich ist, haben wir Beweise dafür, daß wir die frühesten Erlebnisse insofern *wiedererleben* können (und das auch tun), als wir zu dem Gefühlszustand des Neugeborenen zurückkehren. Da der Säugling noch keine Sprache besitzt, sind seine Reaktionen auf Sinneseindrücke, auf Gefühle und vielleicht auf verschwommene, archaische Phantasien beschränkt. Seine Gefühle äußern sich durch Weinen oder durch Bewegungen, die entweder Unwohlsein oder Behagen anzeigen. Seine Empfindungen und Phantasien sind zwar mit Worten kaum zu fassen, weil der Säugling noch keine Worte hatte, als sie sich einprägten, doch gelegentlich werden sie in Träumen im späteren Leben wiedergegeben.

Wenige Augenblicke danach begegnet dem Säugling ein Retter, ein anderer Mensch, der ihn hochnimmt, ihn warm einhüllt, ihn hält und mit dem beruhigenden Akt des »Streichelns« beginnt. Das ist der Augenblick der psychologischen Geburt. Das Streicheln ist die erste Information darüber, daß das Leben »da draußen« nicht ganz und gar schrecklich ist. Es ist eine Versöhnung, eine Wiederherstellung der Verbundenheit. Es setzt seinen Lebenswillen in Gang. Streicheln oder ständig wiederholter körperlicher Kontakt ist für den Säugling lebensnotwendig. Ohne das stirbt er, wenn nicht physisch, dann psychisch. Früher traten Todesfälle durch Marasmus (allgemeiner körperlicher und geistiger Kräfteschwund und Verfall) häufig in Findelhäusern auf, wo die Säuglinge das frühe Streicheln entbehren mußten. Es gab keine körperlichen Ursachen zur Erklärung dieser Todesfälle außer dem Fehlen der offenbar unentbehrlichen »belebenden« Reizung durch Streicheln.

In welchem Alter entscheidet sich das Kind nun endgültig für die Anschauung Ich bin nicht o.k. – Ihr seid o.k.?

Der schweizerische Psychologe Professor Jean Piaget kam aufgrund genauer Beobachtungen von Säuglingen und Kleinkindern zu dem Schluß, daß das Kausalitätsbewußtsein, das heißt die Einsicht in den Zusammenhang zwischen Ursache und Wirkung, beim Kind schon in den ersten Lebensmonaten erwache und daß es gegen Ende des zweiten Lebensjahres voll entwickelt sei. Mit anderen Worten: am Anfang wirbeln ungezählte Eindrücke wild durcheinander, allmählich kristallisieren sich in diesem Chaos einige Anhaltspunkte heraus; durch Wiederholung prägen sie sich in ihrer zeitlichen Abfolge ein, bis sich aus den nunmehr folgerichtig verknüpften Informationen bestimmte »Erfahrungsmuster« zusammensetzen, die noch vor dem Spracherwerb des Kindes zu einer Anschauung, zu einer Grundeinstellung, zu einer prälogischen Schlußfolgerung führen. Piaget sagt: »Im Laufe der ersten zwei Kindheitsjahre scheinen die Entfaltung sensomotorischer Intelligenz und dazu die entsprechende Deutung des Universums zu einem *Gleichgewichtszustand* zu führen, der an das rationale Denken grenzt.« Ich glaube, daß dieser Gleichgewichtszustand, der sich gegen Ende des zweiten oder während des dritten Lebensjahres zeigt, das Ergebnis der Schlußfolgerung ist, die das Kind über sich selbst und andere zieht: seine *Lebensanschauung.* Wenn es sich für diese Anschauung einmal entschieden hat, hat das Kind eine feste Ausgangsposition, die Voraussagen möglich macht. Piaget erklärt, daß diese ersten geistigen Prozesse noch nicht in der Lage sind, »Wahrheiten zu erkennen oder festzustellen«, sondern daß sie auf den Wunsch nach Erfolg oder praktischer Anpassung beschränkt sind: Wenn ich nicht o.k. bin und du o.k. bist, was kann ich dann tun, daß du, eine o.k.-Person, gut bist zu mir, zu einer nicht o.k.-Person? Die Anschauung mag ungünstig erscheinen, aber dem Kind prägt sie sich so ein, und sie ist immerhin besser als nichts. So entsteht der Gleichgewichtszustand. Das Erwachsenen-Ich in dem kleinen Menschen hat es zum erstenmal fertiggebracht, dem Leben einen Sinn zu geben, das »zentrale Lebensproblem« (Alfred Adler) zu lösen: die Einstellung gegenüber anderen, und das zu klären, was der amerikanische Psychiater und Psychoanalytiker Harry Stack Sullivan (1892 – 1949) die »Einstellungen gegenüber sich selbst« genannt hat, »die das Individuum für immer beibehält«.

Die Transaktions-Analyse kommt zu folgendem Schema der vier möglichen Lebensanschauungen, wie ein Mensch sich selbst und andere sieht:

1. *Ich bin nicht o.k. – Du bist o.k.*
2. *Ich bin nicht o.k. – Du bist nicht o.k.*
3. *Ich bin o.k. – Du bist nicht o.k.*
4. *Ich bin o.k. – Du bist o.k.*

Eine der klarsten Formulierungen des Vorgangs, wie sich die Einstellungen, Anschauungen oder Positionen entwickeln, stammt von Lawrence S. Kubie:

»Eine sichere Ableitung dürfen wir vornehmen, nämlich daß in einem frühen Lebensalter, zuweilen während der ersten Monate, zuweilen später, *eine emotionale Kernposition bezogen wird* ... Klinisch erhärtete Tatsachen sprechen dafür, wenn eine emotionale Kernposition erst einmal bezogen ist zu Anfang des Lebens, daß sie dann zu derjenigen affektiven Position wird, *auf welche sich das betreffende Individuum meist ganz automatisch zurückziehen wird während seines ganzen Lebens.* Diese Kernposition kann entweder zur stärksten oder zur verwundbarsten Stelle in seinem Leben werden... Wenn die emotionale Kernposition ständig schmerzhafte Konflikte verursacht, muß sich ein Individuum vielleicht ein Leben lang dagegen zur Wehr setzen. Es bedient sich dabei sowohl bewußter, als auch vorbewußter, als auch unbewußter Taktiken immer mit dem Ziel, sich gegen diesen ausstrahlenden Unruheherd in seinem Inneren abzuschirmen.«

Die wichtige Betrachtung über die Lebensanschauungen beruht in Verständnis, daß die ersten drei Anschauungen im Kindheits-Ich sind und daß sie das Ergebnis der Akkumulation von Eindrücken der wichtigen frühen Kindheitserlebnisse der ersten fünf Lebensjahre des Individuums sind. Die vierte Grundanschauung Ich bin o.k. – Du bist o.k. kann vom Erwachsenen nur durch die Anwendung neuer Daten und durch die Überprüfung der archaischen Daten im Eltern-Ich und im Kindheits-Ich erreicht werden, die die Funktionsfähigkeit des Erwachsenen daran hindern, sich auf Daten zu stützen, die aus der Realität gewonnen werden, und die Freiheit der Wahl und die Entwicklung neuer Möglichkeiten, in der Gegenwart Entscheidungen zu fällen, zu erwerben. In der Sprache der Transaktions-Analyse bezieht sich der Ausdruck »den Erwachsenen vom Gift zu befreien« (»decontaminating the adult«) auf diesen Prozeß, wodurch der Erwachsene darauf hinarbeitet, die Daten, die bei den täglichen Transaktionen im Leben benutzt werden, auf den neuesten Stand zu bringen und stichhaltig zu begründen.

Eine wissenschaftliche Grundeinheit: die Transaktion

Wenn die Psychotherapie als unwissenschaftlich kritisiert wird und Gegenstand großer Meinungsverschiedenheiten ist, liegt einer der Gründe dafür im Fehlen einer Grundeinheit für Untersuchung und Beobachtung. Vor der gleichen Schwierigkeit standen die Physiker, als es noch keine Molekulartheorie gab, und die Ärzte vor der Entdeckung der Bakterien.

Eric Berne, der Begründer der Transaktions-Analyse, hat diese wissenschaftliche Grundeinheit isoliert und definiert:

»Die Grundeinheit aller sozialen Verbindungen bezeichnet man als *Transaktion.* Begegnen zwei oder mehr Menschen einander ... dann beginnt früher oder später einer von ihnen zu sprechen oder in irgendeiner Form von der Gegenwart der anderen Notiz zu nehmen. Diesen Vorgang nennt man *Transaktions-Stimulus (transactional stimulus).* Sagt oder tut dann eine von den anderen Personen etwas, das sich in irgendeiner Form auf den voraufgegangenen Stimulus bezieht, so bezeichnet man diesen Vorgang als *Transaktions-Reaktion (transactional response).*«

Die Transaktions-Analyse ist die Methode zur Untersuchung dieser einen Transaktion, in der »ich dir etwas tue und du mir wieder etwas tust«.

Sie bestimmt, welcher Teil des vielgesichtigen Individuums »herauskommt«. Im nächsten Kapitel werden die drei Teile dieser zusammengesetzten Natur des Menschen identifiziert und beschrieben.

Die Transaktions-Analyse ist zugleich die Methode zur Systematisierung der aus der Analyse dieser Transaktionen gewonnenen Information in Begriffen, die nach ihrer Definition für jeden, der sie gebraucht, die gleiche Bedeutung haben. Diese Sprache ist zweifellos eine der wichtigsten Entwicklungen des Systems. Eindeutigkeit der Begriffe und Einigkeit darüber, was untersucht werden soll, das sind die beiden Schlüssel, die das Tor geöffnet haben zu den »Geheimnissen, warum die Menschen handeln, wie sie es tun«. Das ist keine geringe Leistung.

Nachdem wir eine Sprache entwickelt haben, kommen wir zur Haupttechnik: indem wir diese Sprache verwenden, um *eine Transaktion zu analysieren*. Wie wir bereits festgestellt haben, besteht die Transaktion aus einem Reiz von der einen Person und einer Reaktion von der anderen, wobei diese Reaktion dann wieder ein neuer Stimulus für die andere Person wird, die darauf reagiert. Das Ziel der Analyse besteht darin, zu entdecken, welcher Teil der Person – Eltern-Ich, Erwachsenen-Ich oder Kindheits-Ich – jeden Stimulus und jede Reaktion verursacht hat.

Es gibt viele Anhaltspunkte, die einem dabei helfen, Reiz und Reaktion als Eltern-Ich, Erwachsenen-Ich oder Kindheits-Ich zu identifizieren. Hierbei handelt es sich nicht nur um die verwendeten Worte, sondern um den Tonfall der Stimme, um körperliche Gesten und um den Gesichtsausdruck. Je geschickter wir werden, diese Anhaltspunkte mitzubekommen, desto mehr Daten erwerben wir, um durch den Gebrauch der Transaktions-Analyse unserem Ziel nach Selbstverständnis näherzukommen.

Bei dieser kurzen Einführung in die Transaktions-Analyse habe ich mich darauf beschränkt, die wichtigsten grundlegenden Aspekte dieses neuen Forschungsprojekts zu umreißen, um das Wachstum und die Entwicklung der Persönlichkeit sowie die Psychologie des Alltagslebens zu verstehen. Berne gliederte seine Einführungsvorträge über die Transaktions-Analyse in vier Abschnitte: Struktur-Analyse (das Eltern-Ich, Erwachsenen-Ich und das Kindheits-Ich der Individuen), Transaktions-Analyse (der selbst-enthüllende Aspekt der sozialen Interaktion), Spiel-Analyse (die Analyse der wichtigsten und bedeutungsvollsten Transaktionen, die ihren Ursprung in der ersten Lebensanschauung haben) und Script-Analyse (die Methode, die frühen Entscheidungen, die unbewußt getroffen worden sind, aufzudecken, nach denen man leben soll).

Nachdem Berne im Jahre 1958 zum ersten Mal die Methoden der Transaktions-Analyse dargelegt hat, haben sich das Interesse und die Beteiligung an den vielen Anwendungsmöglichkeiten der TA in der ganzen Welt verbreitet. Ein Teil dieser Entwicklung zeichnet sich in der wachsenden Zahl grundlegender Artikel und Bücher ab, die von ausgebildeten und erfahrenen Transaktions-Analytikern verfaßt worden sind, die Mitglieder der International Transactional Analysis Association sind, die ihr Hauptquartier in der 1772 Vallejo Street, San Francisco, California 94123 haben. Wenn man sich in ernsthafter Absicht an diese Adresse wendet, ganz gleich, ob man Fachmann oder Laie ist, so werden einem eine ausführliche Liste der Bücher, Tonbandaufnahmen und verschiedene andere Lehrmaterialien zugeschickt.

Aufgrund meiner eigenen Lehr- und Trainingserfahrung und der Anwendung der TA habe ich erlebt, wie eine sehr große Zahl dankbarer, hochmotivierter und ernsthafter Individuen in wichtigen Lebenssituationen bemerkenswerte Veränderungen erzielt haben.

4

Realitätstherapie (Reality Therapy)

William Glasser[1]

Als ich die Prinzipien der Realitätstherapie formulierte, bemerkte ich, daß alle Menschen sowohl physiologische als auch psychologische Bedürfnisse haben. Ich betonte, daß die zwei wichtigsten psychologischen Bedürfnisse, das Bedürfnis zu lieben und geliebt zu werden, sowie das Bedürfnis, sich selbst und andere für wertvoll zu halten, waren. Um sich selbst für wertvoll zu halten, muß man eine zufriedenstellende Verhaltensnorm aufrechterhalten. Die Menschen, die diese beiden grundlegenden psychologischen Bedürfnisse nicht befriedigen können, ohne dabei die Bedürfnisse anderer zu beeinträchtigen, habe ich statt »psychisch krank« lieber unverantwortlich genannt. In meinem Buch »The Identity Society[2]« habe ich dargelegt, daß die meisten Menschen in der westlichen Welt in der Hauptsache nicht mehr mit den ökonomischen Problemen des Überlebens oder der Ausübung von Macht beschäftigt sind – das waren die traditionellen, physiologisch orientierten Ziele. Statt dessen leben wir seit 1950 etwa in einer rollenorientierten Gesellschaft. Der einzelne bemüht sich, für sich selbst eine Identität zu finden, und wem das nicht gelingt, den könnte man einen Versager nennen. Der Versager beschäftigt sich viel mit sich selbst, mit seinen Problemen und Symptomen oder mit seinem unverantwortlichen Verhalten, das seine Leiden und das seiner unmittelbaren Bekannten verursacht hat. Die Realitätstherapie soll den Menschen helfen, die ich unverantwortlich oder Versager nenne, wieder Beziehungen zu Mitmenschen aufzunehmen und eine erfolgreiche Identität zu entwickeln und zu bewahren.

Am Veterans Administration Psychiatric Hospital in West Los Angeles, wo ich zu Beginn meiner beruflichen Tätigkeit arbeitete und auch wohnte, bekamen wir oft Patienten, die völlig verrückt waren. Bei der Ankunft eines solchen Patienten sagte ich zu dem sehr erfahrenen Leiter der Aufnahmeabteilung, der über sehr viel Menschenkenntnis, aber über wenig formale Kenntnisse verfügte: »Mr. Bland, arbeiten Sie mit dem neuen Patienten in der Weise, wie Sie es immer getan haben, so daß er sich bis Montag beruhigt hat, nicht mehr verrückt ist und ich mit ihm sprechen kann.« Ihm gelang das auch immer – er sprach mit dem Patienten, freundete sich fast immer mit ihm an und stellte eine persönliche Beziehung zu ihm her. Mr. Bland war ein ausgezeichneter Realitätstherapeut. Er verfügte über menschliche Wärme, Güte, Stärke und hatte den Wunsch, Menschen zu helfen. Die Prinzipien der Realitätstherapie basieren auf der Herstellung einer erfolgreichen Beziehung, die sich zu einer Lebensanschauung entwickelt, die einem Menschen helfen kann, erfolgreich zu sein oder wenigstens die Gründe für sein Versagen zu erkennen und sich darum zu bemühen, seinem Leben eine neue Wendung zu geben. Etwas später werde ich zeigen, wie die Prinzipien der Realitätstherapie sowohl vom Laien in alltäglichen Situationen als auch von Fachleuten bei Menschen angewandt werden, die sich selbst für völlige Versager halten.

Die Prinzipien der Realitätstherapie

Die Beziehung

Jeder Mensch hat das fundamentale Bedürfnis, mit anderen Menschen in Beziehung zu treten. Damit die Realitätstherapie funktioniert, muß der Therapeut (bzw. die Therapeutin) zu der Person, der geholfen werden soll, eine persönliche Beziehung herstellen; der Therapeut muß deshalb warm, persönlich und freundlich sein. Man kann unmöglich die intensive Selbstbezogenheit eines Menschen, der sich selbst für einen Versager hält, durchbrechen, indem man sich distanziert, unpersönlich oder emotional unbeteiligt bleibt. Menschliche Wärme und Verständnis sind wichtig für die Entstehung einer Beziehung zwischen zwei Personen. Wieviel Zeit es auch immer in Anspruch nimmt, irgend jemand muß die Einsamkeit und die Selbstbezogenheit durchbrechen, wo vorher gar keine oder kaum eine Bezogenheit bestand. Ob jemand Hilfe sucht aufgrund seines Mißerfolgs und Versagens oder um sich erfolgreich verwirklichen zu können, er muß das Gefühl haben, daß er von einem Menschen, der ihm hilft, mit persönlicher Anteilnahme akzeptiert wird, sonst ist seine Chance zur erfolgreichen Selbstverwirklichung gering.

Die Entwicklung einer persönlichen Beziehung ist die Grundlage der Realitätstherapie; auf diesem fundamentalen Prinzip bauen alle anderen Prinzipien auf. So früh wie möglich muß dem Menschen, dem geholfen wird, klar werden, daß es im Leben noch mehr gibt als sich nur mit seinem eigenen Elend, seinen Symptomen und Problemen zu beschäftigen. Er muß merken, daß ein anderer Mensch sich um ihn kümmert und sich für ihn interessiert und mit ihm über sein Leben und über alles reden möchte, was beide für wertvoll und interessant halten. Jedes Thema, das für beide interessant ist, kann bei dieser Beziehung eine Brücke zum gegenseitigen Verständnis bilden.

In der Beziehung zwischen Therapeut und Patient gibt es das Problem, ein warmes und freundschaftliches Verhältnis einzugehen, sich gleichzeitig jedoch darauf beschränken zu müssen, was in der formalen therapeutischen Situation durchführbar ist. Die bewußte Zuwendung des fachkundigen Therapeuten läßt die therapeutische Situation möglicherweise dem Außenstehenden gekünstelt erscheinen, aber demjenigen, der einsam und verlassen ist, erscheint diese freundliche und akzeptierende Haltung nicht gekünstelt. Die Aufgabe des Therapeuten besteht darin, mit dem Patienten eine Beziehung herzustellen, die es ihm ermöglicht, Selbstvertrauen zu gewinnen, um dann von sich aus neue, tiefe, andauernde Beziehungen zu anderen Menschen aufzubauen.

Die helfende Person – ob es sich nun um einen Freund, ein Familienmitglied oder einen fachkundigen Therapeuten handelt – darf niemals den Eindruck erwecken, mehr Zeit zu haben, als sie in Wirklichkeit hat. Selbst ein Patient, der die fachkundige Hilfe dringend benötigt, wird bei dieser Beziehung eine aufrichtige Erklärung bestimmter zeitlicher Verpflichtungen des Therapeuten akzeptieren. Der Therapeut sollte jedoch bald darauf hinweisen, daß der Patient trotz der Zeitbegrenzung eine tiefere Beziehung erfahren wird als jemals zuvor. Um dies dem Patienten jedoch unmißverständlich und überzeugend klarzumachen, muß der Therapeut sehr geschickt vorgehen. Es ist eine schwierige Aufgabe, einem Verhungernden zu sagen, daß er nur wenig zu essen bekommt, wenn er glaubt, daß er viel mehr bekommen würde. Die Aufgabe des Therapeuten besteht darin, den Patienten zu überzeugen, daß es genügend Nahrungsmittel gibt, wenn er sich nur genauer umsieht; nicht nur der Therapeut verfügt darüber. Der Realitätstherapeut stellt mit dem Patienten in einer oder zwei Wochenstunden eine persönliche Beziehung her, die dem Patienten hilft, genug Selbstvertrauen zu gewinnen, daß er mit anderen eine Verbindung eingehen kann. Ein Vorteil der Gruppentherapie liegt darin, daß jeder Patient nicht nur mit dem Therapeuten, sondern auch mit den anderen Gruppenmitgliedern eine Beziehung aufbauen kann.

Obgleich der Therapeut für die Beziehung wenig Zeit hat, bedeutet das nicht, daß sein Einfluß gering ist. Er widmet sich in dieser Zeit ausschließlich dem Patienten. Obgleich eine Stunde in der Woche dem Patienten recht wenig erscheinen mag, kann diese Stunde ihm doch viel bedeuten. Viele Menschen, Ehemänner und Ehefrauen, Eltern und Kinder erhalten gewöhnlich nicht mehr als eine Stunde pro Woche die warme, ausschließliche Zuwendung einer Person, die mit viel Geschick und Interesse eine solche Beziehung eingeht. Vielen Eltern, die mit ihren Kindern Schwierigkeiten haben, gebe ich den Ratschlag, sich ihrem Kind eine Stunde pro Woche intensiv zu widmen – eine Stunde, die ich dem Kind widmen würde, wenn es zu mir käme – wobei es das tun kann, was ihm Spaß macht. Obwohl dem Kind damit ganz sicher wesentlich geholfen wäre, ist es sehr entmutigend, wie viele Eltern diesen einfachen, leicht durchführbaren Vorschlag ablehnen.

Bei der Beziehung zwischen Patient und Therapeut kann jedes beliebige Thema diskutiert werden; dieses Konzept fällt gewöhnlich dem Patienten sowie dem noch unerfahrenen Therapeuten schwer, was unter Freunden und Familienangehörigen ganz natürlich und selbstverständlich ist. Aktuelle Ereignisse, Filme, Bücher, Theaterstücke, persönliche Wünsche und Ziele sowie die Beziehungen zu Freunden und Familienmitgliedern bieten sich an und wirken sich auf das Verhältnis positiv aus. Die eigentlichen Probleme des Patienten kommen in vielen Therapiestunden oft gar nicht zur Sprache. Es ist wertvoll, interessante und nichtproblem-zentrierte Diskussionen zu führen, weil sie in der Realitätstherapie eine gemeinsame intellektuelle Anteilnahme entwickeln. Die Gespräche sollten stimulierend sein, Wertvorstellungen, Meinungen und Überzeugungen, sowie erlebte Emotionen an die Oberfläche bringen.

Der Nachteil, sich eingehend über die Probleme des Patienten zu unterhalten und über seine Gefühle, die damit verbunden sind, liegt darin, daß man dadurch seiner Neigung, sich zu viel mit sich selbst zu beschäftigen, frische Nahrung gibt und somit seinem Versagen und seinen Fehlschlägen zu viel Bedeutung beimißt. Die Psychotherapie begeht häufig den schwerwiegenden Fehler, lange Diskussionen über die Probleme des

Patienten zu führen. Nehmen wir an, ein Patient kommt zu mir. Er fühlt sich deprimiert, wertlos und unerwünscht. Je weniger wir über seine Depression, seine Drogenabhängigkeit und seine Selbstmordabsichten sprechen, und je mehr wir die sich ihm bietenden Möglichkeiten erörtern, desto besser wird er sich fühlen.

Es ist sicherlich verlockend, seinen Klagen Gehör zu schenken. Möglicherweise verringern sich seine Schmerzen etwas, und er fühlt sich für eine kurze Zeit besser, da er die Zuwendung genießt, die ihm entgegengebracht wird. Wenn er jedoch sein Verhalten nicht verändert, werden seine Schmerzen wiederkommen, und er wird von der Therapie enttäuscht sein. Um die Aufmerksamkeit des Therapeuten ständig in Anspruch zu nehmen, handelt er möglicherweise immer verantwortungsloser, so daß er auch genügend Grund zum Klagen hat. Wenn wir ihm dann erneut interessiert zuhören, bestätigen wir nur seinen Irrtum. Dem Gespräch über andere Themen wird er sich widersetzen, weil er gelernt hat, daß bei jeder neuen Klage, die er vorbringt, sein Versagen verstärkt wird und sein Schmerz momentan zurückgeht.

Unter Freunden und in gutgeführten Gruppen unterhält man sich auf ganz natürliche Weise über viele Themen. Das Schlimmste für einen depressiven Freund ist es, wenn man es zuläßt, daß er in übertriebener Weise über sein Unglück jammert. Gute Freunde sagen stattdessen: »Hör' mal zu, wir wollen lieber etwas machen. Reden wir über etwas anderes; vergessen wir unsere Sorgen und genießen lieber unsere Unterhaltung.« Sie sind sich bewußt, daß sie die Probleme nicht dadurch lösen können, daß sie sich einfach die Klagen anhören. Ein Therapeut sollte niemals den Eindruck erwecken, daß er das Leben des Patienten dadurch verändern könnte, weil er dessen Probleme kennt. Der Therapeut geht anders vor als der praktische Arzt. Er kann im Gegensatz zum Arzt niemals etwas verschreiben und nicht heilen. Dafür sollte die freundschaftliche Beziehung im Kern der Behandlung stehen. Wer sich noch keiner anderen therapeutischen Behandlung unterzogen hat, stellt den Ansatz der Realitätstherapie gewöhnlich nicht in Frage und beharrt auch nicht darauf, über seine Probleme zu sprechen. Wer jedoch vor Beginn der Realitätstherapie schon eine andere Therapie hinter sich hat, fängt nach einer Weile an, den Unterschied zwischen beiden Therapieformen zu verstehen. Dann akzeptiert er die Realitätstherapie, weil er sich besser fühlt.

Der beste Weg, einem Menschen zu helfen, mit einem anderen Menschen eine persönliche Beziehung herzustellen, liegt in der Chance, sich über ein wertvolles Thema zu unterhalten. Niemandem gelingt es, ganz auf sich allein gestellt, eine erfolgreiche Identität zu entwickeln. Der beste Weg, sich selbst zu helfen, besteht im Versuch, mit anderen ein freundliches und angenehmes Gespräch zu führen. Bei der Konversation merkt man bald, daß man etwas Gemeinsames miteinander unternehmen möchte, und jeder hilft dem anderen, indem er diese Beziehung eingeht. Wer sich selbst helfen möchte, muß eine Beziehung zu einem anderen Menschen herstellen. Nur in seltenen Fällen ist jemand in der Lage, dies allein auf sicht gestellt zu Wege zu bringen, wozu auch ein bestimmtes Wissen erforderlich ist.

Gegenwärtiges Verhalten

Niemandem wird es gelingen, eine erfolgreiche Identität zu entwickeln, ohne sich über sein gegenwärtiges Verhalten bewußt zu sein. Wer sich zu seinem Verhalten nicht bekennt oder behauptet, er sei sich dessen nicht bewußt, dem wird es nicht gelingen, eine erfolgreiche Identität zu entwikkeln oder beizubehalten. Neben dem beständigen Gefühl der Wärme und der persönlichen Beziehung – wie wir das oben dargelegt haben – muß der Patient durch die konstante Anteilnahme des Therapeuten sich im Detail seines momentanen Verhaltens bewußt werden. Gewöhnlich wird der Therapeut dabei ganz nüchtern und sachlich sein, obwohl er manchmal langsam und behutsam vorgehen muß. Denn es besteht die Gefahr, daß ein Patient die Therapie meidet, wenn er sich seines Betragens bewußt wird. Der Therapeut muß sich über die Intensität der Beziehung im klaren sein, wenn er dem Patienten hilft, sich seiner Verhaltensmuster bewußt zu werden.

Viele vermeiden häufig, sich ihrem augenblicklichen Verhalten zu stellen, indem sie ihre Gefühle auf Kosten ihres Handelns hervorheben. Obwohl die Realitätstherapie die Wichtigkeit der Emotionen nicht leugnet, lernt der erfolgreiche Therapeut, daß er seinem Patienten nur helfen kann, wenn er sich auf sein Verhalten konzentriert.

Gefühle sind in jeder Situation sehr wichtig, ob es sich um dieRealitätstherapie handelt oder darum, Kinder zu erziehen, oder bei der Beziehung zwischen Mann und Frau, oder in jeder anderen Beziehung. Für eine erfolgreiche Beziehung ist es jedoch entscheidend, wie wir uns dabei verhalten. Wenn wir uns kompetent und verantwortlich verhalten, so werden wir letzten Endes, wenn nicht unmittelbar, ein gutes Gefühl haben. Wenn ein Kind einen Wutanfall hat und wir bemühen uns, es zu beruhigen, daß es aufhört zu schreien, indem wir ihm versprechen, alle seine Wünsche zu erfüllen, lernt es aus dieser Situation möglicherweise nur, mit einem erneuten Wutanfall zu reagieren, wenn es frustriert wird. Wir lassen das Kind im Stich, weil es nicht lernt, sich so zu verhalten, daß es seine Frustrationen selbst überwindet.

Oft kommen Patienten in meine Praxis und beklagen sich, wie schlecht sie sich fühlen. Ein gutes Beispiel dafür ist eine Frau, die deprimiert, durcheinander, besorgt und elend ist. Überzeugt, sie müsse mir alle ihre Gefühle ausführlich schildern, ist sie ganz überrascht, wenn ich sie, als Psychiater, also als eine Person, die sich auf menschliches Elend spezialisiert hat, ziemlich aprupt unterbreche:»Ich glaube Ihnen. Sie haben mich überzeugt, daß Sie deprimiert sind, und ich habe Verständnis dafür, daß Sie so durcheinander sind. Aber was *tun* Sie im Moment?«

Ich bin vielleicht nicht immer so schroff, aber ich drücke mich so bald wie möglich ähnlich unmißverständlich aus. Gewöhnlich antwortet der Patient: Was meinen Sie damit?« Er erzählt mir, daß er im Moment nichts anderes »tut«als sich schlecht fühlen. So in sein Elend verstrickt, hält er es nicht für möglich, daß ich so naiv sein könnte, mir vorzustellen, daß er in seiner Situation noch etwas anderes tun könnte. In Wirklichkeit tut er im Moment ziemlich viel – oder auch nicht – um weiter zu leiden. Aufgrund der Anwendung des zweiten Prinzips der Realitätstherapie muß ich sein Verhalten offenlegen, so daß er sich dessen bewußt wird.

Sich für einen Versager zu halten und sich mit dem Mißerfolg zu identifizieren, führt zu Feindseligkeit und zu einem Rückzugsverhalten, das Schmerzen bereitet. Die daraus resultierende Ich-Bezogenheit, die ein Versuch ist, die Schmerzen zu verringern, hält gewöhnlich den Patienten davon ab, sich anderen gegenüber zu öffnen. Man muß dem Patienten helfen, diese Ich-Bezogenheit aufzugeben und eine Beziehung zu anderen Menschen herzustellen; dies ist der erste Schritt zum Erfolg. Damit der Patient sein Verhalten richtig einschätzen lernt und ein Verhalten wählt, das dazu führt, mit anderen eine Bindung einzugehen, fragen wir ihn ständig: »Was tun Sie? Was tun Sie in diesem Augenblick? Was haben Sie gestern getan? Was haben Sie vorgestern getan? Was haben Sie letzte Woche getan?«

In meiner therapeutischen Praxis erlebe ich es oft, wie Männer und Frauen, zusammen oder getrennt, sich stundenlang über das Verhalten ihres Partners bzw. ihrer Partnerin beklagen. Jeder erzählt mir, wie ihn das Verhalten des anderen aufregt und wie schädlich sich das auf die Ehe auswirkt. Ich frage dann: »Ich verstehe, daß das Verhalten Ihres Partners bzw. Ihrer Partnerin Ihnen Schwierigkeiten bereitet und was Sie dabei empfinden, aber was tun *Sie* dazu? Meinen Sie, daß *Sie* auf die Ehe auch einen schädlichen Einfluß haben?« Für viele Leute kommen solche Fragen sehr überraschend. Da sie nicht bereit sind, ihr eigenes Verhalten in den Blick zu bekommen, hoffen sie, daß der Therapeut (bzw. die Therapeutin) seine Zeit damit zubringt, sich ihre Klagen anzuhören.

Kein Mann und keine Frau können das Verhalten seines bzw. ihres Partners verändern, ohne sich selbst zu ändern. Jeder muß sich ändern. Manche Eheberater vernachlässigen manchmal diese lebenswichtige Regel und richten eher Schaden als Nutzen an. Selbst wenn in einem Fall die ganze Schuld einen Partner trifft, so muß der andere Partner sein bzw. ihr Verhalten wahrscheinlich in gewisser Weise ebenfalls revidieren, um das Eis zu brechen, um den Partner zu einer Verhaltensänderung zu motivieren.

Wenn die Schülerinnen der Ventura Schule für straffällige Mädchen wieder zu Hause bei ihren Eltern sind, schreiben sie mir oft: »Meine Mutter hat sich geändert; sie ist jetzt viel netter zu mir als gewöhnlich.« Diese Mädchen erkennen nicht, daß ihr *eigenes* Verhalten sich geändert hat. Sie sind nicht mehr die ganze Zeit auf Achse, trinken nicht mehr, nehmen keine Drogen mehr und treiben sich nicht mehr nachts herum. Sie besuchen eine Schule, üben vielleicht einen Beruf aus, kommen regelmäßig nach Hause und führen ein geregeltes Leben mit anderen Freunden. Es ist also ganz natürlich, daß ihre Verhaltensveränderung dazu geführt hat, daß sich ihre Eltern ihnen gegenüber anders verhalten.

Freunde brauchen sich nicht wie Therapeuten zu verhalten und Handlungen und Gefühle voneinander zu trennen. Selbst wenn ein Freund einem anderen hilft, kann die Freundschaft langweilig werden, besonders wenn eine Person sich die ganze Zeit beklagt. Bei einer Freundschaft muß man gemeinsam etwas unternehmen. Am besten fühlt man sich, wenn man etwas zusammen unternimmt, was beiden wirklich Spaß macht.

Die Bewertung des eigenen Verhaltens

Der Patient muß jetzt sein eigenes Verhalten kritisch und nüchtern beurteilen, ob es wirklich für ihn das Beste ist. Der Realitätstherapeut fordert ihn auf, er solle beurteilen, ob sein momentanes Verhalten für ihn und für seine Freunde, die ihm etwas bedeuten, wirklich gut ist. Er muß sich auch die Frage stellen, ob er sein Verhalten in der Gesellschaft für sozial akzeptabel hält. Wenn zum Beispiel der Patient deprimiert ist oder Angst vorm Fliegen hat oder an einem Magengeschwür leidet, so üben seine Handlungen wenig Einfluß auf andere aus; aber wenn er in einer Oberschule fixt, so beeinflußt er mit diesem Verhalten die Gemeinschaft ganz erheblich, und er muß die Sitten und Gebräuche der Gemeinschaft in Betracht ziehen, wenn er sein Verhalten beurteilen will.

Dieses Prinzip wird häufig mißverstanden. Manche Menschen akzeptieren die Realitätstherapie, andere lehnen sie ab, weil sie dieses Prinzip mißverstehen. Der Realitätstherapeut tritt nicht als Moralist auf; er sagt seinem Patienten niemals, daß sein Verhalten falsch sei und daß er sich ändern müsse. Der Therapeut beurteilt dessen Verhalten nicht; durch die Beziehung, die er mit dem Therapeuten eingegangen ist, in der sein tatsächliches Verhalten offengelegt wird, gelangt er zu einer Bewertung und Beurteilung des eigenen Verhaltens. Manchmal besteht keine klare Alternative, aber der Patient muß sich trotzdem entscheiden. Gelegentlich muß jemand eine Entscheidung fällen, wobei er eine andere Person verletzt, um sich selbst zu helfen. Obgleich es gewöhnlich besser ist, solch eine Entscheidung zu treffen als sich überhaupt nicht entscheiden zu können, fällt dies manchmal schwer. Zum Beispiel werden es bei einer Scheidung die Kinder schwer haben, wenigstens für eine bestimmte Zeit, aber manchmal könnte der Konflikt sich so ausweiten, daß er unerträglich würde und die Kinder darunter noch mehr litten, wenn der Patient nicht die Entschlossenheit zu einer Entscheidung aufbrächte. Meiner Ansicht nach können viele Menschen ihr eigenes Verhalten sehr wohl bewerten. Das ist auch ohne die Hilfe eines Therapeuten möglich; wenn ein Mensch erfolgreich eine Beziehung zu einem anderen Menschen eingegangen ist, so kann er in aller Ehrlichkeit sein eigenes Verhalten bewerten. Ehemänner und Ehefrauen, Lehrer und Pfarrer, Arbeitgeber und Eltern können bei diesem Werturteil mithelfen. Wer auch immer einem anderen Menschen hilft, er muß sich davor hüten, selbst zu urteilen oder zu verurteilen, sondern stets zu einer Selbst-Beurteilung beitragen.

Ein Mensch, der sich mit seinem Mißerfolg völlig identifiziert hat, verhält sich so, daß er seine schlechte Meinung von sich selbst in Wirklichkeit immer verstärkt. Er denkt vielleicht: »Mehr kann ich für mich nicht tun; ich kann mich nicht ändern.« Wenn wir in der Realitätstherapie einen Menschen dazu bringen wollen, sein Verhalten einzuschätzen und zu beurteilen, fordern wir ihn auf, seine momentanen Handlungen erneut zu überprüfen, und letzten Endes merkt er gewöhnlich, daß ihm bessere

Möglichkeiten offenstehen. Der Therapeut gibt dem Patienten nicht zu verstehen, daß er oder sie besser wissen, was für den Patienten gut ist. Wenn der Patient sich einmal selbst eingeschätzt hat, dann darf der Therapeut ihm bei der Durchführung des Planes helfen, was er gewöhnlich auch tut. Der Entschluß »ich sollte mich eigentlich ändern« liegt jedoch ausschließlich beim Patienten selbst.

Wenn zum Beispiel ein Alkoholiker zur Flasche greift, dann war es seine Entscheidung, daß er jetzt Alkohol trinken möchte, obwohl er vielleicht erkennt, daß der Alkohol ihm schadet. Trotz alledem trifft er die Entscheidung, daß es sich lohnt, sonst würde er nicht trinken. Später kann er klagen, wenn er aufgrund dieses Entschlusses in allerlei Unannehmlichkeiten und Konflikte gerät: wie er alles im Stich ließ, was er für wertvoll hielt. Der Therapeut läßt sich von diesen Klagen nicht irremachen, denn solange der Patient weiter trinkt, hat das wenig Bedeutung. Falls er aber aufhört, dann steht es ihm zu, sich zu beklagen. Von der Erkenntnis, daß das Leben ohne Alkohol schwer zu ertragen ist, kommt er vielleicht zu besseren Alternativen. Ganz egal, was er sagt oder wieviel er jammert und stöhnt, solange er trinkt, hat er sich für den Alkohol entschieden.

Welche Moral oder welche Gesetze in einer Gesellschaft auch immer gelten, wir können unser Verhalten nur selten damit entschuldigen, daß wir mit den Gesetzen nicht übereinstimmen. Wir müssen einsehen, daß wir die Konsequenzen unseres Verhaltens akzeptieren müssen, wenn wir gegen die bestehende Moral oder gegen die bestehenden Gesetze verstoßen. Die fachkundige Anleitung eines Menschen, dem wir etwas bedeuten, kann uns dabei helfen, die gesellschaftlichen Realitäten zu erkennen, um unser Verhalten richtig einzuschätzen. Wenn ein Mensch gegen das Verbot, Marihuàna zu rauchen, protestiert, indem er in aller Öffentlichkeit eine Zigarette Marihuàna raucht, weiß er, daß sein Verhalten strafbar ist. Es ist sein freier Entschluß, und er sollte darauf gefaßt sein, eingesperrt zu werden.

Ich habe die Erfahrung gemacht, daß die meisten Menschen, die sich als Versager fühlen, eher ein Gefühl der Stärke entwickeln, wenn sie mit den bestehenden Gesetzen konform gehen; wenn sie später mehr Ich-Stärke haben und sich erfolgreicher verwirklichen konnten, können sie eher gegen diese Gesetze verstoßen. Die Aufgabe des Realitätstherapeuten besteht darin, bei einer Diskussion über Moral und Gesetz und über die Rolle des Patienten in der Gesellschaft alle möglichen Faktoren in Betracht zu ziehen, die für die bestimmte Entscheidung, die der Patient treffen muß, relevant sind. Wenn der Patient sich dann zu einer Handlung entschließt, die zu den herrschenden Gesetzen im Wiederspruch steht, hat er eine rationale und keine emotionale Entscheidung getroffen.

Verantwortungsvolles Verhalten planen

Wenn jemand einmal ein Werturteil getroffen hat, dann muß ihm dabei geholfen werden, realistische Pläne zu dessen Verwirklichung zu schmieden. Viele Menschen können ihr momentanes Verhalten prüfen und zu dem Schluß kommen, daß es ihnen nicht weiterhilft, aber sie haben nicht genügend Erfahrung oder ihnen fehlt es an der entsprechenden Vorbildung, um ein Leben zu planen, in dem sie erfolgreicher sein könnten. Sie wissen nicht, was sie machen müssen, um ihr Verhalten verantwortungsvoller und angemessener zu gestalten.

Weil man bei der Planung wissen muß, welche verschiedenen Alternativen bestehen, gewinnt ein Therapeut, der mit vielen Menschen über ihre Pläne spricht, große Erfahrung, die einem Normalbürger gewöhnlich nicht zur Verfügung stehen. Da sich viele Probleme um das Familienleben drehen, hat es ein Therapeut, der verheiratet ist und Kinder hat, auf diesem Gebiet leichter. Die Geschicklichkeit des Therapeuten beweist sich zum großen Teil dadurch, die Person, die seine Hilfe braucht, so zu ermutigen, daß sie selbst den Plan entwirft. Oft ist es notwendig, den Patienten mit einer anderen Person Kontakt aufnehmen zu lassen. Ich habe Patienten zu meinen Freunden oder Kollegen geschickt, die auf bestimmten Gebieten mehr Erfahrung haben, um dem Patienten bei der Ausarbeitung eines genauen Planes behilflich zu sein. Man sollte niemals einen zu ehrgeizigen Plan aufstellen; er wird gewöhnlich mißlingen und den bereits bestehenden Mißerfolg verstärken. Ein Versager braucht Erfolge, und er braucht dafür kleine Beispiele. Ein Student, der niemals studiert hat, sollte nicht jede Nacht eine Stunde arbeiten; anfangs wären 15 Minuten ein- oder zweimal in der Woche realistischer und würden bereits einen Fortschritt bedeuten. Der Plan sollte aber ehrgeizig genug sein, daß eine gewisse Veränderung, so klein sie auch sein mag, sichtbar wird, aber auch nicht zu ehrgeizig, daß er wahrscheinlich nicht erfüllt werden kann. Kleine Schritte kann man vergrößern; es ist jedoch schwer, große Schritte zu verkleinern.

Ein Schüler, der in der Schule versagt, könnte zum Beispiel mit dem Plan beginnen, vorne und nicht hinten zu sitzen, sich Notizen zu machen, zu gewissen Zeiten zu lernen und Freunde zu gewinnen, die in der Schule erfolgreich sind und mit ihm zusammenarbeiten können. Dieser 4-Punkte-Plan funktioniert fast immer, wenn er durchgeführt wird.

Pläne sind niemals endgültig. Wenn einer nicht funktioniert, dann kann man weitere Pläne ausarbeiten, bis man einen besseren gefunden hat. Sich einem Plan ganz zu unterwerfen, ist genauso schlimm, als wenn man sich völlig in sich selbst verkapselt. Auf der anderen Seite ist es ebenfalls schlecht, von einem Plan zum anderen zu springen, sobald gewisse Schwierigkeiten auftauchen. Der Therapeut oder die helfende Person muß geschickt genug sein, dem Patienten zu helfen, damit er die Durchführbarkeit des Planes richtig einschätzt.

Verpflichtung

Wenn ein vernünftiger Plan entworfen ist, muß man ihn ausführen. In der Realitätstherapie fordern wir die Person auf, uns gegenüber eine gewisse Verpflichtung bei der Durchführung des Planes zu empfinden, um ihre Motivation zu erhöhen. Das verbindliche Abkommen kann schriftlich oder mündlich getroffen werden; es kann einem Menschen oder einer Gruppe von Menschen gegenüber eingegangen werden. Ohne diese Verpflichtung, ohne das Gefühl: »Ich tue es sowohl Ihretwegen als auch meinetwegen«, wird die Durchführbarkeit schwieriger. Manche Menschen glauben, daß Verpflichtung Abhängigkeit bedeutet und daß der einzelne die Motivation selbst aufbringen sollte. Aber es ist durchaus nicht falsch, ein neues Verhalten für jemand anderen auszuprobieren; es ist schwierig, ein erfolgreiches Leben zu führen, wenn wir ganz auf uns allein angewiesen sind. Erfolgreiche Menschen erwecken nur den Anschein, nur sich selbst gegenüber verpflichtet zu sein; in Wirklichkeit sind sie jedem Menschen verpflichtet, mit dem sie eine Verbindung eingegangen sind. Eine bestimmte Verpflichtung einem Menschen oder einigen Menschen gegenüber kann zum Erfolg beitragen.

Für Menschen, die sich mit ihrem Mißerfolg identifiziert haben, ist es charakteristisch, daß sie nicht bereit sind, irgendeine feste Verpflichtung einzugehen, denn in ihrer Einsamkeit können sie nicht glauben, daß sich irgendjemand darum kümmert, was sie tun. Außerdem fürchten sie, daß, wenn sie sich auf etwas festlegen und ihnen das – so wie sie es eigentlich erwartet haben – mißlingt, sie sich noch größeren Schaden zufügen.

Verpflichtung bedeutet, eine Beziehung und eine Bindung mit jemandem eingehen; dadurch erfährt man eine Bestätigung, daß die Person, der ich mich verpflichtet habe, sich mit mir verbunden fühlt; folglich werde ich meinen Plan, den wir gemeinsam besprochen haben, durchführen, weil wir miteinander verbunden sind. Wenn Freunde sich zu einem bestimmten Zeitpunkt verabredet haben, um etwas gemeinsam zu unternehmen, so impliziert das eine Verpflichtung. Wer seine Verpflichtungen nie einhält, wird bald keine Freunde mehr haben. Er fühlt sich nur sich selbst und seiner Ich-Bezogenheit gegenüber verpflichtet.

Eine Vereinbarung ist oft wirksamer, wenn sie schriftlich fixiert wird. Einer meiner Kollegen fordert seine Patienten auf, stets ein kleines Notizbuch bei sich zu haben, in das sie ihren Plan eintragen, um sich schriftlich daran zu binden und ihn auch auszuführen. Jede Woche überprüfen sie dann gemeinsam, was der Patient getan hat, um seiner Verpflichtung nachzukommen. Der Patient trägt dann die Auswertung ebenfalls ein. Solche schriftlichen Vereinbarungen helfen dem Patienten, sich genug Disziplin aufzuerlegen, um seine Pläne zu realisieren. Außerdem bekommt mein Kollege anhand des Notizbuchs des Patienten einen besseren Einblick in dessen Leben; ihre gegenseitige Verpflichtung hält somit während der Woche an, weil während der Therapiestunde der Plan schriftlich festgelegt worden war. Über den Inhalt des Planes zu diskutieren erübrigt sich, ebenfalls ob die Verpflichtung eingehalten wurde.

Keine Entschuldigungen gelten lassen

Wenn eine Person seine Verpflichtung nicht erfüllt, was häufig vorkommt, muß das Werturteil, das dem Plan vorausging, erneut geprüft werden. Wenn das Werturteil noch immer gültig ist, muß der Plan erneut überprüft werden. Wenn der Plan vernünftig ist, muß der Patient sich entweder der Verpflichtung erneut bewußt werden oder feststellen: »Ich werde mich nicht länger an diesen Plan gebunden fühlen.« Wenn er sich das sagt, dann ist er nicht mehr verantwortlich dafür. Wenn er sich jedoch weiter dem Plan verpflichtet fühlt, muß der Therapeut ihn weiter auffordern, die Verpflichtung zu erfüllen. Der Therapeut kann den Patienten nicht mit legalen Mitteln dazu zwingen oder ihm Strafe androhen, noch kann er sich vom Patienten distanzieren aufgrund seines impliziten Versprechens, das niemals zu tun. Dem Therapeuten oder der helfenden Person bleibt als einziges, jedoch recht wirksames Mittel nur der Vorsatz, die Entschuldigungen des Patienten niemals zu akzeptieren, wenn die Verpflichtung aufrechterhalten bleiben soll.

Weil wir in der Realitätstherapie keine Entschuldigungen akzeptieren, fragen wir selten: »Warum haben Sie das gemacht?« Weil wir wissen, daß jeder, der diese Beziehung eingegangen ist, die Antwort selbst kennt. Eine Entschuldigung ist die leichteste Ausrede. Wir können niemandem helfen, wenn wir zugeben, daß es triftige Gründe dafür gab, einen vernünftigen Plan nicht zu realisieren. Ob die Entschuldigung Gültigkeit besitzt oder nicht, der Patient muß den Plan erfüllen, wenn er erfolgreich sein möchte.

Wenn jemand seine Verpflichtung nicht einhalten kann, sollte man sein Versagen nicht über Gebühr betonen. Es hilft nicht weiter, ihm zu sagen: »Es ist Ihr Fehler; Sie haben versagt; Sie haben Unrecht getan.« Wir stellen ganz einfach die Frage: »Bemühen Sie sich noch weiter, Ihre Verpflichtung einzuhalten? Wenn Sie diese Frage bejahen, wann werden Sie das tun?« Wir warten; Zeit ist selten ein unüberwindliches Hindernis. Wenn wir unsere Beziehung aufrechterhalten, wenn wir weiter Pläne machen und Vereinbarungen treffen, wird der Patient sie schließlich doch erfüllen.

Der Therapeut muß darauf bestehen, daß es sich lohnt, eine getroffene Vereinbarung einzuhalten. Die meisten Menschen, die ihre Verpflichtungen nicht einhalten konnten, sind unverantwortlich, irrational und zu sehr auf sich selbst bezogen. Der Therapeut kann nur helfen, indem er mit dem Patienten bereitwillig den Plan erneut überprüft, und sie gemeinsam einen gegenseitigen Entschluß fassen, entweder die Verpflichtung zu erneuern, wenn der Plan gut ist, oder ihn fallen zu lassen, wenn er nicht gut ist. Der Therapeut muß zum Patienten sagen: »Wenn Sie den Plan nicht einhalten wollen, sagen Sie es mir. Geben Sie mir jedoch nicht erst eine Zusage und später kommen Sie mit einer Entschuldigung, wenn Sie versagen.« Entschuldigungen, Rationalisierungen und Intellektualisierungen können für jede erfolgreiche Therapie die Totenglocke bedeuten; sie haben in der Realitätstherapie nichts zu suchen.

Die Realitätstherapie erfolgreich anzuwenden bedeutet, keine Entschuldigungen zu akzeptieren, nicht zu sehr auf die Fehler einzugehen, noch als Detektiv aufzutreten, um die Gründe herauszufinden. Viele Schülerinnen der Ventura Schule für straffällige Mädchen sagten mir: »Ich wußte, daß Sie mich mochten, auch wenn Sie meine Entschuldigungen nicht akzeptierten.« Entschuldigungen bringen für eine geraume Zeitspanne eine gewisse Erleichterung, aber letzten Endes führen sie nur zum Mißerfolg und zu einer Identifikation mit dem Mißerfolg.

Keine Bestrafung

Genau so wichtig, keine Entschuldigungen anzunehmen, ist es, nicht zu bestrafen. Jemanden bestrafen heißt, ihn so zu behandeln, daß er Schmerzen empfindet, physische oder psychische. Für die meisten erfolgreichen Menschen ist es sehr schwierig, dieses Strafverbot zu akzeptieren, weil sie einen Teil ihres Erfolges der Furcht vor Strafe zuschreiben. Wir glauben, daß die Bestrafung die Beziehung zum Patienten zerstört. Wenn der Patient Erfolg hat, loben wir ihn. Anders als durch Strafe wird durch Lob die Beziehung gefestigt. Lob hat immer eine verbindende Kraft und stärkt verantwortungsbewußtes Verhalten. Die Bestrafung bezweckt jedoch, das Verhalten eines Menschen durch Furcht, Schmerz und Einsamkeit zu verändern. Wenn die Strafe tatsächlich ein wirksames Mittel wäre, um die Veränderung von Menschen zu erreichen, dann hätten wir nur wenige Versager in unserer Gesellschaft. Viele unverantwortliche und untüchtige Menschen sind ihr ganzes Leben lang immer wieder bestraft worden, aber ohne jede positive Wirkung.

Vielen Delinquenten dient die Bestrafung in Wirklichkeit dazu, eine Beziehung herzustellen. Durch ihr delinquentes Verhalten ziehen sie die Aufmerksamkeit auf sich, auch wenn es nur die Aufmerksamkeit der Polizei, des Gerichts, des Bewährungshelfers oder des Gefängnisses ist. Die Bestrafung ist schmerzhaft, aber immer noch besser, als gar nicht beachtet zu werden oder völlig isoliert zu sein. Außerdem trägt sie dazu bei, die Angst vor dem Versagen zu reduzieren. Ein Versager rationalisiert die Bestrafung als Grund für seine Wut, die ihn zu dieser feindseligen Handlung getrieben hat. Er sieht sein Verhalten als Racheakt gegen diejenigen, die ihn bestrafen. Strafe mag den einzelnen davon abhalten, die gleiche Tat zu wiederholen, wenn die Strafe sofort erfolgt und schwer ist. Wenn wir die Hand eines Kindes sofort schlagen, wenn es etwas angefaßt hat, was ihm verboten war, lernt es vielleicht: »Hände weg!« Es lernt aber vielleicht auch, das nächste Mal geschickter vorzugehen; Strafe motiviert jemanden möglicherweise nur, ein geschickter Krimineller zu werden.

Milde Bestrafung kann manchmal eine Wirkung haben, wenn sie einen daran erinnert, daß einem bessere Möglichkeiten offenstehen. Die Menschen, die erfolgreich sind und denen verschiedene Möglichkeiten zur Verfügung stehen, können möglicherweise durch Strafe abgeschreckt werden. Wenn also die Bestrafung überhaupt irgendeinen Sinn hat, dann nur für erfolgreiche Menschen; diese brauchen aber im allgemeinen keine Bestrafung oder etwas Ähnliches, um im Leben weiter erfolgreich zu sein.

Vorher besprochene mögliche Konsequenzen irrationalen Verhaltens bedeuten keine Bestrafung. Der eine Elternteil, der zum Beispiel mit seiner Tochter vereinbart, daß sie einige Privilegien genießt, wenn sie dafür gewisse Verpflichtungen eingeht, ist an diese Abmachung nicht mehr gebunden, wenn die Tochter ihrerseits die Vereinbarung nicht erfüllt. Wenn der eine Elternteil sagt: »Du kannst den Wagen am Samstag benutzen, wenn du ihn einmal in der Woche wäschst.« Wenn die Tochter den Wagen nicht wäscht, dann können und sollten die Eltern ihr den Wagen nicht mehr geben. Der eine Elternteil hat sich an die Vereinbarung gehalten. Die Tochter wird nichts lernen, wenn der eine Elternteil nicht genügend Selbstdisziplin aufbringt, seinen Teil der Vereinbarung zu erfüllen. Es wäre jedoch übertrieben, wenn die Eltern das Verhalten ihrer Tochter wie folgt bestrafen würden: »Da du den Wagen nicht gewaschen hast, kannst du ihn an den nächsten sechs Samstagen nicht benutzen«. Selbst wenn die Tochter, unter Druck gesetzt, diese Bedingung akzeptiert, wäre es ungünstig, weil die Bestrafung aufgrund dieses kleinen Vergehens nur zu Ressentiments führen würde. Gewiß sollte sie am Samstag den Wagen nicht bekommen, wenn sie ihn während der Woche nicht gewaschen hat, aber sobald sie den Wagen wieder wäscht, erfüllt sie von sich aus das Abkommen und kann den Wagen wieder haben. Diese Vereinbarung ist keine Bestrafung; sie basiert auf einem vernünftigen und akzeptablen Plan. Die Tochter ist vielleicht verärgert, daß sie den Wagen nicht bekommt, wenn sie ihn nicht wäscht, aber sie versteht die feste Haltung ihrer Eltern, und sie weiß, daß sie sie noch gern haben.

Der Elternteil, der seinem Sohn oder seiner Tochter erlaubt, den Wagen zu benutzen, wann immer sie wollen, und der sie gelegentlich auffordert, ihn zu waschen, dann aber plötzlich sagt: »Ihr wascht das Auto nicht oft genug, deshalb könnt ihr es für eine Weile nicht mehr haben«, erteilt eine irrationale Bestrafung. Der Sohn oder die Tochter, die diese Laune ohne jede Vorbereitung trifft, wird entsprechend reagieren: die Beziehung zu dem einen Elternteil wird sich lockern, sie werden ihm weniger Liebe und Achtung entgegenbringen und weniger auf ihn hören.

Probleme lassen sich auch ohne Bestrafung lösen. Die Bestrafung wurde von Menschen erdacht, die im Besitz der Macht waren. In einer Überlebensgesellschaft (survival society) verwenden die Mächtigen die Bestrafung als Mittel der Kontrolle. In der Identitätsgesellschaft (identity society) jedoch sollte die innere Kontrolle die äußere Kontrolle ablösen.

Weil Bestrafung die Beziehung und Bindung untereinander verringert und dazu beiträgt, daß der Versager sich noch mehr mit seinem Versagen und seinem Mißerfolg identifiziert, müssen wir darauf verzichten. Wir müssen die Bestrafung als Hauptwaffe der Regierung und der Institutionen, der Familien und der Ehen, der sozialen Organisationen und bei persönlichen Beziehungen ausmerzen. Jemanden für eine gute Leistung zu loben, anstatt ihn abzulehnen, weil er die Erwartungen nicht erfüllt hat, wird die Menschen zu erfolgreichem Handeln motivieren.

Erfolge der Realitätstherapie

Das Hauptkriterium jeder Praxis, Therapie oder einer Reihe therapeutischen Konzepten, die dazu bestimmt sind, Menschen zu helfen, erfolgreich zu sein, ist, ob es funktioniert. Nach mehr als zehnjähriger praktischer Erfahrung mit den Prinzipien der Realitätstherapie und ihrer theoretischen Unterweisung behaupte ich, daß diese Prinzipien funktionieren und daß man geeignete Menschen darin ausbilden kann, sie anzuwenden. Diese Prinzipien sind klar und eindeutig, werden ohne Fachjargon erklärt und sind auf jede Art von Versagen anwendbar, ob es sich um langwierige und tiefliegende oder um kurzfristige und leichte Störungen handelt.

Wir hielten die Anwendung der Realitätstherapie bei den straffälligen Mädchen der Ventura Schule für erfolgreich. Von den 370 Mädchen, die nach jüngster Zählung das Programm absolviert hatten, wurden nur 43 rückfällig. Diese Zahl kann mit der Rückfallquote von bis zu 90% bei ähnlichen Institutionen verglichen werden. Wir hatten das Gefühl, bei 80% der Mädchen Erfolg gehabt zu haben. Ähnliche Erfolge verzeichneten wir bei chronisch psychotischen Patienten am Veterans Administration Neuropsychiatric Hospital in West Los Angeles, wo die Realitätstherapie eine Abteilung von 210 Patienten völlig umgestaltete. Vor Beginn der Realitätstherapie lag die durchschnittliche Entlassungsquote bei zwei Patienten pro Jahr.seit der Einführung eines intensiven Programms der Realitätstherapie wechselten beinahe jedes Jahr alle Patienten. Meine therapeutische Praxis dokumentiert die Verwendbarkeit der Realitätstherapie bei ambulanten Patienten.

Aufgrund der anhaltenden Ineffektivität unserer heutigen Institutionen glaube ich, daß den »Versagern«, wie zum Beispiel den Gefangenen mit Bewährungsfrist oder mit bedingter Strafaussetzung, den chronisch psychiatrischen Patienten, den Drogensüchtigen, den Alkoholikern, den zeitweiligen Arbeitslosen, die auf Sozialfürsorge angewiesen sind oder den chronisch Arbeitslosen eher durch die Gemeindezentren geholfen werden kann. Solche Zentren sollten sich auf die Prinzipien der Realitätstherapie stützen, die sich in jeder Gemeinde befinden, und das Personal sollte sich sowohl aus interessierten und am Schicksal ihrer Mitbürger beteiligten Laien als auch aus Fachleuten zusammensetzen.

Noch aufregender und vielversprechender ist es, die Prinzipien der Realitätstherapie im Bereich der Schule anzuwenden. Falls die Ideen der Realitätstherapie in den verschiedenen Schulen eingeführt werden, wäre es möglich, es vielen Menschen zu ersparen so aufzuwachsen, daß sie sich als Versager empfinden. Die Folge davon wären weniger Klienten in den Institutionen und in den therapeutischen Praxen.

Eltern können die Prinzipien der Realitätstherapie bei der Erziehung ihrer Kinder, Lehrer beim Unterricht ihrer Studenten, Pfarrer im Gespräch mit ihren Gemeindemitgliedern und Arbeitgeber bei der Beziehung zu ihren Arbeitnehmern anwenden. Eine der besten Methoden, eine erfolgreiche Idendität aufzubauen, besteht in der alltäglichen Anwendung dieser Prinzipien; wer sich selbst bemüht, ein besseres und glücklicheres Leben zu führen, wird auch denen helfen, mit denen er Kontakt hat.

5

Gestalt-Therapie: Klinische Phänomenologie

Gary M. Yontef[1]

Die Gestalt-Therapie (GT) hat sich einerseits aus der Psychoanalyse (Freud, Reich, Horney, Rank usw.) entwickelt, andererseits wurde sie besonders vom Existentialismus (Buber, Tillich, Sartre) beeinflußt. Ihr Konzept hat sie jedoch zum großen Teil der Gestalt-Psychologie entlehnt, die phänomenologisch und experimentell ausgerichtet ist. Die Vertreter dieser Richtung hielten die traditionellen Erklärungen für unzureichend, nämlich, daß unsere Sinneswahrnehmung sich aus einzelnen Elementen zusammensetzt, daß das Ganze sich von der Summe seiner Teile unterscheidet.

Das Wort *Gestalt* bezieht sich auf die Form, die Figur oder das Ganze, auf die strukturelle Ganzheit. Die Natur ist wohlgeordnet; sie besteht aus sinnvollen Ganzheiten. Hierbei taucht die Figur auf und geht mit dem Grund eine Verbindung ein, und diese Beziehung zwischen Figur und Grund ist die *Bedeutung*. Im Sinne der Gestalt-Therapie ist eine gute Gestalt deutlich erkennbar, und das Figur-Grund-Verhältnis richtet sich nach und speist sich aus den Quellen der sich jeweils verändernden momentanen Bedürfnisstruktur des einzelnen. Eine gute Gestalt ist weder zu starr oder zu rigide, noch zu wandelbar oder veränderlich.

Verhalten und Erfahrung sind mehr als die Summe ihrer einzelnen Teile. Das Verhalten und die Erfahrung einer Person bilden Einheiten und strukturierte Ganzheiten; jede Ganzheit organisiert sich um einen Vordergrund oder um eine Figur, die sich spontan bildet und die gemäß dem Hauptbedürfnis des einzelnen entweder eine positive oder eine negative

Färbung bekommt. Bei der Befriedigung eines Bedürfnisses wird die Gestalt, die sich organisiert, vollständig und bedarf keiner organismischen Energie mehr. Wenn diese Gestalt bei ihrer Bildung und Zerstörung blokkiert wird oder erstarrt, wenn Bedürfnisse nicht erkannt und zum Ausdruck gebracht werden, bilden diese unbefriedigten Bedürfnisse unvollkommene Gestalten, die die Aufmerksamkeit auf sich ziehen und sich störend auf die Bildung neuer Gestalten auswirken.

Ich blicke beim Schreiben auf und bemerke, daß ich durstig bin; ich nehme mir vor, etwas Wasser zu trinken; ich gehe in die Küche, gieße mir ein Glas Wasser ein, trinke es aus und kehre an meinen Schreibtisch zurück. Ich bemerke, daß die Sonne scheint und es in meinem Zimmer angenehm kühl ist; die Katzen spielen miteinander und draußen rollt der Verkehr vorbei. Vor einigen Minuten war es ganz genauso, aber ich habe es nicht bemerkt. Ich ignorierte das alles, da ich erst feststellen mußte, daß meinem Körper Feuchtigkeit fehlt; dann ging ich zum Wasserhahn und mein ganzes System organisierte sich um das Wasser. In meiner Umwelt standen mir viele Möglichkeiten zur Verfügung, aber ich strukturierte alles nach meinem Durstgefühl. Ich bin nicht zufällig oder passiv von meiner Umgebung dazu stimuliert worden; sondern meine Sinne organisierten sich um meinen Durst (Latner, 1973, pp. 17–18).

Durch diesen Gestaltprozeß reguliert sich jeder selbst auf wohlgeordnete und sinngebende Weise. Dieser Selbstregulierungsprozeß hängt von zwei sich gegenseitig gedingenden Prozessen ab: Sinnenwahrnehmung und Aggression (in GT ist Aggression eine Kraft, eine Lebensenergie, ohne positiven oder negativen moralischen Unterton).

Jeder Mensch muß mit seiner Umwelt Energie austauschen, um zu überleben (zum Beispiel atmen, essen, berühren) und muß sich jedoch als eigenständiges Wesen von dieser Umwelt abgrenzen. Der sich organismisch selbstregulierende Mensch sucht und wählt für sich selbst, welche Dinge er aufnimmt und welche er ablehnt. Er nimmt nahrhafte Stoffe auf und lehnt giftige ab, wobei er bewußt unterscheidet und mit Hilfe seiner ihm zur Verfügung stehenden Aggression fremde Stimuli zerstört (destrukturiert). Die nahrhaften Stoffe werden im Selbst integriert (assimiliert) und die unverwendbaren abgelehnt. Man spricht von *Introjektion*, wenn man irgendein partielles Ganzes aufnimmt, ohne es zu assimilieren. Wenn zum Beispiel ein Kind ein Samenkorn herunterschluckt, ohne es zu de-strukturieren – das heißt ohne es zu zerkauen – dann hat es in seinem

Verdauungssystem einen fremden Gegenstand. Dieser taucht in den Fäkalien wieder auf, und das Kind hat keine Nahrung erhalten. Ähnlich werden Überzeugungen, Regeln, Auffassungen vom eingenen Selbst, Rollendefinitionen usw. häufig als Ganzes heruntergeschluckt (introjiziert) und später bilden sie dann die Grundlage des »Charakters« – das heißt rigides und repetitives Verhalten, das auf die momentanen Bedürfnisse des einzelnen nicht reagiert. Veranlaßt man einen Patienten, von außen herangetragene Zielvorstellungen ohne Bewußtsein und Assimilation zu akzeptieren, so wird er am Wachstumsprozeß gehindert.

Was ist Bewußtheit?

Bewußtheit ist eine Form von Erfahrung. Man versteht darunter den Prozeß, im wachsamen Kontakt mit den wichtigsten Ereignissen im individuellen Lebensraum zu sein, mit voller sensomotorischer, emutionaler, kognotiver und energetischer Unterstützung. Das Kontinuum kontinuierlicher und ununterbrochener Bewußtheit führt zum Aha-Erlebnis, zum unmittelbaren Begreifen offensichtlicher Einheit trotz aller Vielfalt. Bewußtheit wird immer von der Gestaltformation begleitet. Neue sinnvolle Ganzheiten werden immer durch den bewußten Kontakt mit ihnen erzeugt. Bewußtheit ist also die Integration eines Problems in sich.

Da das Verständnis der GT vom Verständnis des Konzeptes der Bewußtheit der GT abhängt, schlage ich vor, den vorigen Abschnitt noch einmal sorgfältig und aufmerksam zu lesen sowie die sich anschließenden Schlußfolgerungen. Jede Schlußfolgerung bezieht sich insbesondere auf das Bewußtsein, welches im Zusammenhang mit der ganzen Person in seinem Lebensraum steht. Während alle Lebewesen einen bestimmten Bewußtheitsgrad haben, gewisse Mittel, um die Welt zu erfahren und sich darin zu orientieren, haben die Menschen eine besondere Fähigkeit, mit einem Teilbewußtsein zu überleben. Ein Neurotiker denkt vielleicht über seine momentane Situation nach, ohne seine Gefühle zu empfinden oder zu kennen oder er drückt seine Emotionen physisch aus, ohne sie kognitiv zu erkennen. Diese beiden Formen des menschlichen Bewußtseins sind unvollständig und sind nicht die *Bewußtheit,* die wir in der GT suchen.

Erste Schlußfolgerung: Bewußtheit ist nur effektiv, wenn sie gegründet ist auf und ihre Energie erhält von dem momentan vorherrschenden Bedürfnis des Organismus. Der Organismus (Mensch oder Tier) ist zwar auch ohne diese Voraussetzung bewußt, aber nicht dort, wo die nahrhaften oder giftigen Stoffe *für ihn* am akutesten sind. Und wenn der Organismus keine Energie, Erregung und Emotionalität in die sich bildende Figur investiert, so hat die Figur keine Bedeutung, keine Kraft oder Wirkung. Ein Beispiel: Ein Mann ist mit einer Frau verabredet, und dabei macht er sich Sorgen über sein bevorstehendes Interview. Er ist sich nicht bewußt, was er bei seinem Rendezvous braucht und reduziert so die Erregung und die Bedeutsamkeit des Kontaktes mit ihr.

Zweite Schlußfolgerung: Bewußtheit ist nicht vollständig, ohne die Realität der Situation direkt zu erkennen und zu wissen, wie man sich in der Situation verhält. In dem Ausmaß, in dem die Situation, äußere oder innere, leugnet, ist das Bewußtsein verzerrt. Der Mensch, der die Situation verbal erkennt, aber nicht wirklich SIEHT, KENNT und darauf REAGIERT, ist sich nicht *bewußt* und steht nicht in vollem Kontakt mit ihr. Der Mensch, der sein Verhalten so »etwa« kennt, aber nicht im emotionalen und physischen Bereich, weiß, *was* er tut, *wie* er es tut, daß er Alternativen hat und selbst gewählt hat, so zu sein, ist sich nicht *bewußt. Bewußtsein* wird begleitet vom sich *Besitzen* und *Anerkennen,* das heißt vom Prozeß, seine Kontrolle über sich, seine Wahl und seine Verantwortung für sein eigenes Verhalten und seine Gefühle zu kennen. Der Mensch mag vielleicht auch ohne diese Fähigkeit auf seine eigenen Erfahrungen und auf seinen Lebensraum wachsam reagieren, aber nicht auf die Kraft, die er hat und die er nicht hat. Volles *Bewußtsein* entspricht funktionell also der Verantwortlichkeit – daß heißt, wenn ich mir vollbewußt bin, bin ich in diesem Augenblick verantwortlich (response-able = fähig zu antworten), und ich kann nicht verantwortlich sein, ohne bewußt zu sein.

»Ich bin« zu sagen, obwohl ich weiß, daß es nicht von mir kam, ist Selbst-Betrug oder falscher Glaube (Sartre). Bewußtheit muß Selbstbejahung einschließen, wirkliche Selbsterkenntnis. »Bewußt« zu sein und sich abzulehnen ist dasselbe als wenn man sagt: »Ich bin« und »Ich, der ich bewußt bin, bin anders.« Hierbei handelt es sich nicht um direkte Selbsterkenntnis, sondern um eine Art, sich in Wirklichkeit nicht zu kennen. *Bewußtheit* ist auch nicht, daß man nur weiß, daß man mit einem Problem unzufrieden ist, ohne direkt, gründlich und klar zu wissen, was man tun muß, um die entsprechende Situation herbeizuführen und fortzusetzen.

Dritte Schlußfolgerung: Bewußtheit ist immer hier und jetzt und immer wandelbar, in der Entwicklung begriffen und transzendiert sich selbst. Bewußtheit ist sensorisch und nicht magisch: sie existiert. Alles, was existiert, existiert hier und jetzt. Die Vergangenheit existiert jetzt als Erinnerung, Reue, körperliche Spannung usw. Die Zukunft existiert als Jetzt nur als Phantasie, Hoffnung usw. In der GT betonen wir die *Bewußtheit* in dem Sinne, daß ich weiß, was ich IN DIESEM AUGENBLICK TUE, in der IST-Situation, ohne dieses IST zu verwechseln mit dem , was war, sein könnte, sein sollte. Wir leiten unser Betragen von der *Bewußtheit* dessen ab, was ist, indem wir uns auf die Figur konzentrieren, die durch unser momentanes und lebendiges Interesse ihre Energie erhält.

Der Akt der*Bewußtheit* ist immer hier und jetzt, obgleich der Inhalt der *Bewußtheit* weit entfernt sein mag. Zu WISSEN, daß »ich mich jetzt erinnere«, ist etwas ganz anderes, als in die Erinnerung hineinzugleiten, ohne sich dessen *bewußt* zu sein. *Bewußtheit* bedeutet, zu erleben und zu wissen, was ich im Augenblick jetzt (und hier) tue.

Bewußtheit ist ein neues Zusammenkommen und schließt die Sehweise aus, die Welt als unwandelbar zu empfunden. *Bewußtheit* kann nicht statisch sein, sondern ist ein Orientierungsprozeß, der sich jeden Augenblick erneuert. Die »Bewußtheit«, die statisch ist, ist eine Abstraktion der fließenden *Bewußtheit,* die man fühlt. Wir vertrauen mehr der sich entwikkelnden *Bewußtheit* als der vorher festgelegten abstrakten Idee.

Gestalt-Phänomenologie und die paradoxe Theorie vom Wandel

Die Phänomenologie ist eher eine Suche nach dem Verständnis von dem, was offensichtlich ist oder durch die Situation offenbar wird, als eine Interpretation des Beobachters. Phänomenologen bezeichnen dies als »gegeben«. Die Phänomenologie arbeitet, indem sie in eine Situation empirisch eindringt und dem sensorischen Bewußtsein das überläßt, was offensichtlich gegeben ist zu entdecken. Dies erfordert Disziplin, besonders ein Gespür für das, was präsent ist, was *ist,* ohne dabei irgendwelche Daten im voraus auszuschließen.

Die Einstellung der Phänomenologie besteht darin, zu erkennen und vorgefaßte Meinungen über das, was relevant ist, beiseite zu schieben. Eine phänomenologische Beschreibung integriert sowohl das beobachtete Verhalten als auch empirische, persönliche Berichte. Bei der phänomenologischen Exploration legt man viel Wert auf eine besonders klare und detaillierte Beschreibung des *Ist*-Zustandes, wenig Wert auf das, was sein würde, sein könnte, war oder gewesen sein könnte.

Vielen Menschen gelingt es oft nicht, das zu sehen, was direkt vor ihnen ist, und sind sich dessen nicht bewußt. Sie phantasieren, argumentieren und verlieren sich in Träumereien. Der Unterschied zwischen dieser gefilterten Wahrnehmung und einem unmittelbaren, direkten Erfassen der momentanen Situation kann von denen am besten gewürdigt werden, die sich um eine esoterische Antwort bemüht haben und stattdessen die Freude eines einfachen und offensichtlichen Aha-Erlebnisses gefunden haben.

Beim Beginn einer Therapie können die Patienten oft nicht sagen, was sie meinen und nicht das meinen, was sie sagen, weil sie sich nicht *bewußt* sind. Sie haben den Sinn dafür verloren: das ist es, was *ich* gerade denke, fühle und tue. Sie verlangen ein Heilmittel oder eine Erklärung, bevor sie zu beobachten, zu beschreiben und zu erkennen versuchen, *was* sie momentan tun und *wie* sie es tun. So versuchen sie, etwas zu erklären, zu rechtfertigen, dessen genaue Existenz ihnen unklar ist. Sie verpassen das Offensichtliche.

Diese Patienten halten diesen Mangel an Klarheit durch zwei verwandte Prozesse aufrecht: sie denken, ohne das Sensorische und Affektive zu integrieren, und sie richten ihre Aggression mehr gegen sich selbst, als daß sie sie im Kontakt mit anderen und im Assimilationsprozeß verwenden. Ihre verhaltensbedingten Gestalten werden mehr durch diese beiden rigiden Charakteristika gebildet als durch die momentanen Bedürfnisse (vgl. mit dem Abschnitt: Der Neurotiker, S. 110 ff.).

Experimentelles Verhalten ist notwendig, um neue Erlebnisweisen auszuprobieren und über neue psychobiologische Energie zu verfügen. Der Patient muß lernen zu sehen, zu tun und Situationen zu meistern. Die Therapiestunden geben ihm die Möglichkeit, frei zu experimentieren. Sie fordern ihn aber auch heraus, realistisch zu sein. In der GT nennen wir dieses Verhalten »sicheren Ausnahmezustand« (safe emergency). Wenn der Therapeut zuviel hilft, braucht der Patient nichts selbst zu machen, und wenn der Therapeut auf verbale inhaltliche Erklärungen Wert legt (zum Beispiel warum – weil), dann ermöglicht er dem Patienten zu denken, ohne zu experimentieren und ohne zu fühlen. Wenn der Patient während der Therapie die Prozesse wiederholt, die er bereits gewohnt war – zum Beispiel Obsessionen (antizipieren, analysieren, nach dem Warum fragen) und weiter passiv und unkreativ bleibt (»sagen Sie mir, was ich tun soll«) – ist es sehr wahrscheinlich, daß der Patient nur geringe Fortschritte machen wird.

Die GT basiert darauf, daß der Patient es lernt, mit Hilfe der eigenen Sinnesorgane etwas für sich zu erforschen, zu lernen, und die Lösung seiner Probleme selbst zu finden. Wir bringen dem Patienten den Prozeß bei, sich *bewußt* zu sein, was er gerade tut und wie er es tut, und besprechen nicht so sehr inhaltliche Fragen, wie er sein sollte oder warum er so geworden ist, wie er ist. Wir geben ihm ein Werkzeug in die Hand: Gewissermaßen bringen wir ihm eher bei, eine Mahlzeit zu kochen als sie zu essen.

Die traditionelle Psychotherapie ist inhaltlich orientiert. Das Hauptgewicht während der Therapiestunden liegt auf der inhaltlichen Bedeutung des gesprochenen Wortes. Die GT ist Prozeßorientiert. Die Betonung liegt auf dem Bewußtheitsgrad, wie der Patient bei der Suche nach dem Verstehen vorgeht. Wir reden nicht nur; wir »arbeiten«. Arbeit bezieht sich hier auf phänomenologisches Experimentieren; angeleitete Übungen zur Förderung der Bewußtheit und Experimente sind darin enthalten. Die Übungen bestehen nicht nur darin, den Patienten irgendetwas bewußt zu machen, sondern sich *bewußt* zu werden, wie man *bewußt* ist und als Folgeerscheinung, sich *bewußt* zu sein, wie sie es vermieden haben, bewußt zu sein.

Die traditionelle verbale Therapie und die Verhaltenstherapie haben ein äußeres Ziel: Der Patient ist nicht o.k., so wie er ist. Oft stimmen sowohl Patient als auch Therapeut darin überein. Der Therapeut fungiert bei diesen Therapien als Agens, der beim Patienten eine Veränderung herbeiführen soll. Der Patient soll ein ideales Ziel anstreben, indem er versucht, das zu werden, was er nicht ist. Die GT vertritt die Auffassung, daß die Veränderung zuerst dadurch eintreten soll, daß der Patient das Gegebene klar erkennt und akzeptiert: wer er ist und wie er ist. Bei der GT verändert der Therapeut den Patienten nicht. Beide streben danach zu lernen, wobei sie den Bewußtseinsprozeß anwenden.
Über ihre Theorie der Veränderung stellt die GT fest:

daß die Veränderung dann eintritt, wenn man das wird, was man ist, nicht aber, wenn man das werden möchte, was man nicht ist. Eine Veränderung findet nicht statt, indem ein Individuum sich dazu zwingt oder indem ein anderer Mensch ihn verändern möchte, sondern sie findet statt, wenn man sich die Zeit dazu nimmt und sich viel Mühe gibt, das zu werden, was man ist. Indem wir als Therapeuten die Rolle als veränderte Kraft ablehnen, ermöglichen wir sinnvolle und wohlgeordnete Veränderung.
Der Gestalt-Therapeut lehnt die Rolle als »Veränderer« ab, denn seine Strategie besteht darin, den Patienten zu ermutigen, sogar darauf zu bestehen, daß er das sei, wo und was er ist. Der Therapeut vertritt die Auffas-

sung, daß weder »Versuch«, Zwang oder Überzeugung noch Einsicht, Interpretation oder ähnliche Methoden zu einer Veränderung führen, sondern daß eher dann eine Veränderung eintritt, wenn der Patient, wenigstens für einen Augenblick, es aufgibt, das zu sein, was er sein möchte; denn die Prämisse besteht darin, daß man festen Boden unter den Füßen haben muß, um eine sichere Grundlage für die Bewegungen zu haben und daß es schwierig ist, wenn nicht gar unmöglich, sich ohne diese sichere Grundlage zu bewegen.
Der Mensch, der zu einer Therapie kommt, weil er sich ändern möchte, befindet sich mindestens in einer doppelten Konfliktsituation. Er schwankt ständig hin und her zwischen dem, was er »sein sollte« und dem, was er sich vorstellt »zu sein«, wobei er sich mit keiner der beiden Rollen voll identifizieren kann. Der Gestalt-Therapeut fordert den Patienten auf, eine der beiden Rollen voll auszufüllen, jede zu seiner Zeit. Mit welcher Rolle er auch immer beginnt, bald wechselt er zur anderen über. Der Gestalt-Therapeut verlangt vom Patienten lediglich, daß er das sei, was er momentan ist.
Der Patient kommt zum Therapeuten, weil er sich ändern möchte. Viele Therapeuten akzeptieren das als legitimes Ziel und beginnen mit Hilfe verschiedener Methoden, ihn zu ändern, wobei sie, wie Perls es ausdrückt, die »top-dog/under-dog«-Dichotomie herstellen. Ein Therapeut, der einem Patienten helfen möchte, hat damit die egalitäre Position aufgegeben und wird zum wissenden Experten, wobei der Patient den Hilflosen spielt; Ziel des Therapeuten soll es jedoch sein, daß beide auf einer Stufe stehen. Der Gestalt-Therapeut vertritt die Meinung, daß die »top-dog/under-dog« Dichotomie bereits im Patienten selbst besteht, wobei der eine Teil den anderen ändern möchte, und daß der Therapeut sich davor hüten muß, auf eine dieser beiden Rollen festgenagelt zu werden. Er bemüht sich, dieser Falle zu entgehen, indem er den Patienten ermutigt, beide Rollen für sich zu akzeptieren, jede zu seiner Zeit.[1]

Wenn der Patient nicht mehr versucht, das zu sein, was er nicht ist, selbst nur für einen Augenblick, so kann er erfahren, was er ist. Dies wird ihm Auftrieb geben, durch Bewußtheit und eigene Wahl mit dem Wachstumsprozeß zu beginnen. Bewußtheit entwickelt sich durch Kontakt und Experimentierfreudigkeit: beides basiert auf dem Wunsch zu erkennen, was zum Leben notwendig ist, auf einer Bereitwilligkeit, mit Konfusion, Konflikten und Zweifeln zu leben, die die Suche nach dem Gegebenen begleiten und auf einer Bereitwilligkeit, selbst die Verantwortung zu übernehmen, um eine neue Lösung zu finden oder zu schaffen. »Der Mensch transzendiert sich selbst nur, indem er seine wahre Natur findet, nicht aber durch Ehrgeiz und erzwungene Ziele.«[1] (Perls, 1973, S. 49).

Humanismus und Technologie

Die phänomenologische Arbeit der GT wird durch eine Beziehung hergestellt, die auf Martin Bubers existentiellem Modell des Ich und Du, des Hier und Jetzt basiert. Bei der GT sind wir sowohl humanistisch als auch technologisch eingestellt. Das bezieht sich auf beide Personen, auf den Therapeuten und den Patienten, die bei ihrer Zusammenarbeit experimentieren, damit der Patient es lernt, in stärkerem Maße als bisher selbst Erfahrungen zu sammeln. Bei der Arbeit konzentriert man sich möglicherweise auf eine bestimmte Aufgabe – zum Beispiel man sucht ein Problem des Patienten aus – oder man konzentriert sich auf die Beziehung an sich. Die Arbeit, ob sie nun strukturiert oder unstrukturiert ist, vereinigt Sinneswahrnehmungen, Gefühle und Denken in einem Kontinuum der *Bewußtheit* im Jetzt.

Wir überlassen es jedem einzelnen, sich selbst zu regulieren, ohne daß wir ihm stattdessen von unserer Seite ein äußeres Ziel anbieten. Wir bemerken es, wenn der Patient seine Arbeit unterbricht und sich selbst ablehnt, es ihm an Selbstvertrauen fehlt und er den Wunsch hat, daß wir ihm die Verantwortung abnehmen. Wir vertrauen jedoch auf sein regelmäßiges und sinnvolles Verhalten und auf seine Fähigkeit, das Leben zu meistern. Wir bedienen uns nicht verbaler Mittel oder Rekonditionierungsmethoden, um den Patienten dahin zu manipulieren, daß er einem Ideal gemäß leben soll. Der Therapeut verfügt jedoch über mehr Mittel als nur den Vertrag »verändere mich« abzulehnen. Wir verwenden eine ganze phänomenologische Technologie. Wir können dem Patienten einen Hinweis geben, wie er das Risiko auf sich nehmen kann, etwas Neues zu tun, was zu neuen Erfahrungen führen kann. Unser Ziel ist die *Bewußtheit* der Struktur/Funktion irgend einer Funktionsstörung, und um dieses Ziel zu erreichen, verwenden wir unsere phänomenologische Technologie.

Jede Intervention des Therapeuten basiert bei der GT auf Sehen und Fühlen. Manchmal lassen wir den Patienten nur an dem teilhaben, was wir sehen (feedback) oder was wir als Reaktion (Aufdeckung) davon fühlen. Manchmal führt dies zu einer Vorstellung, was der Patient tun kann, um sich einer Sache *bewußt* zu werden. Dieses kreative Verfahren schätzen wir ebenso hoch ein, wie die Methode des Aufdeckens und der Rückkoppelung. Solche Techniken entstehen aus dem Ich-Du-Dialog; manchmal ist technologische Intervention erforderlich. Ein Beispiel: Ein Patient spricht, ohne den Therapeuten anzusehen. Der Dialog ist gestört, indem der Patient redet, aber keine bestimmte Person anspricht. Bei einem echten Dialog wäre eine aktive Reaktion des Therapeuten erforderlich. Dem Therapeuten stehen drei Möglichkeiten offen: 1. »Sie sehen mich nicht an«; 2. »Ich fühle mich ausgeschlossen«; 3. »Ich schlage ein Experiment vor: Hören Sie auf zu reden, sehen Sie mich nur an und warten Sie, was geschieht.«

Bei der GT werden also verbale Handlungen mit bestimmten Aufgaben, die dem Patienten gegeben werden, verbunden. Diese Methode hat sich als sehr wirksam herausgestellt, wie die neuen Therapieformen, die sich auf Masters und Johnson berufen, erst kürzlich gezeigt haben. Diese Aufgaben sind so vielfältig, wie es die Kreativität und die Phantasie des Therapeuten und des Patienten zulassen.

Wir arbeiten daran, die Außenwelt besser wahrzunehmen, an seinem Körper Freude zu haben, an Streitgesprächen, und zwar mündlich oder schriftlich, Ausdrucksmodalitäten (Träume, Kunst, Bewegung, Dichtung) ad infinitum. Manchmal werden diese Methoden jedoch fälschlicherweise mit bestimmten Kniffen verwechselt, die jemanden in Schwung bringen sollen, oder mit Katharsis und anderen abgekürzten Heilverfahren. Bei der GT werden alle diese Aufgaben dafür verwendet, um die Beziehung zwischen Therapeut und Patient weiter zu erforschen sowie die Fähigkeit des Patienten zur Lösung von Problemen und zum Reifen durch *Bewußtheit* zu fördern.

Patienten haben oft eine falsche Vorstellung, wenn sie meinen, daß die Therapie lediglich eine Form des Gesprächs ist und daß sich die Veränderungen automatisch einstellen. Wenn sie gebeten werden, ein Experiment auszuprobieren, reagieren sie verwirrt, widerstrebend und voller Angst. Wenn die Arbeit neue Erkenntnisse, eine wirkliche Veränderung mit sich bringt, reagieren die Patienten auf verschiedene Weise: manchmal nehmen sie wirklich die glorreichen Möglichkeiten wahr und dürsten nach weiteren – und manchmal erschrecken sie vor einer Methode, die ihnen eine Klarheit über ihre momentanen Handlungen gibt, über die Notwendigkeit, sich zu ändern, und vor allem durch die Aussicht, sich wirklich zu verändern.

Beachten Sie, daß diese Methode, obwohl sie nach dem Offensichtlichen, nach der Oberfläche Ausschau hält, alles andere als oberflächlich ist. Bei der traditionellen Therapie konnte die wahre Struktur im Leben des Patienten nur verstanden werden, indem man sich linear zu dem entfernten Ort begab (zum Beispiel der Vergangenheit), wo die entscheidenden Faktoren, die die Persönlichkeit prägten, lokalisiert sein sollten. Gemäß der Gestalt-Therapie sind jedoch alle Kräfte präsent und können keine Wirkung haben, wenn sie räumlich und zeitlich entfernt sind. Das *Bewußtseinstraining* dringt zur wirklichen Struktur/Funktion der hier und jetzt wirkenden Kräfte vor, die die Existenz des Patienten regulieren. Dies wird dem Patienten deutlicher, wenn er die Bewußtseinsprozesse begriffen hat sowie andere fundamentale Kräfte besser versteht, die präsent sind und früher vermieden wurden.

Der Neurotiker

Der Neurotiker läßt es nicht zu, sich seiner wahren Bedürfnisse *bewußt* zu sein, sie zu akzeptieren oder anzuerkennen. Anstatt sich seinen vitalen Interessen intensiv zu widmen, hält er sich zurück: einerseits verbraucht er seine Kräfte im Kampf gegen sich selbst, andererseits kontrolliert er beim Dialog den Therapeuten. Der Neurotiker hat einen rigiden Charakter; seine Selbstbehauptung ist begrenzt, und im allgemeinen nimmt er an, daß er seinem repetitiven und unbefriedigenden Verhaltensmuster nicht entkommen kann. Er versucht, mit dem Therapeuten eine zu enge Verbindung einzugehen, von dessen Stärke zu profitieren, anstatt sich selbst zu entwickeln. Das Gefühl für seine eigenen Grenzen ist schwach ausgeprägt, denn er lehnt Aspekte seiner *Bewußtheit* ab (d.h. Projektion) und akzeptiert fremde Dinge, als wären sie seine eigenen (d.h. Introjektion). Dem Neurotiker fehlt die *Bewußtheit* des Ist-Zustandes.

Aufgrund dieser Selbstverleugnung und der mangelnden *Bewußtheit* vermindert der Neurotiker seine Selbstbehauptung, über die er sonst frei verfügen könnte, und deshalb muß er andere manipulieren, um etwas von sich zu erfahren, oder andernfalls zwingt er sich selbst, nach den rigiden Regeln zu leben, die er heruntergeschluckt, aber nicht assimiliert hat. Der Neurotiker kontrolliert sich demnach selbst oder andere wie Dinge, oder er läßt es zu, sich kontrollieren zu lassen.

So macht der Neurotiker aus der therapeutischen Situation eine Wiederholung einer früheren Situation: jemand sagt ihm, wie er sein soll, und er leistet Widerstand oder nimmt alles stillschweigend hin. Wenn der Therapeut der Meinung ist, er wisse am besten, was für den Patienten gut ist, intensiviert sich das Problem. Selbst wenn der Patient sich verändert, hat er nicht gelernt, sich selbst zu regulieren. Dies alles fördert nicht das *Bewußtwerden* seiner Verhaltensstruktur, so daß er keine Kraft erhält, sich selbst zu entwickeln.

Obgleich viele Patienten zu einer Therapie kommen, um sich zu verändern, wollen sie selbst nicht wirklich dazu beitragen – sie wollen es dem Therapeuten überlassen. Sie sträuben sich gegen den Reifeprozeß und investieren ihre Energie, um dem Therapeuten einen Mißerfolg beizubringen. Die letzte Motivation trifft fast immer bei der unmittelbaren *Bewußtwerdung* des Patienten zu, der gerade erst mit der Therapie begonnen hat.

Das Problem liegt also nicht darin, daß der Patient seine Umgebung manipuliert, sondern daß er andere in der Weise manipuliert, daß er selbst ein Krüppel bleiben kann. Um seine Selbstbehauptung zu bewahren, stützt er sich nicht auf eine wechselseitige Beziehung von Geben und Nehmen, Kontakt und Zurückgezogenheit mit seiner Umgebung. Der Therapeut muß dem Patienten seine ganze ungeteilte Aufmerksamkeit schenken, ohne etwas zu fordern, und gleichzeitig muß er die subtilen Manipulationstechniken des Neurotikers durchkreuzen und ihn dadurch zwingen, seine geschickten Manipulationsversuche auf die Befriedigung seiner eigenen wirklichen Bedürfnisse zu lenken« (Perls, 1973, p. 108; vgl. auch Resnick, 1975).

...wenn der Therapeut sich zurückhält... entzieht er dem Feld sein Hauptinstrument, seine Intuition und seine Sensibilität, die für den fortschreitenden Prozeß mit dem Patienten so wichtig sind. Er muß demnach lernen, mit Sympathie und gleichzeitig mit Frustration zu arbeiten. Diese beiden Elemente scheinen unvereinbar zu sein, aber die Kunst des Therapeuten muß darin bestehen, sie vereint zu einem wirkungsvollen Werkzeug zu machen. Er muß grausam sein, um freundlich zu sein. Er muß sich über die Beziehungen in der ganzen Situation bewußt sein, er muß mit dem Gesamtfeld Kontakt haben – sowohl was seine eigenen Bedürfnisse und Reaktionen den Manipulationen des Patienten gegenüber anbelangt, als auch den Bedürfnissen und Reaktionen des Patienten dem Therapeuten gegenüber. Und er muß die Freiheit haben, diese auszudrücken (Perls, 1973, p. 105).

Evaluation und Reife

Die GT ist erfolgreich, wenn es einem Patienten gelingt, sich selbst mit Hilfe eines Prozesses der Gestalt-Formation und Destruktion zu regulieren, welches auf deutliche und spontane Weise sein Verhalten und seine *Bewußtheit* in Ganzheiten formt, die sich aufgrund seiner vorherrschenden Bedürfnisse organisieren und ihre Energie erhalten. Ein solcher Mensch wird »bewußt sein«, das heißt, er wird die Eigenschaften der *Bewußtheit* haben, die wir früher diskutiert haben. Er wird mit den wichtigsten Ereignissen in seinem Lebensraum in Kontakt stehen, über Energiequellen verfügen, die seinem Verhalten zugute kommen, verantwortungsbewußt sein, sich selbst regulieren und bei seinen Explorationen neue Risiken eingehen.

Demzufolge sehen wir Reife eher als einen kontinuierlichen Prozeß an als ein Streben nach einem idealen Endzustand. Die reife Persönlichkeit engagiert sich bei diesem Prozeß; sie engagiert sich im Prozeß der *kreativen Anpassung. Kreative Anpassung* ist eine Beziehung zwischen der Person und seiner Umwelt, in welcher die Person 1. innerhalb seines Lebensraums verantwortungsbewußt Kontakte herstellt, sich dazu bekennt und sie meistert und 2. die Verantwortung übernimmt, solche Bedingungen zu schaffen, die für sein Wohlergehen förderlich sind. Der einzelne ist in seinem Verhalten nur reif im Zusammenhang mit der Bewältigung seiner Umwelt. Situationen zu bewältigen und sich ihnen anzupassen, ohne jedoch verantwortungsbewußt genug zu sein, um solche Bedingungen zu schaffen, die zur Befriedigung der fundamentalsten Bedürfnisse und Werte förderlich sind, würden dieser Definition nicht entsprechen. Arbeit, Liebe, Selbstbehauptung, Nachgiebigkeit usw. sind nur Ausdruck der Reife, wenn sie ein Teil der *kreativen Anpassung* sind.

Reife ist also kein statisches Ideal, sondern vielmehr der Prozeß, sich der Bewußtheit in einem kreativen Anpassungsprozeß der Selbstregulierung in der realen Welt zu verpflichten. In der GT arbeiten wir auf die *Bewußtheit* hin, die eine notwendige Unterstützung zur *kreativen Anpassung* ist.

Bei der GT hängt der Erfolg mehr davon ab, wie deutlich der Patient selbst Erfahrungen sammeln, sich selbst bewerten und beurteilen kann als nach äußeren Anpassungsmaßstäben. Wir erwarten vom Patienten, daß er es lernt, selbst zu erfahren, welcher Prozeß, die GT inbegriffen, seine vitalen Bedürfnisse in welchem Ausmaß befriedigt oder frustriert. Das bedeutet, er muß seine Bedürfnisse, Wünsche und Prioritäten kennen und für seine eigenen Wertvorstellungen, für sein Urteilsvermögen und für seine Entscheidungen die Verantwortung übernehmen.

Diese Reife und *Bewußtheit* bestätigen den Erfolg der GT nur dann voll und ganz, wenn sie sowohl dem Patienten als auch dem Therapeuten klar und deutlich sind. Der Erfolg ist am äußerlich sichtbaren Verhalten und am inneren Erleben abzulesen. Der Patient muß ein anderes Gefühl haben: er muß das Gefühl erhöhter Klarheit, Erregung, Wohlbefinden und Explorationsbereitschaft haben. Es sollte eine deutliche Übereinstimmung herrschen zwischen den inneren Erfahrungen des Patienten und dem äußeren Eindruck, den der Therapeut vom Patienten hat. Jede innere *Bewußtheit* sollte von einer äußeren Manifestation begleitet sein – zum Beispiel sollte das Gefühl der größeren Lebendigkeit des Patienten sich auch in physiologischer Hinsicht äußern. Bleiben beim Therapeuten oder beim Klienten diese deutlichen Erfolgsbeweise aus, so weist das darauf hin, daß weitere Anstrengungen nötig sind.

Vergleich verschiedener therapeutischer Modelle

Die Grundlage der traditionellen verbalen Therapieformen ist größtenteils psychoanalytisch. Man traut weder dem Verhalten, noch der Erfahrung des Patienten, weil man der Auffassung ist, daß sie durch abgeleitete, nicht beobachtbare, verborgene »reale« Gründe bestimmt werden – das heißt durch unbewußte Motivation. Dem Patienten bleibt ein Unterbewußtsein, das ihm nicht zur Verfügung steht und ein Bewußtsein, das machtlos und unzuverlässig ist. (Entfernte Gründe für sein gegenwärtiges Verhalten zu erkennen, nennt man oft »Einsicht«.) Das Konzept des Unbewußten wird in der GT durch das Konzept des sich wandelnden Verhältnisses von Figur/Grund der *Bewußtheit* ersetzt, wobei gewisse Prozesse nicht berührt werden aufgrund einer Störung der Figur/Grund-Formation oder weil die Person mit anderen Phänomenen in Kontakt steht (vgl. Perls, 1973, p.54). Aber die Daten stehen zur Verfügung, und der Patient kann direkt und sofort darin unterwiesen werden. *Bewußtheit* wird bei der GT als mächtige, kreative, integrierende Kraft verstanden, die alles umschließt, was vorher unbewußt war.

Bei der traditionellen Psychotherapie war der Patient aufgrund der Vorstellung der unbewußten Motivation seines Verhaltens mehr von der Deutung des Therapeuten als von seinen eigenen explorativen Versuchen der *Bewußtheit* abhängig. Der Therapeut ist der Wissende, und der Patient wird entweder gesund, indem er das lernt, was der Therapeut bereits weiß, oder er wird vom Therapeuten »unterstützt«, bis dieser der Meinung ist, der Patient habe genug Ich-Stärke, um sich das Wissen des Therapeuten anzuhören.

Das Wissen des Therapeuten besteht aus Deutungen, Spekulationen über vergangene Ereignisse, die das gegenwärtige Verhalten des Patienten verursacht haben sollen (rechtfertigen sollen?). Dieses lineare Kausalitätsmodell mindert die Bedeutung der Hier-und-Jetzt-Kräfte, die das Verhalten unterstützen und dem Patienten zu seinen eigenen explorativen Versuchen zur Verfügung stehen. Bei dieser Art von Therapie kommt das Hier und Jetzt nur durch die Übertragung herein und dann nur, um die Verzerrungen des Patienten zu deuten.

Dies alles erhöht die Position des Therapeuten auf Kosten des Patienten; dessen Orientierungshilfen werden zunichte gemacht: sein eigenes Gefühl für das, was er sieht und was er dabei empfindet. Der Patient ist demnach nicht verantwortlich für seine Handlungen und kann sich selbst nicht kennen, da er vielmehr eine Krankheit oder ein Gebrechen hat, das der Therapeut heilen oder beseitigen soll. Selbst die Therapeuten, die angeblich das medizinische Modell ablehnen, haben oft in der Praxis dieselbe Einstellung. Speziell gegen diese Einstellung wendet sich das Ich-Du-Modell der Gestalt-Therapie.

Es besteht eine Spaltung zwischen diesen verbalen Therapien und den aktiveren Modellen wie den Verhaltenstherapien. Diese »dritte Kraft« erhebt den Anspruch, eine neue Alternative zu sein. Unglücklicherweise bringen viele dieser »neuen« Psychotherapien lediglich die verbalen oder Rekonditionierungsbehandlungen auf den neuesten Stand. Viele von ihnen unterscheiden sich von den traditionellen verbalen Therapien nur in ihrer Sprache (neuer Inhalt) und in geringfügigen methodologischen Abweichungen (zum Beispiel sind sie aktiver).

Bei diesen »neuen« verbalen Therapien agieren die Therapeuten noch immer als Verstärker, da sie der Meinung sind, sie wüßten besser als der Patient, wie dieser sein sollte. Sie sehen die Aufgabe des Patienten nicht so sehr in einem Lernprozeß als vielmehr darin, daß dieser das lernt, was sie bereits wissen. Viele sind also vom humanistischen und technologischen Standpunkt aus unzureichend, und vielen gelingt es sicherlich nicht, beide Standpunkte zu integrieren. Ihnen fehlt auch die phänomenologische Sicht der *Bewußtheit,* da sie ihrer eigenen Analyse mehr vertrauen. Ihnen fehlt eine Kausalitätstheorie, die das überholte Kausalitätsmodell ersetzen könnte. Ihnen fehlt eine Assimilationstheorie, die in angemessener Weise ein Ego zu erklären vermag, das eine eigene Existenz hat und nicht nur eine Summe von Es-Impulsen und von äußeren Verstärkungen (external reinforcement) ist.

Die aktiveren Therapien dieser »dritten Kraft« sind ebenfalls nicht phänomenologisch. Encounter-Gruppen, die verschiedene Kniffe benutzen, um einen erwünschten Gefühlsausdruck oder einen Auslöser zu erzeugen, Körper-Therapien (body-therapies), die den idealen Körper erzeugen sollen, Therapien, die den Urschrei erzeugen sollen – alle diese Richtungen haben zwei Faktoren gemeinsam, die sie von der GT (und jeder anderen Phänomenologie) unterscheidet: 1. Sie betonen das äußere Verhalten *und* nicht die Welt, wie sie vom Patienten gesehen wird. 2. Sie beabsichtigen, dieses Verhalten zu kontrollieren auf Kosten der Art des *Bewußtheitstrainings,* was organismische Selbstregulierung zur Folge hat. Wenn emotionale Ausdruckskraft angestrebt wird, dann treibt die Gruppe den Patienten vielmehr dazu an, seinen Gefühlen Ausdruck zu verleihen, als ihn zu lehren, sich seiner Ausdrucksimpulse bewußt zu sein und sie zu akzeptieren und nicht seine Gefühle auszudrücken. Die Behavioristen führen diese Form der Rekonditionierung vom wissenschaftlichen Standpunkt aus durch, wobei sie besonderes Gewicht legen auf eine klare unmißverständliche Sprache, auf spezifische Techniken, auf die Lerntheorie und auf objektive Daten usw. Leiter der Encounter-Gruppen führen ihre Art der Rekonditionierung oft ohne ein ähnlich adäquates Fundament durch.

Bei der GT lehnen wir jede Spaltung zwischen Sprechen und Verhalten ab; wir verwenden *alle* Daten: das Bewußtsein und das, was wir wahrnehmen. Wir integrieren die behavioristische und empirische Psychologie zu einem therapeutischen System, indem wir uns ganz auf das Phänomen der Bewußtheit konzentrieren und indem wir eine neue und zwingendere Definition der Bewußtheit verwenden. Die Elemente dieser neuen Definition sind in vielen Definitionen der *Bewußtheit* enthalten, aber die meisten anderen Therapien bestehen nicht darauf, alle in ein vereintes Konzept einzubeziehen.

Der Patient kann bei der GT sofort mit dem Lernprozeß beginnen, indem er mit dem Konzept der Hier-und-Jetzt-*Bewußtheit* arbeitet, ohne vom Therapeuten genaue Anweisungen zu bekommen. Die unmittelbaren Veränderungen sind für den Patienten erregend und erschreckend zugleich. Obgleich der Patient aber mit der Bewußtheit und dem Wachstum sofort beginnen kann, ist Wachsen ein Prozeß und kein momentaner Endzustand, wo man lediglich das Richtige macht. Die Therapeuten versuchen bei der GT nicht, den Patienten zu rekonditionieren, sie sind auch nicht die allwissenden Eltern/Guru; sie nehmen am Wachstumsprozeß teil.

Wachstum tritt durch *Bewußtheit* ein, die aus einer liebevollen Ich-Du-Beziehung entsteht, in der die Unabhängigkeit, der Wert und die Empfindungsfähigkeit des Patienten respektiert werden. Hierin hat die GT viel Ähnlichkeit mit der Theorie von Rogers, aber auch pointierte Unterschiede. Rogers begann mit einem klientenzentrierten Ansatz und klammerte die Person des Therapeuten ganz aus; später befürwortete er eine vollständig gegenseitige Beziehung zwischen Therapeut und Patient. Bei der GT ist diese Beziehung nicht völlig gegenseitig, sondern sie konzentriert sich auf den Lernprozeß des Patienten. Und bei der GT ist der Therapeut ganz miteinbezogen: einschließlich negativer Gefühle, Rückkoppelung der sensorischen und körperlichen Sprache, Kreativität (Wege zu schaffen, um die *Bewußtheit* zu steigern), technologische Reaktionen, die die Arbeit am *Bewußtsein* leiten und eine Bereitschaft, den Patienten seine Frustrationen selbst erleben zu lassen.

Zusammenfassung

Die GT bezieht sich auf ein ganz unterschiedliches Bezugssystem; sie ist nicht nur eine andere Spielart der verbalen Therapie oder der Verhaltenstherapie und der Encounter-Therapie. Sie ist ein neues Bezugssystem, in dessen Rahmen die Therapeuten ihren eigenen Arbeitsstil entwickeln. Die GT ist eher eine Einstellung als eine bestimmte Verfahrenstechnik. Jede Technik, die die *Bewußtheit* fördert, kann innerhalb dieses Systems benutzt werden – wenn Therapeuten, Studenten der Therapie oder Patienten ihre gestalttherapeutische Einstellung an die Verhältnisse anpassen und ihre sensorisch-empirischen Werkzeuge im Rahmen des Bezugssystems der GT verwenden. Unglücklicherweise haben viele die Einstellung der GT mit einer bestimmten Technik des Therapeuten verwechselt.

In der Gestalt-Therapie sind immer zwei Aspekte präsent, die in anderen Systemen häufig als unvereinbar oder isoliert angesehen werden: 1. die unmittelbaren Bedürfnisse der Teilnehmer im Ich-Du, Hier-Jetzt-Dialog und 2. technische Voraussetzungen bei der *Bewußtheitsarbeit.* Jede therapeutische Intervention hat beide Aspekte: sie ist sowohl ein technisches Ereignis mit Implikation für die *Bewußtseinsarbeit* (Phänomenologie) als auch ein menschliches Ereignis, das die Bedürfnisse des Therapeuten und des Patienten ausdrückt. Der humanistische Dialog und die »Techniken« der *Bewußtheit* sind bei der GT integriert. Man braucht nicht zu wählen zwischen technischem Fachwissen und menschlichen Belangen.

Die GT ist sehr wirksam und kann deshalb mißbraucht werden. Sie stellt große Anforderungen an den Gestalt-Therapeuten. Bei seiner Arbeit muß er genügend Reife haben, um sich spontan mehr für die Bewußtheit des Patienten zu interessieren als für andere Bedürfnisse. Dies erfordert demgemäß eine sorgfältige Ausbildung, so daß der Therapeut es lernt, wie seine oder ihre persönlichen Reaktionen die *Bewußtheit* des Patienten und sein Bedürfnis nach Wachstum beeinflussen. Die Gestalt-Therapeuten müssen lernen, ihr menschlich-technisches Potential zur Klärung des Offensichtlichen durch Erfahren und Experimentieren zu benutzen. Sie müssen die unmittelbaren Rohdaten des Wahrnehmungsvermögens sowohl von sich selbst als auch vom Patienten in der Situation, wie sie erfahren wird, schätzen und bewerten und im Kontinuum der *Bewußtheit* bleiben, bis die Selbstregulierung wiederhergestellt ist, wie verwirrend oder schmerzhaft dies auch sein mag. Jedes Element wird im Licht der Bedürfnisbefriedigung gesehen und darf deshalb in den Vordergrund treten; es ist nötig, sich solange mit diesen Elementen zu beschäftigen und in sich mit ihnen in Verbindung zu setzen, bis das Bedürfnis befriedigt ist und das Element in den Hintergrund tritt. Diese Art der Selbstregulierung tritt an die Stelle rigider, erzwungener Regulierung. Neue Bewußtheit, gegenseitiger Kontakt und Exploration sowie Selbstregulierung sind erregender und wirken sich stärker auf den Reifungsprozeß aus als Analysieren, Konditionieren und »Sprech«-Therapien (»talking-about« therapies).

In unserer modernen Gesellschaft, in der sich die soziale Ordnung ständig und rapide verändert, ist es besonders angemessen, dem Patienten die Möglichkeit zum Entdecken und Erforschen zu geben. Bei der GT lernt der einzelne nicht so sehr, gesund zu sein, indem er sich an eine Situation anzupassen versucht, sondern er lernt, wie er seine *Bewußtheit* in jeder möglichen Situation benutzt. Dann muß man die Struktur erlernen, wie man selbst lernen und sich verändern kann.

6

Die Gefühlstherapie: Transformation in der Psychotherapie[1] (Feeling Therapy)

Werner Karle, Lee Woldenberg, Joseph Hart

In einem Buch, das einen Überblick über die jüngsten Therapien in den Vereinigten Staaten gibt, stellt sich die offensichtliche Frage: »Warum eine weitere Psychotherapie?« Man ist versucht, darauf zu antworten: »Hier ist etwas, was man bei den anderen vermißt – hier ist die Heilung.« Wir haben nicht solche Ansprüche. Wir wissen jedoch, daß die Gefühlstherapie bei uns und bei den meisten unserer Patienten wirkt. Die Gefühlstherapie wirkt, weil sie nicht nur eine neue Theorie ist, sondern ein Lebensstil.

Wir leben, indem wir uns um uns selbst und um andere kümmern. Dasselbe tun wir mit unseren Patienten. Unserer Meinung nach ist die Therapie nicht eine Tätigkeit, die man tun und dann hinter sich lassen muß. Die Therapie stellt einen heilenden zwischenmenschlichen Kontakt dar. Es ergibt keinen Sinn, daß wir jemals diesen Kontakt beenden wollen.

Auf die Frage, »Warum eine andere Therapie?« lautet unsere Antwort: »Wir brauchten sie.« Diese Antwort ist absichtlich subjektiv gehalten. Jeder Gründer einer neuen Therapie sollte sich diese Frage stellen. Freud schuf keine Therapie, als er mit der Psychoanalyse begann; er war auf der Suche nach einem dynamischen Prozeß, mit dem er arbeiten konnte. Wir können nur Vermutungen anstellen, was seine Antwort auf die Frage: »Warum Psychoanalyse?« gewesen wäre: »Weil die Menschen an einer geheimen Geisteskrankheit leiden, die man mit ihnen teilen sollte.« Und wir hätten dann gefragt: »Und worin besteht ihre?« Und das wäre für Freud der Anfang der Psychoanalyse gewesen.

Und worin besteht ihre?

Das war die erste Frage, die wir uns vor sechs Jahren bereitwillig stellten und beantworteten, als die Gefühlstherapie von neun Psychotherapeuten, deren Ausbildung und deren Erfahrungen ganz unterschiedlich waren, begonnen wurde. Wir fühlten das Bedürfnis, an unserem »Image« einen Akt des Selbstmordes vorzunehmen, einige der Rollen und »Images«, die uns voneinander als menschliche Wesen trennten, fallenzulassen. Wir konnten keinen Heilungsprozeß schaffen, ohne selbst ganz Mensch zu sein.

Als wir mit der Gefühlstherapie begannen, waren wir uns über zwei Dinge ganz sicher: daß wir unsere gegenseitige Unterstützung brauchten und daß wir uns gegenseitig unterstützen konnten. Wir hatten das Bedürfnis, einander näher zu kommen als es in der oberflächlichen Beziehung der Fall war, wie wir es in unserer therapeutischen Praxis erlebt hatten. Wir waren überdrüssig, zwei Leben führen zu müssen: ein Leben nach außen, als erfolgreicher und verantwortungsbewußter Therapeut und Forscher, Ehemann, Skifahrer oder Gärtner; das andere nach innen, mit der Angst, die eigenen Gedanken und Gefühle auszudrücken, die sicherlich verrückt waren. Wir mußten beginnen zu zeigen, wer wir wirklich waren. Wir wußten nicht, ob dieses Zugeständnis bereits eine Veränderung nach sich ziehen oder ob eine neue Therapie entstehen würde. Wir wußten nur, daß wir bereit waren, uns das einzugestehen, was uns nottat.

Wir benötigten eine Therapie, die so mannigfaltig war und an der so viele Mitarbeiter mitwirkten, daß die Geisteskrankheit einer Person die Entwicklung der Therapie nicht zu einseitig beeinflussen oder aufhalten konnte. Sie müßte spezifisch genug sein, um uns dabei zu helfen, die einfachsten Gefühle auszudrücken. Und shcließlich müßte die Gemeinschaft dazu beitragen, daß diese so erschreckende Realität des stetigen Wandels in unserem Alltag durchgeführt werden könnte.

Daraus entwickelte sich allmählich eine therapeutische Gemeinschaft, eine Gruppe von Menschen, die sich den Veränderungen in ihrem Leben stellte und anderen dabei half. Und da unsere Gefühle stärker waren, wandelte sich unsere Gemeinschaft, um unsere Gefühle zu erhalten. Wir begannen zu erkennen, daß wir etwas Besonderes entdeckt hatten – ein Element, das diese kontinuierliche Wachstumsspirale sowohl beim einzelnen als auch in der Gemeinschaft förderte. Dieses besondere Element nennen wir »Transformation«.

Die Gefühlstherapie bringt transformative Veränderungen

Was in der Gefühlstherapie geschieht, ist einfach – wir helfen dem einzelnen zu fühlen und von diesen Gefühlen zu leben[1]. Wir nennen das eine transformative Therapie, nicht weil sie eine so große Sache ist, sondern weil sie so fundamental ist. Es ist nichts Besonderes und Fundamentales zu fühlen: es ist etwas ganz Alltägliches und Gewöhnliches. Transformation ist Metamorphose; ein Mensch, der sein Leben transformiert, entwickelt sich aus einem Stadium einer Seidenraupenpuppe, die nicht oder nur teilweise fühlt, heraus. Den Begriff »Transformation« verwenden wir nur, wenn ein Mensch nicht mehr in einem wirren Durcheinander lebt, sondern so, wie er innerlich fühlt. Wenn er beginnt, seine wahren Gefühle den Menschen gegenüber, die ihn umgeben, vollständig auszudrücken, transformiert er sein Leben. Transformation ist nicht identisch mit Veränderung. Menschen können sich durch Nachahmung verändern, oder indem sie äußerem Druck nachgeben, indem sie etwas vortäuschen oder durch einen Unfall. Aber in voller Übereinstimmung mit seinem inneren Selbst zu leben ist etwas anderes.

Warum Transformation?

Weil jeder Mensch seelisch ziemlich krank ist. Wie Sigmund Freud und John Doe haben wir alle gelernt, ein Leben zu führen, das mit dem, was wir innerlich fühlen, nicht übereinstimmt. Und die traurige Realität dieser vorgetäuschten Gesundheit, dieses vernünftigen Verhaltens, läßt uns vergessen, daß wir jemals innerlich zu intensiven Gefühlen fähig gewesen waren.

Es gibt ein Kontinuum zwischen dem Zustand des sich Zurückhaltens und des sich Ausdrückens, einen Übergang von der Abwehrhaltung zur Offenheit, von der Stumpfheit zum Gefühl. Transformation ist kein wunderbares Ziel. Sie ist ein Weg, den wir zurücklegen, wie wir gesund werden.

Das Gegenstück dazu, was eine Transformation notwendig macht, ist der Zustand der Gestörtheit. Mit Gestörtheit ist der Weg angezeigt, den wir vom Zustand der Gesundheit zu dem der Krankheit beschritten – der Weg wie bei Kindern, als emotionale Ordnung langsam in Sinneswahrnehmung, Bedeutung und Ausdruck auseinanderfiel.

Die Theorie psychischer Störungen in der Psychopathologie

Psychische Störungen treten immer dann auf, wenn ein Kind von ziemlich gestörten Eltern erzogen worden ist. Das »wie« dieser Störung ist einfach: ein Kind erlebt eine unablässige Sperre aus unangemessenen Reaktionen auf den Ausdruck seiner Gefühle.

Aus dem Buch Going Sane[1] geben wir ein Beispiel, wie der alltägliche Prozeß einer Störung sich abspielt: Ein kleines Mädchen steht mit ihrem Vater in einem Restaurant in der Nähe der Registrierkasse. Es sieht einige Pfefferminzstangen in einem Glasbehälter. Folgende Konversation findet statt:

Mädchen: Ich möchte eine Pfefferminzstange
Pappi: (keine Antwort)
Mädchen: Was ist das? Was ist das? (zeigt auf die Pfefferminzstange)
Pappi: (keine Antwort)
Mädchen: Pappi, was *ist* das? Was *ist* das? (zieht ihn am Ärmel)
Pappi: Du hast heute genug Süßigkeiten gehabt. (Er macht sich von ihr frei)
Mädchen: Aber was ist das? (sie zeigt auf die rote und weiße Pfefferminzstange)
Pappi: Oh, das ist Lakritze
Mädchen: Was ist Lakritze?
Pappi: Wo ist deine Mutter? Ist sie wieder auf die Toilette gegangen?
Mädchen: Ich möchte eine davon
Pappi: Na gut, aber es ist schlecht für deine Zähne.

Die Autoren beschreiben dann das gestörte Verhalten zwischen Ausdruck und Gefühl in dieser Szene.

Diese kurze Unterhaltung zeigt, wie wenig Realität das Kind bekommt. Zuerst antwortet der Vater auf den direkten Wunsch seiner Tochter überhaupt nicht. Sie wiederholt ihren Wunsch mit größerem Nachdruck, aber als sie erneut ignoriert wird, ist sie gezwungen, sich indirekt auszudrücken, indem sie fragt: »Was ist das?« Als sie ihren Pappi berührt, entfernt er sich, meidet damit ihr direktes Kontaktbedürfnis. Dann stellt er lediglich fest: »Du hast heute genug Süßigkeiten gehabt«; dann gibt er ihr eine Antwort, die offensichtlich falsch ist: »Es ist Lakritze«. Jetzt flüchtet das kleine Mädchen wieder zum indirekten Ausdruck und erhält die Antwort, indem es nach seiner Mutter gefragt wird. Schließlich bringt er ihm bei, daß es etwas von ihm bekommen kann, wenn es nur ausdauernd genug ist, aber er hat es damit gezwungen, zu lernen, sich beständig indirekt auszudrücken. Er gibt ihm nicht den wirklichen Kontakt, den es braucht; er gibt nach – aber er gibt *nicht.*

Diese kleine Geschichte und ihre Analyse gibt eine klare, schrittweise Beschreibung, wie der natürliche Reaktionsprozeß des kleinen Mädchens gestört wird. Diese Szene wird für sie für den Rest ihres Lebens immer wieder typisch sein. Der Vater übermittelt dem Kind seine eigene Unfähigkeit zu reagieren, Kontakt herzustellen und Gefühle auszudrücken. Diese Szene ist nicht traumatisch; sie ist nur unablässig krankmachend. In dieser Art wird psychische Krankheit von einer Generation auf die andere übertragen.

Unsere Vorstellung der psychischen Störung unterscheidet sich vom Freudschen Konzept des Traumas. Die Beziehung zwischen Trauma und psychischer Störung wird anerkannt, aber die Hauptnahrung des Kindes besteht nicht aus Traumatas. Nicht das Außergewöhnliche, sondern eher das Gewöhnliche treibt selbst das widerstandsfähigste Kind in die psychische Krankheit. Traumatische Ereignisse sind selten und außergewöhnlich, während diese Art von krankmachender Erfahrung üblich ist.

Die Auswirkungen emotionaler Störungen

Der Zustand der Gestörtheit besteht darin zu lernen, mit einem verminderten Ausdruck des vollständigen Gefühls zu leben. Die meisten Menschen leben auf diese Art, aber erkennen das nur selten – es ist die normale psychische Krankheit des täglichen Lebens. Ein zukünftiger Patient beschreibt seinen typischen Tagesablauf, der die stille Passivität aufdeckt, mit der er seine Einsamkeit, seinen Mangel an menschlichem Kontakt und seine depressive Haltung akzeptiert.

Gewöhnlich stehe ich gegen Mittag auf – gewöhnlich groggy und deprimiert. Wenn ich meinen Zimmerkollegen sehe, werde ich noch deprimier-

ter. Den größten Teil des Tages bringe ich damit zu, mir darüber den Kopf zu zerbrechen, wie ich einen Job bekommen könnte und bin gespannt, wie ich etwas Geld auftreiben könnte. Dann hole ich ein Buch von einem Schachmeister hervor und spiele eine Partie mit mir selbst. Im Laufe des Tages nimmt meine Depression ab und wenn es Nacht wird, fühle ich mich soweit o.k., daß ich weggehe und mir einen hot dog oder einen Hamburger kaufe. Den Rest der Nacht bringe ich dann in der Oasis zu, trinke mit meinen Freunden Bier und höre mir die Musik aus der Musicbox an. Wenn meine Freunde einige Mädchen aufgabeln, trinke ich solange, bis man mich rausschmeißt, und dann gehe ich schließlich nach Hause und gehe schlafen.

Damit keine Zweifel aufkommen, daß es sich nicht nur um den Lebensstil eines blue collar workers handelt, folgt der Bericht einer gutbezahlten Sozialarbeiterin der Psychiatrie:

Gewöhnlich habe ich einen leichten Schlaf und möchte am Morgen nicht aufstehen. Nachdem ich aufgestanden bin, bleibe ich bis gegen Mittag ziemlich groggy. Nachdem ich mit der Arbeit angefangen habe, beginne ich mit der ersten von etwa 40 Zigaretten und trinke die erste von vielleicht zwölf Tassen Kaffee. Während meiner Arbeit halte ich mich zu meinen Patienten auf Distanz; ich ziehe es vor, alleine zu essen und so wenig wie möglich mit den Klienten in Berührung zu kommen. Ich gehe nach Hause, so schnell ich kann und sehe gewöhnlich fern. Ich denke viel daran, wie es wäre, wenn ich einen Freund hätte.

Betrachtet man den typischen Tagesablauf dieser Frau, so zeigt sich die Gestörtheit in ihrem Leben: sie schläft niemals richtig, wenn sie schläft und hat Schwierigkeiten, wach zu sein, wenn es Zeit dazu ist. Sie nimmt Drogen, um wach zu werden und um sich zu beruhigen. Sie spielt im öffentlichen Leben die ziemlich gestörte Rolle, als Fachmann für die geistige Gesundheit der anderen zuständig zu sein, während sie in Wirklichkeit heimlich ihren Beruf nicht leiden kann und sich um ihre geistige Gesundheit wenig kümmert; ihr geselliges Leben besteht aus Massenmedien, während sie davon träumt, einen Mann zu finden.

Hier ist ein Mensch, der seine Gefühle nicht voll lebt und Angst hat, diese Ebene des Nichtfühlens mit anderen zu teilen. Diese Frau ist gestört und unvollständig. Es gibt keinen wirklichen Grund, die eigenen Gefühle zurückzuhalten, aber es gibt eine vorherrschende soziale Einstellung, die besagt, daß sie nicht genau so leben kann, wie sie ist. Jedoch, was für soziale und logische Gründe auch immer angeführt werden, die dagegen sprechen, *vollständig* zu leben; für sie ist dieses unvollständige und gefühlsarme Leben ein gestörtes Leben. Um existieren zu können, muß sie ihre einzige Bande zu einem vollständigen Leben – ihren Körper – in einen Zustand der Gestörtheit bringen.

Der Gefühlstherapeut

Ein menschliches Wesen kann nicht plötzlich allen bildlichen Vorstellungen, Rollen und Symbolen, die in seiner Existenz von Bedeutung waren, aufgeben, da er dann dem Unbekannten mit äußerster Furcht gegenüberstehen müßte. Der Mensch braucht jemanden, der ihm helfen kann, in sein gestörtes Verhalten einzudringen und zur Realität der Impulse, Gedanken und Gefühlsäußerungen vorzudringen. Er muß mit anderen Menschen Kontakt aufnehmen. Der erste Kontakt ist mit einem Gefühlstherapeuten.

Was der Gefühlstherapeut in einer seiner Sitzungen macht, nennt man »Ordnen« (ordering). Er spürt Gefühle auf, zentriert sie, wirkt den Widerständen entgegen, damit die Gefühle sich entwickeln können, erleichtert den vollständigen Gefühlsausdruck, und am Ende einer Sitzung leitet er den Patienten an, über die Einsicht, die er aus diesen Gefühlserlebnissen gewonnen hat, zu reden. Er wirkt allen Gewohnheiten und tranceartigen Zuständen entgegen, nach denen der Patient sich in den Jahren seiner Gestörtheit gerichtet hat.

Der Gefühlszyklus

In der Therapiesitzung konzentriert sich der Patient auf die Gefühle und erlebt diese in einem Maße erneut, daß wir das einen Zyklus des vollständigen Fühlens genannt haben. Dieser Zyklus besteht aus fünf unterschiedlichen, aber sich überschneidenden Phasen.

In der ersten oder Kontaktphase, die wir *Integration* nennen, hilft der Therapeut dem Patienten, sich so auszudrücken, daß seine momentanen Gefühle an die Oberfläche gelangen. Ist dies gelungen, tauchen die Widerstände zusammen mit den Gefühlen auf; diese Widerstände hatten Vorläufer bei den vergangenen Störungsprozessen. Diese Mischung aus früheren Widerständen und gegenwärtiger Gefühlsäußerung wird vom Patienten gefühlt und kommt bei ihm zum Ausdruck; daraus resultiert dann eher die Erfahrung der Widerstände als Widerstände, als das Erleben der Realität. Dies nennen wir *Gegenreaktion* (counteraction).

In der dritten Phase, der *Abreaktion,* spürt man den Vorläufer des Widerstandes rein und unvermischt und getrennt vom gegenwärtigen Leben des Patienten. Der Patient öffnet sich erneut zur Gefühlsäußerung trotz regressiver Widerstände. Die Sinnesempfindungen, Bedeutungen und Gefühlsäußerungen stimmen mit der Vergangenheit überein.

Ist der Patient erst einmal in der Lage, den Schmerz seiner gestörten Vergangenheit voll und ganz auszudrücken, hilft man ihm, seine momentanen Gefühle auszudrücken; dabei fühlt er den Unterschied zwischen seiner Vergangenheit und seiner Gegenwart, entmischt sie und geht auf neue Art Kontakte ein. Dies ist eine *Bewegung* nach vorne, genannt *Proaktion.* Schließlich *reintegriert* der Patient diese *neue* Gefühlsebene in sein Leben.

Anschließend geben wir ein Beispiel für den Zyklus einer Gefühlstherapie. Der Patient, in Zusammenarbeit mit seinem Freund und Therapeuten, bewegt sich von seinen momentanen unvollständigen Gefühlen hindurch zu deren Wurzeln, die in der gestörten Interaktion mit seinem Vater liegen, und erkennt dann seine wahren Gefühle der Hilflosigkeit und sein Bedürfnis nach Liebe.

Integration (es wird erkannt, daß die Empfindungen partiell gestört sind)
Patient: Ich habe das Gefühl, ich möchte jemanden würgen. Ich fühle mich schlecht dabei, und ich komme mir vor, als ob ich eine verrückte Idee hätte.

Gegenreaktion (Prozeß, die Widerstände, die ein Gefühl unvollständig machen, zu empfinden und auszudrücken)
Patient: Ich möchte Menschen töten und verletzen.

Abreaktion (den Ursprung der Widerstände empfinden und vergangene Gefühle ausdrücken, die blockiert waren)
Patient: Ich fühlte mich sehr hilflos. Ich wäre sehr traurig, wenn ich mich erinnern würde, wie mein Vater mich würgte. Ich wollte ihn bitten, vorsichtig zu sein und mich nicht zu würgen.

Proaktion (Bewegung von der Vergangenheit zur Empfindung in der Gegenwart)
Patient: Ich möchte nicht würgen. Ich möchte berühren.

Reintegration (auf der neuen Ebene der gefühlsmäßigen Bewußtheit leben und sie ausdrücken)

Patient: Als ich anfing, anstelle der verrückten Ideen und gewalttätigen Wünsche meine wirklichen Wünsche zu zeigen, empfand ich größere Verschlossenheit und größere Furcht, als ich sie als Erwachsener jemals zuvor gekannt hatte... Es schien absurd, von Menschen weniger zu akzeptieren als das, was ich – wie ich jetzt weiß – von ihnen hätte bekommen und mit ihnen hätte empfinden können.

Dieser Gefühlszyklus kann in einer Sitzung stattfinden oder sich allmählich über mehrere Sitzungen erstrecken. Er ist sowohl vollständig als auch sehr wirksam, aber für sich allein hat er keinen Wert. Der Zyklus ist in der Zeit, in der er stattfindet, transformativ. Wenn aber die fortschreitende Entwicklung nicht das ganze Leben des Patienten hindurch anhält, wird die Spannung, die von den alten Verhaltensmustern des Zurückhaltens der Gefühle stammt, wiederkehren. Die fortschreitende Entwicklung darf nicht aufhören.

Struktur der Therapie

Während des ersten Stadiums widmet der Patient seine ganze Zeit der Therapie – er gibt sogar alle äußeren Aktivitäten für einen Monat auf. Während dieser intensiven Therapie hat er Einzelsitzungen, Gruppenkontakte und nimmt an Aktivitäten teil, die in unmittelbarem Zusammenhang mit der Therapie stehen. Nach etwa drei Monaten findet die Therapie hauptsächlich in Form von Gruppenarbeit statt, wo der Patient sich zum Co-Therapeuten entwickelt. Weil sich keine zwei Patienten ganz gleichen, macht jeder individuelle Fortschritte und nimmt unterschiedlich lange an der Einzeltherapie, Gruppentherapie oder an entsprechenden Aktivitäten teil. Die Struktur der Therapie ist für die Transformation jedes einzelnen, in sich einmaligen Patienten gedacht.

Co-Therapie

In den letzten Jahren haben wir einige aufsehenerregende Entdeckungen gemacht. Wir hatten mit der Prämisse angefangen, daß wir als menschliche Wesen Hilfe brauchen. Als Individuen, die in der Lage sind, unsere Gefühle voll zu leben, mußten wir uns selbst und unseren Patienten helfen. Was sich für uns als wahr herausstellte, galt auch für sie. Die Patienten konnten das tun, was wir getan hatten – sie konnten nach einer Weile anfangen, sich untereinander zu helfen. Hilfe war ebenso natürlich wie sich frei über das zu äußern, was sie sahen und basierte auf einem völligen *Verantwortungsbewußtsein* jedem einzelnen gegenüber.

Diese Entwicklung war mehr als zufällig; sie war notwendig. Hilfe zu erteilen oder zu bekommen, ist keine geheimnisvolle Tätigkeit, die nur aufgrund jahrelanger akademischer Ausbildung erworben werden kann oder aufgrund von klinischer Erfahrung, die außerhalb des Herzens des Therapeuten stattfindet. Auf eine einfache Formel gebracht: es besteht kein Unterschied, ob man Hilfe erteilt oder Hilfe bekommt, denn es handelt sich im Grunde um eine einfache menschliche Reaktion.

Schließlich wurde es für den Patienten notwendig, seine Vorstellung von sich selbst als schutzbedürftige und in seiner Abhängigkeit eingeschränkte Person aufzugeben, so wie es ursprünglich für uns notwendig war, unsere Vorstellung vom Therapeuten aufzugeben, als wir mit der Arbeit begannen.

Jede Therapie, an der die Patienten nicht als Therapeuten teilnehmen und in der die Therapeuten nicht beständig um Hilfe von außen bemüht sind, kann nur eine Scheintherapie sein. Für uns ist die Therapie kein Job. Die Therapie beschäftigt sich mit Gesundheit und Krankheit eines jeden einzelnen Menschen. Sie sieht ihre Aufgabe nicht darin, den Ausbruch einer Geisteskrankheit zu verhindern. Die wirkliche Therapie ist die Transformation vom Zustand des Nichtfühlens in den Zustand des Fühlens.

Aus diesen Entdeckungen entwickelte sich das Programm der Co-Therapie, in der die Patienten ermutigt, gefördert und ausgebildet werden und die Möglichkeit bekamen, sich selbst untereinander zu helfen. Die Qualität der gegenseitigen Hilfe nahm in dem Maße zu, in dem ihr Empfindungsvermögen zunahm. Bei fortschreitender Integration ihrer Gefühle wurden sie immer aufnahmefähiger, um die Hilfe für ein Leben mit Gefühlen, die sie von ihren Freunden bekamen, aufzunehmen.

Aus diesem strukturierten Programm tiefer gegenseitiger Beziehung zwischen Therapeut und Patient entfaltete sich eine therapeutische Gemeinschaft. Für den Therapeuten sind die Tage vorbei, in denen er als Arzt ganz solo von dem einsamen Büro seiner Praxis Hilfe austeilte (während die Berufsgruppe der Therapeuten eine der höchsten Selbstmordquoten von allen Berufen hat). Der Patient kann sich langsam aus seiner Rolle als abhängiger und hilfloser Patient herausentwickeln. Wir erhalten dann Menschen, die ihr nach innen gerichtetes Leben teilen.

Therapie muß mehr als eine Theorie oder eine Technik sein und mehr als eine persönliche Theorie, wie sorgfältig sie auch immer angewandt wird. Sie muß die persönlichen und sozialen Kontakte hervorbringen, die in der Gemeinschaft fehlen; bei der Entwicklung einer solchen Gemeinschaft werden die Möglichkeiten für einen Menschen geschaffen, selbst zu fühlen und von seinen eigenen Empfindungen zu leben. Dies ist ein geeignetes Ziel für jede Psychotherapie.

Ziele für ein vollständiges Forschungsvorhaben

Wir begannen unsere Therapie, indem wir uns sehr persönliche Fragen stellten und sie beantworteten. Als Sozialwissenschaftler fragten wir uns: »Warum studieren wir Träume?« oder »Warum untersuchen wir den Schlaf?« »Wo liegen unsere Vorurteile?« »Was braucht jeder nötig zum Leben?« Die Forscher sollten ihr Studium mit einer Suche nach ihrem eigenen Selbst beginnen, denn die Beantwortung von persönlichen Fragen kann zu vollständigeren Ergebnissen führen als die Ansammlung von nicht in Beziehung zueinander stehenden und sich widersprechenden Daten. Wir mußten uns versichern, daß Transformation mehr als eine optimistische Möglichkeit war; sie war eher eine angenehme Realität. Transformation ereignete sich bei unseren klinischen Beobachtungen; wir fingen an, nach Forschungsergebnissen zu suchen, um diese Veränderungen belegen zu können. Wir haben große Veränderungen im Trauminhalt und bei den Traumprozessen (Corriere, 1974), bei der Physiologie des Schlafrhythmus (Karle, 1975) und bei der Physiologie im Wachzustand (Karle, Gold, Maple, Corriere, Hart, 1975; Woldenberg, Karle, Gold, Corriere, Hart, 1975) gefunden.

Transformation im Wachzustand ist auch durch die psychologischen Standardtests (P.O.I. und E.P.I. – vgl. Gold, 1975) durch die in letzter Zeit entwickelten Experimente und durch die Ausdrucksinventare (expression inventories) (Gold, 1975) und durch die projektiven Bewertungstests bestätigt worden (Binder, 1975).

Diese Entdeckungen halfen uns zu verstehen, daß die Menschen in allem, was sie tun, dieselben sind. Die Ebene der vollen Empfindungsfähigkeit spiegelt sich im Wachzustand, im Schlaf und im Traum außerhalb der therapeutischen Behandlungsszene wider. Wir entdeckten einen weiteren Parallelismus, der zwar offensichtlich ist, aber ständig übersehen wird – daß, wenn Wissenschaftler Kliniker sind und Kliniker Wissenschaftler, wir eine Vollständigkeit haben, die sowohl das Forschungsvorhaben, welches menschlich bleibt, als auch die Therapie, welche praktisch bleibt, fördert.

Es ist Zeit für eine Veränderung

Wir setzen uns nicht dafür ein, daß jeder entweder ein Patient oder ein Therapeut der Gefühlstherapie wird. Uns geht es vielmehr darum, ein Leben mit voller Empfindungsfähigkeit zu leben, und diese Fähigkeit mit unseren Patienten zu teilen. Wir haben unsere Vorstellungen absichtlich so vorgetragen, um die konventionelle Weisheit zu schockieren, sie zu zwingen, sich darüber klar zu werden, wie vollständig oder unvollständig ihr Leben ist, als Patient, Therapeut oder als interessierter Wissenschaftler.

Jane Goodall beschreibt in ihrem Buch *In the Shadow of Man* eine Szene, in der ein Schimpanse in Begleitung eines Schimpansenfreundes gegen einen Pavian kämpft. Der kämpfende Schimpanse greift den Gegner an, kehrt aber jedesmal für einen Augenblick zu seinem Begleiter zurück, wenn er Angst bekommt. Dann kehrt er wieder zum Kampf zurück. Der Kontakt macht den Kampf mit dem Pavian zwar nicht sicher. Der Kontakt unter den Menschen macht den Kampf gegen Geisteskrankheit zwar nicht weniger furchtbar. Aber er macht ihn möglich.

III

Therapien, die die Aktivität und die Verhaltensprozesse betonen

Die Therapiesysteme, die in diesem Teil vorgestellt werden, haben die Änderung einer spezifischen Verhaltensweise zum Ziel. Die Beschwerden des Klienten bilden oft den Anlaß für eine solche Veränderung. Vor zehn oder fünfzehn Jahren hielt man es für gefährlich naiv, wenn angedeutet wurde, daß der Therapeut sich auf die identifizierten Beschwerden des Klienten konzentrieren würde. Diese starke Position stammte daher, daß emotionale, psychologische und Verhaltensprobleme wie medizinische Symptome betrachtet wurden; das heißt, das medizinische (oder emotionale oder psychologische) Symptom wird lediglich als ein äußerlich sichtbares Anzeichen angesehen und nicht als »wirkliche« Krankheit. Diese Art, emotionale Probleme begrifflich zu klären, nennt man das medizinische Modell, welches betont, daß den psychologischen Problemen irgendeine Ursache (entweder psychodynamisch oder biochemisch) zugrunde liegen muß, so wie Kopfschmerzen oder Husten auf eine weitaus schlimmere Krankheit hindeuten können. In der Medizin würde der Arzt bei anhaltenden Kopfschmerzen oder Husten niemals eine Behandlung vornehmen, ohne eine gründliche Generaluntersuchung vornehmen zu lassen, um den Grund des Symptoms zu bestimmen. Analog dazu würde der Therapeut sich niemals darauf konzentrieren, die geäußerten Beschwerden zu beseitigen, ohne sich intensiv zu bemühen, die Wurzeln des Problems zu bestimmen. Es wurde angenommen, daß die Beseitigung des geäußerten Problems ohne die ausführliche Analyse der zugrundeliegenden Ursache (im allgemeinen durch eine langwierige psychoanalytische

Behandlung) zu irgendeinem der anderen Symptome führen würde.

Psychiatrische Probleme wurden in den letzten fünfzig Jahren hauptsächlich anhand dieses medizinischen Modells gemessen. Ein wichtiger historischer Faktor, der zu seiner sicheren Position bei der psychiatrischen und psychologischen Behandlung führte, war der Schwerpunkt, den die frühen Psychiater auf die Behandlung von Hysterikern legten, die tatsächlich Muster eines Symptomersatzes zeigten. In jüngster Zeit wurde jedoch die medizinische Analogie von Therapeuten mit sehr unterschiedlicher Orientierung zum großen Teil deswegen angefochten, weil sie die Bedeutung der Diagnose und der Vergangenheit besonders betonten. Und die Psychologen, die man Behavioristen nennt und die eher das momentane Verhalten als die Vergangenheit des Klienten besonders betonen, haben herausgefunden, daß es gewöhnlich unbegründet ist, an einen Symptomersatz zu glauben. Zahlreiche Klienten, deren geäußerte Beschwerden behandelt wurden, haben keinen Symptomersatz gezeigt.

Weil die theoretische Basis für das medizinische Modell in der psychiatrischen/psychologischen Literatur vorwiegend psychoanalytisch war, wurden frühere Einwände, die gegen die Annahmen des medizinischen Modells erhoben wurden, gleichgesetzt mit den Einwänden gegen die psychoanalytische Theorie selbst. In noch jüngerer Zeit ist jedoch eine neue Dichotomie entstanden. Während biochemische Theorien des menschlichen Verhaltens seit den frühesten Erfolgen auf dem Gebiet der Physiologie ständig vorherrschend waren, haben die aufsehenerregenden jüngsten Fortschritte in der Biologie eine erneute Betonung auf biochemische Konstrukte bewirkt, um spezifisches Verhalten (oder spezifische Symptome) zu erklären. Die zwei Seiten dieser Dichotomie werden in diesem Teil des Buches durch die Methoden der Verhaltenstherapie (oder der symptomatischen Therapie) und im nächsten durch die biologischen Methoden repräsentiert.

Ein zweites Charakteristikum, das den in diesem Teil enthaltenen Therapieformen gemein ist, liegt in der besonderen Betonung der Forschungsergebnisse. Die angewandten Techniken sind ausgewählt worden, weil sie zu funktionieren scheinen. Alle diese Therapieformen dokumentieren in weit reicherem Maße ihre Effektivität, als es jene Therapieformen im vorangegangenen Teil getan haben. Natürlich reflektiert dieser Unterschied, wie im letzten Kapitel dieses Buches betont wird, nicht nur das relative Interesse der Therapeuten, sondern auch mit welcher Leichtigkeit Verhaltensveränderungen gemessen werden können. Die Entlastung von einem momentanen Problem ist in objektiverer Form wahrnehmbar als eine Veränderung im Selbstverständnis, worin oft das Ziel der Therapien zu sehen ist, die kognitive und emotionale Prozesse betonen, wie wir in den vorangegangenen Kapiteln festgestellt haben.

Abschließend sei bemerkt, daß die Therapien in diesem Teil des Buches als Verhaltenstherapien gelten, weil sie sich stärker auf das Verhalten und auf die Handlungen des Klienten konzentrieren als auf seine kognitiven, emotionalen oder biologischen Prozesse. Für einige beinhaltet der Begriff »Verhaltenstherapie« eine Begrenzung der Behandlung, die auf den Grundlagen der Lerntheorie basiert. Wendet man solch eine strenge Definition an, dann qualifizieren sich nur die drei letzten Kapitel in diesem Teil dafür. Jene Behandlungsverfahren haben sich direkt oder indirekt von den Lerntheorien abgeleitet, und die ersten Verhaltenstherapeuten waren oft experimentelle Psychologen. Gelegentlich haben Lerntheoretiker das Argument angeführt, daß die Verhaltenstherapeuten bei ihren deduktiven Schlüssen von der Theorie zur Anwendung bei weitem nicht so streng verfahren sind. Wahrscheinlich ist es jedoch fair zu sagen, daß die Verhaltenstherapeuten ihre allgemeinen Trends von der Lerntheorie ableiten.

Von den Therapien, die in diesem Teil enthalten sind, bietet Bloomfield das Programm der Transzendentalen Meditation an als ein Verfahren, um emotionale und körperliche Entspannung zu erreichen. Die Transzendentale Meditation kann für sich allein oder im Zusammenhang mit anderen Therapieformen angewandt werden. Die weitreichenden positiven Auswirkungen, die der Transzendentalen Meditation zuzuschreiben sind, sind hinreichend belegt.

Die Sexualtherapie von Masters und Johnson wird von ihrem Kollegen Runciman beschrieben. Er weist auf die vielen weitverbreiteten falschen Vorstellungen hin, die die sexuelle Funktionsfähigkeit anbelangt und bietet ein unkompliziertes Modifikationssystem an, welches benutzt wird, um viele sexuelle Schwierigkeiten zu mildern.

Die systematische Desensibilisierung und die Implosionstherapie rechnen damit, die Furcht des Klienten dadurch zu verringern, daß dieser sich im Geiste Situationen vorstellen muß, die angsterregend sind. Aber die beiden Methoden, obwohl sie beide der Lerntheorie verpflichtet sind, unterscheiden sich darin, daß der Klient bei der systematischen Desensibilisierung seine Ängste während der Vorstellung reduziert, während der Implosionstherapeut die Angst des Klienten auf einem hohen Niveau beibehält. Trotz ihrer gegensätzlichen Ansätze scheint es beiden Therapieformen zu gelingen, die Ängste vieler Klienten wirkungsvoll zu reduzieren.

Die operanten Methoden bei der Verhaltensmodifikation versuchen, das Verhalten des Klienten direkt dadurch zu verändern, daß dem Individuum Belohnungen und Strafen (Verstärkung) zur Verfügung stehen. Der Wandel der Verhaltensmuster kann durch einen Therapeuten, ein Familienmitglied oder einen Freund eingeleitet werden oder auch vom Klienten selbst.

Der letzte therapeutische Ansatz, der in diesem Teil beschrieben wird, ist das Selbstsicherheitstraining. Das Selbstsicherheitstraining bringt dem einzelnen anhand einer Vielzahl von Techniken bei, weder zu passiv noch allzu aggressiv zu sein. Der Zustand eines ausgeglichenen Selbstbewußtseins bewirkt die gemeinsamen Ziele der Verteidigung der persönlichen Rechte, ohne die Rechte der anderen zu beeinträchtigen.

7

Anwendungsmöglichkeiten des Programms der Transzendentalen Meditation auf die Psychiatrie

Harold H. Bloomfield

Robert Smith ist ein 21jähriger College-Student. Während einer Besprechung mit seinem Studienberater läßt er erkennen, daß er in periodischen Abständen unter leichter Schlaflosigkeit, Kopfschmerzen, Müdigkeit und Prüfungsangst leidet. Sein Berater sieht in diesen Symptomen Anzeichen von übermäßigem Streß und empfiehlt ihm das Transzendentale Meditationsprogramm. Er verweist Robert auf die International Meditation Society, um dort mehr zu erfahren.

Das klingt wahrscheinlich alles etwas ungewöhnlich, wenn nicht gar seltsam? In Wirklichkeit schlagen jedoch immer mehr Ärzte, Psychotherapeuten und Studienberater ihren Patienten, Klienten und Studenten vor, die Techniken der Transzendentalen Meditation (TM) zu erlernen. Und das mit gutem Grund, denn es ist wissenschaftlich hinreichend belegt worden, daß diese einfachen mentalen Techniken nicht nur Streßsymptome vermindern, sondern auch zwischenmenschliche Beziehungen bereichern, das Wohlbefinden des einzelnen heben, sowie berufliche und akademische Leistungen steigern.

Bis zu Beginn der 70er Jahre waren die meisten Menschen der westlichen Welt skeptisch, daß durch Ausübung der Meditation Energie, klares Denken, emotionale Stabilität und Gesundheit gefördert sowie der Drogenmißbrauch abgebaut werden können. Seit der Veröffentlichung eines Artikels in der Fachzeitschrift *Science* (Wallace, 1970) wurde eine Reihe physiologischer, psychologischer und soziologischer Daten veröffentlicht, die zeigen, daß tatsächlich sehr vorteilhafte Veränderungen durch die regelmäßigen Übungen der TM Techniken erzielt werden. Mit Hilfe eines besonderen Mantras[2] soll ein Entspannungszustand erreicht werden. Diese Technik ist speziell für aktive Menschen gut geeignet, die aus der Meditation einen persönlichen Gewinn ziehen wollen, ohne sich dabei einen neuen Lebensstil aneignen zu müssen. Die Technik ist ganz einfach, und Fachleute behaupten, daß sie jeder erlernen kann. Bei diesem Programm handelt es sich weder um eine Religion noch um eine Philosophie. Längere Studien, besondere Intelligenzleistungen oder Konzentrationsfähigkeiten sind nicht erforderlich. Dozenten lehren die Techniken der TM an bestimmten Zentren in jeder größeren Stadt der Vereinigten Staaten. Diese Zentren sind an die International Meditation Society angeschlossen, bei denen es sich um gemeinnützige Organisationen handelt.

Maharishi Mahesh Yogi gilt als der Hauptvertreter des TM Programms in den USA, das er dort zum erstenmal im Jahre 1959 bekanntmachte. Seitdem haben mehr als 500000 Menschen angefangen zu meditieren. Der große Erfolg des Programms kann auf die Leichtigkeit zurückgeführt werden, mit der diese Techniken zu erlernen sind sowie auf ihre unmittelbare Wirkung. Zum Erlernen der Techniken braucht man nur wenige Stunden. Das Programm wird 2 x täglich 15 bis 20 Minuten lang geübt. Man meditiert mit geschlossenen Augen in einem bequemen Sessel. Positive physische und psychische Auswirkungen stellen sich fast augenblicklich ein.

Die physiologische Psychologie bei der Transzendentalen Meditation

Das breite Interesse an dem Programm der TM in letzter Zeit hat es möglich gemacht, daß eine große Zahl von Probanden zu gut kontrollierten experimentellen Untersuchungen zur Verfügung stand. Wallace und andere (1970 a, b, 1971, 1972) haben zeigen können, daß der Sauerstoffverbrauch, der ein ausgezeichneter Maßstab für den Stoffwechselprozeß darstellt, während der Meditation um 16 Prozent fällt (siehe Diagramm 7-1). Diese Reduktion tritt bereits in den ersten Minuten ein und beträgt beinahe die doppelte Prozentzahl wie beim Schlaf.

Trotz dieser plötzlichen Sauerstoffverminderung entstehen dabei keine abnormen Atemveränderungen. Die Menge des während der Meditation ausgeatmeten Kohlendioxyds fällt proportional zum verbrauchten Sauer-

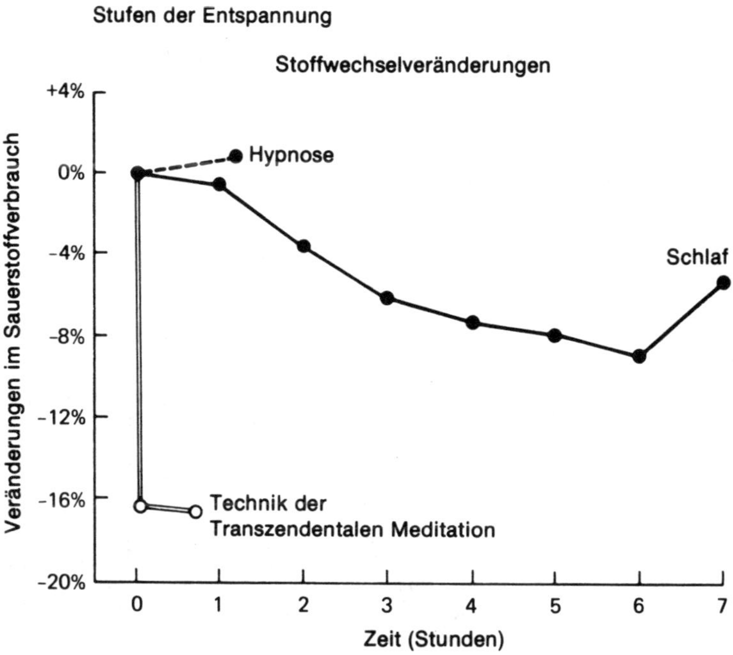

Diagramm 7-1 Stoffwechselveränderungen beim Schlaf, bei der Hypnose und bei der Transzendentalen Meditation. Entnommen aus dem Artikel »The Physiology of Meditation« von Robert Keith Wallace und Herbert Benson, Scientific American, 1972, 226 (2), 84-90. Urheberrechte 1972 beim Scientific American, Inc. Alle Rechte vorbehalten.

stoff, so daß der Atmungsquotient gleich bleibt. Nach Beendigung der Meditation pendelt sich der Sauerstoffverbrauch auf seine normale Ruhelage wieder ein und zeigt damit eine Rückkehr zu einem Stoffwechselspiegel, der geeignet ist, um neue Aktivitäten zu beginnen. Andere Befunde deuten ebenfalls darauf hin, daß während der Meditation ein Zustand erhöhter Entspannung erreicht wird, was sowohl eine deutliche Abnahme des Laktateblutspiegels (Wallace, Benson & Wilson, 1971; Wallace & Benson, 1972) als auch eine Zunahme der Intensität der alpha-Hirntätigkeit einschließt.

Die Meditierenden befinden sich in dem seltsamen Zustand, daß sie sich völlig entspannt fühlen, obwohl sie zugleich hellwach und auf äußere

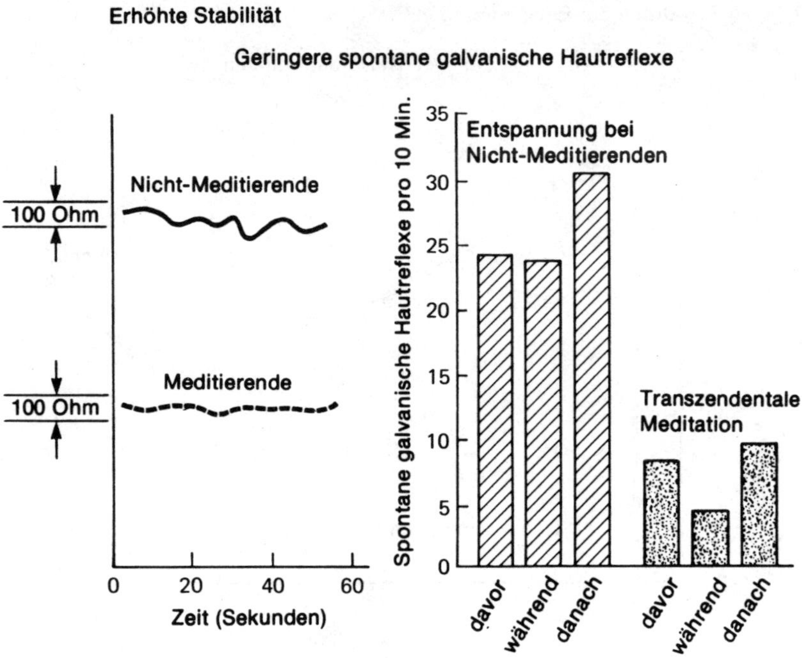

Diagramm 7-2 Galvanische Hautwiderstandsreflexe bei Personen, die die Techniken und Kontrollen der Transzendentalen Meditation ausüben. Entnommen aus D.W. Orme-Johnson, »Automatic Stability and Transcendental Meditation«, Psychosomatic Medicine, 1973,35 (4), 341. Mit der Erlaubnis der Amerikanischen Elsevier Publishing Co. übernommen.

Reize leicht ansprechbar sind. Dieser einzigartige Zustand entspannter Wachsamkeit führte Wallace zu der Behauptung, daß es sich bei der Meditation um einen vierten Hauptzustand des Bewußtseins handele, der sich physiologisch deutlich vom Schlaf, Traum und Wachzustand unterscheide. Banquet (1973) hat weitere Daten geliefert, die diese These bekräftigen. Er fand heraus, daß sich die Hirnwellensynchronie während der TM in besonderer Weise von den drei gewöhnlichen Bewußtseinszuständen unterscheidet. Ein Vergleich zwischen den bekannten Hirnwellen beim Wachzustand, Traum und Schlaf mit dem der Meditation lassen deutlich vermuten, daß der Meditationsprozeß einen vierten Hauptzustand des Bewußtseins hervorbringt. Personen, die nach den Techniken der TM üben, berichten im allgemeinen, daß sie sich monatelang wacher, energiegeladener, wahrnehmungsfähiger und effizienter fühlen, verbunden mit Angstverminderung. Dr. David Orme-Johnson (1973) hat in der Fachzeitschrift *Journal of Psychosomatic Medicine* berichtet, daß Transzendental Meditierende weniger spontane galvanische Hautreflexe zeigen als nichtmeditierende Kontrollpersonen, was auf eine größere Stabilität des autonomen Nervensystems hindeutet (siehe Diagramm 7-2). Die autonome Ruhe, die die TM fördert, hält auch nach Beendigung der Meditation an, selbst im Zustand der Aktivität. Die autonome Stabilität des Meditierenden, wie es die niedrigen spontanen galvanischen Hautreflexe an-

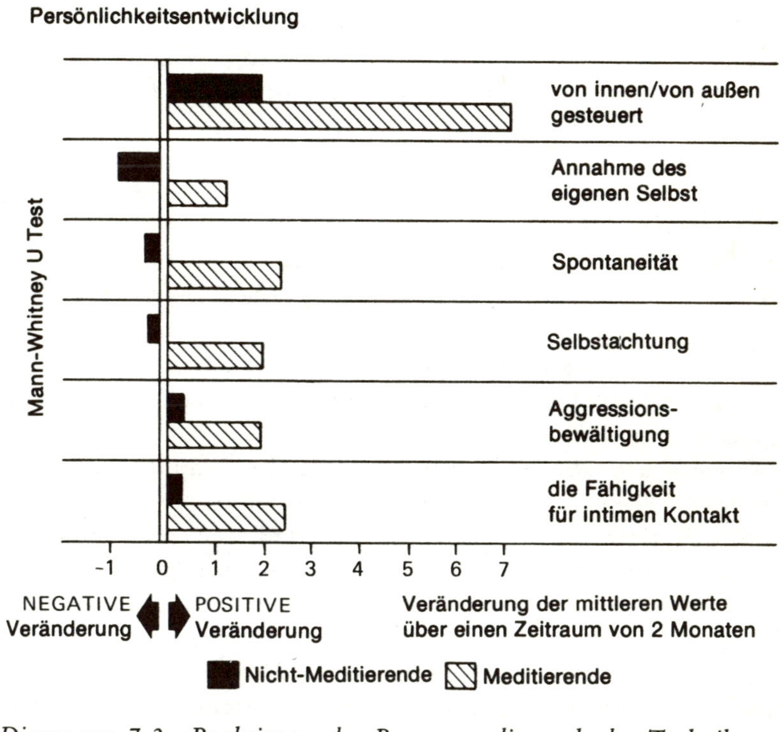

Diagramm 7-3 Reaktionen der Personen, die nach der Technik und Kontrolle der Transzendentalen Meditation übten, nach dem »Personal Orientation Inventory«-Test. Entnommen aus W. Seeman, S. Nidich und T. Banta, »The Influence of Transcendental Meditation on a Measure of Self-Actualization«, Journal of Counseling Psychology, 1972, 19 (3), 184. Copyright 1972 by American Psychological Association. Nachdruck gestattet.

gezeigt haben, korrelliert signifikant mit größerer Widerstandskraft gegen milieubedingten Streß, psychosomatische Erkrankungen und Verhaltenslabilität, sowie mit größerem Wirkungsgrad des Nervensystems, wodurch mehr Energie frei wird für verschärftes Wahrnehmungsvermögen, klares Denken und zielbewußte Aktivität.

In jüngster Zeit konzentrieren sich viele Studien auf die größere psychologische Gesundheit der Personen, die die TM ausüben. Seeman, Nidich und Banta (1972) haben in der Fachzeitschrift *Journal of Counseling Psychology* eine Studie vorgelegt, in der sie die Reaktionen von fünfzehn meditierenden Studenten mit denen einer Kontrollgruppe verglichen. Sie verwandten den »Personality Orientation Inventory«-Test, der als guter Maßstab für die Selbstverwirklichung bekannt ist. Er mißt die Charakteristiken gesunder, liebesfähiger, kreativer und gut funktionierender Menschen, wie sie der kürzlich verstorbene Maslow in seinen Werken beschrieben hat. Sie fanden heraus, daß der Meditierende mehr nach seinen eigenen Maßstäben denkt und handelt (inner-directedness), sowie fähig ist, seine Gefühle in spontaner Weise auszudrücken, Aggressionen zu bewältigen und intime Beziehungen einzugehen (siehe Diagramm 7-3).

Meditierende scheinen bessere »psychische Gyroskope« zu haben. Sie sind offener sowohl ihren eigenen Erfahrungen und Gefühlen gegenüber, als auch denen der anderen.

Ferguson und Gowan haben eine Studie durchgeführt, bei der sie sich auf den Spielberger State-Trait Anxiety Inventory und den Cattell Anxiety Scale stützten. Bei beiden Tests zeigten die Personen, die erst seit relativ kurzer Zeit meditierten, das höchst Angstniveau, bevor sie mit der Transzendentalen Meditation begannen. Nach sechseinhalb-wöchiger Übung lag ihr Angstniveau niedriger als bei den Nichtmeditierenden. Bei den über lange Zeiträume Meditierenden (43 Monate) war das Angstniveau am niedrigsten. Weitere Messungen der Northbridge Development Scale zeigten, daß die Personen, die nach den Techniken der TM übten, den Grad ihrer Depression und ihres Neurotizismus signifikant verringert hatten und im Vergleich zu der Gruppe Nichtmeditierender einen signifikanten Zuwachs an Selbstverwirklichung aufwiesen. Alle Messungen ergaben, daß die psychologische Gesundheit mit der Länge der Ausübung der Transzendentalen Meditation zunahm.

Das Programm der Tanszendentalen Meditation als Hilfsmittel für die psychiatrische Behandlung

Die Ausübung der TM bringt offensichtlich erhöhtes physisches, psychologisches und interpersonelles Wohlbefinden. Shafii berichtet zum Beispiel, daß 92 Prozent der 126 befragten Meditierenden sich nach Beginn der TM entspannter fühlten; 75 Prozent berichteten, daß ihre Konzentrationsfähigkeit zugenommen, ihre Spannung, Angst und Nervosität abgenommen haben (Shafii, 1973). Kann die TM auch denen helfen, die so schwer gestört sind, daß sie psychiatrischer Behandlung bedürfen? Die Beweise deuten immer mehr darauf hin, daß die TM einen bedeutenden Beitrag zur Behandlung von Geisteskranken liefern kann (Bloomfield, Cain, Jaffe & Kory, 1975; Boudreau, 1973; Carrington & Ephron, 1975; Glueck & Stroebel, 1975; Shafii, 1973). Dr. L. J. West (1974), Professor und Vorsitzender des UCLA Department of Psychiatry, hat zu verstehen gegeben, daß das Programm der TM vielleicht das Beste aller nichtprofessionellen Psychotherapien ist.

Die meisten meiner Patienten sind jedenfalls mit dem Programm der TM sehr zufrieden und praktizieren regelmäßig weiter. Sie brauchen weniger Therapiestunden, und die Sitzungen erhalten mehr Bedeutung und sind nützlicher. Mehrere Patienten haben sich dramatisch zu ihrem Vorteil verändert; einige konnten von Symptomen befreit werden, die von der vorangegangenen Therapie nicht berührt worden waren. Im Vergleich zu früheren Erfahrungen tritt eine Verbesserung doppelt so schnell wie gewöhnlich ein, manchmal sogar noch schneller.

Wenn ein Patient nicht genügend Fortschritte macht, so hat man oft herausgefunden, daß er aufgehört hat zu meditieren. Bei Wiederaufnahme der Meditation macht er wieder Fortschritte. Das Programm der TM kann häufig zur wichtigsten Therapieform werden. Weniger und kürzere Therapiesitzungen sind erforderlich. Das Hauptinteresse solcher Sitzungen konzentriert sich darauf, den Normalisations- und Wachstumsprozeß zu verstehen. Der Psychotherapeut nimmt die Rolle eines weisen Lehrers ein, der Wissen und Unterstützung bereitstellt, während die TM den Heilungsprozeß fördert.

Der Generalnenner bei fast allen psychischen Störungen ist die Angst. Neurose ist gekennzeichnet durch extreme Angst, die entsteht, ohne daß eine manifeste Gefahr vorliegt oder noch lange anhält, nachdem die Gefahr vorüber ist und so störend in das normale Leben des Individiums eingreift. Chronische Angstzustände können größeren depressiven Perioden vorausgehen. Die Angst, die eine schizophrene Reaktion anzeigt, ist extrem und unablässig. Sie führt zu bestimmten Störungen des Schlafes, der Erkenntnis und der sozialen Beziehungen. Hypochondrie ist ebenfalls häufig eine Folgeerscheinung der Angst. Alkoholismus und Drogenmißbrauch sind destruktive Gewohnheiten, die einen Versuch darstellen, Angstzustände zu mildern. Da die Angst so grundlegend für jede psychische Krankheit ist und da sich herausgestellt hat, daß mit Hilfe der TM Angst gemildert werden kann, wuchs das Interesse innerhalb der Psychiatrie, ob man das Programm der TM auch auf schwer psychisch Leidende nutzbringend anwenden könnte.

Es folgen eine Reihe von Fallstudien, die zum großen Teil aus meiner Praxis entnommen sind. Sie sollen verdeutlichen, wie das Programm der TM auf ein weites Gebiet diagnostischer Kategorien nutzbringend angewandt werden kann. An jede Fallstudie schließt sich eine Diskussion über die Änderungsmechanismen an, die das Programm der TM katalytisch beeinflußt zu haben scheinen.

Angstneurose

Joan war eine 25jährige graduierte Studentin. Sie klagte besonders, unter »Angstanfällen zu leiden, wahnsinnig zu werden«. Seit ihrem 17. Lebensjahr litt sie an diesen Angstanfällen, die in den letzten 6 Monaten an Intensität zugenommen hatten. Die Angstanfälle drückten sich durch ein Gefühl der Spannung, der bösen Vorahnung, der Hyperventilation und der Reizbarkeit aus, sowie durch Brustschmerzen, Herzklopfen, Schwindelgefühle, Zittern, Mattigkeit und leichte Ermüdbarkeit. Joan lebte häufig in qualvoller Angst vor einem unausweichlichen Schicksal oder wahnsinnig zu werden, ohne offensichtlichen äußeren Grund. Zahlreiche medizinische Untersuchungen ihrer verschiedenen körperlichen Beschwerden erwiesen sich als unerheblich.

Joan berichtete, daß sie sich aufgrund des »ständigen Drucks, Drucks, Drucks« in einem chronischen Spannungszustand befand und einen großen Teil ihrer Zeit mit Weinen zubrachte. Sie hatte es mit Beruhigungsmitteln und Entspannungsübungen versucht, die ihr jedoch kaum Erleichterung verschafften. Als der Leistungsdruck an der Universität zunahm, konnte Joan manchmal tagelang ihr Bett nicht verlassen und fühlte sich chronisch müde. Sie meditiert jetzt seit mehr als einem Jahr und seit dieser Zeit, so berichtet sie, nahm ihr Wohlbefinden allmählich zu, und es

Gegen Rücksendung dieser Karte informieren wir regelmäßig und kostenlos über Sie interessierende Fach- und Sachbuch-Neuerscheinungen. Voraussetzung ist lediglich, daß Ihre Angaben vollständig und gut lesbar sind.

Absender

Name

Vorname

PLZ Ort

Straße

Firma

PLZ Ort

Straße

tätig im Bereich ____________________

als ____________________

Informationen erwünscht an:

☐ Privatanschrift

☐ Firmenanschrift (Zutreffendes ankreuzen)

Datum Unterschrift

Bitte informieren Sie mich regelmäßig über Spezial-Literatur aus unten angekreuzten Fachgebieten.

	002/039 **Management, Unternehmensf.**
	006/068 **Marketing-Verkauf**
	014 **Werbung-Verkaufsförderung**
	010 **Personal/Ausbildung/Arbeitsrecht**
	067/026 **Rechnungswesen/Revision**
	034 **EDV**
	030 **Einkauf/Lagerverwaltung**
	007 **Produktion und Technik**
	011 **Organisation**
	033/017 **Sekretariat/Korrespondenz**
	005 **Geldanlage/Banken**
	064 **Lesetech., Rhetorik, Mnemotech.**
	003 **Gesellschaft/Allg. Gebiete**

Bitte auch zusätzlich folgende Herren informieren.

ging ihr bald besser als je zuvor. Sie hat das Gefühl, daß sie durch die TM entspannter und aktiver geworden ist. Das Meditieren hat ihr mehr geholfen als die letzten zwei Jahre Therapie, Pillen und Übungen. Sie berichtet, daß sie jetzt »weiß, was eigentlich tiefe Entspannung bedeutet«.

Joan leidet nicht mehr an chronischer Schlaflosigkeit. Jeden Morgen steht sie auf und freut sich, was der Tag ihr an Aktivität bringen wird. Während eines besonders hektischen Tages oder vor einer Prüfung fühlt sie noch eine gewisse Spannung, aber sie kann diese Dinge jetzt besser bewältigen. Sie drückt das folgendermaßen aus:

Das Programm der TM hat mir in meinem Leben neue Horizonte eröffnet. Bevor ich mit den Techniken der TM anfing, hatte ich das Gefühl, ich wäre auf einer Tretmühle. Die Spannung wurde unerträglich, und ich war am Rande eines Nervenzusammenbruchs. Seitdem ich meditiere, habe ich allmählich gelernt, mich innerlich ruhiger zu fühlen und auch den Situationen in meinem Leben gelassener gegenüberzutreten. Es ist nicht so sehr, daß sich meine Lebenssituation geändert hat, sondern ich sehe jetzt alles mit anderen Augen. Ich schreibe diese Veränderungen zum großen Teil der tiefen Ruhe zu, die ich durch die Meditation bekommen habe.

Joans verbesserter Gesundheitszustand wird im Diagramm 7–4 graphisch dargestellt, indem ihre Werte des Minnesota Multiphasic Personaltiy Inventory (MMPI) am Anfang verglichen werden mit den Werten, die sie erzielte, nachdem sie ein Jahr die Techniken der TM geübt hatte. Ihre hohen Werte auf den Skalen Hysterie und Hypochondrie zeigen, daß Joan recht neurotisch war, bevor sie das Programm der TM anfing. Ihre chronische Angst trug wahrscheinlich ebenfalls zu ihren hohen Depressionswerten bei.

Die Verringerung der Hysterie-, Depressions- und Hypochondriewerte in den Bereich des Normalen laufen mit Joans klinisch verbessertem Gesundheitszustand parallel. Sie klagte nicht mehr über körperliche Schmerzen oder Angstanfälle und fühlte sich viel autonomer und ausgeglichener.

Das klinische Bild der Angstneurose, unter der Joan leidet, ist eine chronische Störung, die einen großen Teil der amerikanischen Bevölkerung beeinflußt. Schätzungen haben ergeben, daß zwischen 10 und 30 Prozent der Patienten der meisten praktischen Ärzte und Internisten mit Leiden zu tun haben, die von einer Angstneurose herrühren. Die Techniken der TM dienen dazu, die Angst zu reduzieren, indem sie die Reaktio-

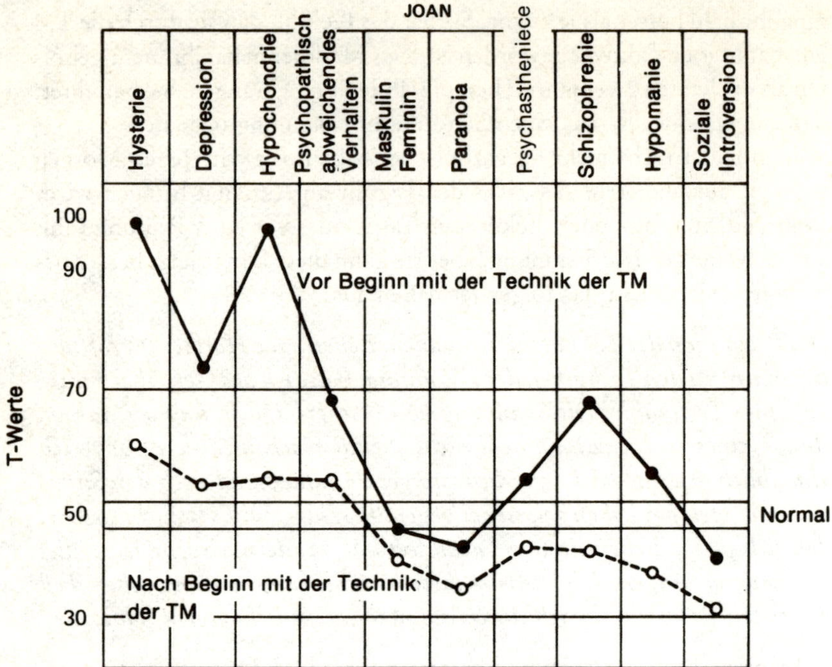

	Hysterie	Depression	Hypochondrie	Psychopathisch abweichendes Verhalten	Maskulin Feminin	Paranoia	Psychastheniece	Schizophrenie	Hypomanie	Soziale Introversion
davor	96	75	95	71	48	46	54	66	53	38
danach	62	52	58	53	42	40	43	43	42	34

Diagramm 7-4 Minnesota Multiphasic Personality Inventory

nen des einzelnen auf die Umwelteinflüsse verändert und in dem sie größere Anpassungsfähigkeit an die Lebensbedingungen des 20. Jahrhunderts ermöglicht. Während der TM reduziert sich der Sauerstoffverbrauch erheblich, Herzschlagfrequenz und Herzleistung verringern sich, die Muskeln entspannen sich, das Blutlaktat nimmt ab, der Hautwiderstand nimmt deutlich zu, das Gehirn arbeitet synchroner; der Meditierende erlebt dabei ein erfrischendes Gefühl ruhiger Wachsamkeit. Der umfassende und integrierte Stoffwechselvorgang, der durch die Technik der TM hervorgerufen wird, scheint das genaue Gegenteil der schlechtangepaßten Angstanfälle zu sein. Zahlreiche Untersuchungen haben gezeigt, je länger jemand die Technik der TM übt, desto mehr nimmt die meßbare Angst ab (Ferguson & Gowan; Seeman, Nidich & Banta, 1972).

Von größerer Wichtigkeit sind die vorläufigen wissenschaftlichen Ergebnisse (Orme-Johnson, 1973) und die persönlichen Erfahrungen der Meditierenden, die anzeigen, daß regelmäßiges Praktizieren der Techniken der TM zu einer permanenten Widerstandsfähigkeit und Elastizität gegenüber umweltbedingten Bedrohungen und Zwängen führt, aufgrund der größeren autonomen Stabilität, die dadurch erreicht wurde. Das Ergebnis ist eine veränderte Form des Funktionierens des Nervensystems. Der Energieverbrauch wird nicht länger durch unangemessene Angstzustände und Befürchtungen bestimmt, sondern wird stattdessen für größere persönliche Befriedigung und für mehr dynamische Aktivitäten eingesetzt.

In der heutigen Praxis gilt die Psychotherapie als die hauptsächliche Behandlungsmethode gegen die Angstneurose, entweder mit oder ohne Beruhigungsmittel. Aber eine Therapie erfordert gewöhnlich über viele Jahre die Inanspruchnahme eines Fachmannes, und die Ergebnisse kann man bestenfalls als inkonsistent bezeichnen. Psychotherapie ist nur für bestimmte Individuen geeignet, und nur wenige Auserwählte in unserer Gesellschaft können sich den Luxus einer langwierigen psychiatrischen Behandlung leisten. Wir behaupten, daß die Ausübung der TM nicht die zwischenmenschliche Begegnung zwischen Patient und Therapeut ersetzen kann, denn darin besteht der Kern der Psychotherapie, aber daß sie ein bedeutsames Hilfsmittel darstellen könnte, die Spannung zu reduzieren, das Bewußtsein zu erweitern und das Leben bedeutungsvoller und angenehmer zu machen, womit die Ziele aller Therapieformen erfüllt werden. Da die Ziele der Psychotherapie ebenfalls darin bestehen, die Beschränkungen, die die gesamten geistigen Fähigkeiten behindern, zu beseitigen, kann der therapeutische Prozeß von jeder Technik profitieren, die den einzelnen stärkt.

Die traditionelle Psychotherapie konzentriert sich darauf, dem Individuum zu helfen, den Ursprüngen seiner psychologischen Konflikte auf die Spur zu kommen. Es ist jedoch nicht von derselben Bedeutung, den Ursprung des Stresses zu erkennen, als Wege zu finden, den Streß zu eliminieren und noch darüber hinaus zu gelangen. In Wirklichkeit kann es demoralisierend sein, die Ursprünge des psychischen Stresses zu erkennen. Viele Menschen haben nach jahrelanger fruchtloser Analyse herausgefunden, daß eine übertriebene Beschäftigung mit früheren negativen Erlebnissen das Gefühl der Selbstachtung eher schmälern als stärken kann. Der Schlüssel für eine erfolgreiche Therapie liegt stattdessen darin, die bestmöglichen psychologischen und physiologischen Bedingungen zu schaffen, die die natürlichen Tendenzen des Nervensystems stabilisieren. Die

Technik der TM scheint eine systematische Methode anzubieten, die dieses Ziel in einer relativ kurzen Zeitspanne erreicht.

Natürlich wollen nicht alle Patienten die Technik der TM erlernen, und nicht jeder Patient, der sie erlernt, profitiert davon. Die Psychotherapeuten Carrington und Ephron weisen darauf hin, daß einige Patienten bei der Meditation Schwierigkeiten haben könnten, diese Techniken korrekt zu üben, weil ihre gewohnheitsmäßigen Abwehrmuster während der Meditation als Widerstände auftauchen. Verständnis und Billigung des Therapeuten können einem Patienten helfen, sich während der Praktizierung der TM zu entspannen, vor allem während der ersten Monate. Manche Patienten weigern sich auch, die Technik der TM zu praktizieren, weil sie das Gefühl haben, daß sie sich zu schnell verändern. Eine unserer Patientinnen wollte zum Beispiel aufhören zu meditieren, weil sie sich schuldig fühlte, daß sie von der Technik der TM so viel Freude empfand! In diesem Fall bewirkten die hilfreiche Unterstützung des Therapeuten und die häufige Überprüfung der Lehrkraft, die das Programm der TM leitete, daß die Patientin ohne Schuldgefühle zu meditieren fortfuhr. Häufige Überprüfungen sowie Unterstützung von seiten der Therapeuten sind auch besonders wichtig für den Patienten, der gelegentlich darüber klagt, daß ihn sehr beunruhigende Gedanken belästigen. Diese Kontrollen helfen dem Patienten, daß er lernt, sich diesen Störungen nicht zu widersetzen, sondern vielmehr fortfährt, ohne große Anstrengung zu meditieren, bis die beunruhigenden Gedanken ihre emotionale Intensität verloren haben. Regelmäßige Kontrollen sind Teil eines jeden Ausbildungsprogramms in Rehabilitationszentren zum Erlernen der Technik der TM. Diese speziell hierfür geplanten Programme können zusammen mit psychiatrischer Unterstützung eine mächtige therapeutische Wirkung haben.

Das Programm der TM hat viele Vorteile gegenüber leichten Beruhigungsmitteln bei der Behandlung von Angstneurosen. Solche Drogen wie Valium und Librium werden bei der Behandlung für tägliche Belastung und Beanspruchung zu häufig verschrieben. Drogen können dem Patienten vielleicht helfen, sich weniger ängstlich zu fühlen, aber sie können auch zu einer gewissen Lustlosigkeit beitragen und sogar zur Sucht werden. Die Technik der TM hat keine dieser schädlichen Nebenwirkungen und kann das fördern, wozu Pillen nicht in der Lage sind, nämlich natürliches psychologisches Wachstum. Anstatt sich von den chemischen Mitteln abhängig zu machen, fördert das Programm der TM Selbstbewußtsein und größere Autonomie. Beruhigungsmittel können nicht zu den zugrundeliegenden Ursachen der Angst vordringen. Im Gegensatz dazu scheint das Praktizieren der Technik der TM selbst tiefverwurzelte Streßsymptome aufzulösen. Der Reingewinn besteht nicht nur in einer kumulativen Angstreduktion, sondern in größerer Stabilität, Anpassungsfähigkeit, Integration und Wachstum.

Zwangsneurose

George war 28 Jahre alt, unverheiratet und litt seit früher Jugend an Zwangssymptomen. Wenn er mit Menschen zusammen war, war er gespannt, besonders auf öffentlichen Plätzen. Er mußte verschiedene Rituale ausführen, wie zum Beispiel wiederholt seine Kleidung in Ordnung bringen und im Kopfe immer wieder das Einmaleins aufsagen. Unsinnige Gedanken strömten immer wieder auf ihn ein, verwirrten ihn und fesselten seine Aufmerksamkeit. George war eine autoritäre Persönlichkeit, überkritisch und litt an schlechten zwischenmenschlichen Beziehungen. Nach 14monatiger Meditation berichtet er von einer deutlichen Angstreduktion. Er fühlt sich »wacher und lebendiger«. Während er früher das Gefühl hatte, daß er »nicht abschalten könnte«, erlebt er nun Zeiten, wo er zum ersten Mal in seinem Leben nicht krampfhaft und angestrengt nachdenkt. George berichtet, daß er gelernt hat, »was es bedeutet, einfach zu sein«, und er akzeptiert das Leben, so wie es ist, ohne immer eine Kontrolle ausüben zu müssen. Zwangsgedanken quälen ihn zunehmend weniger. Er ist jetzt in der Lage, »seinen Gedanken freien Lauf zu lassen«. Mit anderen zusammen und in der Öffentlichkeit ist er weniger gespannt, und er identifiziert sich jetzt mit anderen stärker als jemals zuvor. Er hat gelernt, daß er »nicht der einzige ist, der es im Leben zu etwas bringen will«. Er fühlt sich anderen Menschen stärker verbunden. Er sagt selbst:

Ich bin sehr froh, daß ich meditiere. Es ermöglicht mir, meine Gedanken selbst zu kontrollieren, ohne von ihnen kontrolliert zu werden, wie es früher der Fall war. Mir gefällt auch die Tatsache, daß es solch eine mühelose Technik ist. Vorher hatte ich das Gefühl, daß alles, was ich im Leben bekommen habe, nur durch größte Anstrengung zu erreichen gewesen war, und deshalb fühlte ich mich häufig abgekämpft und abgespannt. Es ist wundervoll, eine Technik gefunden zu haben, wo gute Dinge passieren, ohne daß ich mich anstrenge.

Die Technik der TM bewirkt in besonderem Maße eine Angsreduktion sowie eine Reduzierung der Zwangssymptome. Zwangshandlungen sind ein extremes Beispiel dafür, in festen Grenzen eingeschlossen zu sein. Das Erlebnis der Unbegrenztheit, daß der einzelne durch die TM regelmäßig bekommt, reduziert die Rigidität und gibt dem Meditierenden das Gefühl größerer persönlicher Freiheit. Obsessionen sind Denkstörungen; indem die Technik der TM das geordnete Denken fördert, beseitigt sie automatisch diese Schwäche. Der einzelne lernt während seiner beiden täglichen Meditationssitzungen, »es so zu nehmen, wie es gerade kommt«, sich dabei wohlzufühlen und Veränderungen weder vorwegzunehmen noch sich ihnen zu widersetzen. Allmählich verliert er den inneren Zwang, sich selbst und andere zu manipulieren und zu kontrollieren. Als Folge davon wird die autoritäre Persönlichkeit sich öffnen und bei zwischenmenschlichen Beziehungen gelöster sein. Das Leben wird weniger anstrengend, natürlicher sein.

Depression

Mary war eine 26jährige weiße verheiratete Frau, die wir zum ersten Mal in der Unfallstation zu Gesicht bekamen, nachdem sie in der Art eines Selbstmordversuches eine Überdosis an Aspirin genommen hatte. Die Patientin erklärte uns, daß sie ihr ganzes Leben lang mit depressiven Verstimmungen zu tun gehabt habe und daß sich ihr Zustand in den letzten Monaten zusehends verschlechtert hätte. Familien- und Schulzwänge waren »unerträglich« geworden. Mary beging ihren Selbstmordversuch, weil sie »nicht mehr dagegen ankämpfen wollte . . . im Leben herrschen zu viel Schmerz und Grausamkeit«. Es gab in ihrer Vergangenheit keine wesentlichen Schlafstörungen oder vegetative Symptome. Mary erklärte, daß sie es sehr schwierig fand, sich zu entspannen, denn während der Entspannung wurde sie depressiv: »Solange ich zurückdenken kann, habe ich nicht mit mir in Frieden gelebt.« Diese Patientin war bei zwei vorausgegangenen Anlässen in intensiver psychotherapeutischer Behandlung gewesen, ohne wesentlich davon profitiert zu haben. Sie hatte eine Reihe von weiteren Selbstmordversuchen unternommen.

Während der ersten vier Krisentage wurde Mary unserer psychiatrischen Einheit zugewiesen, danach behandelten wir sie als ambulante Patientin. Während ihre Krankenhausaufenthaltes wurde die Patientin über das Programm der TM informiert, und sie begann das Lehrprogramm am letzten Tag ihres Aufenthaltes. In den nächsten sechs Monaten erholte sich Mary nicht nur, sondern, in ihren eigenen Worten »ich fühlte mich besser, als ich mich jemals zuvor gefühlt hatte; das Programm der TM hat mir ein neues Leben geschenkt«. Mary fühlte sich als Lehrerin effektiver und wickelte den Unterricht mit ihren Studenten mit größerer Leichtigkeit ab. Nachdem ihr Mann die vorteilhaften Veränderungen bei Mary gesehen hatte, begann er selbst mit dem Programm der TM. Das Familienleben verbesserte sich qualitativ, selbst das Verhältnis zu den angeheirateten Verwandten. Während sich Mary vorher unzulänglich vorkam und in ihren sexuellen Beziehungen wenig oder kaum Vergnügen empfunden hatte, fühlte sie sich jetzt »wie eine richtige Frau ... viel enger mit ihrem Mann verbunden«. Mary erklärt, daß ihr die Technik der TM gefällt, weil es »etwas ist, was ich für mich selbst tun kann. Es beruhigt mich und verschafft mir mehr Energie«.

Das Diagramm 7-5 faßt Marys verbesserten psychischen Gesundheitszustand anhand der Messungen der MMPI zusammen. Als wir sie in unse-

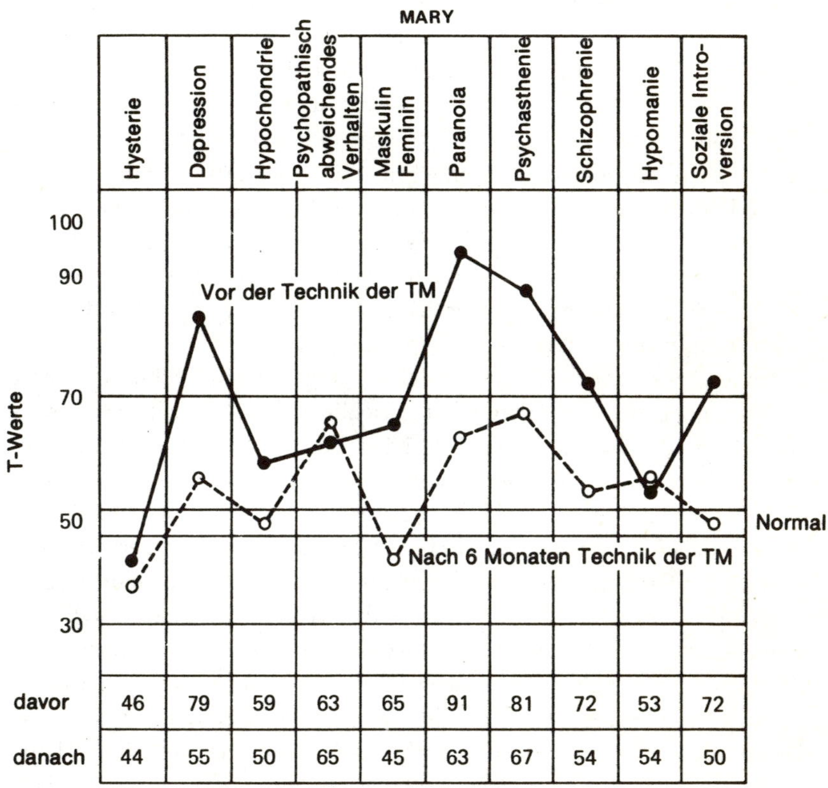

davor	46	79	59	63	65	91	81	72	53	72
danach	44	55	50	65	45	63	67	54	54	50

Diagramm 7-5 Minnesota Multiphasic Personality Inventory.

rer psychiatrischen Einheit zuerst testeten, schien sie eine mürrische und verdrossene Person zu sein, die andere für ihre Schwierigkeiten verantwortlich machte. Marys zwischenmenschliche Beziehungen waren beeinträchtigt; sie war streitlustig, taktlos und unerfreulich. Auf der Wertskala zeigte sie deutlich Depressionen, Reizbarkeit, Mißtrauen und mangelhaftes Urteilsvermögen, und wir waren beunruhigt, denn es bestand die Möglichkeit eines psychotischen oder präpsychotischen Zustandes. Trotz ihrer offensichtlichen Not hielt man es für wenig wahrscheinlich, daß ihr eine psychotherapeutische Behandlung helfen würde. Aus diesem Grund kam es für uns um so überraschender und erfreulicher, daß sich ihr psychischer Gesundheitszustand bereits nach 6 Monaten Meditation verbessert hatte.

Die Art und Weise, in der die Technik der TM eine Depression mildert, wie es bei Mary der Fall war, kann von einer Reihe von günstigen Ausgangspunkten betrachtet werden. Der Zustand tiefer Ruhe, den die Technik der TM bringt, führt nicht nur zur Befreiung vom täglichen Streß, sondern gewährt auch die allmähliche Auflösung älterer und tiefer liegender Konflikte. Sie löst angestauten Ärger und Ressentiments und wirkt chronischen Angstzuständen entgegen, die häufig größeren depressiven Episoden vorhergehen. Da Streß und Müdigkeit abgebaut werden, fühlt man sich körperlich und geistig frischer. Der einzelne ist besser in der Lage, sich aus sich heraus zu freuen und bleibt nicht länger vom Glück anderer abhängig. Untersuchungen haben gezeigt, je länger jemand meditiert, desto weniger neigt er zu Depressionen.

Anders als bei medikamentöser Behandlung und bei Psychotherapie ist der Patient bei der Technik der TM ausschließlich auf sich allein angewiesen. Ob er oder sie sich besser fühlt, hängt nicht mehr von einer Pille oder von der Beziehung zum Therapeuten ab, sondern von einem natürlichen Prozeß, den er oder sie aus eigenem Antrieb auslöst. Krankenhäuser und verschiedene Formen psychiatrischer Behandlung sind kritisiert worden, weil sie den Patienten nicht in seiner Autonomie bestärken, sondern stattdessen die negativen Aspekte seines Selbst verstärken, weil sie sich ausschließlich auf das Pathologische konzentrieren. Der Kampf gegen totale Abhängigkeit, der charakteristisch ist für viele emotional gestörte Individuen, kann wirkungsvoll durch die eigenständige Praktizierung der TM beeinflußt werden. Wie die Psychotherapie trägt die Technik der TM zur Lösung emotionaler Konflikte bei und ermöglicht es dem einzelnen, frühere unakzeptable Aspekte seines Selbst zu integrieren. Die so befreite kritische Intelligenz hebt nicht nur das subjektive Wohlbefinden, sondern verbessert auch die zwischenmenschlichen Beziehungen und steigert die berufliche Leistung, wie wir es bei Mary gesehen haben; Depressionen werden hierbei abgebaut und die Selbstachtung gehoben. Es wird immer häufiger von dramatischen persönlichen Veränderungen bei psychiatrischen Patienten aufgrund des Programms der TM berichtet, die vorher auf individuelle psychotherapeutische Behandlung nicht angesprochen hatten. Bei einigen Individuen kann das Programm der TM offensichtlich eine schnelle und tiefgreifende psychologische Veränderung bewirken. Das spontane Gefühl, sich selbst, seiner Umwelt und anderen gegenüber zu öffnen, fördert das plötzliche Freiwerden von Energie und Fortschritt. Man kann das Gefühl erleben, plötzlich mit dem Leben direkt in Berührung gekommen zu sein.

Obwohl im allgemeinen bei den meisten Menschen die Tendenz besteht, ihre eigenen Handlungen positiv zu werten und zu rechtfertigen, bestehen dennoch mehrere Gründe, warum man diesen persönlichen Aussagen vertrauen soll. Erstens basieren die Behauptungen häufig auf spezifischen objektiven Veränderungen, wie zum Beispiel verbesserte zwischenmenschliche Beziehungen, bessere Zensuren, bessere Leistungen oder verminderter Drogenkonsum. Zweitens laufen diese Berichte darauf hinaus, daß das allgemeine Wohlbefinden sich auf verschiedene gemeinsame Gebiete erstreckt, was wiederum mit den physiologischen Veränderungen, die durch die Technik der TM hervorgerufen werden, übereinstimmt. Drittens können wir keine ähnlichen konsistenten und kumulativen Veränderungen bei Patienten beobachten, die anstatt des Programms der TM etwas anderes praktiziert haben. Es ist wahr, daß alles Neue und Vielversprechende einen Placebo-Effekt haben kann, aber die vielfältigen positiven Veränderungen, die mit Hilfe des Programms der TM erzielt werden, bleiben bestehen und können nicht einfach durch den anfänglichen Enthusiasmus erklärt werden.

Drogenmißbrauch

Viele unserer Patienten haben mit Hilfe des Programms der Transzendentalen Meditation aufgehört, erlaubte wie auch unerlaubte Drogen zu nehmen oder ihren Gebrauch eingeschränkt. Patienten, die jahrelang schwer drogenabhängig waren, benötigten einen breiten, vielfältigen Zugang zu den verschiedenen Therapieformen, aber das Programm der TM scheint sich wesentlich von ihnen zu unterscheiden. Das Lehrprogramm der TM und ihre Durchführung fordern ein genau geplantes Programm, mit häufigen Kontrollen und Treffen für Fortgeschrittene[4]. Es scheint sich zu lohnen, solche Programme zu übernehmen und an weiteren Forschungsvorhaben, die sowohl die Prävention als auch die Behandlungszentren selbst betreffen, teilzunehmen. Weil das Beweismaterial immer deutlicher zeigt, daß das Programm der TM die Selbstachtung hebt, Angst reduziert, das Selbstvertrauen steigert, haben verschiedene Forscher die Hypothese aufgestellt, die die Drogenuntersuchungen jetzt bestätigen – daß das Programm der TM den Drogenmißbrauch reduziert (Benson & Wallace, 1971; Shafii, 1974).

Eine Studie von beinahe 2000 Meditierenden, wie in den Hearings vor dem Wahl-Komitee für Verbrechen vor dem Repräsentantenhaus im Jahre 1971 berichtet wurde (Benson & Wallace), zeigte eine drastische Abnahme im Gebrauch von Marihuhana, Narkotika und anderen verbotenen Drogen, sowie im Zigaretten- und Alkoholkonsum. Shafii (1974) wies in einer Studie nach, die im *American Journal of Psychiatry* veröffentlicht wurde, daß sich, je länger die Befragten die Technik der TM praktizierten, umso stärker ihr Marihuanaverbrauch verringerte. In einer anderen Untersuchung berichtet Shafii von einer Abnahme des Zigarettenkonsums bei Personen, die seit mindestens 13 Monaten meditiert hatten. 71 Prozent der Personen, die das Programm der TM über mehr als zwei Jahre praktiziert hatten, verringerten ihren Zigarettenkonsum erheblich, und 57 Prozent hörten ganz auf zu rauchen. Die Zahlen der Kontrollgruppe für den Zigarettenverbrauch änderten sich nicht. Unsere Gesellschaft hat offensichtlich beim Versuch, mit den Streßsymptomen fertig zu werden, eine der charakteristischsten Neurosen unseres Zeitalters entwickelt: die Drogenabhängigkeit der verschiedensten Art. Drogenmißbrauch findet sich in allen Gesellschaftsschichten. Drogen, die Spannungen mildern sollen, sind allgemein verbreitet und erfreuen sich sogar sozialer Anerkennung. Amerikaner verbrauchen Millionen von Beruhigungsmitteln, Benzedrin und Barbiturate, sowie zusätzlich Millionen von Zigaretten und Millionen von Litern Alkohol. Dieser ungeheure und wachsende Bedarf für alle diese Drogen zeigt besonders deutlich, wie stark unsere Gesellschaft von den Streßsymptomen beeinflußt wird.

Zur Befriedigung welcher Bedürfnisse werden Drogen genommen? Der müde und deprimierte Mensch nimmt vielleicht ein Benzedrin; derjenige, der an Schlafstörungen leidet, vielleicht Barbiturate; ein junger Mensch, der sich langweilt, experimentiert vielleicht mit Psychedelics, ein gespannter Mensch wird sich langsam an Alkohol und Beruhigungsmittel gewöhnen. In allen diesen Fällen drückt der Gebrauch von Drogen ein zugrundeliegendes Bedürfnis aus, einem unbehaglichen Zustand entgegenzuwirken, ein Bedürfnis, das Gleichgewicht (Homöostasis) wieder herzustellen. So verschieden die Gründe auch sein mögen, aus denen ein Mensch zu Drogen greift, so soll der Drogenmißbrauch hauptsächlich dazu dienen, das physiologische Gleichgewicht wieder herzustellen und damit ein Gefühl des Wohlbefindens. Weil die Technik der TM das Gleichgewicht wiederherstellt, indem es den Streß reduziert und die Freude am Leben maximiert, kann sie wohl als eine sichere und einleuchtende Alternative gegen jeden Drogenmißbrauch dienen.

Krankenhaus-Psychiatrie

Kliniker erkennen das Programm der TM als wertvolle Ergänzung zur Psychotherapie an, um ein weites Gebiet emotionaler Störungen zu behandeln. Bloomfield, Cain, Jaffe und Kory (1975), Boudreau (1973), Carrington und Ephron (1975), Glueck und Stroebel (1975) und Shafii (1973) haben berichtet, daß ein sorgfältig durchgeführtes Programm der TM bei der Behandlung von Angstneurosen, zwangsneurotischen Symptomen, leichten chronischen Depressionen, Indentitätskrisen, psychosomatischen Krankheiten, Drogenmißbrauch und sogar psychotischen Störungen einen wertvollen Beitrag zu leisten vermag.

Am Institute of Living Hospital wurde unter der Leitung des Forschers und Psychoanalytikers Dr. Bernard C. Glueck (1975) das umfassendste Forschungsvorhaben über die Anwendungsmöglichkeiten des Programms der TM als Ergänzung zur psychiatrischen Behandlung durchgeführt. In dieser Studie erlernten 187 stationäre Patienten das Programm der TM; Kontrollgruppen lernten das »alpha biofeedback conditioning«-Programm und Jacobsons progressive Entspannungsübungen, um vergleichbare Daten zu erhalten. Es wurde genau Buch geführt über ihre physiologischen Veränderungen, über ihre Fortschritte bei der Therapie, über ihr Verhalten in der Krankenhausgemeinschaft, über ihre Gefühle bei der Behandlung und über das, was nach ihrer Entlassung aus dem Krankenhaus mit ihnen passierte. Mehrere Lehrer des Programms der TM waren an diesem Projekt beteiligt.

Dr. Glueck berichtete, daß es über 85 Prozent der Patienten leicht fiel, das Programm der TM zu erlernen und regelmäßig zu meditieren. Die physiologischen Befunde bei dieser Studie stimmten mit früheren Untersuchungen überein, die über den Zustand tiefer und in sich ruhender Wachsamkeit der Meditierenden berichten. Sie enthielten auch die gleiche Beobachtung der Hirnwellen-Synchronie und Kohärenz, die Banquet (1973) gefunden hatte. Die Ergebnisse bei der Anwendung des »alpha wave biofeedback«-Programms und bei Jacobsons progressiven Entspannungsübungen waren im Vergleich zur Technik der TM recht enttäuschend. Überraschend war der relativ gleichbleibende positive Befund bei den meditierenden Patienten, die den verschiedensten diagnostischen Kategorien zugeordnet worden waren. Bei allen getesteten Charakteristika wurden signifikante Verbesserungen festgestellt: bei physiologischen Messungen, MMPI-Profilanalysen, physiologisch-psychologischen Daten, mit dem Computer aufgezeichneten Notizen des Krankheitsbeginns, Dosierung der medikamentösen Behandlung und Berichten vom behandelnden Psychiater.

Dr. Glueck hat das Gefühl, daß mit Hilfe der Technik der TM schnellere Fortschritte bei der Psychotherapie erzielt:

Bei der psychotherapeutischen Arbeit mit meditierenden Patienten können die während der Meditation auftauchenden Ideen äußerst feindselig sein, aber sich entweder ganz oder fast ganz affektlos äußern – das heißt, die Ideenbildung (ideation) findet statt, aber die emotionale Intensität, die eine gewöhnliche Begleiterscheinung darstellt, ist reduziert. Darin liegt der Hauptunterschied zu dem, was wir sonst bei der Psychotherapie erleben. Die meditierenden Patienten sind viel leichter in der Lage, während der Therapie über die Ideation, die während der Meditation zum Vorschein kommt, zu diskutieren. Sowohl die Patienten als auch die Therapeuten sind erfreut, welche Erleichterungen die TM gebracht hat. Einige Patienten haben in zwei oder drei Monaten Material aufgedeckt, wozu sie sonst zwischen sechs und zwölf Monaten gebraucht hätten. Meditation scheint eine positive, beschleunigende Wirkung auf die psychotherapeutische Behandlung zu haben. Es könnte sich herausstellen, daß es sich hierbei um eine der wichtigsten Aspekte bei der Anwendung der Meditation bei psychisch Kranken handelt.[3]

Ebenfalls wurde bei meditierenden Patienten ein vermindertes Bedürfnis nach Medikamenten beobachtet. Patienten, die sich in mittleren Jahren befanden und über chronische Schlafstörungen klagten, berichteten, daß sich ihre Schlafstörungen innerhalb von zwei oder drei Monaten Meditation verbesserten. Diese Verbesserung hält solange an, bis Schlafmittel überflüssig werden, selbst wenn es sich um schwere Schlafstörungen gehandelt hatte. Nach etwa dreiwöchiger Meditation beginnt das Bedürfnis nach psychotroper medikamentöser Behandlung abzunehmen.

Aufgrund der Erfahrungen des Institute of Living scheinen Vorbehalte gegen die Anwendung des Programms der TM als einer therapeutischen Ergänzung für schwer gestörte Patienten unbegründet zu sein, wenn es sich um ein sorgfältig ausgearbeitetes Programm mit entsprechender Kontrolle handelt. Glueck weist darauf hin, daß mit Hilfe des Programms der TM eine maximale Wirkung schneller und effektiver als bei anderen Entspannungstechniken eintritt, was experimentelle Untersuchungen bestätigt haben. Wendet man das Programm der TM als Ergänzung an, so können das Verlangen nach übermäßigem Gebrauch von Beruhigungsmitteln reduziert, Schlafstörungen beseitigt, die Kommunikation verbessert, der psychotherapeutische Prozeß beschleunigt und die krankmachende Angst, die bei so vielen psychiatrischen Symptomen eine Sonderstellung einnimmt, verringert werden.

Das Programm der TM und die Psychotherapie

Die Verbindung zwischen dem Programm der TM und der Psychotherapie ist äußerst vielversprechend. Klinische Erfahrung und wissenschaftliche Forschung weisen darauf hin, daß die Technik der TM in systematischer Weise Erleichterung bringt für aufgestaute Ängste und Konflikte, ohne daß die Notwendigkeit besteht, diese Empfindungen zu verbalisieren. Eine Interpretation von seiten des Therapeuten ist nicht erforderlich. In dieser Hinsicht bietet das Programm der TM der Therapie ein abgekürztes Verfahren an. Während der einzelne bei einer psychotherapeutischen Behandlung möglicherweise verstärkte intellektuelle Einsicht in die Ursachen seiner Streßsymptome bekommt, bleiben allzu häufig die alten Ängste im somatischen Bereich bestehen, und der Patient bleibt entmutigt. Die traditionelle Psychotherpaie konzentriert sich zu oft zu ausschließlich auf die dunklen Seiten der menschlichen Natur, auf den großen Kessel aggressiver und primitiver Impulse. Die Psychoanalyse dringt oft in solche Themen ein, wie die ödipalen Wünsche, seinen eigenen Vater zu töten oder mit seiner eigenen Mutter zu schlafen; oder sie leitet Geiz und Zwanghaftigkeit von der frühen Sauberkeitserziehung her und asthmatische Beschwerden vom unbewußten Schrei nach der Mutterbrust. Maharishi Mahesh Yogi hat das Gefühl, daß es nicht sinnvoll ist, das frühere Elend eines Menschen zu ergründen, um seine psychischen Leiden zu mildern:

Die Psychologie sollte nicht die Funktion haben, einen Menschen daran zu erinnern, daß er eine unglückliche Jugend gehabt hat, oder daß seine Umgebung oder seine Umwelt ungünstig waren, oder daß seine Assoziationen deprimierend oder unbefriedigend waren, oder daß es ihm im Umgang mit seinen Angehörigen an Liebe oder Harmonie gefehlt hat. Erinnert man jemanden an diese Dinge, so wird sich sein Bewußtsein verengen. Man sollte es für eine kriminelle Tat ansehen, jemandem zu sagen, daß sich sein individuelles Leben aus den mangelhaften und degenerierten Einflüssen erklären läßt. Der psychologische Einfluß solcher deprimierenden Information ist demoralisierend, und das Innerste unseres Herzens zieht sich dabei zusammen.

Gegen Ende seines Lebens erkannte Freud selbst die Grenzen der Psychotherapie; er entdeckte, daß der Prozeß der Verbalisierung unangenehmer Gedanken selbst Widerstände gegen ihre Interpretation hervorbringt. Als therapeutisches Werkzeug hat die psychoanalytisch orientierte Psychotherapie die Erwartungen ihrer Befürworter nicht erfüllt. Der Psychoanalytiker Dr. Glueck beklagt die Situation wie folgt:

In den letzten 75 Jahren stützt sich jede Psychotherapie auf die Annahme, daß wir dem einzelnen helfen können, sein gegenwärtiges Leben in angemessenerer Weise zu führen, wenn wir ihm helfen, ihn von den schmerzhaften Erinnerungen an seine früheren Erlebnisse zu befreien. Unglücklicherweise jedoch, und ich sage dies mit viel Verdruß, haben sich die anfänglichen erfolgversprechenden Ansätze, die man in den Entdeckungen Freuds und seiner Mitarbeiter sah, nicht in dem Maße bestätigt, wie wir es gehofft hatten. Gewiß hatten wir bei der Anwendung dieser Methode einige große Erfolge zu verzeichnen. Im allgemeinen jedoch sagt mir mein Gefühl, und das sage ich, indem ich auf eine 30jährige Praxis als Psychotherapeut zurückblicke, daß ich auf die Dauer mit Hilfe der Psychotherapie für die meisten Menschen nicht genug tun kann, um die ihnen zugefügten Schäden rückgängig zu machen. Mein Interesse an der Transzendentalen Meditation sehe ich hauptsächlich darin begründet, daß das Individuum durch diese Technik lernt, dieselben Dinge für sich zu tun, und zwar in einer bemerkenswert kurzen Zeitspanne, zu denen wir ihm mit unserer tra-

ditionellen psychotherapeutischen Methode in der Vergangenheit verhelfen wollten.

Es kann sinnlos oder sogar schädlich sein, mit einem Therapeuten ausschließlich über Probleme zu sprechen. Es ist besser, wenn der Patient von seinen früheren Problemen etwas Abstand bekommt, um sich in der Gegenwart durch die ermutigende Erfahrung des reinen Bewußtseins frei und glücklich zu entfalten. Anstatt sich im »Schmutz seiner elenden Vergangenheit zu vergraben«, sollte sich das Gesichtsfeld zu dem »Genius und der inneren Klarheit der kreativen Intelligenz des Menschen ausdehnen«. Das Programm der TM dehnt das Gesichtsfeld des einzelnen spontan aus, um die positiven, kreativen und geistigen Möglichkeiten im Leben besser würdigen zu können.

Die Psychoanalyse hat viel zum Verständnis unserer unbewußten Motive beigetragen; als eine therapeutische Technik hat sie jedoch viele Mängel und als »study of the mind« ist sie unvollständig. Bei der Ausübung der Technik der TM macht man die Erfahrung, daß sich das Geistige auf ein viel größeres Gebiet erstreckt, als es Freud bewußt war. Die therapeutischen Auswirkungen der Psychoanalyse waren in Wirklichkeit wissenschaftlich nicht verifizierbar. Seit dem Erscheinen des Artikels von Wallace in der Fachzeitschrift *Science* (1970) ist in den letzten fünf Jahren mehr wissenschaftliches Beweismaterial für die positiven Auswirkungen der TM berichtet worden als in den vergangenen 75 Jahren der Psychoanalyse.

Es wäre falsch, wenn man unsere Kritik an der traditionellen Psychotherapie als eine in jeder Hinsicht negative verstehen würde. Die Psychotherapie als solche bezieht sich nicht auf eine bestimmte Form der Interaktion zwischen Therapeut und Patient, sondern sie schließt jede Aktivität ein, die es dem Patienten ermöglicht, besser zu funktionieren. Für einen schwer gestörten Patienten können Einfühlungsvermögen, Einblick in seine Krankheitssymptome, Förderung seiner Lebenspläne und berufliche Ratschläge von großer Bedeutung sein. Patienten mit schweren psychiatrischen Syndromen brauchen sicherlich die Hilfe eines Fachmannes, und es wird notwendig sein, sie in Zeiten schwerer emotionaler Krisen weiter zu unterstützen. Wir hoffen, daß alle Fachleute auf dem Gebiet der geistigen und seelischen Gesundheit die Beziehung zwischen dem Programm der TM und der Psychotherapie untersuchen und an Forschungsprojekten mitarbeiten werden, um sich Klarheit zu verschaffen, wie mit

Hilfe dieser beiden Methoden die Leiden des einzelnen vermindert und das psychologische Wachstum gefördert werden können.

Abgesehen von den ständig zunehmenden Berichten, die darauf hinweisen, daß das Projekt der TM eine ausgezeichnete Ergänzung zur Individualtherapie darstellt, sollte die TM auch im Zusammenhang mit der Gruppen- und Familientherapie gesehen werden. Das Programm der TM hat das gleiche Ziel wie alle Therapieformen – Befreiung von Spannungen, optimales psychologisches Wachstum und Integration. Beginnt man eine Gruppentherapie mit einer Gruppenmeditation, so gestaltet sich die Sitzung oft spontaner und ihr Verlauf zufriedenstellender, verbessern sich die Kommunikation und die interpersonellen Beziehungen; alles trägt zum Gefühl wachsender Universalität bei.

Es erscheint deshalb logisch zu sein, das Programm der TM in das psychotherapeutische Arsenal zu integrieren und seine vielfältigen Anwendungsmöglichkeiten zu erforschen.

Geistige Gesundheit

Das Programm der TM kann in unserer Gesellschaft auch vielen Menschen helfen, die man gewöhnlich nicht für psychiatrische Patienten hält, die jedoch unnötig darunter leiden, sich nicht verwirklichen zu können. Alvin Toffler hat den Terminus »future shock« populär gemacht. Er beschreibt die fatalen Auswirkungen, die das zunehmende Tempo auf den einzelnen in unserer Gesellschaft hat. Ständiger und abrupter Wechsel bedeuten zunehmende Belastung und Desorientiertheit, und viele Menschen werden zu Leistungen getrieben, denen sie nicht mehr gewachsen sind. Zu große und zu schnelle Veränderungen schwächen die Physiologie des einzelnen und verursachen eine Verschlechterung des emotionalen und geistigen Wohlbefindens. Kein materieller Wohlstand kann diesen Schaden wieder rückgängig machen. Die rasanten technologischen Errungenschaften haben zu physiologischen Auswirkungen geführt, die vielleicht als einer der Hauptgründe für den Mangel an »Zufriedenheit« in unserer Gesellschaft verantwortlich gemacht werden können. Indem das Programm der TM dem einzelnen die Möglichkeit gibt, erneut zu den lebenswichtigen Zentren Energie, Zufriedenheit und Stabilität zu gelangen, wird es notwendigerweise zum Gegenspieler des »future shock«. Der bedeutende Psychotherapeut Fritz Perls erklärt dazu:

Wer ein eigenes Zentrum in sich spürt, paßt sich nicht mehr an ... sondern assimiliert, versteht und ist für alles, was auf ihn zukommt, offen ... Ohne einen Mittelpunkt ... gibt es für ihn keinen Ort, von dem aus er arbeiten kann ... Einen Mittelpunkt zu finden, in sich selbst zu ruhen, ist die höchste Stufe, die ein Mensch erreichen kann ...

Wer über ein inneres Zentrum verfügt, kann das Leben richtig genießen. Er steht nicht unter dem unaufhörlichen Zwang, sich anpassen und sich nach den Forderungen der Gesellschaft richten zu müssen. Stattdessen fühlt er in seinem Innern ein Fundament, von dem aus er sich voll assimilieren, verstehen und mit der Welt leben kann. Aufgrund dieser inneren Stabilität kann er stetig erfolgreich handeln und wachsende Erfüllung finden.

Eigentlich ist es Ironie, daß wir in der westlichen Psychologie und Psychiatrie so viel davon geredet haben, wie wichtig es sei, ein inneres Zentrum zu finden, aber uns nach Methoden umgesehen haben, die außerhalb von uns lagen – in Encounter-Gruppen, T-Gruppen und Psychotherapie, die ja letzten Endes auch ein interpersoneller Prozeß ist, obwohl sie sich auf das Individuum konzentriert. Es liegt auf der Hand, daß, wenn wir nicht mehr darüber nachdenken, wir nach unserem Mittelpunkt suchen, dann muß er sich irgendwo in unserem Innern befinden, in den Tiefen unserer eigentlichen Existenz. Wenn wir also diesen Mittelpunkt erleben wollen, müssen wir zuerst unsere Augen schließen, uns nach Innen wenden und dann eine altbewährte Methode ausnutzen, um zu unserem wirklichen Selbst zu gelangen.

Diese Technik stellt natürlich das Programm der TM dar. In den ältesten überlieferten Berichten, in den Veden, können wir hierüber eine Beschreibung finden. Die Technik der TM steht jedoch in keiner direkten Beziehung zu dem Trend, östliche Kultur und Philosophie zu kultivieren. In Wirklichkeit beruht die korrekte Ausübung der Technik der TM auf keiner bestimmten kulturellen Richtung, sondern nur auf den angeborenen Fähigkeiten des Nervensystems. Überdies ist der tiefe Entspannungszustand, der durch die Technik der TM erreicht wird, so natürlich und so wertvoll für die persönliche Entwicklung und für das Wohlbefinden des einzelnen, daß in den Traditionen der verschiedensten Kulturkreise Hinweise darauf zu finden sind. Aufgrund des uns zur Verfügung stehenden wissenschaftlichen Beweismaterials ist jedoch momentan keine andere Meditationstechnik so effektiv wie das Programm der TM, um den

Zustand tiefer Ruhe und neurophysiologischer Integration zu bewirken.

Das Potential des menschlichen Geistes stellt ein Grenzgebiet dar, das wissenschaftlich noch kaum erforscht ist. Wissenschaftler, die sich hauptsächlich mit der Erforschung des menschlichen Gehirns befaßt haben, haben die enorme Kapazität des Nervensystems erkannt, wo hingegen die Psychologen seit dem Beginn des 20. Jahrhunderts auf den beschränkten Gebrauch unserer geistigen Fähigkeiten hingewiesen haben. Es ließe sich so argumentieren, daß es uns nicht gelungen ist, den Forderungen des Fortschritts standzuhalten, weil wir unfähig waren, unser volles physisches, emotionales und geistiges Potential auszuschöpfen und daß die Lösung der unzähligen Probleme in unserer Gesellschaft in der weitverbreiteten Anwendung des physiologisch-psychologischen Programms der TM liegt, um dem Individuum Kraft zu geben und seine noch ungenutzten Möglichkeiten zu entfalten.

Die traditionellen Fertigkeiten der Psychiatrie werden natürlich auch in der Zukunft eine wichtige Rolle spielen bei der Diagnose und Behandlung von schweren psychischen Störungen – insbesondere von Schizophrenie, manisch-depressiven Psychosen, monopolaren depressiven Erkrankungen und bei organischer Demenz. Sicherlich müssen die Fachleute auf diesem Gebiet sorgfältig überlegen, was bei der Anwendung des Programms der TM auf unser psychotherapeutisches Repertoire zu beachten, durchzuführen und zu beaufsichtigen ist. Der Enthusiasmus, der sich in diesem Artikel ausdrückt, darf – obwohl er gerechtfertigt ist – klares klinisches Urteilsvermögen, Geduld und alle anderen psychiatrischen Fähigkeiten und Fertigkeiten, die sich bereits als wirksam erwiesen haben, nicht ersetzen. Ergänzt man jedoch die moderne psychiatrische Praxis mit dem sorgfältig erdachten, erforschten und genau überprüften Programm der TM, so könnte sich herausstellen, daß dieses Programm einen wesentlichen Beitrag zum psychischen Heilungsprozeß leisten kann; insbesondere für die sogenannten Neurosen des Durchschnittsbürgers. Dies bezieht sich auf viel zu viele Menschen in unserer gegenwärtigen Gesellschaft – auf Individuen, die zwar nicht geisteskrank sind, die aber trotz ihres materiellen Wohlstands sich nicht erfüllt fühlen. Vielleicht besteht die größte Hoffnung, die uns das Programm der TM bietet, in der Aussicht, diesen Millionen von unbefriedigten Menschen zu helfen, glücklicher zu werden und mehr zu leisten, ohne auf professionelle Hilfe angewiesen zu sein. Das Programm der TM hat eine jahrhundertelange Tradition durchlaufen und ist von Maharishi Mahesh Yogi in seiner Reinheit wiederbelebt worden. Es hat ein höheres Ziel als nur Schlaflosigkeit, Hypertension, Kummer und Ängste zu mildern. Seine wichtige technologische Aufgabe liegt darin, einen Zustand der Aufklärung zu erreichen, der die letzte Stufe der eigentlichen Erfüllung im Leben darstellt.

8

Die Sexualtherapie von Masters und Johnson

Alexander Runciman[1]

Bevor die beiden Bücher *Human Sexual Response* (1966) und *Human Sexual Inadequacy* (1970) erschienen, glich die Therapie für sexuelle Funktionsstörungen im Grunde genommen der Therapie anderer psychologischer Funktionsstörungen: sie beschäftigte sich mit den frühkindlichen Einflüssen und unterdrückten emotionalen Traumata. Aufgrund der Forschungsergebnisse, die in *Human Sexual Inadequacy* beschrieben werden, ergab sich die faktische Grundlage einer Form von Sexualtherapie, die sehr unterschiedlich und weit erfolgreicher war als das psychiatrische Modell, wo der Therapeut sich zurücklehnte und den Patienten fragte: »Und welche Gefühle hatten Sie dabei?«. Gute, allgemein verständliche Zusammenfassungen der Bücher von Masters und Johnson findet man bei Brecher & Brecher (1966) und bei Belliveau & Richter (1970).

Als ich mich im Jahre 1967 an Masters und Johnson als Co-Therapeut anschloß, brachte ich viele Stunden damit zu, mir die Tonbandaufnahmen ihrer bahnbrechenden Sextherapiesitzungen anzuhören, und dann arbeitete ich im Team mit Virginia Johnson zusammen mit einer Reihe von Ehepaaren, die an sexuellen Funktionsstörungen litten. Um Co-Therapeut an der Reproductive Biology Research Foundation zu werden, mußte ich mein Vokabular und mein Denken revidieren, um so harte und irreführende Termini wie »Frigidität« zu eliminieren. Ich mußte meine Auffassung von der menschlichen sexuellen Interaktion erweitern, um sowohl die physiologischen als auch die psychologischen Details zu berücksichtigen. Offen gesagt kam ich zu dem Schluß, daß die Wurzeln vieler psychologischer Beeinträchtigungen in der irreführenden Information über die physischen Aspekte der Sexualität lagen. Deshalb halte ich es für wesentlich, daß jeder, der sich für dieses Gebiet interessiert, mit der grundlegenden Physiologie der menschlichen sexuellen Reaktion beginnt, um sowohl Mythen zu verbannen, als auch um nützliche Information zu erhalten.

In unserer Kultur glauben die meisten Menschen, daß ein fundamentaler Unterschied in der sexuellen Funktionsfähigkeit von Mann und Frau besteht. Es ist offensichtlich, daß es einige physische Unterschiede zwischen beiden Geschlechtern gibt, aber die Forschungsergebnisse von Masters und Johnson haben gezeigt, daß die Ähnlichkeiten wenigstens ebenso bedeutend sind wie die Unterschiede. Sie fanden heraus, daß es zum Beispiel einen sexuellen Reaktionszyklus gibt, der im Grunde zwischen Mann und Frau identisch ist. Obwohl individuelle Unterschiede und bestimmte Umstände diesen Zyklus teilweise beeinflussen oder sogar blockieren können, können die folgenden vier Phasen bei allen funktionsfähigen Männern und Frauen gleichmäßig beobachtet werden.

Sexueller Reaktionszyklus

1. *Die Erregunsphase* tritt ein als Folgeerscheinung irgendeiner Stimulation, die auf ein Individuum sexuell erregend wirkt. Wenn die Stimulation beendet ist oder nicht länger genossen wird, hört der Reaktionszyklus auf, ohne zur nächsten Phase zu führen
2. *Die Plateau-Phase* ist ein Zustand intensiver sexueller Spannung, die verlängert oder sogar unterbrochen werden kann, die aber gewöhnlich einmündet in den
3. *Orgasmus:* die unwillkürlichen Spasmen, die zur Klimax führen und das Ergebnis sexueller Spannungen sind, die ihren Höhepunkt erreichen; an den Orgasmus schließt sich die
4. *Entspannungsphase* an, wo sich die sexuellen Spannungen verringern und der Körper zu seinem normalen nicht stimulierten Zustand zurückkehrt.

Sowohl bei Männern als auch bei Frauen bringt dieser sexuelle Reaktionszyklus erhöhte Muskelspannung (Myotonie) und Blutandrang der Blutgefäße (vasocongestion), besonders die der Genitalorgane, mit sich.

Überdies folgen diese grundlegenden physiologischen Reaktionen dem gleichen Muster, ungeachtet der Erregungsquelle oder der Natur des sexuellen Kontakts. Es gibt nur wenige phantasiebegabte Frauen, die mit Hilfe ihrer Phantasie bis zum Orgasmus gelangen und alle vier Phasen des Reaktionszyklus ohne einen Geschlechtspartner durchlaufen.

Dieser grundlegende Reaktionszyklus äußert sich bei Männern und Frauen in unterschiedlicher Weise, aufgrund der offensichtlichen genitalen Unterschiede (vgl. Masters und Johnson, 1966, für eine sorgfältige Erklärung dieser Unterschiede).

Probleme der sexuellen Funktionsfähigkeit des Mannes

Impotenz, die Unfähigkeit des Mannes, eine Erektion zu bekommen oder sie für einen vollen Orgasmus lange genug aufrechtzuerhalten, spielt für das allgemeine Glück, wie auch besonders für die sexuelle Erfüllung, eine bedeutende Rolle. Viele Männer, die zum ersten Mal unter Impotenz leiden, reagieren ganz unterschiedlich darauf, was von leichter Angst bis zu einer so schweren Depression reichen kann, daß sie praktisch funktionsunfähig sind. Unglücklicherweise sind viele amerikanische Frauen sich der Bedeutung nicht bewußt, die die Männer ihrer sexuellen Funktionsfähigkeit beimessen. Zu oft habe ich schon erlebt, wie eine Frau in Anwesenheit ihres Mannes sagte: »Er kann ihn nicht mehr richtig hoch kriegen; das ist nicht schlimm. Wir sind ganz glücklich verheiratet – ich kann das Problem nicht sehen.« Viele Frauen erkennen einfach nicht, daß ein Mann, der bis jetzt keine Schwierigkeiten gehabt hat, eine Erektion zu bekommen und dann plötzlich nicht mehr dazu in der Lage ist, dies oft als Versagen empfindet, was sehr traumatisch sein kann.

Es gibt zwei Arten von Impotenz: die primäre und die sekundäre. Die primäre Impotenz liegt dann vor, wenn ein Mann *niemals* eine ausreichende Erektion gehabt hat, um in die Scheide der Frau einzudringen. Bei der sekundären Impotenz hat es wenigstens vorher einmal einen erfolgreichen Geschlechtsakt gegeben, aber die Erektion ist jetzt nicht mehr möglich.

Es gibt einige physiologische Gründe für die Impotenz, wie zum Beispiel Zuckerkrankheit, leichte Anämie, der Gebrauch von gewissen Drogen, Gehirn- oder Rückenmarkschäden, aber dies erklärt nur zwei Prozent der Fälle von Impotenz. Gewöhnlich fällt es leicht, physiologische Gründe auszuschließen. Wenn ein Mann, der über Impotenz klagt, berichtet, daß er morgens oft mit einer Erektion aufwacht oder das Geheimnis enthüllt: »Mit seiner Sekretärin geht es, aber bei meiner Frau kriege ich ihn nicht hoch«, dann liegt kein Grund vor, nach physiologischen Ursachen zu forschen. Wenn eine Erektion unter gewissen Umständen stattfindet, ist seine Leistungsfähigkeit sicherlich in Ordnung. Dies ist eine selektive Impotenz, was lediglich bedeutet, daß der Mann in der einen Situation sexuell funktioniert, in einer anderen aber nicht; der Grund ist dann sicherlich psychologisch.

Ein Faktor, der zur Impotenz führt, ist die Art der Beziehung zwischen den Ehepartnern. Es ist klar, daß wir unsere Partner häufig aus Gründen wählen, die uns nicht bewußt sind, häufiger als aus so offensichtlichen Gründen wie zum Beispiel: »Er sieht gut aus und ist ein guter Familienvater«; »er kommt aus einer guten Familie«; »er hat mich völlig gefangen genommen«; oder »sie ist hübsch und gebildet«; »sie wird eine gute Mutter sein«. Stattdessen suchen wir uns möglicherweise Partner, die unsere psychologischen Bedürfnisse ergänzen. Zum Beispiel, wenn ein sehr passiver Mann eine sehr aggressive Frau heiratet, können sie für eine Reihe von Jahren eine befriedigende sexuelle Beziehung haben; aber wenn er es überdrüssig wird, daß sie immer das Szepter in der Hand hat, zieht er sich vielleicht zurück. Und wenn *er* sich zurückzieht, zieht sich auch sein Penis zurück, um vielleicht mit dieser Frau niemals mehr zu funktionieren, bis ihre grundlegende passiv-aggressive Beziehung sich geändert hat. Ein sehr aggressiver Mann und eine sehr unselbständige Frau heiraten und kommen jahrelang ganz gut aus – bis der Mann eines Tages die Hilfe und Unterstützung seiner Frau braucht. Seine Frau hat wahrscheinlich weder die Kraft noch die Neigung dazu; und das kann der Beginn eines Impotenzproblems werden.

Ein Therapeut muß auch auf solche Probleme ein waches Auge werfen, wo sich in einer Ehe eine Dreierkonstellation ergeben hat. Viele Paare mittleren Alters werden in solche schwierigen Situationen hineingezogen. Zum Beispiel verbündet sich die Mutter mit ihrem 15jährigen Sohn gegen den Vater, was bei ihm zur Impotenz führen kann. Andere Bedürfnisse können sexuelle Funktionsstörungen der Mutter verursachen. Die »mid-life crisis« kann bei der Impotenz ebenfalls eine Rolle spielen. In unserer Kultur wird vom Mann in diesem Alter auf allen Gebieten zu viel erwartet: er muß gut verdienen, bei seiner Arbeit sehr produktiv sein, ein guter Vater und Ehemann sein, auf allen Gebieten Spitzenklasse. Es besteht nur ein Problem dabei: Er hat nicht mehr die gleichen Kraftreserven wie vor 20 Jahren, jedoch wird von ihm mehr als je zuvor erwartet. Und weil unsere Kultur auf die Jugend hin ausgerichtet ist, wird der Leistungsdruck im Berufsleben größer, wenn ein Mann älter wird; er fühlt sich von den jüngeren Angestellten bedroht, trotz seiner ihm zugute kommenden reichen Erfahrung.

Der Mann muß auf allen Gebieten Höchstleistungen vollbringen, so daß selbst ein »Mißerfolg« im Angst einjagen könnte, in Zukunft häufiger zu versagen. Ein typisches Beispiel: Ein Mann geht mit einer Frau auf eine Party und fängt an, zu viel zu trinken. Seine Frau nörgelt den ganzen Abend an ihm herum, worauf er folgendermaßen reagiert: »Ich weiß selbst, was ich tue; laß mich in Ruh.« Auf der Nachhausefahrt herrscht Totenstille. Seine Frau schlägt wütend die Schlafzimmertür hinter sich zu. Er genehmigt sich noch einen Drink, hofft aber, daß alles wieder ins rechte Lot kommt, wenn sie miteinander schlafen. (Das Zusammentreffen einer Meinungsverschiedenheit innerhalb einer Familieneinheit mit dem Genuß von zu viel Alkohol ist häufig.) Beim Geschlechtsverkehr kann er keine Erektion bekommen. Am nächsten Tag ist die Stille noch bedrückender. Er ist gereizt, aber versucht sich einzureden, daß er nicht beunruhigt ist. Aber er schiebt den Geschlechtsverkehr mit seiner Frau auf, weil er fürchtet, daß alles vielleicht doch *nicht* in Ordnung sei. Letzten Endes verzehrt er sich bei diesem Gedanken. Schließlich versucht er es, unter großem inneren Druck, noch einmal und versagt. Jetzt befindet er sich mitten im Syndrom der »Angst vor dem Mißerfolg«.

Am Anfang einer Mißerfolgsserie beginnt der Mann, weitere Versuche zu unterlassen, weil jedes Versagen so qualvoll ist. Es ist einfach leichter, sich in keinen Geschlechtsverkehr mehr einzulassen, und das kann zu einer permanenten Funktionsstörung werden. Die beste Garantie besteht in der Regelmäßigkeit des Geschlechtsverkehrs mit einem interessierten und beteiligten Partner. Weil aber viele Männer irgendwelche Fehlschläge, die ihren idealen Vorstellungen von sich selbst nicht entsprechen, nicht vertragen können, ist es für sie schwierig, erneut irgendwelche sexuelle Aktivität zu riskieren; gerade das würde ihnen aber helfen.

Die ejaculatio praecox steht gelegentlich im Zusammenhang mit den Erektionsschwierigkeiten; sie stellt aber ein ernstes Problem für sich dar. Klinische Definitionen über einen ejaculator praecox haben gewöhnlich eine bestimmte Zeitdauer nach der Einführung in die Vagina im Auge – zum Beispiel ist der Mann ein ejaculator praecox, wenn er seine Ejakulation nicht wenigstens eine Minute nach der Einführung in die Scheide kontrollieren kann. Masters und Johnson (1970) definieren einen ejaculator praecox jedoch als einen Mann, der nicht in der Lage ist, die Ejakulation lange genug auszudehnen, daß seine Partnerin zu 50% der Fälle zum Orgasmus kommt. Sie definieren die ejaculatio praecox im Sinne eines gegenseitigen Prozesses, weil sie beständig die Wichtigkeit der Beziehungen untereinander beim Sexualverhalten betonen und Sexualforscher wie zum Beispiel Kinsey und andere herausgefunden haben, daß von vier Männern drei innerhalb der ersten zwei Minuten einen Orgasmus hatten. Die Definition von Masters und Johnson ist nicht ganz adäquat, wegen der großen Unterschiede, in der Frauen orgasmusfähig sind; im Extremfall wird damit jeder Mann zum ejaculator praecox, der eine nicht orgasmusfähige Partnerin hat.

Viele Männer, die vorzeitig ejakulieren, haben den Geschlechtsakt häufiger in Situationen praktiziert, in denen sie beunruhigt waren, entdeckt zu werden. Wenn sie ihre ersten Erfahrungen auf dem Rücksitz ihres Wagens gesammelt haben, haben sie vielleicht Angst gehabt, dabei ertappt zu werden oder wenn sie häufiger Prostituierte aufgesucht haben, haben sie sich unter Umständen angewöhnt, es so schnell wie möglich hinter sich zu bringen. Das Ergebnis ist, daß Sex zu einem frustrierenden Erlebnis wird und daß sie dazu neigen, Situationen zu meiden, in denen von ihnen erwartet wird, daß sie sich entspannen und sexuelle Betätigung für eine längere Zeitspanne genießen.

Die ejaculatio praecox hat ernste Folgen sowohl für Männer als auch für Frauen, wenn sie sich über einen längeren Zeitraum erstreckt. Es ist ein Zustand, der im Laufe der Zeit sich weiter verschlechtern kann. Männer, die Rationalisierungen finden, daß ihre ejaculatio praecox das Ergebnis einer Beschneidung ist oder auch weil keine Beschneidung stattgefunden hatte oder aus irgendeinem anderen Grund, gegen den sie nichts unternehmen können, halten nur sich selbst zum Narren und versagen sich selbst und ihren Partnerinnen die befriedigende sexuelle Funktionsfähigkeit.

Probleme der sexuellen Funktionsfähigkeit der Frau

Es ist erstaunlich, daß so viele Frauen die Sexualität ganz genießen und auch in der Lage sind, zum Orgasmus zu kommen, angesichts der hochgradigen negativen Bedingungen, die Teil der weiblichen Erziehung in unserer Kultur in der Vergangenheit gewesen waren. Häufig enthüllt die sexuelle Vergangenheit einer nicht-orgasmusfähigen Frau, wie wenig man sie informiert hat und wie kalt die sexuelle Atmosphäre in der Familie gewesen war. Ein allgemeines Tabu gegen Sex hat oft eine Situation erzeugt, bei der die sexuellen Phantasien mehr mit Angst als mit Vergnügen verbunden waren.

Die Ergebnisse einer Umfrage im Playboy in den 70er Jahren (Hunt, 1974) besagen, daß 15 % der verheirateten Frauen niemals einen Orgasmus erreichen. Die Tatsache, daß die Prozentzahl weit unter den 28 % liegt, von der Kinsey in seiner Untersuchung berichtet (Kinsey und andere, 1953), die etwa 20 Jahre zurückliegt, zeigt, daß sich die Sexualerziehung für Frauen (und Männer) verbessert hat.

Störungen der weiblichen sexuellen Funktionsfähigkeit erfassen Kälte, Unempfänglichkeit (unresponsiveness) und die Unfähgikeit, zum Orgasmus zu gelangen oder nur selten dazu in der Lage zu sein. Bevor Masters und Johnson ihre Studien veröffentlicht hatten, wurde fast immer der Begriff »Frigidität« benutzt, um diese Art von Sexualstörungen zu benennen. Als Ergebnis ihrer Bemühungen jedoch, die Perspektive der Frau mit zu berücksichtigen, liegt die Betonung jetzt auf den sich ergebenden Mißerfolgen, einen Orgasmus zu erlangen (das heißt über die Plateauphase hinauszugelangen), ohne die Umstände in Betracht zu ziehen, die dem Mißerfolg vorausgingen. Und das scheint eine vielversprechende Richtung zu sein.

Wie bereits erwähnt, basieren die nicht-orgasmischen Reaktionen beinahe ausnahmslos auf psychologischen Gründen. (In der Tat resultieren die überwiegende Mehrzahl aller sexuellen Funktionsstörungen sowohl bei Männern als auch bei Frauen aus psychologischen und nicht so sehr aus organischen Faktoren.)

Im Laufe meiner Untersuchungen von nicht-orgasmusfähigen Frauen habe ich gelegentlich gefunden, daß eine Vergewaltigung oder Verführung mit tatsächlichem Eindringen des Penis im frühen Alter stattgefunden hat. Forschungsergebnisse (MacDonald, 1971) haben in der Tat gezeigt, daß zu wengistens 40 % die Vergewaltigungen von einem Verwandten, Freund, Bekannten oder Arbeitgeber des Opfers begangen worden sind. Da diese Form sexueller Handlungen zwischen einem Erwachsenen und einem Kind in unserer Gesellschaft tabu ist, handelt es sich um eine sehr traumatische Erfahrung und wird oft vom Bewußtsein ferngehalten.

Eine weitere Erfahrung, die man häufig in der Vergangenheit von nicht-orgasmusfähigen Frauen finden kann, ist die Beobachtung, daß die Mutter sich den sexuellen Vorstößen des Vaters widersetzt, entweder in subtiler Art oder durch direkten physischen Widerstand. Die Botschaft, die vermittelt wird, ist, daß Sex etwas Abscheuliches ist, was in der Tat den direkten verbalen Ausdruck noch ergänzt.

Die Literatur liefert viele Beispiele dafür, welche Wirkung es auf Kinder hat, die mit dem Elternteil des anderen Geschlechts in einem Bett schlafen und dabei sexuelle Regungen empfinden. Diese Gefühle werden gewöhnlich unterdrückt, zusammen mit allen sexuellen Empfindungen, weil sie mit Schuldgefühlen verbunden sind.

Strenge Sauberkeitserziehung ist ein anderer Faktor, der bei Frauen zu sexuellen Schwierigkeiten führen kann. Einige Mütter bestehen auf Regelmäßigkeit so sehr, daß sie ihren Kindern Klistierspritzen verabreichen. Diese Spritzen können schmerzhaft sein, und es ist ebenfalls nicht verwunderlich, daß ein heranwachsendes Mädchen diesen Schmerz mit dem Eindringen des Penis in die Vagina assoziiert.

Gespenster-Geschichten über die Geburt können sich ebenfalls schädlich auswirken. Eine Mutter sagt zum Beispiel zu ihrem Kind: »Oh, was ich durchgemacht habe, um dich zu bekommen!« Wenn ein Kind solche Bemerkungen häufig hört, wird es schließlich folgern, daß Geschlechtsverkehr zu schmerzhafter Geburt führt. Folglich wird es möglicherweise dazu neigen, sich später gegen den Geschlechtsverkehr zu sträuben, oder ihre sexuellen Beziehungen werden so angsterfüllt sein, daß sie nicht nahe genug an einen Orgasmus herankommt.

In einigen Fällen hatte eine nicht-orgasmusfähige Frau eine oder mehrere voreheliche Schwangerschaften hinter sich, die auf schmerzliche Art endeten: sie mußte das Kind abtreiben oder es weggeben. Andere Faktoren wie übermäßige Inanspruchnahme oder Müdigkeit können bei der Entwicklung von sexuellen Funktionsstörungen der Frau beitragen. Eine Frau, die beim Geschlechtsakt überlegt, was sie ihren Kindern am nächsten Tag vorsetzen soll oder sich darüber den Kopf zerbricht, wie sie das Geld für das Lebensmittelgeschäft auftreiben kann, hat keine große Chance, ein erfüllendes sexuelles Erlebnis zu haben. Einige Frauen haben einfach niemals die Fähigkeit entwickelt, ihre volle Aufmerksamkeit auf ihren Körper und auf ihre eigene Genußfähigkeit zu richten. Es gibt einen berühmten Witz über eine Frau, die während des Liebesaktes laut bemerkte, daß ihr Mann die Decke gestrichen hat – solch eine Bemerkung kann kaum einem der Partner ein sexuelles Vergnügen bereitet haben!

Eine weitere Schwierigkeit für nicht-orgasmusfähige Frauen ist der immer noch weit verbreitete Mythos, daß sie irgendwie etwas abnorm sind, wenn sie keinen »vaginalen Orgasmus« haben. Dieser Punkt ist noch immer sehr kontrovers, obwohl bereits bewiesen worden ist, daß der Prozeß des Auslösens des weiblichen Orgasmus der gleiche ist, ob die Stimulation die Klitoris selbst betrifft oder einen anderen Teil des Körpers. Die psychoanalytische Theorie trägt wenigstens teilweise die Verantwortung für das immer noch kursierende Märchen, daß die einzig »richtige« Art des Orgasmus durch das Stoßen des Penis zustande kommt. Und eine Frau, die darauf nicht reagiert, bildet sich vielleicht ein, daß irgendetwas mit ihr nicht stimmt. Wenn eine Frau den Wunsch hat, daß ihr Orgasmus durch vaginales Eindringen des Penis ausgelöst wird, kann sie gewöhnlich lernen, wie sie das erreichen kann; sie kann auch lernen, auf welche Art und Weise sie einen Orgasmus haben kann. Es ist jedoch sowohl für Männer als auch für Frauen wichtig zu erkennen, daß ein befriedigender Orgasmus durch verschiedene Stimulationsmethoden erreicht werden kann.

Ein anderer Faktor, der für die sexuellen Schwierigkeiten sowohl bei Männern als auch bei Frauen zutrifft, ist die Strenge der religiösen Erziehung. Masters und Johnson (1970) haben überzeugend nachgewiesen, wie religiöse Orthodoxie zu sexuellen Funktionsstörungen führen kann.

Abschließend soll darauf hingewiesen werden, daß es für Frauen in bestimmten Situationen, also selektiv, unmöglich sein kann, orgasmusfähig zu sein. Einige Frauen können zum Beispiel durch Masturbation zum Orgasmus kommen, aber nicht beim Geschlechtsverkehr oder auch mit einem Mann, den sie auf einer Cocktailparty kennengelernt haben, aber nicht mit ihrem Ehemann. So etwas nennt man »situationsbedingte Sexualstörung beim Orgasmus« (»situational orgasmic dysfunction«).

Therapeutisches Vorgehen

Die Grundlage für den Erfolg der Sexualtherapie von Masters und Johnson liegt darin, daß Mann und Frau als Einheit behandelt werden. Ein sexuelles Problem ist niemals nur *sein* Problem oder *ihr* Problem; es ist ein gemeinsames Problem. Heute erscheint es fast lächerlich, daß in den Jahren vorher die Therapie für sexuelle Funktionsstörungen bei einem

Ehepaar oft nur für einen Partner vorgesehen war. Dieser Anstz war selten erfolgreich. Wenn zum Beispiel ein Mann lange Zeit in analytischer Behandlung war, um seine Impotenzproblematik zu lösen und seine Frau nicht ebenfalls an der Behandlung teilnimmt, so kehrt er offensichtlich immer wieder zu derselben Ehesituation zurück, die in erster Linie zu seiner Impotenz beigetragen oder sie sogar bewirkt hat.

Das zweite Prinzip ist, daß es ein männlich-weibliches Therapeuten-Team gibt. Hiermit wird bezweckt, daß beide Partner jemanden vom gleichen Geschlecht haben, mit dem sich sowohl der Mann als auch die Frau identifizieren können. Sie brauchen das Gefühl, daß es jemanden gibt, der ihre spezifischen Gefühle als Mann oder Frau verstehen kann.

Der erste Schritt bei der Therapie besteht gewöhnlich darin, daß der Therapeut eine gründliche Untersuchung der medinizischen und sexuellen Vorgeschichte des Mannes vornimmt und die Therapeutin ganz ähnlich mit der Frau verfährt. Bei der zweiten Sitzung wird der Prozeß umgekehrt – die Therapeutin erforscht die Vorgeschichte des Mannes und der Therapeut die der Frau. Mit Hilfe dieser Methode kann man sich vergewissern, daß nichts unberücksichtigt geblieben ist und Einstellungen identifizieren, die in unterschiedlicher Weise ausgedrückt worden sind, was davon abhing, ob der Therapeut ein Mann oder eine Frau war. Dies kann sich als wichtig herausstellen, um unerkannte oder unausgesprochene Einstellungen zu bestimmen. Wenn zum Beispiel eine Frau in der Lage ist, sich mit einer Therapeutin frei über ihre sexuellen Probleme zu unterhalten, und nervös, gehemmt und gespannt wird, wenn sie dieselben Probleme mit dem Therapeuten bespricht, sagt dies sehr viel über den Grad ihres Wohlbefindens oder ihrer Angst im Umgang mit den Personen ihres eigenen oder des anderen Geschlechts aus.

Eine medizinische Untersuchung ist vor dem Beginn jeder Sexualtherapie erforderlich. Es ist wichtig, die Gewohnheiten des Gebrauchs von Drogen zu ermitteln, weil Drogen möglicherweise für die sexuellen Funktionsstörungen verantwortlich sind, insbesondere Beruhigungsmittel und andere Präparate, die auf das Zentralnervensystem wirken.

Nach diesen Untersuchungen folgt ein Gespräch am runden Tisch. In dieser Sitzung unterhalten sich der Therapeut und die Therapeutin mit dem Ehepaar über ihre anfänglichen Äußerungen über die eheliche Interaktion. Hierbei geht es nicht um die sexuellen Aspekte, sondern in erster Linie darum, wie Mann und Frau sich in ihren Haltungen und Handlungen in der gesamten ehelichen Situation gegenseitig beeinflussen. Diese

Information dient als Grundlage für ein bestimmtes Therapieprogramm, was für jedes einzelne Paar spezifisch ist.

Am runden Tisch haben die Parteien die Möglichkeit, sich mit den Beobachtungen der Therapeuten nicht einverstanden zu erklären. Es besteht für sie keine Verpflichtung, weiterzumachen – in der Tat kann die Therapie wenig nützen, wenn die Ehepartner nicht darin übereinstimmen, daß Änderungen in ihrer Beziehung selbst notwendig sind. Wenn es keine großen Meinungsverschiedenheiten gibt, läuft das Gespräch darauf hinaus, ein gemeinsames Ziel zu bestimmen, das sowohl vom Ehepaar als auch von den Therapeuten geteilt wird.

Nach dem Gespräch am runden Tisch beginnt das Paar mit der ersten Phase in diesem Therapieprogramm, was »sensate focus« genannt wird. Diese Methode wird bei jedem Paar angewandt, um welche momentanen Probleme auch immer es sich handeln mag. »Sensate focus« besteht einfach darin, es zu lernen, sich gegenseitig zu berühren und darüber zu kommunizieren, was sich angenehm und was sich unangenehm anfühlt. Während dieser Phase wird dem Paar genau gesagt, den Geschlechtsverkehr zu meiden und die Berührung der Geschlechtsorgane und der weiblichen Brüste ist ebenfalls untersagt. Hiermit wird bezweckt, daß der Mann und die Frau selbst die zahlreichen sensiblen und sinnlichen Teile ihres Körpers, abgesehen von den Genitalen und den Brüsten, zu entdecken lernen und damit anfangen, über die Teile ihres Körpers zu kommunizieren, über die man sich leichter unterhalten kann als über die genitalen Zonen. Die Person, die den Partner berührt, erhält von ihm Anweisungen (nach oben, nach unten, links, höher, schneller, stärker, schwächer usw.).

Für einen Mann mit einer Impotenzproblematik wird dadurch der Erfolgszwang behoben – er lernt ganz einfach, was sich gut anfühlt und wie er das kommunizieren kann. Am Beginn dieser Phase wird er möglicherweise eine Erektion bekommen, aber ihm ist ausdrücklich gesagt worden, nicht in die Vagina einzudringen.

Manche Personen durchlaufen die erste Phase in sehr kurzer Zeit, während andere sich darin festfahren. Manche sind so sehr auf Erfolg bedacht, daß sie jeden einzelnen Schritt im Eiltempo zurücklegen, wobei ein großer Teil der Verstärkung verloren geht. Möglicherweise entdecken sie bei dieser Interaktion neue Probleme, die sie sich schwer eingestehen können. Deshalb ist es die Aufgabe des Therapeuten, mit aller Vorsicht abzuschätzen, wann ein Paar zur nächsten Phase übergehen kann.

Die zweite Phase, nachdem das Paar gelernt hat, erfolgreich darüber zu

Diagramm 8-1 Die nicht-fordernde Stellung zur Stimulierung der Frau

kommunizieren, was ihnen Vergnügen bereitet, besteht in der gegenseitigen Stimulierung der Genitalien, aber wiederum ohne zu versuchen, sich in einen Geschlechtsverkehr einzulassen. Beiden wird ausdrücklich gesagt, keinen Orgasmus anzustreben, sondern zu lernen und sich gegenseitig zu sagen, was sich bei der genitalen Stimulierung gut anfühlt.

Die nicht-fordernde Stellung (nondemand position) wird für die genitale Stimulierung der Frau angewandt, so daß der Mann ihre Brüste und ihre Genitalien ohne Schwierigkeiten berühren kann und daß keiner der Partner sich dem Druck ausgesetzt fühlt, daß diese Berührung zum Geschlechtsakt führen könnte. Der Mann befindet sich in einer bequemen Sitzhaltung, wobei seine Partnerin sich mit dem Rücken bequem gegen seine Brust lehnt. Bei dieser Stellung kann die Frau die Berührungen ihres Partners bestimmen, indem sie seine Hände so bewegt, wie und wo es ihr angenehm ist und indem sie ihm verbale Anweisungen gibt. Sie hat sich ganz unter Kontrolle und steht unter keinem Zwang, die Berührung zu erwidern. Auf diese Weise kann sie lernen, die angenehmen Empfindungen an ihrem Körper zu erleben.

Dies ist auch eine lehrreiche Erfahrung für den Mann. Viele Männer gehen direkt auf die Klitoris zu, die sie kräftig stimulieren, ohne zu erkennen, daß gewöhnlich andere Körperteile berührt werden müssen, bevor die Klitoris für die Stimulierung bereit ist.

Nachdem das Paar diese beiden Phasen durchlaufen hat, kann die Therapie verschiedene Richtungen einschlagen, was von der entsprechenden Problematik abhängt.

Beim Problem der Impotenz gibt es eine Reihe von angewandten Verfahren, bei denen die Frau lernt, den Penis des Mannes auf bestimmte Art zu stimulieren, so wie der Therapeut sie instruiert hat. Wenn ihr Partner eine Erektion bekommt, dann ist sie es, die die Einführung des Penis in die Vagina vornimmt. Die Frau lernt, was sie tun und wann sie die Einführung und die Bewegung beginnen muß. Auf diesem Wege wird der Erfolgszwang, der zur Impotenz führt, umgekehrt, das heißt die Frau übernimmt einen Teil der Verantwortung. Diese Befreiung vom Erfolgszwang ermöglicht es dem Partner, sich zu entspannen und die Sexualität zu genießen und beiläufig erfolgreich zu »funktionieren«.

Für die ejaculatio praecox hat sich die »squeeze technique«, die Kommunikation und Kooperation zwischen den Partnern verlangt, als sehr wirksam erwiesen. Nachdem der Mann eine Erektion bekommen hat, gelangt er zu einem Punkt, den man »Zwang zur Ejakulation« (»ejaculatory inevitability«) genannt hat, was soviel bedeutet, daß er weiß, er wird gleich »kommen«. Ejakulation findet einige Sekunden später statt, nachdem er diese Empfindung gespürt hat; er kann die Vorgänge nicht kontrollieren. Bei der »squeeze technique« muß der Mann seiner Partnerin Bescheid geben, wann sie seinen Penis drücken soll, kurz bevor er spürt, gleich ejakulieren zu müssen. Die Frau legt ihren Zeigefinger auf das Hautbändchen seines Penis direkt oberhalb der Eichel am Nervenkranz; der Mittelfinger liegt direkt unterhalb des Nervenkranzes und der Daumen liegt auf dem Frenulum.

In dieser Lage drückt sie den Penis ziemlich fest drei bis vier Sekunden oder länger, bis der Mann spürt, daß der Zwang zum Ejakulieren sich gelegt hat. Solange der Penis erigiert ist, verursacht diese Methode weder Unbehagen noch Schmerzen. Diese Prozedur kann so oft wiederholt werden, wie es erwünscht ist. Gewöhnlich müssen Paare diese Druck-Technik einige Wochen lang praktizieren, bevor die Tendenz des Mannes zur ejaculatio praecox sich geändert hat. Anfangs wird dieses Verfahren ohne Eindringen des Penis angewandt.

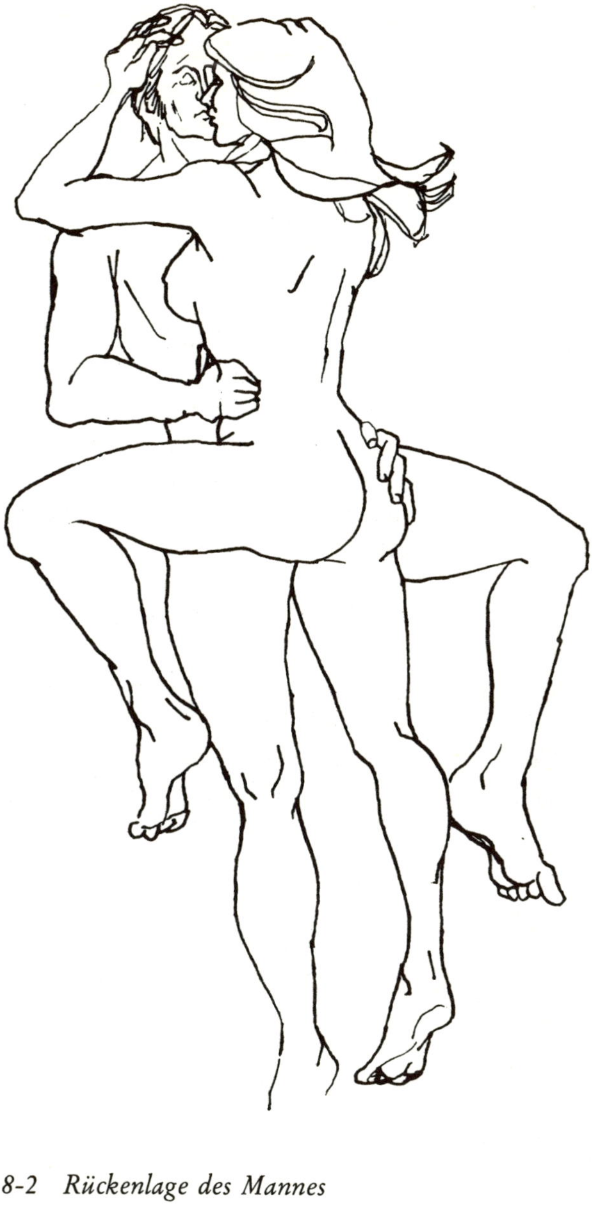

Diagramm 8-2 Rückenlage des Mannes

Wenn diese Technik ohne Eindringen des Penis beherrscht wird, praktiziert das Paar den Geschlechtverkehr, indem der Mann die Rückenlage einnimmt. Wenn der Partner ihr Bescheid gibt, richtet sie sich etwas auf, so daß sie seinen Penis mit den Fingern drücken kann; dann steckt sie ihn wieder hinein. Auf diesem Weg kann ein Mann bis zu 15 oder 20 Minuten vaginalen Verkehr haben, der aus Zurückhalten und Stoßen besteht, während seine Partnerin so oft wie nötig diese »squeezing technique« anwendet.

Diese Technik ist schon seit Jahrtausenden angewandt worden, war aber im modernen Amerika weder bekannt noch wurde sie angewandt, abgesehen von Prostituierten, auf die sich Masters und Johnson bei ihren Forschungsvorhaben als ursprüngliche Versuchspersonen stützte.

Wenn die sexuelle Problematik bei der nichtorgasmusfähigen Frau liegt, werden dem Paar folgende Schritte empfohlen: Es ist wichtig, daß die Frau die obere Position, die Reitlage, einnimmt. Der Hauptgrund besteht darin, daß die meisten Frauen von ihren Partnern so viele Jahre hindurch auf die Rückenlage festgenagelt worden sind und eigentlich niemals richtig erfahren haben, was ihrem Körper gut tut. Bei erigiertem Penis und gleitfähiger Scheide schiebt die Frau den Penis in die Scheide, wobei sie instruiert worden ist, sich nicht zu bewegen und das angenehme Gefühl der vaginalen Ausdehnung, ohne dabei einen Orgasmus anstreben zu müssen, zu empfinden.

Diese Prozedur wird einige Tage wiederholt, milde Phasen mit sanfter Stoßbewegung der Frau wechseln ab mit denen des Mannes bei verbaler Kontrolle der Frau und gegenseitiger Stoßbewegung mit einer kurzfristigen Ablösungsphase, um die Möglichkeit zu haben, sich am ganzen Körper zu liebkosen. Es wird damit versucht, das Muster einseitig eingeleiteter und fordernder Stoßbewegungen des Beckens zu durchbrechen.

Gegen Ende der Therapie wird den Partnern gewöhnlich die Stellung empfohlen, wo die Frau rittlings auf dem Mann liegt (siehe Diagramm 8-2), welche Problematik auch immer vorlag. Bei dieser Stellung liegt der Mann auf dem Rücken, seine Frau ausgestreckt auf ihm, mit einem Winkel von 30 Grad ruht ihr linkes Bein außerhalb seines rechten Beines, ihr rechter Schenkel ruht auf seinem linken Schenkel und ihr rechtes Bein ist zwischen seinen Beinen, sein Kopf und ihr Gesicht ruhen auf einem Kissen. Der größte Teil ihres Gewichts ruht auf ihrem linken Knie. Diese Position ermöglicht die denkbar größte Freiheit zum Experimentieren und bietet die beste Chance, die Ejakulation unter Kontrolle zu haben. Masters und Johnson berichten, daß die Paare anschließend diese Stellung bei 75 Prozent ihres Geschlechtsverkehrs wählen.

Das Zentralthema im Therapieprogramm von Masters und Johnson stellt die Notwendigkeit fortlaufender Kommunikation zwischen den Partnern dar. Obwohl physische Instruktion und praktische Ausübung wichtige Elemente sind, wird mehr Gewicht auf die Beziehung zwischen den Partnern gelegt und auf eine Re-edukation, um zur sexuellen Funktionsfähigkeit zu gelangen. Diese Elemente des therapeutischen Prozesses sind seit Beginn der Geschichte und seit den Gesprächen am runden Tisch sichtbar, aber sie geraten erst dann ins Blickfeld, wenn einige Verbesserungen sich als Ergebnis einer praktischen Ausübung gezeigt haben, wenn das Paar gewisse negative Gefühle überwunden hat und für diesen Schwerpunkt zugänglich wird.

Vielleicht ist der Schlüssel des Erfolgs bei dieser Art von Therapie darin zu sehen, daß die Therapeuten bewußt die Rolle der Autoritätsfigur übernehmen. Wenn die sexuelle Vorgeschichte der Patienten auf Ignoranz, falsche Information und negative Konditionierungsprozesse schließen lassen – und jeder, der zur Therapie kommt, fällt bis zu einem gewissen Grade in diese Kategorie – macht der Therapeut es sich zur Aufgabe, die Quelle der Schwierigkeiten zu identifizieren und dann dem Patienten zu erklären, daß die negativen Einflüsse seiner Vergangenheit nicht auch in aller Zukunft auf ihn wirken müssen. Zum Beispiel kann man die Frau bitten, selbst ein aktives Mitglied eines Sexteams zu werden, selbst in vielen Dingen die Initiative zu ergreifen, die für sie vorher tabu waren, wie sich selbst berühren, den Penis zu streicheln oder es zuzulassen, zu empfinden, wie angenehm es für ihren Körper ist, liebkost zu werden. Indem eine Frau diesen direkten, aber toleranten Instruktionen der Autoritätsfigur eines Therapeuten folgt, kann sie sich im Hier und Jetzt verändern und ihre Hemmungen durchbrechen.

Es ist notwendig, Einstellungen und gegenseitiges Verhalten auf den Gebieten der religiösen und frühkindlichen Erziehung, Trinkgewohnheiten, allgemeine Schwierigkeiten und Abhängigkeit, Verwendung der Sexualität als Waffe oder als Werkzeug für spätere Zwecke und unrealistische Ängste zu erforschen.

Behandlungsergebnisse

Masters und Johnson (1970) berichten, daß sie bei ihrer Behandlung von Impotenz eine Erfolgsziffer von 59,4 Prozent für die Patienten mit primärer und 73,8 Prozent bei denen mit sekundärer gefunden haben. Die ejaculatio praecox ist die männliche Funktionsstörung, die am leichtesten zu behandeln ist. Die Erfolgsquote beträgt 97,8 Prozent; Masters und Johnson stellen sogar die Behauptung auf, daß dieses Problem in den nächsten zehn Jahren aus der Welt geschafft werden könnte, wenn man ihre Technik überall anwendet.

Bei 342 nichtorgasmusfähigen Frauen berichten Masters und Johnson von einer Erfolgsquote von 80,7 Prozent. Der Mißerfolg in einigen Fällen war auf eine eheliche Beziehung zurückzuführen, die für hoffnungslos destruktiv gehalten wurde.

Hohe Erfolgsquoten wurden auch bei zwei Arten von sexuellen Störungen berichtet, die in diesem Kapitel nicht zur Sprache kamen: die Unfähigkeit zu ejakulieren, während der Penis in der Vagina der Frau ist – 82,4 Prozent und Vaginismus (ein Zustand, bei dem jede sexuelle Annäherung eine kräftige und oft schmerzhafte Kontraktion der Muskeln hervorruft, die am Scheideneingang liegen – 100 Prozent).

9

Die Implosionstherapie: Eine Alternative zur systematischen Desensibilisierung (Reizüberflutungstherapie: Implosive Therapie)

Lowell H. Storms[1]

Bevor ich die Implosionstherapie ausführlich erörtere, möchte ich auf drei andere Hauptrichtungen der Desensibilisierung eingehen. Alle verwenden die Technik der allmählichen oder auch nicht-so-allmählichen Darbietung von Angststimuli – in repetitiver Weise. Dies ist ein wichtiger Punkt: Wiederholung muß sein. Es besteht kein Zweifel, daß einige dieser Desensibilisierungstechniken in der Reduzierung von neurotischer Angst äußerst effektiv sind. Ich vertrete die Ansicht, daß die Implosionstherapie besonders für die Menschen wertvoll ist, die an Furcht oder Angst leiden. (Für unsere Zwecke machen wir hier keinen Unterschied zwischen Furcht und Angst. Angst steht nicht so deutlich mit einem spezifischen Stimulus in Verbindung, aber sowohl Furcht als auch Angst können ihren Ursprung in einer Verbindung schmerzhafter Ereignisse mit anderen Stimuli haben.)

Die geläufige Kategorisierung verschiedener Desensibilisierungsarten schließen ein 1. in vivo oder Kontakt-Desensibilisierung; 2. systematische Desensibilisierung, auch Dekonditionierung oder reziproke Hemmung genannt; 3. Selbstbehauptungstraining, eine Methode, die »Modellierung« (modeling) und »Verhaltensprobe« (behavior rehearsal) einbezieht und 4. die Implosionstherapie, auch Reizüberflutung genannt.

Kontakt- oder in vivo Desensibilisierung

Mary Cover Jones (1924a, 1924b) hat mit der Methode der Desensibilisierung Pionierarbeit geleistet; sie ist als eine der Gründerinnen der Verhaltenstherapie anzusehen. In einer weithin bekannten Studie half sie einem dreijährigen Kind, Peter, seine Furcht vor Tieren mit Fell zu verlieren. Diese Furcht hat sich aus einer spezifischen Furcht vor Kaninchen ergeben und war generalisiert worden. Frau Jones behandelte das Kind, indem sie es allmählich dem gefürchteten Stimulus aussetzte; sie brachte ein Kaninchen immer dichter an das Kind heran, während es gerade spielte, bis es das Tier aus ganz dichter Entfernung ertragen konnte und es schließlich hätscheln und liebkosen konnte. Zuletzt verlor es ganz seine Furcht vor pelzartigen Dingen.

In Situationen, in denen die Furcht vor einer anderen, allgemein furchterregenden oder konfliktreichen Situation auf eine andere Situation übertragen worden war, ist es oft möglich, diese allmähliche Berührungstechnik zu verwenden, um dem einzelnen zu helfen, seine Ängste zu überwinden. Wenn jemand zum Beispiel vor größeren Höhen oder vor einem Fahrstuhl Angst hat, kann der Therapeut langsam den Patienten an den Angststimulus gewöhnen. Er (oder sie) kann den Patienten langsam allmählich immer höher steigen lassen und später den Patienten ermutigen, es allein zu versuchen. Dann kann der Therapeut den Patienten auf eine höhere Erhebung begleiten – einige an der Außenwand angebrachte Treppen oder eine Feuerleiter kommen dabei in Frage. Auf diese Art erzielt der Patient eine erhöhte Fähigkeit, größere Höhen zu ertragen.

Sexuelle Ängste werden von Masters und Johnson behandelt; wie im vorigen Kapitel ausgeführt, verwenden sie die Methoden der Desensibilisierung. Einen Mann mit einem Impotenzproblem instruiert man zum Beispiel, er solle oft neben seiner Frau liegen, sie liebkosen und streicheln mit der direkten Anweisung, sich sexuell *nicht* zu engagieren. Allmählich fühlt sich der Mann bei den verschiedenen Stufen der sexuellen Intimität wohl und nachdem seine Ängste nachgelassen haben, wird er schließlich zum Sexualakt ermutigt. Diese Methode erwies sich in der Sexualtherapie als sehr erfolgreich.

Systematische Desensibilisierung

Systematische Desensibilisierung, auch reziproke Hemmung oder Dekonditionierung genannt, wurde von Joseph Wolpe (1958) populär gemacht. Diese Technik besteht darin, Entspannungsübungen mit der Vorstellung von Angstsituationen zu koppeln. Das heißt, man sagt einer Person, sie soll sich eine angsteinflößende Situation vorstellen. Hierin unterscheidet sich die systematische Desensibilisierung von der in vivo Desensibilisierung, die eine direkte und reale Konfrontation mit den angsteinflößenden Stimuli einschließt. Der Patient lernt zuerst, sich zu entspannen. Dann wird eine vorgestellte Hierarchie entwickelt. Wenn eine Person zum Beispiel Angst vor Krankenwagen und Krankenhäusern hat, so besteht die Hierarchie möglicherweise darin, daß die Person zuerst einen Krankenwagen von weitem sieht; dann sieht sie, wie er um die Ecke biegt, dann stellt sie sich vor, im Krankenwagen mit einem Patienten hinten auf dem Rücksitz in ziemlicher Geschwindigkeit zum Krankenhaus gefahren zu werden und schließlich der Patient selbst zu sein und so weiter. Jede Szene in der Hierarchie wird geschildert, während der Patient entspannt ist; begonnen wird mit der Szene, die am wenigsten Angst einflößt. Sie wird wiederholt für immer längere Zeit dargeboten, bis der Patient berichtet, keine Angst mehr zu haben.

In den letzten Jahren sind viele Studien veröffentlicht worden, die die Wirksamkeit der systematischen Desensibilisierung gezeigt haben. Eine Studie von Paul (1966, 1968) wird in der Tat häufig zitiert, da sie als Modellfall für die Beurteilung der Therapie gilt. Variationen der systematischen Desensibilisierung sind auch untersucht worden. P. J. Lang (1970) hat zum Beispiel eine interessante Technik entwickelt, bei der er eine »Vorrichtung für vollautomatisierte Desensibilisierung« benutzt oder DAD. DAD ist ein Computer, der mit einem Tonbandgerät verbunden ist. Dieser Computer erteilt dem Patienten Instruktionen; er schildert eine Szene, gibt Anweisungen, sich zu entspannen, dann schildert er die Szene erneut und geht zu einer anderen Szene über, wenn der Patient berichtet, er habe keine Angst mehr.

Wolpe glaubt, daß an die Stelle der Entspannungstechnik zur Beseitigung der Furcht auch andere Reaktionen treten können. In seinem Buch über das Selbstbehauptungstraining hat er gezeigt, daß Selbstbehauptungsübungen mit der Furcht unvereinbar sind. Es gibt Beweise, daß sexuelle Reaktionen ebenfalls austauschbar sind.

Das Selbstbehauptungstraining

Wolpes Technik des Selbstbehauptungstrainings (1969) besteht häufig lediglich darin, eine Person zu ermuntern auszugehen, seiner Frau oder seinem Chef oder seinem Freund gegenüber sich zur Wehr zu setzen (wenn das Ergebnis wahrscheinlich positiv sein wird) oder jemandem zu sagen, was man gerne macht. Aber es gibt auch einige Unterweisungsmöglichkeiten für die Selbstbehauptung, die »Verhaltenproben« mit einschließen. Bei diesen Situationen *tut* der Patient *so,* als ob er sich in verschiedenen Situationen behaupten müsse (vgl. Kap. 11). Bei dieser Technik ist die Desensibilisierung mit beteiligt, weil die Menschen, denen es an Selbstbehauptung stark mangelt, oft zu ängstlich sind, irgendetwas zu tun, was anderen Menschen schaden könnte. Sie haben sogar manchmal Angst, Dinge zu verlangen, die ihnen legitim zustehen. Die Desensibilisierung beim Selbstbehauptungstraining ist eine Möglichkeit, allmählich die Dinge zu tun, vor denen sie Angst haben.

Die Technik der Selbstbehauptung involviert wahrscheinlich auch einige Hinweise oder Erwartungshaltungen, die aufgrund der Unterweisungen induziert worden sind. In einer Studie von Leitenberg, Agras, Barlow & Oliveau (1969) funktionierte die Desensibilisierung besser *im Zusammenhang mit* dem Hinweis, daß die Therapie funktionieren würde, als *ohne* diesen Hinweis. Aber selbst Techniken, die viel langsamer arbeiten, wie die konventionelle Psychotherapie, arbeiten viel mit Suggestion (vgl. Kap. 1), so daß darin nicht der einzige Grund ihres Erfolges liegen kann.

Die Beziehung zum Therapeuten mag bei den Methoden der Desensibilierung eine gewisse Rolle spielen, aber höchstwahrscheinlich wirkt sie sich hauptsächlich als motivierende Kraft aus. Eine gut entwickelte Beziehung zwischen Therapeut und Patient ist offensichtlich nicht wesentlich. Lang, Melamed & Hart (1970) haben gezeigt, daß das Desensibilisierungsprogramm, das die Vorrichtungen der DAD verwendet, zur wirksamen Angstreduktion führt. Klienten, die nach der DAD-Methode arbeiten, nehmen am Anfang Kontakt zu einem Therapeuten auf. Der Patient erhält einige Hinweise über die Wirksamkeit der Methode, aber wenn er sich mit einem Computer und einem Tonbandgerät in einen Sessel setzt, beginnt er den Hauptteil seiner Therapie – mit einer Maschine. In einem Artikel von Kahn und Baker (1968) wird von einer Studie berichtet, in der die Patienten Instruktionen erhalten und eine Apparatur bekommen, dann sagt man ihnen, sie sollen nach Hause gehen und den Instruktionen zur Reduzierung der Angst folgen. Etwas Suggestion war mit im Spiel, aber nur wenig Kontakt mit dem Therapeuten. Diese do-it-yourself-Methode funktionierte bei den zur Mitarbeit bereiten Personen so gut wie die standardisierte systematische Desensibilisierung. Oft tritt das Phänomen der Erleichterung von irgendeiner Angst dann ein, wenn eine Person seinen Handlungen eine bestimmte Richtung geben kann. Dies trifft jedoch für jeden therapeutischen Ansatz zu. Die Forschungsergebnisse weisen jedoch darauf hin, daß die Desensibilisierung eine stärkere und länger anhaltende Wirkung hat als diese anfängliche Erleichterung. Menschen können Hilfe suchen, wenn sie voller Erwartung sind, sie zu finden und können enttäuscht sein. Ein gezieltes Vorgehen in eine bestimmte Richtung trägt gewöhnlich allein noch nicht zur Erleichterung bei.

Die Implosionstherapie

Die Implosionstherapie ist eine Technik, um Ängste zu überwinden, die ein offensichtliches Paradoxon mit einschließt. Sie reduziert Ängste, indem sie soviel Angst wie möglich hervorruft. Ich machte meine erste Bekanntschaft mit der Implosionstherapie, als ich gebeten wurde, das Manuskript eines Buches von Perry London (1964) zu lesen, welches den Titel trug: *Modes and Morals of Psychotherapy.* In diesem Buch verglich London die Verhaltenstherapien mit den Therapien, die auf Einsicht beruhen. Eine der Verhaltenstherapien, von denen die Rede war, war die Implosionstherapie von T. G. Stampfl, dessen Arbeit in der Literatur zu dieser Zeit keinen Eingang gefunden hatte. Später hörte ich mir ein audiotape von Stampfl an, auf dem er mit einem Patienten Implosionstherapie betrieb. Die Patientin stöhnte und schluchzte, als Stampfl schilderte, wie eine Schlange in ihren Mund eindrang, ihr in die Zunge biß, ihr die Kehle herunterglitt und ihre Inneres herausfras. Ich war beeindruckt und etwas geschockt. Meine anfängliche Reaktion war: »Warum sollte man einen Patienten beinahe zu Tode erschrecken? Warum sollte so etwas funktionieren?«

Etwas später, im Jahre 1966, erschien eine Reihe von Artikeln, die die Wirksamkeit der Implosionstherapie zeigten. Diese beeindruckten mich stark genug, so daß ich beschloß, sie auszuprobieren, wenn sich die Gelegenheit dazu bot.

Die Implosionstherapie ist auch unter dem Begriff Reizüberflutung bekannt, insbesondere bei englischen Autoren (Marks, Boulougouris & Marset, 1971, zum Beispiel) und steht im Zusammenhang mit der *Vermeidungsreaktion.* Im Jahre 1970 führte M. Baum eine Reihe von Studien durch und schrieb einen Artikel über die Vermeidungsreaktion als Mittel, das Vermeidungsverhalten zu überwinden. In aller Kürze kann man die Vermeidungsreaktion durch folgendes Beispiel beschreiben. Nehmen wir an, Sie sperren eine Ratte in einen Käfig, der eine Trennwand hat, so daß sie auf die andere Seite des Käfigs springen kann. Wenn man ihr auf der einen Seite einen Schock gibt, wird sie es lernen, auf die andere Seite zu springen, um den Schock zu vermeiden, und wann man ihr ein Signal gibt, kurz bevor der Schock sich ereignen wird, wird sie es lernen, immer dann auf die andere Seite zu springen, wenn das Signal ertönt und deshalb kann sie den Schock immer vermeiden. Selbst wenn man ohne Schock operiert, das Warnsignal aber weiter ertönt, wird sie wie vorher auf die andere Seite springen. Um sie dahin zu bekommen, mit dem Springen aufzuhören, mit dieser Vermeidungssituation, wenn der Schock nicht mehr weiter angewandt wird, muß man sie im Käfig belassen. Man stellt eine Wand auf. Man darf sie nicht herauslassen, wenn der Ton des Signals ertönt. Sie wird dort sitzenbleiben und für längere Zeit große Angst haben, aber sie wird lernen, nicht zu fliehen. Baum hat herausgefunden, daß die Ratte mindestens fünf Minuten im Käfig bleiben muß. Bessere Resultate werden erzielt, wenn das Tier gezwungen wird, noch länger im Käfig zu bleiben.

In einer verwandten Studie, die von Bersh, Notterman und Schoenfeld durchgeführt wurde, wurden menschliche Versuchspersonen unterwiesen, ihren Zeigefinger bei einem Signal von der Taste wegzunehmen, um es zu vermeiden, einen Schock zu bekommen. Natürlich lernten sie es sehr schnell, automatisch den Finger wegzunehmen, wenn das Signal ertönte. Als sie aber keinen Schock mehr bekamen, nahmen sie ihren Finger bei dem Signal weiter weg, und zeigten noch weiterhin eine starke automatische Reaktion. Um sie dahin zu bekommen, mit der Vermeidungsreaktion aufzuhören, befestigte man bei der Hälfte der Versuchspersonen ihre Zeigefinger an der Taste. Nachdem man das getan hatte, wurde die Reaktion bei den meisten gelöscht – das heißt, sie hörten auf, die Taste zu meiden – und eine konditionierte Herzreaktion wurde ebenfalls gelöscht. Die Versuchspersonen, deren Finger man nicht festgebunden hatte, behielten das Vermeidungsverhalten bei.

Prinzipien der Implosionstherapie

Das führt uns zu den Prinzipien der Implosionstherapie. Die Prinzipien des Löschens (Extinktion) im allgemeinen haben mit dem Pawlowschen beziehungsweise mit dem klassischen Lernmodell zu tun. In dem bekannten Beispiel von Pawlows Hund geht ein Glockenton – der konditionierte Stimulus (conditioned stimulus = CS) – der Darbietung von Futter – der unkonditionierte Stimulus (unconditioned stimulus = UCS) unmittelbar voraus. Wenn der Glockenton einige Male zusammen mit dem Futter gegeben wird, sondert der Hund Speichel ab, was die natürliche Folge oder unkonditionierte Reaktion (unconditioned reaction = UCR) auf das Futter ist, bereits wenn der Glockenton erklingt sowie bei der Darbietung von Futter.

Ein anderes Beispiel, das für die Entwicklung der klinischen Angst oder Furcht eine größere Analogie hat, liegt in der Koppelung eines Brummtones (CS) mit einem Schock (UCS), den das Tier erhält, was bei ihm zu einem Rückzugsverhalten und zu einer Erregung führt, die nicht nur mit dem Schock (UCR), sondern auch mit dem Brummton verbunden ist.

Zwei Faktorentherorien über die Entstehung von Neurosen schließen einen weiteren Schritt ein. Zuerst gibt es die Pawlowsche oder klassische Konditionierung der Furcht, die durch wiederholte Koppelung eines Signals mit einem schmerzhaften Reiz (Stimulus) entsteht. Dann entwickelt sich ein Abwehrverhalten auf der Basis eines operanten und instrumentellen Konditionierens (Lernen am Erfolg); das heißt, erfolgreiches Vermeiden der angsteinflößenden Situation wird belohnt durch die Angstreduktion.

Diese theoretische Erklärung der Entstehung von Furcht soll besser durch ein klinisches Beispiel erläutert werden. Viele phobische Menschen, also Menschen, die an krankhafter Angst leiden, fürchten sich vor bestimmten Gegenständen oder Situationen. Die Entstehung einer phobischen Angst vor Lifts kann etwa wie folgt erklärt werden: Irgendein schmerzhaftes oder unangenehmes oder traumatisches Ereignis (UCS) tritt im Zusammenhang mit dem Lift auf (CS), und der phobische Mensch assoziiert die Angst der unangenehmen Situation (UCR) mit dem Lift und beginnt, Lifts zu meiden (CR). Jedesmal, wenn der phobische Mensch einen Lift sieht, meidet er ihn und reduziert so seine Furcht. Die Assoziation des Lifts mit irgendeinem schmerzhaften Erlebnis ist klassisches Konditionieren. Die Angstreduktion, die aus der Vermeidungsreaktion vor dem Lift entstanden ist, ist operantes Konditionieren. (Das Vermeidungsverhalten kann so lange anhalten, daß der phobische Mensch sich nicht mehr erinnern kann, warum er vor Lifts Angst hat.)

Stampfl vertritt die Auffassung, daß die Furcht durch die wiederholte Darbietung eines konditionierten Reizes gelöscht werden muß. Obgleich hierbei anfangs ein beträchtliches Maß an Angst und Unbehagen erzeugt wird, lernt der Klient auf eben diese Weise, daß der konditionierte Reiz nicht mehr gefolgt wird von oder gekoppelt ist mit einem unkonditionierten Reiz. Der Mensch, der phobische Angst vor dem Lift hatte, würde entdecken, falls er gezwungen würde, den Lift zu benutzen anstatt ihn zu meiden, daß gar keine Beziehung mehr zwischen den Lifts (CS) und den unangenehmen Erlebnissen (UCS) besteht. Stampfl weist darauf hin, daß man bei der Methode der Desensibilisierung häufig mit anderen als mit den ursprünglichen konditionierten Stimuli operiert. Wenn jemand zum Beispiel ängstlich geworden war aufgrund einer kritischen, ablehnenden Mutter, können andere kritische Frauen oder andere Autoritätspersonen als Approximationen für den ursprünglichen Stimulus treten (Stimulus Generalisation). Man soll sich also eine Geschichte vorstellen, in der verschiedene Frauen die Person kritisieren und erniedrigen.

Stampfls Erklärungen über das, was in der Implosionstherapie passiert, blieb jedoch nicht unangefochten. Andere theoretische Prinzipien wurden angeboten. Es ist behauptet worden, daß die Implosionstherapie die Funktion einer negativen Erfahrung haben könnte. Das heißt, beim Klienten tritt eine Sättigung ein, wenn ihm der schädliche Stimulus wiederholt dargeboten wird, und er gibt die Furcht aufgrund von Extinktion auf. Andere Theoretiker behaupten, daß die Implosionstherapie funktioniert, weil die Klienten beruhigt und ermutigt werden, wenn sie die Entdeckung machen, daß sie nicht auseinanderfallen, wenn sie Angst bekommen.

Die Technik

Wie sieht die Implosionstherapie aus? Zuerst empfiehlt Stampfl für die einleitende Beurteilung des Patienten zwei Interviews. Beim ersten handelt es sich gewöhnlich um ein Sondierungsgespräch, wobei einiges über die Vorgeschichte des Patienten notiert wird. Das wird dadurch erleichtert, daß der Patient einen entsprechenden Fragebogen zu Hause ausfüllen muß. Beim ersten Interview kann man sich auf die Genese der besonderen Ängste des Patienten konzentrieren – vor welchen Dingen sich der Patient fürchtet, was die Besonderheiten dieser Furcht sind, wann sie begannen und welchen Einfluß sie auf sein beziehungsweise ihr Leben gehabt haben.

Stampfl schlägt vor, im zweiten Interview näher auf diese Ängste einzugehen, um so viel Information wie möglich über die Ängste des Patienten zu erhalten. Aus dem, was der Therapeut von der Lebensgeschichte des Patienten weiß und aus dessen allgemeinem Verhalten oder wie er sich auf bestimmte Lebenssituationen einstellt, kann er Schlußfolgerungen auf die Ängste des Patienten ziehen. Kernprobleme werden erschlossen, und der Therapeut formuliert sie oft auf psychoanalytische Weise, wie zum

Beispiel Kastrationsangst oder Ödipuskomplex. Der Therapeut kann die Kernprobleme auch anders formulieren, vom Standpunkt frühkindlicher Erlebnisse, vor der sich ständig wiederholenden Art der Beziehung zu seiner Mutter oder zu seinem Vater. Ob der Patientf zum Beispiel einen ihn oft bestrafenden Vater hatte oder eine ablehnende Mutter oder ob die Mutter gewisse Verhaltensformen des Patienten mißbilligte, indem sie den Patienten herabsetzte.

Stampfl zieht seine Schlußfolgerungen aus der Information, die er vom Patienten aufgrund von dessen Konzeptualisierung seiner eigenen Probleme erhält, und er verwendet die Schlußfolgerungen direkt in der Geschichte, die er dem Patienten für die Vorstellung präsentiert. Der Therapeut kann z. B. bei einem Patienten, der an Höhenangst leidet, die Hypothese aufstellen, daß dieser Angst vor Körperverletzungen im allgemeinen hat. Er könnte zum Patienten sagen: »Stellen Sie sich vor, Sie steigen die Treppe in einem Hochhaus hinauf; Sie sehen hinunter und bemerken, wie schreckenerregend der Blick ist und wie klein die Dinge werden, wenn sie immer höher hinaufsteigen und von ganz oben hinunterschauen. Stellen Sie sich vor, daß jemand Ihnen einen Stoß gibt oder daß Sie hinunterspringen. Sie fühlen den Wind an Ihren Wangen und sehen, wie die Fenster an Ihnen vorüberziehen; Sie erleben, wie Sie auf dem Betonboden zerschmettern, sich alle Knochen brechen und die Eingeweide herausfallen.«

Ich gebe dem Patienten beim ersten Interview eine Liste, die man Fear-Survey Schedule (Wolpe, 1969) nennt, auf der 122 Dinge angegeben sind, wovor ein Mensch Angst haben kann, zum Beispiel vor Toten, Autos, offenen Plätzen, Höhen, Vögeln, Insekten; davor, kritisiert zu werden, sich idiotisch vorzukommen, sich abgelehnt zu fühlen, nicht gebilligt zu werden. Die Person stuft sich dann selbst ein: »Gar nicht«, »Etwas«, »Etwas mehr«, »Viel«, »Sehr viel«. Auf diese vom Patienten ausgefüllte Tabelle konzentriert man sich im ersten Interview; über alle Items in der Kategorie »Viel« und »Sehr viel« können Fragen gestellt werden, wobei man sich auf das Spezifische konzentriert – zum Beispiel »Was flößt Ihnen dabei Angst ein?« und »Wann geschieht das?«

Dann wird eine Geschichte zusammengebraut, wobei der Therapeut auf seine Phantasie und auf die festgestellten Angaben angewiesen ist. Stampfl beginnt seine Geschichte mit relativ harmlosen Ereignissen oder seiner Ansicht nach relativ periphären Ängsten – mit Ängsten, die ziemlich offensichtlich und unmittelbar sind, nicht aber mit katastrophalen – und dann geht er auf Dinge ein, die das Kernproblem direkt treffen. Die Geschichte wird also zusehends katastrophaler. Im Gegensatz zur Methode der systematischen Desensibilisierung kommt man zu den schrecklichsten Ereignissen so schnell wie möglich. Wenn die Geschichte dem Patienten dargeboten wird, muß er sich diese so intensiv wie möglich vorstellen. Stampfl richtet es oft so ein, daß der Patient sich eine neutrale Szene vorstellt, um sich zu vergewissern, wie weit er sich auf seine Phantasie stützen kann, um den Patienten daran zu gewöhnen, sich eine Szene vorzustellen. Von Zeit zu Zeit kann man den Patienten fragen: »Sehen Sie das deutlich vor sich?« und »Wie fühlen Sie sich dabei?« um zu überprüfen, wieviel Angst der Patient erlebt. Anstatt sich zu entspannen, wird der Patient ermutigt, so viel Furcht und Angst wie nur möglich zu erleben. Tatsächlich kann die Schilderung teilweise darin bestehen, auf einige autonome Folgen hinzuweisen, die das Erlebnis der Furcht erhöhen wird: »Jetzt schlägt Ihr Herz sehr schnell, Ihre Handflächen sind ganz feucht und Sie schnappen nach Luft.«

Die Geschichte muß zwischen 45 und 60 Minuten dauern; Forschungsergebnisse weisen darauf hin, daß kürzere Geschichten nicht so effektiv sind. Bei Stampfl dauern sie oft 90 Minuten, was wirklich Talent und Phantasie verlangt.

Der Therapeut »überflutet« seine Patienten also bis zur Erschöpfung. Sie fühlen sich gewöhnlich ausgelaugt und entspannt, nach diesem ganzen Streß. In meiner Therapie mache ich etwas, was Stampfl nicht macht – ich füge eine Entspannungspause ein, in der ich etwa 10 Minuten Anweisungen zur Entspannung gebe, was sich als wirksam herausgestellt hat. Da der Patient sich erst am Ende der Geschichte entspannt, dient dieses Vorgehen als eine Art Belohnung für die Kooperation und zeigt den Kontrast zwischen den furchteinjagenden Phantasien und der Wirklichkeit, daß es wirklich nichts gibt, was einem in der Sicherheit einer Praxis zustoßen kann. Die Entspannungsübungen dienen auch dazu, die Restspannung, die möglicherweise noch vorhanden ist, zu beheben.

Dieselbe Geschichte wird solange wiederholt, bis sie den Patienten langweilt, und er berichtet, keine Furcht mehr zu haben. Dann wird ein Teil der Geschichte neu erfunden oder sogar eine ganz neue Geschichte.

Falls der Patient sich wirklich kooperativ verhält, bittet ihn der Therapeut unter Umständen, zu Hause selbständig zu üben. Man unterweist ihn, sich die ganze Geschichte vorzustellen und die Zeit zu messen; es sollen wenigstens 45 Minuten sein, und die Geschichte soll so lebendig wie möglich sein. Einige Patienten werden das tun, andere nicht. Bevor der Patient nach Hause geht, um das zu üben, soll er die Geschichte im Kopf rekapitulieren und sie sich selbst in der ersten Person erzählen, im Präsenz, als ob sie sich gerade jetzt abspielt und sie sich so vorstellen, wie er sie sich erzählt. Der Therapeut kann die Lücken ausfüllen, die der Patient gelassen hat. Eine andere Technik, die Beachtung verdient, liegt darin, Tonbandaufnahmen der Geschichte vorzubereiten, die der Patient sich dann jeden Tag zu Hause vorspielen kann.

Sie werden bemerkt haben, daß in der Implosionstherapie, wie auch bei der systematischen Desensibilisierung, der Patient durch vorgestellte oder durch die Phantasie hervorgerufene Reizsituationen desensibilisiert wird. Wir rechnen mit einer gewissen Generalisation der vorgestellten Darbietung von angsteinflößenden Stimuli oder Ereignissen mit wirklichen Lebenssituationen, in der angsteinflößende Stimuli vorhanden sind. Viele werden wahrscheinlich bei vorgestellten Stimuli eine größere Angstreduktion erfahren als bei wirklichen, aber das wird dazu beitragen, mit erschreckenden Stimuli im realen Leben fertig zu werden, etwas weniger Angst zu haben, so daß sie sich etwas weiter vorwagen, bevor sie es mit der Angst zu tun bekommen. Dann wird vielleicht etwas *in vivo* Desensibilisierung stattfinden, da sie auf diese Stimuli mit keinem größeren Widerwillen reagieren werden. Solche Untersuchungen, die ergeben haben, daß verbesserte Zensuren im College ein Ergebnis der Implosionstherapie waren, die die Prüfungsängste nimmt, (Prochaska, 1971) unterstützen meine Hoffnung, daß Angstreduktion generalisiert werden kann.

Wolpe kritisiert die Implosionstherapie als eine gefährliche Technik, die den Zustand des Patienten verschlechtert, und Morganstern (1973) bezweifelt auch ihre Gefahrlosigkeit. Mir ist kein Beweismaterial bekannt, das ihre Ansichten unterstützt. Es scheint so zu sein, daß der Zustand eines Patienten sich bessert, wenn er wiederholt die dargebotene Vorstellung praktiziert. Es bestehen jedoch einige Vermutungen, daß einige Patienten nach der ersten oder zweiten Sitzung, besonders zwischen der ersten und der zweiten Sitzung, von einer Zunahme der Furcht berichten werden. Kotila (1969) beobachtete eine zeitweilige Zunahme der Furcht nach einer Sitzung der Implosionstherapie. Barrett (1969) berichtet, daß zwei Personen nach der ersten Sitzung mit erhöhter Angst reagierten, daß aber beide zur zweiten Sitzung kamen und diese sich als erfolgreich erwies. Seit kurzer Zeit vertrete ich deshalb die Auffassung, daß es wichtig ist, die ersten beiden oder die ersten drei Sitzungen schnell hintereinander folgen zu lassen, vielleicht an aufeinanderfolgenden Tagen. Einige Implosionstherapeuten (zum Beispiel Ollendick und Gruen, 1972) warnen ihre Patienten, daß sie nach der ersten Sitzung erhöhte Furcht empfinden könnten.

Die Implosionstherapie ist von einigen mit einer Form der Aversionstherapie, der sogenannten »covert sensitization«, in Zusammenhang gebracht worden. Dabei handelt es sich um eine Technik, bei der der Patient sich vorstellen soll, Fäkalien zu essen oder sich andere ekelhafte Dinge vorstellen soll, während er raucht oder ein anderes Verhalten praktiziert, was er oder sie kontrollieren will. Dies macht man, um Widerwillen und Vermeidungsverhalten zu lehren. Der Unterschied besteht darin, daß der Patient sich bei der Implosionstherapie Dinge vorstellen muß, vor denen er wirklich Angst hat; er wird nicht so konditioniert, mehr Angst zu haben oder vor neuen Dingen Angst zu haben oder von ihnen angewidert zu werden. Die Implosion kann ihn jedoch mit seinen Ängsten in Berührung bringen und einige seiner Widerstände brechen, so daß er anfangs erhöhte Furcht und Panik empfindet. Die Entspannungsübungen am Ende der Sitzung helfen ihm vielleicht, diese Angst zu verringern.

Stampfl befürwortet im allgemeinen 10 bis 15 Sitzungen Implosionstherapie. Es wurden meist die Ergebnisse von Patienten untersucht, die an 10 oder weniger Sitzungen Therapie teilgenommen hatten. Ich arbeitete mit einer Patientin, die in fünf Sitzungen sehr gute Resultate erzielte. Sie praktizierte jedoch die Geschichte jeden Tag mehrere Wochen lang, so daß sie vielleicht insgesamt dreißig Sitzungen hatte. Bei anderen Patienten habe ich bis zu 30 Sitzungen in meiner Praxis gehabt.

Ein Beispiel zur Veranschaulichung

Die erste Implosion führte ich in Zusammenarbeit mit einem Studenten, Kent Herbert, an einer Patientin durch, die ich Jane nenne. Jane war 25, verheiratet und litt nach ihren Berichten besonders unter ihrem fehlenden Selbstvertrauen, unter Magenschmerzen, Kopfschmerzen, Atemschwierigkeiten und Erstickungserscheinungen. Die meiste Zeit blieb sie zu Hause und weinte. Sie war ein klassisches Beispiel für Agoraphobie (Platzangst). Sie hatte seltsame Ängste vor einem gewaltsamen Tod, die sich über längere Zeit erstreckten und mit großen Schmerzen und Qualen verbunden waren; sie erzählt, daß sie manchmal das Gefühl hat, Schlamm im Kopf zu haben. Sie hatte Angst, Auto zu fahren und Angst, in einen großen Supermarkt einkaufen zu gehen. Sie hatte schreckliche Phantasien, daß ein Flugzeug auf ihrem Hause zerschmettern würde. Auf der Fear Survey Schedule zeigte sie Angst vor dem Fallen, vor Toten, davor, gehänselt zu werden, vor Sirenen, sich zu ärgern, vor Autoritätspersonen, vor plötzlichen Geräuschen, vor tyrannisierenden Menschen, vor toten Tieren, vor Kämpfen, vor kranken Menschen, verärgerten Menschen, davor, kritisiert zu werden, vor Blut, ignoriert zu werden, vor Dunkelheit und die Kontrolle zu verlieren.

Im Umriß geben wir hier die Geschichte wieder, die wir für sie vorbereitet haben: Sie geht die Straße hinunter und nimmt die Farbe der Straßenlaternen und der grünen Blätter an den Bäumen wahr. In dem Augenblick, in dem sie auf die Straße tritt, fährt ein Auto über ihre Zehe. Dann tritt sie einen Schritt zurück und geht wieder weiter und wird von einem Bus überfahren. Sie hat einige Quetschungen und fühlt einen Schmerz und bemüht sich, aufzustehen, als ihre Hand von einem Motorrad überfahren wird, wobei mehrere Finger abgetrennt werden. Ein Lastwagen zermalmt ihr die Rippen. Ihre Lungen füllen sich mit Blut. Sie ist am Sterben und viele Leute stehen um sie herum, ohne ihr irgendwie zu helfen. Sie spotten nur über sie und lachen über diesen häßlichen Anblick. Das ist eine der Sachen, die ihr Kopfzerbrechen bereiten – daß Leute ihr nicht helfen und sie kritisieren, indem sie sagen: »Um sie ist's sowieso nicht schade.« Der Krankenwagen kommt. Die Leute bedecken sie mit einem weißen Laken. Sie stirbt. In diesem Augenblick soll Jane sich vorstellen, im Leichenschauhaus auf einer kalten Steinplatte zu liegen und dann begraben zu werden. Der Sarg wird herabgelassen, sie hört, wie die Erde auf den Sarg geworfen wird, dieses Geräusch wird langsam dumpfer, ihr Körper verfault und wird von Ameisen, Würmern, Maden und Ratten gefressen.

Nachdem wir die Geschichte ein zweitesmal erzählt hatten, ließen wir sie die Geschichte wiederholen und ergänzten alle Auslassungen. Ihr gelang die Wiederholung recht gut und sie erlebte die Furcht, indem sie sich die Szenen lebhaft vorstellte. Sie ging nach Hause und begann zu üben, zuerst einmal, dann zweimal am Tag. Nach drei Wochen langweilte sie die Geschichte. Sie stellte sich vor, wie sie auf der Straße lag und mit ihrem eigenen Blut Skizzen auf den Bürgersteig zeichnete. Wir gaben ihr deshalb eine andere Geschichte. Sie hatte Angst vor dem Ersticken, konnte Smog nicht ertragen und hatte eine Abneigung vor Menschenmengen, deshalb sollte sie sich vorstellen, an einem sehr nebligen und dunstigen Tag in der City von Los Angeles zu sein. In der Geschichte sind die Straßen voller Menschen, und sie beginnt aufgrund der Hitze und des Smogs zu ersticken. Dann ertönt ein Fliegeralarm, und eine Wasserbombe explodiert. Die Leute kreischen, sterben und koten sich ein. Die Leichen stapeln sich, Hunde fressen sie an und pissen auf sie, sowie weitere Details, um die Szene so schlimm wie möglich auszugestalten. Zwei Wochen später berichtet sie, daß die Geschichte sie langweilt und daß sie aufhören möchte. Wir baten sie, ihren Mann mitzubringen und unterhielten uns mit ihm. Er sagte uns, daß sie sich in bemerkenswerter Weise verändert hätte. Sie arbeitete inzwischen und ging in die Supermärkte einkaufen, hatte sich für einen Kursus eingeschrieben und setzte sich selbst ans Steuer. Er hatte gewisse Schwierigkeiten, sich an die veränderte Situation anzupassen, aber es war eigentlich ganz gut so. Er war es nicht gewohnt, so eine unabhängige Frau zu haben.[1]

Jane wurde vor und nach der Behandlung nach dem Minnesota Multiphasic Personality Inventory (MMPI) getestet. Beim ersten Profil erreichte sie hohe Werte für Schizophrenie, Depression, Hypochondrie und Hysterie (über 90). Der hohe Wert bei F zeigt an, daß sie ihre Symptome übertrieb. Aber nach fünf Wochen Implosionstherapie waren ihre Werte etwa normal (unter 70), und außerdem war Jane in der Lage auf den Therapeuten und auf ihre Umwelt ohne Abwehrhaltung zu reagieren oder sich Mühe zu geben, gut auszusehen.

Beweismaterial für Effektivität

Morgenstern (1973) stellt die Effektivität der Implosionstherapie (Reizüberflutung) in Frage, aber sein Beweismaterial bezieht sich meist nur auf wenige und sehr kurze Sitzungen. Wenn man die Zahl und die Dauer der Behandlungssitzungen in Betracht zieht, dann kann die Implosionstherapie als eine vielversprechende und wirkungsvolle Technik angesehen werden. Überblickt man die zur Verfügung stehende Literatur, so zeigt sich, daß in allen Untersuchungen, in denen wenigstens vier Sitzungen von 45 Minuten Länge oder mehr angewandt wurden, durch die Implosionstherapie weitaus bessere Resultate erzielt wurden als in den nicht-behandelten Kontrollgruppen oder in den Gruppen, die nach der Methode der konventionellen Psychotherapie behandelt wurden. Hogan (1966) fand heraus, daß bei einer durchschnittlichen Behandlung von 4,88 Monaten bei einmal in der Woche Implosionstherapie, verglichen mit 8,21 Monaten bei der konventionellen Psychotherapie, achtzehn von sechsundzwanzig nach der Implosionsmethode behandelten schizophrenen

Patienten, aber nur acht von vierundzwanzig, die nach der konventionellen Psychotherapie behandelt worden sind, bei einer Nachuntersuchung ein Jahr später nicht mehr im Krankenhaus waren. Die Sitzungen dauerten offensichtlich eine Stunde. Levis und Carrera (1967) gaben einer Gruppe von psychiatrischen ambulanten Patienten insgesamt zehn Stunden dauernde Sitzungen der Implosionstherapie, die mit zwei konventionellen Therapiegruppen verglichen wurden, sowie mit einer auf der Warteliste stehenden Kontrollgruppe. In der Implosionstherapiegruppe waren die Veränderungen beim MMPI signifikant günstiger. Marks, Boulougouris und Marset (1971) bemerkten signifikante Verbesserungen bei phobischen Patienten bei achtmal einstündiger Implosionssitzung. Eine Nachuntersuchung ergab, daß die Verbesserungen auch nach einem Jahr noch anhielten. (Boulougouris, Marks & Marset, 1971). Jakobson, der 10-Stunden-Sitzungen anwandte, stellte fest, daß die Implosion zur signifikant größeren Angstreduktion vor Schnecken führte als in der Therapiekontrollgruppe oder in der nicht-behandelten Kontrollgruppe beobachtet wurden. Watson und Marks (1971) beobachteten bedeutende Angstreduktion bei 8 Sitzungen Reizüberflutung. Bei einem Durchschnitt von 11,7 Stunden Implosionssitzungen fanden Boudewyns und Wilson (1972), daß bei deprimierten, ängstlichen stationären Patienten mit Hilfe der Implosionstherapie größere Forschritte gemacht wurden als bei der üblichen Krankenhausbehandlung und daß das Resultat bei einer Nachuntersuchung, die nach fünfeinhalb Jahren stattfand, günstiger war (Boudewyn, 1975) als bei Patienten, die nach der Desensibilisierungstechnik der freien Assoziation behandelt worden waren. Rachman, Hodgson und Marks (1971) und Hodgson, Rachman und Marks (1972) stellten fest, daß die Reizüberflutung signifikant besser abschnitt als eine Kontrollgruppe für Zwangsneurotiker, die nach der Entspannungsmethode behandelt worden waren; wobei die Verbesserungen bei einer Nachuntersuchung, die drei Monate später stattfand, anhielten.

Obwohl in einigen dieser Untersuchungen methodologische Schwierigkeiten vorlagen, sind die Ergebnisse recht beständig. Man kann sie mit Leichtigkeit so interpretieren, daß sie zeigen, daß die Implosion eine vielversprechende Technik ist, die es verdient, in Betracht gezogen und weiter erforscht zu werden.

Verschiedene Studien der Implosionstherapie, die sich über weniger als 4 Sitzungen erstreckten und bei denen jede Sitzung nicht länger als vierzig Minuten dauerte, haben festgestellt, daß diese Methode effektiv ist. Prochaska (1971), der drei Sitzungen von je 46 Minuten verwandte, fand heraus, daß die Implosion eine signifikante Reduktion von Prüfungsängsten nach sich zieht, verglichen mit nicht-behandelten Kontrollgruppen. Barrett (1969) fand heraus, daß bei zwei 50-Minuten-Sitzungen Implosionstherapie die Angst vor Schlangen wesentlich reduziert wurde.

Die erfolgreiche Behandlung bei nur einer Sitzung von Kirchner und Hogan (1966) mit Patienten, die eine Rattenphobie hatten und von Hogan und Kirchner (1968) mit Patienten, die eine Schlangenphobie hatten (etwa zwei Drittel der Personen nahmen das Tier bereits nach einer Sitzung in die Hand), sind wahrscheinlich teilweise auf die Anforderung zurückzuführen, die für die Situation charakteristisch war. Eine Studie, die eine »Therapie«-Kontrollgruppe verwandte, die bei einer Sitzung ein kurzes Gespräch führte, fand heraus, daß vier von zehn Personen aufgrund dieser »eklektischen Therapie« ebenfalls die Schlange in die Hand nahmen.

Borkovek (1970), der vier einstündige Sitzungen durchführte, fand heraus, daß die Implosion, wie auch andere Desensibilisierungsverfahren, bei Schlangenphobien wirksam war; er fand aber auch, daß die Manipulation einer Erwartung (Erwartung, sich nicht zu ändern), diesen Effekt wesentlich reduzieren konnte.

Alle Studien, die die Implosionstherapie nicht effektiv fanden, haben weniger als fünf Sitzungen oder Sitzungen von weniger als dreißig Minuten verwandt. Carek (1969) verwandte drei 50 bis 60-Minutensitzungen. DeMoor (1969) verwandte vier 20-Minutensitzungen. Fazio (1970) führte drei 29-Minutensitzungen durch. Hekmat (1973) verwandte zwei 40-Minutensitzungen, jede bestand aus der Darbietung getrennter, kurzer, verschiedenartiger Szenen, insgesamt 50. Hodgson und Rachman (1969) verwandten eine 40-Minutensitzung oder eine 30-Minutensitzung und eine 10-Minutensitzung. Kotila (1969) verwandte eine 40-Minutensitzung oder zwei 20-Minutensitzungen. Layne (1970) verwandte auch nur eine Sitzung. McGlynn (1968) verwandte fünf 30-Minutensitzungen. Rachman (1966) berichtet von zehn Sitzungen, wobei jede aus 2-Minutendarbietungen bestand. Dee (1972) stellte die Wirksamkeit der »standardisierten, aus Tonbandaufnahmen bestehenden« Implosionstherapie in Frage, indem er die Ergebnisse einer Studie diskutiert, bei der er vier Sitzungen verwendet, die jeweils aus zwei 15 Minuten dauernden reizüberflutenden Szenen bestehen.

Was sind die Indikationen und Gegenindikationen für die Implosion? Wo multiple Ängst vorliegen und die systematische Desensibilisierung zu viel Zeit in Anspruch nehmen würde, ist diese Technik oft erfolgreich. Agoraphobien (Platzängste) haben im allgemeinen Menschen mit schweren multiplen Ängsten, und Marks, Boulougouris und Marset (1971) berichten von der Überlegenheit der Implosionsmethode über die systematische Desensibilisierung, besonders bei Agoraphobien. Zwangsneurotiker, die dazu tendieren, starke Gefühle zu meiden und es auch als schwierig empfinden, sich zu entspannen, sind gute Kandidaten für die Implosionstherapie oder Reizüberflutung. Levis und Carrera (1967) fanden, daß die Werte auf der MMPI-Skala am meisten bei Zwangshaftigkeit mit Hilfe der Implosionsmethode verringert wurden. Rachman und Marks (1972) fanden, daß die Reizüberflutung besonders bei Zwangsneurotikern wirksam war. Wenn die Angst besteht, die Kontrolle zu verlieren und/oder jemand seine eigenen Impulse fürchtet, so kann die Implosion ein wirksames und durchführbares Mittel sein, die Furcht zu desensibilisieren. Forschungsergebnisse weisen darauf hin, daß, falls *in vivo* Desensibilisierung mit Modellierung (modeling) praktikabel ist, diese die wirksamste und effektivste Methode sein könnte, aufgrund des Wesens des Problems ist das jedoch häufig nicht der Fall.

Wenn der Patient beständig meidet, sich die Implosionsgeschichte vorzustellen, ist das Funktionieren der Implosionstherapie weit weniger wahrscheinlich, obgleich einige Menschen günstige Ergebnisse mit dem Erzählen von dramatischen Geschichten und wenig Vorstellung erzielen. Einige Hysteriker, die beharrlich unangenehme Situationen meiden; einige resistente passiv-aggressive Patienten, dessen Mißtrauen, mangelndes Durchhaltevermögen und schwache Motivation die Kooperation beeinträchtigen; und einige Schizophrene befinden sich unter den Patienten, die nach meiner Erfahrung die auf visueller Vorstellung beruhende Implosionstherapie meiden.

Ich habe die Implosionstherapie selbst bei schizophrenen Grenzfällen angewandt, und es haben sich nicht die geringsten negativen Begleiterscheinungen gezeigt. Sie sollten auch alleine zu Hause praktizieren. In einigen Fällen, wenn die Geschichte schreckenerregend ist, leistet der Patient solchen Sitzungen gegenüber Widerstand. Für den Therapeuten ist es sehr wichtig, eine ermutigende Atmosphäre zu schaffen, damit die Person die Szene wirklich erlebt und die Angst empfindet und bereit ist, zu praktizieren. Um die Person zur Mitarbeit zu bewegen, ist es wichtig, ihn oder sie zu überzeugen, daß sich die Anstrengung lohnt; der Therapeut muß so weit ein Verstärker sein, daß es die Person ihm oder ihr zuliebe tut.

Es gibt einige Anzeichen dafür, daß die Klarheit der Vorstellung für eine erfolgreiche Behandlung mit der Implosion wichtiger als die Intensität der Angst ist, die hervorgerufen wird. Deshalb kann es wichtig sein, die klare Vorstellungskraft zu ermutigen und sich beim Patienten über die Klarheit seiner Vorstellung zu erkundigen.

Vergleich zwischen Implosion und systematischer Desensibilisierung

Die Ergebnisse eines Vergleichs der verschiedenen therapeutischen Techniken hängen wahrscheinlich von der Geschicklichkeit ab, mit der die Techniken gehandhabt werden, von den Charakteristiken der Therapeuten und von den Charakteristiken der Patienten. Morganstern übersieht zum Beispiel die Möglichkeit, daß die systematische Desensibilisierung für gewisse Probleme oder für Menschen mit bestimmten Charakteristiken angemessener, während die Implosion für andere adäquater sein könnte.

Drei Studien, die die Implosion oder Reizüberflutung mit der systematischen Desensibilisierung verglichen haben, wandten 40 oder mehr Minuten pro Sitzung an und vier oder mehr Sitzungen Implosion. Jacobson stellte fest (1970), daß College-Studenten, die sich vor Schlangen fürchteten, die gleiche Angstreduktion bei beiden Techniken zeigten. Im Gegensatz dazu erzielten Marks, Boulougouris und Marset (1971), die mit klinisch signifikanten Phobien arbeiteten, bessere Resultate mit der Technik der Reizüberflutung (die sie auch Implosion nannten) als mit der Technik der systematischen Desensibilisierung. Reizüberflutung erwies sich als besonders günstig für Agoraphobien, also für Menschen, die an multiplen Ängsten litten und durch ihre Symptome schwerer gehandikapt waren als für Menschen mit bestimmten Phobien. Crowe, Marks, Agras und Leitenberg fanden 1972 heraus, daß die Implosionstechnik besser, aber nicht signifikant besser als die systematische Desensibilisierung bei Phobien abschneidet, aber offensichtlich beständig besser bei Agoraphobikern. Sie fanden die *in vivo* Desensibilisierung der systematischen Desensibilisierung signifikant überlegen, der Implosionstechnik aber nicht signifikant überlegen. Boudewyns und Wilson (1972) fanden die Implosion signifikant wirksamer als eine auf freier Assoziation beruhende Desensibilisierungstechnik.

Zieht man die Studien in Betracht, die wenige oder kürzere Sitzungen verwandten, finden wir, daß Barrett (1968) Schlangenphobien mit der Implosionstherapie in 45% der Zeit erfolgreich behandelte, die die systematische Desensibilisierung brauchte. Offensichtlich sind zwei Sitzungen à 50 Minuten für die Implosion ausreichend. Bei einer Nachuntersuchung ergab sich jedoch, daß die Ergebnisse der Implosionstherapie weniger dauerhaft waren als die der systematischen Desensibilisierung. Mealiea und Nawas (1971) fanden die systematische Desensibilisierung signifikant besser als die Implosion, die sich größtenteils als ineffektiv erwies, aber ihre fünf Implosionssitzungen dauerten jeweils nur dreißig Minuten.

In Anbetracht des verfügbaren Beweismaterials kann es keine begründeten Zweifel mehr geben, daß die Implosionstherapie effektiv sein kann. Es bleibt übrig zu fragen, wie, wann, für wen und wobei. Wann sollte die Implosion angewandt werden und wann wäre die systematische Desensibilisierung, die *in vivo* Desensibilisierung oder das Selbstbehauptungstraining – oder vielleicht gar keine von den üblichen Desensibilisierungstechniken – adäquater? Für wen eignet sich die Implosion am besten – das heißt für welche Art von Problemen und für welche Charakteristiken der Patienten oder Klienten ist sie am effektivsten? Was sind die Indikationen und was die Gegenindikationen? Was sind die wirksamen Komponenten der Implosionstherapie und wie funktionieren sie? Gibt es eine Methode, die audiotapes für die Implosionsgeschichten effektiv vorzubereiten (ist eine Tonbandbibliothek für verschiedene Probleme eine Möglichkeit)? Mit welchen anderen therapeutischen Modalitäten kann die Implosion kombiniert werden, um die menschlichen Probleme effektiver zu lindern und wie kann das am besten gemacht werden? Wenn wir in der Lage sein werden, die therapeutischen Methoden auszuwählen und zu kombinieren auf der Basis korrekter wissenschaftlicher Information über den Modus ihres Einflusses und ihrer Interaktion zwischen den Charakteristiken von Patient und Therapeut, werden wir das Potential solcher vielversprechenden Behandlungsmethoden wie die Implosionstherapie klarer erkennen.

10

Verhaltensänderung durch Lernen am Erfolg (Opperant Approaches to Therapy)

Virginia Binder

Geschichte der operanten Ansätze

Die Vorstellung, daß die Folgen des Verhaltens eines Menschen die Wiederkehr ähnlicher Verhaltensweisen beeinflussen, ist alles andere als neu. Sicherlich geht die Vorstellung von der Karotte und dem Stock nicht auf Skinner zurück. Tatsächlich haben Eltern ihre Kinder seit Jahrtausenden erzogen, indem sie ihnen Belohnungen und Strafen gaben. Im juristischen Bereich war es ähnlich; die Konsequenzen (gewöhnlich Strafe) sind dazu bestimmt, illegale Aktivitäten einzuschränken. Selbst in einem therapeutischen Kontext sind die Verhaltensfolgen systematisch dazu benutzt worden, das Verhalten zu verändern. In der römischen Ära bestand die empfohlene Behandlung für Alkoholiker darin, auf den Grund ihrer Gläser Aale zu plazieren. (Ullmann und Krasner, 1975) – ein einzigartiges Strafverfahren.

Weil seit so vielen Jahren die Anwendung von Belohnung und Strafe ein Teil unserer Kultur ist, worin liegt dann die Einzigartigkeit der von den Therapeuten angebotenen Methode, die die Prinzipien des operanten Konditionierens im Labor übernommen haben? Der Hauptunterschied zwischen der Anwendung der Belohnung und Strafe im alltäglichen Leben und bei den Behandlungsmethoden, die von den operanten Therapeuten vertreten werden, liegt in der Systematisierung der Behandlungsmethoden und in der Verifikation des Erfolgs der Methode durch die wissenschaftliche Forschung.

Erst in den letzten zwanzig Jahren ist es wirklich versucht worden, die Kontingenzprinzipien systematisch auf die Behandlung von menschlichen Problemen anzuwenden. Viele der früheren Versuche waren nur von kurzer Dauer und dienten hauptsächlich Demonstrationszwecken. Zum Beispiel wird in einem der ersten berichteten Fälle, bei dem mit Belohnungskontingenzen gearbeitet wird (Isaacs, Thomas & Golddiamond, 1960), beschrieben, wie ein seit langer Zeit chronisch Schizophrener, der zum Sprechen ermutigt wurde, wenn er Kaugummi bekam, von dieser Belohnung abhängig war. Er war seit vielen Jahren mutistisch. Zuerst wurde der Schizophrene mit Kaugummi belohnt, wenn er lediglich dem Therapeuten zuhörte. Dann wurde er belohnt, wenn er sich hörbar machte und die Lippen bewegte. Im Laufe der Behandlung wurde er nur für wirkliche Worte mit Kaugummi belohnt und später für Sätze und Bitten. (Diesen Prozeß sukzessiver Approximation nennt man Verhaltensformung, englisch »shaping«). Hierbei handelte es sich nur um eines der frühen Beispiele, die zeigen, daß sozial erwünschtes Verhalten der Kontrolle des Therapeuten unterliegen kann.

Andere frühere Beispiele sollten demonstrieren, daß antisoziales oder abweichendes Verhalten ebenfalls der Kontrolle ihrer Konsequenzen unterliegt. Wenn das der Fall ist, könnte man anti-soziales Verhalten so behandeln, daß man das Problem direkt angeht anstatt nach der zugrundeliegenden Ursache zu forschen. Als Ayllon und Haughton (1964) über die Häufigkeit der wahnhaften Sprache einer hospitalisierten Frau genau Buch führten, wurde es bald offensichtlich, daß die Häufigkeit, in der sie sich als Königin schilderte, deutlich in Beziehung stand zu der Aufmerksamkeit, die sie von den Zuschauern erhielt. Als diese jedoch weggingen oder sie während ihrer Wahnvorstellungen ignorierten, war die Häufigkeit ihrer Wahnvorstellungen minimal.

Prinzipien der operanten Therapie

Mit den einfachsten Worten ausgedrückt, folgt die operante Therapie dem Prinzip, daß die Verhaltensweisen, die belohnt werden, in der Häufigkeit zunehmen werden und die Verhaltensweisen, die gelöscht (ignoriert) oder bestraft werden, in der Häufigkeit abnehmen werden. Deshalb sollte man in systematischer Weise die Verhaltensweisen bestimmen, die man für wünschenswert hält und sie dann belohnen; und jene Verhaltensweisen ignorieren oder bestrafen, die man für unerwünscht hält.

Obwohl die Prinzipien an sich unkompliziert und einfach zu verstehen sind, wird ihre tatsächliche Anwendung viel komplexer. Während man zum Beispiel weiß, daß Belohnung die Häufigkeit der Verhaltensweisen erhöhen wird, wie oft sollte man die Belohnung geben? Wie schnell sollte die Belohnung erfolgen, wenn eine Verhaltensweise eintritt? Wie stellen Sie fest, was Belohnung für ein Individuum bedeutet? Diese Art von Information hat man in den letzten Jahren in den Laborversuchen zu ermitteln versucht. Jetzt ist es möglich, die Prinzipien anzuwenden, die aus den Forschungsergebnissen hervorgegangen sind, so daß man sich nicht mehr auf intuitive Vermutungen zu stützen braucht, was den Zeitabstand und die Häufigkeit der Belohnung anbelangt.

Partielle Verstärkung

Wenn man neue Verhaltensweisen bewirken möchte, ist es wünschenswert, jede Verhaltensweise sofort zu belohnen. (In der Praxis kann man sich diesem Prinzip nur annähern.) Wenn jedoch die Belohnung wegfällt, wenn sich die Verhaltensweise erst einmal entwickelt hat und die Beendigung der Belohnung abrupt kommt, kann das Auftreten der neuen Verhaltensweise genauso abrupt zu Ende sein. Deshalb müssen gewisse Vorkehrungen getroffen werden, um die Kontinuität des Verhaltens zu gewährleisten, ohne kontinuierliche unmittelbare Verstärkung. Ein allmählicher Übergang auf die partielle Verstärkung (Belohnung auf der Basis der Intervallverstärkung) würde sich somit als hilfreich herausstellen, um die Verhaltensweise aufrechtzuerhalten, wenn sie erst einmal gelernt worden ist.

Unmittelbare versus verzögerte Verstärkung

Ein anderes Beispiel für die Anwendung der aus den Laboruntersuchungen sich ergebenden Prinzipien, involviert die Verwendung von unmittelbarer und verzögerter Verstärkung. Wiederum ist beim Lernvorgang eines neuen Verhaltens die unmittelbare Verstärkung wichtig. In der praktischen, realen Lebenssituation werden die einzelnen nicht unmittelbar für die Handlungen belohnt, die sie begangen haben. Für den durchschnittlichen Arbeiter wird die greifbare materielle Belohnung einmal in der Woche oder einmal im Monat stattfinden, nicht aber bereits nach einigen Sekunden seiner Arbeitsleistung.

Primäre versus sekundäre Verstärkung

Obwohl einige der eben besprochenen Beispiele sich auf greifbare Belohnungen beziehen, ist es wichtig, im Gedächtnis zu behalten, daß nicht nur materielle Belohnungen allein erfolgreich funktionieren. Für viele Menschen kann soziale Verstärkung, wie zum Beispiel Anerkennung, Würdigung und freundliche Konversation eine ähnliche Belohnung sein wie Nahrungsmittel, Zigaretten, Schlaf und die Möglichkeit, sich sexuell betätigen zu können.

Das Premack-Prinzip

In der Tat ist ein wichtiges Prinzip, welches von Premack (1959) in Laborversuchen entwickelt worden ist, zur Hauptstütze für die geworden, denen für ihre Patienten eine beschränkte Zahl von Verstärkern zur Verfügung steht. Das Premack-Prinzip, das aus systematischen Untersuchungen abgeleitet worden ist, wird in der Tat intuitiv täglich von vielen Eltern verwandt. Im großen und ganzen beobachtete Premack, daß die Verhaltensweisen, an denen der Organismus sich häufig beteiligt, als Verstärker für die selteneren Verhaltensweisen dienen kann. In der Alltagssprache bedeutet das, daß das Essen von Schokoladenkuchen, eine sehr wahrscheinliche Verhaltensweise, als Belohnung für das Essen von Spinat dienen kann, ein weniger wahrscheinliches Ereignis. Viele Eltern benutzen erfolgreich diese Prinzipien: »Du bekommst keine Nachspeise, bevor du nicht das Gemüse gegessen hast« oder »Bevor du deine Schularbeiten gemacht hat, kannst du nicht draußen spielen.«

Therapeutische Programme

Ein operanter Therapeut, dessen Name in jedem Haushalt ein fester Begriff in den frühen 60er Jahren war, war Ivar Lovaas. Die autistischen Kinder, mit denen er arbeitete, waren selbstdestruktiv, zeigten wenig oder gar keine Kenntnisnahme von der äußeren Welt, schwankten, rissen sich die Haare aus, warfen Gegenstände herum und wiederholten Worte, als ob sie keine Bedeutung hätten. Mit viel Geduld und kluger und kreativer Anwendung der Laborprinzipien gelang es Lovaas (1965, 1966b, c), den Kindern Sprechen beizubringen und sie durch das Verfahren der Verhaltensformung dazu zu bringen, soziale Interaktionen aufzubauen. Seine monumentale Leistung ebnete den Weg für weitere operante Konditionierungsprogramme.

Es sollte darauf hingewiesen werden, daß die Natur der Probleme, die

Arten der Klienten und die Methode, die von den operanten Therapeuten benutzt werden, sich erweitert haben, gegenüber denen, die Lovaas entwickelt hat. Der Wandel in der Natur der Probleme und der verschiedenen Klienten reicht von frühen Behandlungen von größtenteils sehr schweren Verhaltensstörungen (wie zum Beispiel die autistischen Kinder) zur Arbeit mit Menschen, die alltägliche Probleme mit sich selbst und mit der Erziehung ihrer Kinder haben. Als die operanten Therapeuten hauptsächlich mit schwergestörten Patienten arbeiteten (viele von ihnen waren in stationärer Behandlung), dachten sich die operanten Therapeuten ihr Verstärkungssystem selbst aus und, zusammen mit ihren Assistenten, teilten sie die Verstärkungen aus. Um die operante Therapie der breiteren Öffentlichkeit zur Verfügung zu stellen, haben die operanten Therapeuten in jüngster Zeit damit begonnen, Eltern, Lehrern und Probanden als Berater zu dienen. In ihrer Rolle als Berater haben sie Eltern und Lehrern die Grundlagen der operanten Methoden beigebracht. Die Rolle des Verstärkers ist also vom operanten Therapeuten selbst zu einem Menschen übergegangen, der jeder Person, die ein Problem hat, in ihrer natürlichen Umgebung leicht zugänglich ist (Tharp & Wetzel, 1969). In jüngster Zeit haben operante Therapeuten sogar den Versuch unternommen, den Klienten beizubringen, wie sie eine erwünschte Verhaltensweise selbst verstärken können (zum Beispiel Gewichtskontrolle, Alkoholkontrolle, Schlafprobleme und aufzuhören zu rauchen).

»Token Exonomy« – Fachleute für die seelisch-geistige Gesundheit als Therapeuten

Das erste Verhaltensmodifikationsproblem, mit dem ich arbeitete, war ein »token economy«-Programm in einem staatlichen Krankenhaus. Dieses Programm bestimmt angemessenes und unangemessenes Verhalten für ausgewählte Patienten und belohnt dann das angemessene Verhalten mit Tokens (Marken) und bestraft die Patienten für unangemessenes Verhalten. Diese Marken können gegen eine Vielzahl von Gegenständen, Dienstleistungen und schönere Dinge im Leben ausgetauscht werden.

Patientenpopulation. Das erste Tokensystem wurde in Illinois (Ayllon & Azrin, 1968 b) mit chronisch schizophrenen Patienten durchgeführt, die seit langer Zeit hospitalisiert waren. Andere frühe Programme wurden mit retardierten Kindern und Delinquenten durchgeführt. Wir begannen unser Programm mit lediglich neun Frauen, die besonders für ihr höchst aggressives und beleidigendes Verhalten im Krankenhaus bekannt waren. So wurden sie ständig von einer Station zur anderen abgeschoben – keiner wollte mit ihnen arbeiten. Wir beobachteten zum Beispiel die Verhaltensweisen einer Frau, von der man (bevor sie zu uns kam) registriert hatte, daß sie innerhalb einer jeden Stunde irgendjemanden 22 mal zu schlagen versucht hat. Eine andere Frau hatte zwei Lokotomiebehandlungen hinter sich und war noch immer aggressiv. Wieder eine andere Frau war mit mehr als 400 Elektroschocks behandelt worden.

Demographische Erhebungen ergaben ein Alter, das zwischen 25 und 55 Jahren lag. Die Patientinnen waren seit 5 bis 25 Jahren in stationärer Behandlung. Lediglich eine Patientin hatte anderthalb Jahre ein College besucht, aber der Durchschnitt lag bei zehn Schuljahren. Von diesen Frauen waren sieben als schizophren diagnostiziert worden, eine wurde als gehirnverletzt, eine andere als retardiert bezeichnet.

Planung und Organisation des Programms. Vor der Einführung des Tokensystems wurde zwei Wochen lang das Personal dafür ausgebildet und die Patienten darauf vorbereitet. Während der Ausbildungszeit führte das Personal genau Buch über die Verhaltensweisen der Frauen, so daß wir ganz spezifisch ihre Probleme kannten und wußten, wie oft sie auftraten.

Das Programm war festgelegt, so daß auf jede Frau individuell eingegangen werden konnte. Viele der anderen Tokensysteme, weil sie offensichtlich eine große Zahl von Patienten haben, bezeichnen genau die Verhaltensweisen, die belohnt werden auf ganz ähnliche Weise für eine große Zahl von Patienten. Bei einigen Token-Programmen, die wir besuchten, erhielten alle Patienten, die rechtzeitig zur Mahlzeit erschienen, die gleiche Anzahl von Marken. Wir versuchten, die Verhaltensveränderungen herauszusuchen, die für den Patienten am wichtigsten waren. Es gab auch einige Dinge, für die alle Individuen belohnt wurden, aber die Patienten schwankten so stark in ihren Verhaltensweisen, daß es hart gewesen wäre, von allen Patienten das gleiche auf die gleiche Weise zu verlangen.

In der ersten Woche sollten die Patienten den Wert der Marken kennenlernen. Dies gelang innerhalb weniger Tage ohne viel Schwierigkeiten. Wenn man den Patienten Marken gibt und sie auffordert, sie zurückzugeben, um eine Mahlzeit oder ein Bett zu erhalten oder die Möglichkeit zu bekommen, fernzusehen, lernen sie sehr schnell, daß die Marken eine Bedeutung haben – wie Geld. Jedesmal, wenn eine Marke verteilt wurde, versuchten wir auch, dem Patienten die Gründe dafür klarzumachen. Wie wir bereits früher bemerkt haben, ist es von besonderer Bedeutung, die Verstärkung sofort vorzunehmen. Wenn wir beobachteten, daß etwas für einen Patienten wünschenswert war, würden wir versuchen, dieses Verhalten sofort zu belohnen. Hierin liegt wiederum der Unterschied zu den Programmen, die für eine große Zahl von Patienten gedacht sind. Jeder Mitarbeiter hatte die Taschen voller Tokens, um sie immer dann zu verteilen, wenn ein Patient irgendetwas tat, was »angemessen« war.

Erwünschtes Zielverhalten. Ich werde immer gefragt: »Wie entscheiden Sie, was angemessenes Verhalten ist?«. Bei den verschiedenen »token economy«-Programmen variieren die Ziele für die Patienten. Bei dem Programm von Ayllon und Azrin bestand das Ziel für schizophrene Patienten darin, wieder in ihre Familiengemeinschaft zurückzukehren. Für die Retardierten liegt das Ziel oft darin, zu lernen selbständig zu sein. Unglücklicherweise scheinen einige wenige »token economy«-Programme so zu laufen, daß mehr das Personal als die Patienten belohnt werden – in solchen Fällen besteht das Ziel möglicherweise darin, daß in der Station Ruhe und Ordentlichkeit herrschen, anstatt daß auf die individuellen Belange der Patienten eingegangen wird.

Da wir so schwer gestörte Patienten hatten, waren unsere Ziele begrenzt. Wir bemühten uns zu erreichen, daß die Patienten von den Krankenhäusern in die Pflegeheime (board and care homes) kamen. (Diese Pflegeheime werden von Gemeindemitgliedern geleitet, die den ehemaligen Patienten Nahrung und Unterkunft zur Verfügung stellen. In manchen dieser Heime gibt es vielleicht nur einen Gast und keine organisierten Programme, während andere vielleicht ein Dutzend oder mehr Gäste haben und verschiedene Arten von Freizeitbeschäftigungen und medizinische Betreuung aufweisen.)

Ergebnisse des Programms. Nach vier oder fünf Monaten erhob der für das Budget verantwortliche Vorstand des Krankenhauses Einspruch gegen das ungünstige Patienten/Personal-Verhältnis und zog in Erwägung, das Programm aufzulösen. Wir entschlossen uns, weitere Patienten in das Programm hineinzubekommen; zu diesem Zeitpunkt gingen wir auf ein pelotonähnliches System über, wie es bei vielen anderen »token economy«-Programmen üblich ist. Entsprechend der Fortschritte, die sie gemacht hatten, durften die Patienten an den verschiedenen Annehmlichkeiten teilhaben, vergleichbar mit der unteren, mittleren und oberen sozio-ökonomischen Klasse. Patienten, die das am meisten »normale« Verhalten zeigten, hatten ein eigenes Zimmer, hatten am meisten Freiheit und nahmen ihre Mahlzeiten unter den besten Bedingungen ein. Jeder Patient konnte sich durch verbessertes Verhalten dort hinaufarbeiten. Eines der traurigsten Ereignisse war es für mich zu sehen, daß, obgleich wir in der ursprünglichen Frauengruppe bedeutende Verbesserungen festgestellt hatten, als die neuen Patienten dazukamen, die meisten der anderen Patienten noch immer in die niedrigste Kategorie eingestuft wurden. Es sollte jedoch darauf hingewiesen werden, daß die neuen Patienten so ausgewählt worden waren, daß es weniger schwierig war, die Moral des Krankenhauspersonals aufrechtzuerhalten.

Fünf von den ursprünglich neun Patienten waren entweder in einem Pflegeheim untergebracht oder Anstalten dazu waren innerhalb des ersten Jahres getroffen worden. Von den restlichen vier waren zwei aus medizinischen Gründen verlegt worden, und zwei blieben im Krankenhaus.

Probleme bei der »Token Economy«. Viele Menschen stellen die wichtige Frage, was mit den Patienten passiert, wenn sie ein Trockensystem verlassen. Für die Patienten ist es sehr leicht zu unterscheiden zwischen dem Krankenhauspersonal, das eine Bekräftigung erteilt und den Menschen in der Gemeinde. Deshalb ist es notwendig, auf eine Generalisation der verbesserten Verhaltensweisen außerhalb des Krankenhauses hinzuarbeiten. Wir versuchten zu erreichen, daß das Personal Uniformen vermeiden sollte, daß freiwillige Helfer ins Krankenhaus kommen, und daß die Patienten die Station verlassen und an den Aktivitäten in der Gemeinde teilnehmen. Wir versuchten auch mit dem Personal im Pflegeheim zusammenzuarbeiten, um ihnen einige der Prinzipien der Verstärkung beizubringen. Wir wollten erreichen, daß sie die Patienten für akzeptables Verhalten weiterhin lobten. Es passiert sehr leicht, akzeptables Verhalten als selbstverständlich hinzunehmen. Zusätzlich bemühten wir uns, daß die Patienten von der primären Bekräftigung wie Nahrungsmittel, zur sozialen Bekräftigung, wie die Möglichkeit zu genießen, zusammen mit anderen Menschen etwas zu machen, gelangten. Am Anfang sagten wir jedesmal, wenn wir eine Marke gaben, in etwa: »Das ist sehr gut« oder »Sie machen das ausgezeichnet.« Wir fuhren nicht damit fort, Marken unmittelbar danach oder auch sehr häufig zu geben. Wir hofften, die Spanne zu überbrücken, so daß eine Patientin, wenn die Zeit gekommen war, unser Programm zu verlassen, in der Lage wäre, Marken auf einer wöchentlichen Basis zu verdienen, so wie es bei dem wöchentlichen Lohn der Fall war. Wir erwarteten schließlich, daß die soziale Kameradschaft des Personals und der anderen Patienten bedeutungsvoll werden würde.

Eine weitere Schwierigkeit lag in der beschränkten Zahl der Verstärker, die in einer staatlichen Institution zur Verfügung standen. Die meisten der frühen Programme der »token economy« bestanden aus einem Austausch der grundliegenden Gebrauchsartikel im Krankenhaus anstelle der Marken. Innerhalb der letzten Jahre haben jedoch die Vertreter, die sich für die Rechte der Patienten einsetzen, darauf hingewiesen, daß hospitalisierte Patienten zu jedem Komfort im Krankenhaus berechtigt sein sollten und sich diese nicht erst zu verdienen brauchen. Gerichtsentscheidungen haben diese Ansicht bestätigt. Jene also, die in öffentlichen Institutionen mit Hilfe der »token economies« arbeiten wollen, müssen den Patienten andere Belohnungen anbieten, die allen Patienten im Krankenhaus nicht ohnehin zur Verfügung stehen (Martin, 1975).

Obwohl wir im Krankenhaus die grundlegenden Gebrauchsartikel (Nahrungsmittel, bequeme Betten usw.) als grundlegende Bestärkung benutzten, gestalteten wir das Programm auf die Weise, daß allen Patienten wenigstens ein Minimum an Komfort geboten wurde. Zusätzlich eröffneten wir im Krankenhaus einen Laden, um extra Items zu liefern, für die die Marken eingetauscht werden konnten. Der Laden diente auch zu Forschungszwecken, und Forschungsgelder halfen uns auch dabei, ihn ins Leben zu rufen. Wir blieben auf dem laufenden, was für Items von den Patienten gekauft wurden. Anfangs kauften sie hauptsächlich Süßigkeiten und Zigaretten, aber wir erwarteten, daß sie sich für Bücher, Kleidungssachen und deren Pflege interessieren würden, wenn sie Fortschritte machten. Obwohl bei den ursprünglichen Patienten ein bemerkenswerter Wandel beim Kauf der Gegenstände stattfand, beobachteten wir, daß die Patienten, die sich dem Programm später anschlossen und deren Verhalten angepaßter war, eine größere Vielzahl von Items kauften.

Verhaltensmodifikation bei Kindern – Eltern als Therapeuten

Überblick über das Programm. Das zweite Programm fand in einer College Klinik und nicht mehr in einer staatlichen Institution statt. Eltern, deren Kinder ihnen Probleme bereiteten, die sie nicht handhaben konnten, wurden von Schulen, Ärzten und Sozialarbeitern an die Klinik verwiesen. Das Programm, das eigentlich dazu gedacht war, den Eltern zu helfen, beabsichtigte ebenfalls, Studenten im fortgeschrittenen Semester Kenntnisse über die Verhaltensmodifikation zu vermitteln.

Bei unserem Vorgehen stützten wir uns vor allem auf die Ergebnisse von Martha Bernal (1968), die mit schwierigen Kindern gearbeitet hat; auf Gerald Patterson (1968, 1971b), der mit zahlreichen Familien und einer stattlichen Menge von sich bietenden Problemen gearbeitet hat; und auf Tharp und Wetzel (1969), die mit Eltern und anderen Menschen in ihrer natürlichen Umgebung gearbeitet hatten.

Als die Eltern auf die Klinik verwiesen wurden, die bei der Erziehung ihrer Kinder Probleme hatten, wie zum Beispiel unkontrollierbare Wutanfälle, Schulstörungen oder Ängste, so wurden sie auf das Programm der Verhaltensmodifikation verwiesen. Während der ersten Aufnahmegespräche wurde versucht, sehr spezifische Einzelheiten über die Familienprobleme zu gewinnen, um so allgemeine Beschreibungen zu vermeiden wie »Mein Kind scheint sich für die Schule nicht zu interessieren; es macht uns Verdruß; sie ist schlecht angepaßt«. Stattdessen baten wir die Eltern, das Problem genau zu umreißen. Zum Beispiel, anstatt festzustellen, daß das Kind unkooperativ ist, sollten die Eltern sich klar werden, was sie damit sagen wollten – das heißt »Wenn ich ihn darum bitte, etwas zu tun, so muß ich ihn mindestens vier oder fünf Mal erinnern.«

Die Eltern werden auch über das Ausmaß des Programms informiert und wie groß ihre Beteiligung sein soll. Man bittet sie, das Verhalten der Kinder zu beobachten und schriftlich festzuhalten, es zuzulassen, daß außenstehende Beobachter ihr Heim betreten dürfen, um die Interaktionen in der Familie in Augenschein zu nehmen und die hauptsächlichen Veränderungen zu Hause selbst durchzuführen.

Zusammenarbeit mit den Eltern, um den Behandlungsplan aufzustellen. Eltern, die daran interessiert waren, an dem Programm weiterzuarbeiten, wurden gebeten, eines der beiden Bücher von Patterson zu lesen – entweder *Living with Children* (1968) oder *Families* (1971b). Es sollte beachtet werden, daß beibe Bücher kurz sind, in einer vorprogrammierten Art einige allgemeine Prinzipien der Verhaltensmodifikation darstellen und beispielhafte Lösungen für Familienprobleme anbieten. Beim zweiten Interview besprechen die Praktikanten in allgemeiner Weise einige der Prinzipien, die in dem Buch erwähnt werden und versuchen, den Eltern die Bedeutung der Belohnung und ihre Rolle als Vorbild zu erklären. Bei dieser Sitzung werden Zielverhaltensweisen von den Eltern und/oder Klinikern ausgewählt. Wie bereits vorher erwähnt, ist es wichtig, die gewünschten Verhaltensveränderungen genau zu bestimmen, so daß sie exakt beobachtet, schriftlich fixiert und verstärkt werden können. Die Verhaltensweisen sollten auch spezifisch bestimmt werden, so daß das Kind genau weiß, was von ihm erwartet wird und wann es belohnt werden wird. Es wurden solche Zielverhaltensweisen ausgewählt wie das Spielen mit einem der Geschwister, ohne sich zu prügeln oder von der Schule direkt nach Hause zu kommen. Der Kliniker überprüft auch die Angemessenheit dieses Ziels aufgrund des Alters des Kindes. Gelegentlich wollten Eltern das Verhalten modifizieren, das sie irritierte, das aber innerhalb der normalen Handlungsfreiheit der Kinder lag. In diesen Fällen diskutierten die Kliniker diesen Punkt mit den Eltern.

Während die Eltern, die Kliniker und das Kind die Zielverhaltensweisen auswählten, versuchten sie, passende Verstärker zu bestimmen. Ältere Kinder bekamen einen Fragebogen, der ihnen am Ende Platz ließ, um jene Dinge aufzuschreiben, die sie am liebsten hatten – sowohl materielle als auch soziale Dinge. Bei sehr jungen Kindern lieferten entweder die Eltern die Information über die möglichen Verstärker, oder die Studenten, die die Kinder zuhause beobachtet hatten, machten Vorschläge. In den meisten Fällen bedeutete die Aufmerksamkeit der Eltern die größte Verstärkung.

Wenn das Zielverhalten bestimmt war, wurden die Eltern gebeten, jeden Tag genau Buch zu führen über die Häufigkeit der Zielverhaltensweisen und die Aufzeichnungen bei der nächsten Sitzung mitzubringen. Sie wurden ebenfalls gebeten, ein Kontingenzsystem zu entwickeln, welches sie durchführen konnten. Die Kliniker waren dann in der Lage, die Aufzeichnungen zu begutachten, die Eltern weiter zu ermutigen, weiter alles genau aufzuschreiben und den Plan der Eltern zu billigen, zu modifizieren oder zu verbessern. Wenn die Familie berichtete, daß es auch ein Schulproblem gab, gingen die Praktikanten in die Schule, um Beobachtungen anzustellen und eine Strategie mit dem Lehrer zu besprechen.

Nach der Durchführung des Planes der Verhaltensänderung wurden die Programme einige Wochen überprüft. Bei einem einzigen Zielverhalten trat gewöhnlich innerhalb einer Woche oder innerhalb von 14 Tagen eine Veränderung ein. Bei einer Vielzahl von Problemen pflegten die Veränderungen langsamer einzutreten – manchmal erstreckte sich die Verhaltensänderung über mehrere Monate. Wenn es aufgrund der Beobachtungen zu Hause, durch Telefonkontakte oder durch die Berichte der Eltern in den wöchentlichen Sitzungen deutlich wurde, daß das entsprechende Problem an Häufigkeit abnahm, reduzierte der Kliniker allmählich die Zahl und Häufigkeit der Sitzungen mit den Eltern. Wenn es den Anschein hatte, daß das Programm nicht funktionieren würde, so versuchten sie, es zu revidieren.

Schwierigkeiten mit den Eltern als Therapeuten. Während uns das Verfahren, das wir verfolgten, unkompliziert zu sein schien, entstanden einige Probleme. Das erste Problem bestand darin, daß das Programm von den Eltern mehr Anstrengung zu erfordern schien, als ein Teil von ihnen erwartet hatte. Oft verschwand das momentane Problem spontan, wenn die Eltern sich bewußt wurden, welch wichtige Rolle sie in dem Programm spielten. In der Tat hatten wir mehrere sehr schnelle Heilerfolge. Tharp und Wetzel (1969) berichten auch über das Phänomen, daß die Behandlung möglicherweise den Eltern mehr Schwierigkeiten bereitet als das ursprüngliche Problem.

Ein zweites Problem bestand darin, daß die Eltern, trotz ihres bescheinigten Enthusiasmus, oft nicht genau Buch führten. Wir benutzten für die Eltern das gleiche System, das wir ihnen für ihre Kinder beibrachten – das heißt, wir lieferten Verstärker für genaue Berichte. Die Verstärker schlossen z.B. ein Babysitting, Briefmarkentausch oder eine finanzielle Vergütung am Ende des Programms. Manchmal wurde ein älteres Kind in der Familie gebeten, Buch zu führen und wurde auch dafür belohnt. Martha Bernal (1970) hat ein Tonbandgerät konstruiert, das sich in einem Handkoffer befindet und von einem Zeitmechanismus in Gang gesetzt wird. Obgleich die Familie weiß, daß sie aufgenommen wird, weiß sie nicht wann. So bekommt sie ein Beispiel von Interaktion, wie sie sich zu Hause abspielt.

Ein anderes Dilemma war, daß die Eltern zwar behaupteten, daß sie die einzuhaltenden Prinzipien verständen, aber ihr Verhalten stimmte manchmal nicht mit den Prinzipien überein. In diesen Fällen handelten die Praktikanten als Vorbilder und demonstrierten, wie und wann die Verstärkung gegeben wird. Einige der Eltern bat man, die Interaktion mit ihren Kindern auf eine strukturierte Weise vorzunehmen und sich dann das playback eines videotape, das ihre Handlungen aufgezeichnet hatte, anzusehen. Die Kliniker beurteilten dann die Sitzung und machten die Eltern auf die guten und schlechten Aspekte aufmerksam.

Schließlich war es auch problematisch, daß die Eltern ethische Gewissensbisse hatten, ihre Kinder zu bestechen. Viele Eltern waren der Meinung, Kinder sollten sich angemessen verhalten, weil sich das so gehört oder weil es erwartet wird. Andere Eltern waren durchaus bereit, unangemessenes Verhalten zu bestrafen, aber nicht bereit, für angemessenes Verhalten zu belohnen.

Evaluation. Sowohl die Eltern als auch die Praktikanten bewerteten unabhängig voneinander den Erfolg des Programms. Bei unserer ersten Nachuntersuchung stellten wir fest, daß wir bei den Familien am meisten Erfolg gehabt hatten, die die schwersten Probleme hatten. Sie hatten offensichtlich die Motivation, das Behandlungsprogramm durchzuführen. Bei den erfolgreichsten Fällen war auch der Kontakt zwischen den Klinikern und der Familie am größten. Wir sahen uns nicht in der Lage festzustellen, ob die hohe Kommunikationsrate die Klienten motivierte oder ob der Enthusiasmus der Familien die Studenten motivierte, mit ihnen in Berührung zu bleiben.

Einige Beispiele zur Erläuterung. In dem einen Fall ging es um einen kleinen Jungen, der nicht bereit war, alleine ins Bett zu gehen, weil er behauptete, er fürchte sich vor der Dunkelheit. Viele Therapeuten wären bei solch einem Problem der Meinung, daß es sich hierbei um zugrundeliegende dynamische Ursachen handelt, aber eine sorgfältige Analyse der Situation ergab, daß der Junge sich nur zu Hause vor der Dunkelheit fürchtete. Wenn er bei seinen Verwandten war, fürchtete er sich nicht. Die Aufmerksamkeit, die die Eltern seiner Furcht entgegenbrachten, schien diese Furcht noch zu unterstützen. Die Kliniker verschrieben ein einfaches Programm, wobei sich die Eltern einverstanden erklärten, jedesmal am nächsten Abend mit dem Jungen zu spielen (was sie nicht immer taten), wenn er ins Bett ging, ohne zu schreien oder viel Aufhebens zu machen. Innerhalb einer Woche war die Phobie vor der Dunkelheit verschwunden.

Bei einem weitaus komplizierteren Fall handelte es sich um einen Jungen, der in den ersten Jahren sehr krank gewesen war. Er war ziemlich fordernd und drohte damit, den Atem anzuhalten (zeitweise wurde er tatsächlich ohnmächtig), wenn seine Eltern nicht nachgaben. Weil die Eltern solche Angst hatten, daß der Junge sich körperlich Schaden zufügen könnte, gaben sie seinen Bitten immer nach. Diese physischen Probleme beunruhigten uns, sowie die Besorgnis der Eltern, die eintreten würde, falls wir ihnen den Ratschlag geben würden, seine Forderungen zu ignorieren. Deshalb beschlossen wir, uns darauf zu konzentrieren, eine Verhaltensveränderung bei ihm zu belohnen, anstatt die unerwünschte zu löschen. Obwohl wir keine Kontrolle darüber hatten, ausschalten zu können, daß die Neuigkeit oder ein Wandel in der Haltung der Eltern zum Erfolg beitrug, nachdem ein Punktesystem aufgestellt worden war, so daß der Junge sich durch gutes Verhalten die gleichen Dinge verdienen konnte, weswegen er vorher den Haushalt durcheinander gebracht hatte, normalisierte sich das Familienleben nach mehreren Monaten.

Behandlung alltäglicher Probleme – Klienten als ihre eigenen Therapeuten

Menschen, die »unerwünschte Eigenschaften« haben, die sie gerne ändern möchten, können jetzt die fachliche Beratung eines operanten Therapeuten aufsuchen, anstatt sich einer langwierigen fünf oder sechs Jahre dauernden Analyse zu unterziehen. Die Therapeuten bieten den Klienten Informationen über operantes Konditionieren und über andere Verhaltenstechniken an, um ihnen zu helfen, sich einen Plan auszuarbeiten, den sie selbst durchführen müssen. Seit einiger Zeit werden in der Literatur erfolgreiche Beispiele dafür genannt (Ferster, Nurnberger & Levitt, 1962; Goldiamond, 1965; Stuart, 1967). Repräsentative Beispiele schließen Versuche mit fettleibigen Individuen ein, Versuche, Trinker- und Raucherkliniken zu gründen und Programme anzubieten, die Ehekonflikte reduzieren sollen.[2]

Viele dieser Ansätze, die solche Probleme lösen, sind einmalig, aber man könnte zwei Hauptstrategien für die Ausbildung der Klienten darbieten, um ihr eigenes Verhalten zu modifizieren. Zuerst können die Klienten ihre Umgebung verändern. Sie können die Ereignisse genau ausmachen, die ihr problematisches Verhalten heraufbeschwören, so daß sie die Situation ändern können, um die Wahrscheinlichkeit ihres Auftretens zu reduzieren. Verschiedene Beispiele, wie man die Umwelt verändern kann, entnimmt man aus Stuarts Buch (1967), wo er seine Arbeit mit fettleibigen Klienten schildert. Zuerst instruierte man die Klienten, allen Nahrungsüberschuß aus dem Hause zu entfernen und nur die Nahrungsmittel aufzubewahren, die einer Vorbereitung bedurften. Auf diese Weise konnten sie also nicht so leicht in eine Tüte Kartoffelchips langen, sondern sie mußten stattdessen etwas backen, erhitzen oder schälen. Es wurde vorgeschlagen, daß die Klienten nur in bestimmten Räumen essen sollten, so daß sie nicht beim Lesen, beim Fernsehen oder bei einem Gespräch mit ihren Freunden essen würden. Sie sollten auch langsamer essen, so daß sie gründlicher kauen konnten und gelegentlich eine Pause einlegen, um zu beobachten, wie sie die Situation im Griff hatten. Man zeigte den Klienten ebenfalls, wie sie in der Zeit, in der sie gewöhnlich naschten, sich anderen lohnenden Aktivitäten zuwenden könnten. Zum Beispiel könnten sie einen Freund anrufen, anstatt herumzuknabbern. Die verschiedensten Varianten davon werden jetzt weit und breit benutzt und von den Massenmedien oft beschrieben.

Bei der zweiten Strategie ziehen die Klienten selbst die Konsequenzen – entweder belohnen oder bestrafen sie sich. Zum Beispiel kann sich eine Frau, nachdem sie eine bestimmte Anzahl von Kilos abgenommen hat, zur Belohnung ein Kleid kaufen oder ein Raucher kann irgendeinen schädlichen Geruch einatmen, jedesmal wenn er eine Zigarette geraucht hat. Beide Strategien lassen sich verbinden, und der Klient muß die Häufigkeit seines ausgewählten Zielverhaltens aufschreiben und seine eigenen Fortschritte verfolgen.

Diese ganze Art und Weise, direkt mit den Klienten zu arbeiten – sie darin zu unterrichten, sich selbst zu analysieren und ihr eigenes Verhalten zu revidieren – nennt man Übungen in Selbstkontrolle und Selbstmanagement. Einen umfassenden Überblick über die Mannigfaltigkeit der verwandten Verhaltenstechniken kann man bei Goldfried und Merbaum (1973) und bei Thoresen und Mahoney (1974) finden. Selbstkontrolle ist ein Terminus, der häufig von Laien benutzt wird, aber seit jüngster Zeit interessieren sich auch operante Therapeuten dafür. Die anderen Techniken, auf die wir vorher eingegangen sind, bei denen der Therapeut oder irgendjemand in der Umgebung die Bekräftigung verteilt, beruht darauf, daß der Klient von außen kontrolliert wird. Beim Training der Selbstkontrolle muß der Klient sein Verhalten selbst bekräftigen. Der Klient benötigt also ein gewisses Maß an eigener Motivation, was bei den früheren Programmen nicht erforderlich war. Obwohl es nicht schwierig ist, die Klienten zu unterrichten, wie sie ihr eigenes Verhalten analysieren können, stoßen die operanten Therapeuten auf dieselben Schwierigkeiten wie die anderen Therapeuten, indem sie sich bemühen, die Motivation ihrer Klienten aufrechtzuerhalten.

Forschungsergebnisse, die die Effektivität der operanten Programme bewerten

Neben der Tatsache, daß die operanten Therapeuten versuchen, die im Labor gewonnenen Prinzipien auf menschliche Probleme anzuwenden, bestand das zweite Charakteristikum in den Forschungsinteressen der Therapeuten. In zahlreichen Fachzeitschriftenartikeln kann man deshalb Berichte über die Ergebnisse der operanten Programme finden. Während in vielen Artikeln die Zahl der Schwierigkeiten beschrieben wurde, die in der Bewertung der Effektivität der Psychotherapie liegen, waren es hauptsächlich die operanten Therapeuten, die versucht haben, einige dieser Probleme zu *lösen*. Zum Beispiel besteht eine der Schwierigkeiten darin, eine Definition der Verbesserung zu finden, die sich aufgrund psychotherapeutischer Behandlung ergeben hat. Viele Therapeuten sehen eine Verbesserung in einer Kräftigung des Ego, in vergrößerter Einsicht oder in der Selbstverwirklichung. Häufig ist es für außenstehende Beobachter schwierig, solche Veränderungen, die durch eine Therapie verursacht waren, zu bemerken. Für die operanten Therapeuten basiert eine Definition der Verbesserung auf die bestimmten Zielverhaltensweisen. Man kann Übereinstimmung erzielen, ob eine Gewichtsabnahme stattgefunden hat, ob Streitigkeiten in der Familie zurückgegangen sind, ob von der Schule weniger Tadel geschickt worden sind oder ob in einer Station weniger Raufereien stattfanden. Operante Therapeuten konnten also mit greifbaren Leistungen aufwarten (ein integraler Bestandteil des Behandlungsplans), um die konkreten Verhaltensänderungen zu demonstrieren.

Über die »token economy«-Systeme sind viele Forschungsvorhaben durchgeführt worden (Atthowe & Krasner, 1968; Ayllon & Azrin, 1968; Cohen, 1968; Girardeau & Spradlin, 1964; O'Leary & Becker, 1967; Schaefer & Martin, 1968), ebenso über die Behandlungsmethoden gegenüber Eltern (Bernal, 1969; Berkowitz & Graziano, 1972; Patterson, 1971a; Tharp & Wetzel, 1969). Diese Ansätze werden auf den Gebieten der geistigen Gesundheit weithin anerkannt und akzeptiert. Die Arbeit bei der Selbstkontrolle, die sowohl operante Techniken wie auch andere Verhaltenstechniken einschließt, fordert beträchtlich mehr wissenschaftliche Forschungsarbeit, sowohl was die Effektivität der Methoden anbelangt als auch beim Planen verbesserter Maßnahmen für die Durchführung.

Ethische Bedenken bei den operanten Programmen

Obwohl andere Psychotherapeuten und Kritiker der operanten Therapie im allgemeinen einräumen, daß Forschungsergebnisse die Wirksamkeit vieler operanter Programme dokumentiert haben, fechten sie die operante Therapie hauptsächlich an, weil sie der Meinung sind, daß dadurch die Freiheit des Menschen eingeschränkt wird. In der Tat erörterten Rogers und Skinner (1956) gerade diesen Punkt. Die Kritik wird hauptsächlich von Therapeuten wie Rogers vorgetragen, die das Gefühl haben, daß die Menschen über ihr eigenes Schicksal bestimmen sollen und daß sie, wenn sie genügend Unterstützung erhalten, ihren eigenen Weg finden werden. Skinner behauptet dagegen (1971), daß es nur wenige, wenn überhaupt irgendwelche Umstände gibt, in denen die Menschen wirklich frei sind, und daß jeder Therapeut, der glaubt, daß er oder sie die Vorstellungen oder das Verhalten des Klienten nicht beeinflußt, sich selbst etwas vormacht. Was den Beweis anbelangt, daß der Therapeut es unterlassen kann, einen Klienten zu beeinflussen, spricht wenig dafür. In der Tat hat Truax (1966) gezeigt, daß Rogers selbst in unterschiedlicher Weise gewisse Arten der Reaktionen seiner Klienten verstärkt, und Bandura (1961) hat darauf hingewiesen, daß die Klienten dazu tendieren, die Wertvorstellungen und die Sprache ihrer Therapeuten zu lernen. Während die operanten Therapeuten es nicht leugnen, daß sie Situationen herstellen, bei denen sie versuchen, das Verhalten ihrer Klienten zu verändern, glauben sie, daß sie dies auf ehrliche und direkte Art und Weise machen und nicht in der subtilen Form wie einige andere Therapeuten. Ein Klient, der sich bewußt ist, daß versucht wird, sein Verhalten zu ändern, ist also eher in der Lage selbst zu wählen als ein Klient, der der Meinung ist, er werde von seinem Therapeuten nicht beeinflußt. Operante Therapeuten glauben, daß sie ihre Klienten formen und unterweisen, neue Verhaltensweisen anzunehmen, so daß die Klienten dann in ihrem Verhalten mehr Alternativen haben, zwischen denen sie wählen können, wenn sie einer neuen schwierigen Situation gegenüber stehen. Dieser größere Reaktionsspielraum kann die relative »Freiheit« des Klienten nur erhöhen, nicht aber vermindern.

Trotz der Überzeugung der meisten operanten Therapeuten, daß ihr Ansatz und ihre Ziele die Freiheit ihrer Klienten vergrößern kann, sind andere Therapeuten, die Gerichte und die Öffentlichkeit weiterhin skeptisch. In jüngster Zeit machen sich die Verhaltensveränderer darüber Gedanken, welche Schritte sie unternehmen können, um sich zu vergewissern, daß sie die Interessen ihrer Klienten am besten vertreten. Unter den Vorschlägen befindet sich die Schaffung professioneller und gleichgestellter Überprüfungsausschüsse, die die operanten Programme auswerten sollen (Martin, 1975).

Operante Therapeuten werden auch kritisiert, weil man sie für kalt, distanziert, mechanistisch und materialistisch hält, wohingegen andere Therapeuten ihren Klienten eine freundschaftliche und persönliche Aufmerksamkeit entgegenbringen. Es ist sicherlich wahr, daß einige operante Therapeuten dazu neigen, bei der Herstellung der Programme für ihre Patienten systematischer vorzugehen, und sich für die Sammlung von Daten und Forschungsergebnissen interessieren. Aber bei der operanten Therapie gibt es nichts, das vom Therapeuten verlangt, distanziert und mechanistisch zu sein. In der Tat ist ein Therapeut weit effektiver, wenn er einen Klienten belohnt, wenn er soziale Bestärkung (Wärme und Lob) mit materiellen Belohnungen koppelt. Es ist gewöhnlich sein Ziel, so bald wie möglich den Bedarf nach materiellen Belohnungen auszuschalten. Ein warmer, freundlicher Therapeut sollte also in Wirklichkeit bei seinen Klienten mehr Erfolg haben. Zur Überraschung einiger Kritiker der Verhaltenstherapie hat eine jüngste Studie herausgefunden (Staples, Sloane, Whipple, Cristol & Yorkston, 1975), daß die Verhaltenstherapeuten von ihren Patienten als genauso warm eingestuft wurden, wie die größere Zahl der traditionellen Therapeuten. Zusätzlich fanden sie, daß die Verhaltenstherapeuten auf dem Gebiet des Einfühlungsvermögens höhere Werte erhielten als die traditionellen Therapeuten. Weiterhin es es interessant festzustellen, daß die operanten Therapeuten mit Patienten zusammengearbeitet haben, deren Probleme so gravierend waren, daß andere Therapeuten sie abgewiesen haben. Operante Therapeuten scheinen also wenigstens ebenso humanitär zu sein wie andere Psychotherapeuten.

11

Selbstsicherheitstraining

Sherwin B. Cotler[1]

Was ist Selbstsicherheitstraining?

Das Selbstsicherheitstraining beschäftigt sich in der Hauptsache mit zwei interpersonalen Zielen: *Angstreduktion* und *Training sozialer Fertigkeiten.* Vom Standpunkt des Konzepts beinhaltet das Selbstsicherheitstraining eine Vielfalt verschiedener Verfahren (in erster Linie verhaltenstherapeutische), die zum Ziel haben, das Selbstwertgefühl und die Selbstachtung eines Menschen zu steigern. Aus der Sicht eines Verhaltenstherapeuten kann ein selbstsicherer Mensch verbal und nicht-verbal eine breite Skala positiver und negativer Gefühle, Emotionen und Gedanken ausdrücken; kann Beschlüsse fassen und freie Entscheidungen treffen; kann sich davor schützen, zum Opfer gemacht zu werden oder von anderen ausgenutzt zu werden; und kann erfolgreich seine interpersonalen Bedürfnisse befriedigen. Ihm gelingt dies alles, ohne zu große Ängste oder Schuldgefühle zu erleben und ohne bei diesem Prozeß die Rechte und die Würde der anderen zu verletzen.

Die Selbstbehauptung steht in sehr enger Verbindung mit einem humanistischen Modell in dem Sinne, daß sie die individualisierte Anerkennung des Selbst als ein wichtiges lebendes Wesen unterstützt, welches ein Recht hat auf Gedanken, Emotionen und Gefühle, die nicht geopfert oder in einer Beziehung mit irgendjemandem eingetauscht werden (ohne Unterschied, ob die Beziehung intim oder oberflächlich ist). Wir glauben (vgl. Cotler & Guerra, 1976), daß man nicht nur sich selbst kennen muß, sondern daß man auch lernen muß, sich selbst wohlzufühlen. Das Wichtigste in deinem Leben bist *du selbst* – nur wenn du dich selbst achtest und dich um dich kümmerst, wirst du in der Lage sein, andere zu erhalten. Beim Selbstsicherheitstraining sind wir zu der Erkenntnis gekommen, daß es ein Kontinuum selbstsicherer Verhaltensweisen und Reaktionen gibt, die von dem selbstunsicheren Individuum an dem einen Ende des Kontinuums bis zum aggressiven Individuum am anderen Ende reichen. Das selbstunsichere Individuum neigt dazu, Emotionen aufzustauen, aufgrund hochgradiger Angst, Schuldgefühle und/oder seiner Mängel an sozialen Fertigkeiten. Daraus resultiert, daß dieser Mensch die Schwierigkeit erleben kann, es fertig zu bringen, einige seiner Bedürfnisse zu befriedigen; mit anderen Menschen angenehme soziale Kontakte aufzunehmen; bei einer Diskussion frei heraus zu sprechen; Freunden gegenüber seine Gefühle zu äußern; irgendeine Ware im Kaufhaus zurückzugeben; und/oder von jemandem ein Kompliment zu akzeptieren, ohne es zu widerlegen oder in seiner Bedeutung herabzusetzen. Außerdem werden selbstunsichere Menschen von anderen oft schikaniert in dem Sinne, daß sie bei einer unzumutbaren Bitte nicht »Nein« sagen können (zum Beispiel einen Freund abzuweisen, der sich von einem ein sehr teures Auto ausleihen will, oder einem aufdringlichen Verkäufer »Nein« zu sagen) und/oder nicht in der Lage zu sein, sich verbal zu verteidigen, wenn ihn jemanden kritisiert oder unfair an ihm herumnörgelt. Selbstunsichere Menschen sind oft deprimiert, haben ein schwaches Selbstkonzept und sehen sich der Gnade und Ungnade der Welt ausgeliefert.

Am anderen Ende des Kontinuums ist das aggressive Individuum, das mehr von seinen (oder ihren) Bedürfnissen befriedigen kann – aber oft auf Kosten der Würde und der Selbstachtung eines anderen. (Dieser Mensch kann auch große Angst, viele Schuldgefühle und/oder Mängel an sozialen Fertigkeiten haben). Das aggressive Individuum ist ein Mensch, der bei der kleinsten Provokation verbal explodieren kann und selbst dazu neigt, sich in einen körperlichen Fight einzulassen, wenn er wütend ist; oder der andere in Verlegenheit bringt oder sie demütigt, indem er sie mit Schimpfnamen oder Obszönitäten überhäuft, wenn seine (oder ihre) Bedürfnisse nicht befriedigt werden. (Zum Beispiel kann ein aggressives Individuum im Restaurant die Kellnerin anschreien, wenn das Essen nicht genau seinen Vorstellungen entspricht [oder ihren], wohingegen ein selbstunsicheres Individuum das Gericht essen oder nichts sagen würde.) Die aggressive Person dominiert bei allen Gesprächen, ohne die anderen zu Wort kommen zu lassen; sie fährt fort, die Leute zu »attackieren« und zu kritisieren, selbst wenn sie bereits versucht haben, aus der Situation auszuscheren. Während das selbstunsichere Individuum häufig von anderen schikaniert wird und deshalb möglicherweise dazu neigen mag, andere Leute zu meiden, wird die aggressive Person dagegen von anderen in der Umgebung gemieden. Das Endresultat ist dasselbe in dem Sinne, daß jene Menschen, die sich am extremen Ende des selbstunsicheren-aggressiven Kontinuums befinden, wenige bedeutungsvolle Beziehungen zu anderen Leuten haben. Eines der Hauptziele des Selbstsicherheitstrainings liegt also darin, dem einzelnen zu helfen, eine mittlere selbstsichere Position zwischen der Selbstunsicherheit und der Agression zu finden, wo es möglich ist, in effektiverer und erfolgreicherer Weise mit anderen Menschen in Beziehung zu treten und zur gleichen Zeit mehr persönliche Bedürfnisse und Selbstwertgefühle zu entwickeln. Selbstsicherheitstraining ist nicht Aggressionstraining! Es zielt auch nicht darauf ab, zu erreichen, daß ein Mensch sich den anderen gegenüber weniger verantwortlich fühlt! Im Gegenteil, es bezweckt, einen Menschen offener und ehrlicher mit seinen/ihren eigenen Gefühlen und Bedürfnissen zu machen, als auch den konstruktiven Gefühlen und Bedürfnissen anderer gegenüber. In diesem Sinne kann Ärger eine sehr angemessene Emotion sein, solange sie sich nicht auf eine destruktive Art ausdrückt.

Eine wichtige Unterscheidung beim Selbstsicherheitstraining betrifft die *Angstreduktion* und das *Fertigkeitstraining*. Die meisten von uns können sich an Gelegenheiten erinnern, in denen uns erst dann einfiel, was wir hätten sagen können, als die Situation bereits vorbei war. Beispiele hierfür sind, bei einer Verabredung höflich zu sein (und deshalb möglicherweise attraktiver), bei einer Konversation in der Lage zu sein, mit jemandem geteilter Meinung zu sein, sich an wichtige Gesichtspunkte bei einer Diskussion mit dem Chef zu erinnern und/oder jemanden um eine Gunst zu bitten. Während ein gewisses Maß an Spannung für die Wachsamkeit günstig sein kann und auch für die Leistung an dem einen Ende des Verhaltenskontinuums, kann jedoch der erfolgreiche Handlungsablauf tatsächlich erschwert werden, wenn die Angst und die Spannung zu stark werden. Das Selbstsicherheitstraining kann im Zusammenhang mit anderen Verhaltensverfahren (wie Entspannungstraining und systematische Desensibilisierung) dazu benutzt werden, das Angstniveau unter einer bestimmten Grenze zu halten, wo es sich negativ auf optimale interpersonale Interaktionen auswirkt. Joseph Wolpe (1958, 1969, 1970), der einige der

Hauptbeiträge für das Selbstsicherheitstraining geliefert hat, beschreibt seine Technik als eines der Hauptverfahren, wodurch eine Person interpersonale Angst wechselseitig hemmen und ausschalten kann. Bei dem Selbstsicherheitstraining mit hochgradig ängstlichen Individuen wird man in typischer Weise ein Desensibilisierungsmodell verfolgen, wobei der Therapeut versucht, das Angstniveau auf ein Minimum zu halten, um allmählich die erwünschte Leistung zu formen und zu erhöhen.

Auf der anderen Seite gibt es Menschen, die, selbst bei niedrigem Angstniveau, nicht wissen, was sie bei interpersonalen Situationen sagen oder tun könnten. Für diese Leute beinhaltet das Selbstsicherheitstraining das *Fertigkeitstraining*, so daß sie besser in der Lage sind, ihre Bedürfnisse zu erlangen. Dr. Julio Guerra und ich verbrachten ein Jahr damit, Oberschul- und Collegestudenten in einer freien Klinik auszubilden, wie sie mit den Angehörigen des anderen Geschlechts eine befriedigendere interpersonale Beziehung herstellen können. Viele dieser jungen Menschen wußten, was sie bei der Gesellschaft mit dem anderen Geschlecht sagen oder tun können; ihr hohes Angstniveau hinderte sie jedoch daran, diese Handlungen auszuführen. Andere in der Gruppe wußten nicht, wie sie vorgehen sollten, sich mit jemandem zu verabreden, wie sie eine Konversation beginnen oder aufrecht erhalten können oder welche Verhaltensweisen das andere Geschlecht im allgemeinen als zuvorkommend und befriedigend auffassen würde.

Nach unserer Erfahrung streben die meisten beim Selbstbehauptungstraining *sowohl* Angstreduktion als auch Fertigungstraining an, um die von ihnen gewünschten Ziele zu erreichen.

Wer kann aus dem Selbstsicherheitstraining Nutzen ziehen? Wir glauben, daß jeder einzelne von uns davon profitieren kann, sich selbst zu behaupten. Ebenfalls befinden sich die Menschen, die mit anderen zusammenarbeiten, besonders Menschen, die in einer Aufsichtsbehörde oder erzieherisch tätig sind (zum Beispiel Therapeuten, Lehrer, Eltern und Ausbildungsleiter), in einer ausgezeichneten Position, anderen selbstsicheres Verhalten beizubringen – sowohl durch ihr eigenes Beispiel, als auch durch einige der systematischen Verfahrensweisen, die in diesem Kapitel beschrieben sind. Bis jetzt haben wir das Selbstsicherheitstraining mit hospitalisierten Patienten, ambulanten Patienten, Ehepaaren, Frauengruppen, Kindern, Jugendlichen, Schulräten, Fabrikarbeitern, Geschäftsleuten und Studenten durchgeführt. Der Inhalt und der Mittelpunkt unseres Unterrichts kann von Gruppe zu Gruppe differieren; das übergreifende Thema jedoch, das darin besteht, den Selbstwert eines Menschen zu erhöhen und die Fähigkeit, in einer sozialisierten Gesellschaft besser zu überleben, bleibt dasselbe.

Wann können und sollten selbstsichere Reaktionen geäußert werden? Wie bereits erwähnt, sind selbstsichere Verhaltensweisen angemessen, wenn eine Person versucht, interpersonale Angst abzubauen; eine offenere und erfolgreichere Kommunikation zu fördern; weitere soziale Fertigkeiten zu erlangen; und die Selbstwertgefühle und die Selbstachtung zu erhöhen. Während andere Autoren besonders die Fähigkeit des Individuums betont haben, sich selbst davor zu schützen, von anderen ausgenutzt zu werden, haben wir das Gefühl, daß es genauso wichtig ist, dem einzelnen beizubringen, wie und wann er Liebe, Zuneigung und/oder Lob gegenüber anderen in seiner Umgebung ausdrückt (Lazarus, 1973, hat dieses ebenfalls betont). Um jedoch selbstsicher zu reagieren (sowohl dann, wenn man selbst die Initiative ergreift, als auch, um sich zu schützen), sollte man unter allen Umständen versuchen, schroffe und strafende Konsequenzen zu vermeiden. Wenn diese Bestrafung eintritt, wird es weniger wahrscheinlich sein, daß eine Person bereit ist, in Zukunft selbstsicher zu handeln. Man kann genau wissen, wie man bei einer bestimmten Situation selbstbewußt reagiert, dies aber *ganz bewußt unterläßt,* wenn man das Gefühl hat, daß solch eine Reaktion das Ende einer Arbeitssituation, einer Ehe, einer Beziehung usw. bedeuten würde, die man nicht beenden möchte. Auf der anderen Seite kann man sich entschließen, dieses Risiko einzugehen, in der Hoffnung, eine bessere Beziehung herzustellen, wenn man das Gefühl hat, daß es wichtiger ist, seine Selbstwürde und Selbstachtung zu erhalten als die Beziehung aufrecht zu erhalten, wie sie momentan besteht.

Noch zwei weitere Punkte, bevor ich zum nächsten Abschnitt übergehe. In unserer Gesellschaft scheint es heute zwei Mythen zu geben, gegen die sich das Selbstsicherheitstraining direkt wendet. Der erste Mythos ist der »Mythos der Bescheidenheit« und der zweite ist der »Mythos des guten Freundes«. Aus irgendeinem Grund bringt man vielen Menschen in unserer Gesellschaft bei (schon in jungen Jahren), bescheiden zu sein, was ihre Fähigkeiten und Leistungen anbelangt. Ein unglückliches Ergebnis dieser Bescheidenheit, wenn sie zum Extrem ausartet, besteht darin, daß eine Person nicht in der Lage ist, freundlich Komplimente und Lob von anderen entgegenzunehmen, und in manchen Fällen ist sie nicht einmal in der Lage, bewundernswerte Eigenschaften bei sich selbst anzuerkennen.

Als Ergebnis davon, beständig die Komplimente anderer abzuweisen (zum Beispiel »Ich finde, dein Haus sieht wirklich schön aus.« – »Das liegt nur daran, daß meine Reinemachefrau heute hier war.«), ist es wenig wahrscheinlich, daß das Individuum in Zukunft ähnliche Komplimente erhält. Wenn diese Komplimente dann fehlen, fängt die Person oft an, sich abgelehnt zu fühlen und eine schlechte Eigenmeinung zu haben. Obwohl das Selbstsicherheitstraining nicht den Versuch unternimmt, Leute in große Aufschneider zu verwandeln, versucht es jedoch, ihnen zu helfen, ihre eigenen positiven Eigenschaften anzuerkennen und die Komplimente und das Lob anderer zu akzeptieren.

Was den »Mythos des guten Freundes« anbelangt, nehmen wir oft an, daß, wenn wir einem anderen Menschen *wirklich* etwas bedeuten, dieser wissen wird, was wir wirklich denken und fühlen (zum Beispiel »Er hätte eigentlich wissen müssen, daß ich ärgerlich war, als er wegging, um an diesem Wochenende zu fischen, an dem meine Schwester uns besuchte«). Ein guter Freund, Ehepartner, Elternteil oder Chef zu sein, bedeutet noch nicht, daß diese Person die Fähigkeit hat, Gedanken lesen zu können. Wenn es dein Wunsch ist, Leute wissen zu lassen, was du denkst oder fühlst, dann hast du die Verpflichtung, es ihnen zu sagen!

Bestimmung der Notwendigkeit für das Selbstsicherheitstraining

Da es eine Tatsache ist, daß kein Mensch die ganze Zeit 100% selbstsicher handelt, und daß wir nicht immer das bekommen, was wir haben möchten, selbst wenn wir selbstsicher handeln, wird die Bestimmung der Notwendigkeit irgendeines Selbstsicherheitstrainings eine Angelegenheit zu analysieren, *wie oft* und *unter welchen Bedingungen* eine Person auf selbstunsichere oder aggressive Art reagiert. Alberti und Emmons (1970, 1974) haben darauf hingewiesen, daß einige Menschen nur auf bestimmte Situationen oder auf bestimmte Individuen in ihrer Umgebung auf selbstunsichere oder aggressive Art reagieren können, während andere bei sehr vielen Situationen und bei sehr vielen Menschen auf diese Art reagieren können. In unserem Buch über das Selbstsicherheitstraining (Cotler & Guerra, 1976) haben wir ebenfalls darauf hingewiesen, daß man unterscheiden könnte zwischen Situationen des Bittens und der Ablehnung, die bei *intimen* gegenüber *oberflächlichen* Beziehungen entstehen. Das Ausmaß und die Umstände für diese selbstunsicheren und aggressiven Reaktionen kann man gewöhnlich durch ein vertieftes Interview abschätzen und durch eine Anzahl von Selbstberichten und Papier- und Bleistiftmessungen. Bei der Durchführung der Interviews ist es wichtig zu beachten, wie die Klienten sich selbt sehen, wie viel Wert sie auf ihre eigene Bedeutung legen, was ihre therapeutischen Ziele und Aspirationen sind, welche anderen Personen in ihrem Leben wichtig sind, wie ihre Interaktion mit anderen sich gestaltet, und was die typischen Konsequenzen dieser Interaktionen sind. Indem man dem Klienten sorgfältig zuhört und ihm Fragen stellt, wie sie diese Interaktionen beschreiben (oder das Fehlen gewisser Interaktionen), kann man oft deutliche Beweise für die Angst, den Mangel an gewissen sozialen Fertigkeiten und die spezifischen selbstunsicheren/aggressiven Verhaltensweisen entdecken.

Zusätzlich zu den vertieften Interviews gibt es mehrere Selbstberichte und Papier- und Bleistiftmessungen, die nützlich sein können, um die Notwendigkeit für ein Selbstsicherheitstraining zu bestimmen (vgl. Cotler & Guerra, 1976, wegen einer diesbezüglichen Zusammenstellung). Obwohl diese Fragebögen nützliche Hilfsmittel für diese anfänglichen Überprüfungsverfahren sein können, muß man einige Grenzen und Vorsichtsmaßregeln im Auge behalten, um eine Ansammlung irreführender Informationen zu vermeiden (Cotler & Guerra, 1976).

Gruppen kontra individuelles Selbstsicherheitstraining

Obwohl die Verfahren des Selbstsicherheitstrainings ursprünglich auf einer eins-zu-eins-Grundlage durchgeführt worden waren (Salter, 1949; Wolpe, 1958), wird immer mehr Aufmerksamkeit dem Gebrauch und dem Wert der »Selbstsicherheitsgruppen« geschenkt (Lazarus, 1968; Hedquist & Weinhold, 1970; Alberti & Emmons, 1970, 1974; Fensterheim, 1972; Booraem & Flowers, 1972; Bloomfield, 1973; Cotler, 1973, 1975; Flowers & Guerra, 1974; Shoemaker & Paulson, 1973). Bei der Durchführung der verschiedensten Selbstsicherheitsgruppen haben wir im allgemeinen gefunden, daß das Gruppenmodell viel wirksamer und angemessener ist als der Unterricht der Selbstbehauptungsverhaltensweisen auf einer eins-zu-eins-Grundlage. Es besteht auch der Vorteil, daß der einzelne lernen und davon profitieren kann, indem er beobachtet, wie andere in ihren Selbstbehauptungsverhaltensweisen kompetenter werden.

Andere Vorteile schließen die Verfügbarkeit eines Feedback von den anderen Gruppenmitgliedern ein; die Möglichkeit, selbstsicheres Verhalten zu praktizieren und mit Menschen des anderen Geschlechts, verschiedener Altersgruppen und unterschiedlicher persönlicher Vergangenheit gemeinsam Verhaltensproben zu machen; die größere Mannigfaltigkeit der Situationen und der Selbstbehauptungslösungen, mit denen man arbeitet; und die Möglichkeit für den Klienten, selbst andere zu ermutigen (»coach«), mehr Selbstsicherheit zu erlangen. Was diesen letzten Punkt anbelangt, haben Flowers und Guerra (1974) herausgefunden, daß die Menschen, die die Gelegenheit hatten, andere Menschen zu ermutigen, selbstsicheres Verhalten signifikant besser erlernten als jene, die diese Übung nicht als Teil ihres Trainings hatten.

Eine Selbstsicherheitsgruppe bildet sich

In den meisten Fällen trifft sich eine Selbstsicherheitsgruppe einmal wöchentlich für anderthalb bis drei Stunden pro Sitzung. Die Gruppendauer kann auf eine bestimmte Zeit begrenzt sein (sechs bis zwölf Wochen) oder sie kann auch unbefristet sein, und neue Mitglieder kommen ständig dazu und andere Mitglieder »graduieren« aus der Gruppe. (Lazarus, 1968, zieht es vor, die Gruppe nach der dritten Sitzung zu schließen und stellt fest, daß der Lernprozeß während der ersten fünfzehn bis zwanzig Sitzungen stattfindet). Die Gruppe besteht im allgemeinen aus sechs bis zwölf Klienten, wobei zwei bis vier Therapeuten und/oder »Besucher« jedesmal anwesend sind.

Nachdem wir mehrere Selbstsicherheitsgruppen geleitet haben, haben wir das Gefühl, daß die Anwesenheit von mindestens zwei ausgebildeten Therapeuten zu jeder Zeit (nach Möglichkeit ein Mann und eine Frau) einen entscheidenden Vorteil gegenüber dem individuellen Therapiemodell hat. Es muß gleich zu Anfang gesagt werden, daß das Selbstsicherheitstraining dazu tendiert, für den Therapeuten eine sehr aktive und möglicherweise kräftezehrende Erfahrung zu sein; aus diesem Grund ist man bei einem (oder zwei) weiteren Therapeuten in der Lage, sich auszuruhen und Zeit zu haben, den Gruppenprozeß zu beobachten. Außerdem funktionieren die Aspekte der Ermutigung und der Verhaltensproben beim Selbstsicherheitstraining mit zwei oder mehreren anwesenden Therapeuten viel reibungsloser und wirkungsvoller. Schließlich berufen sich Therapeuten oft auf verschiedene Stile der selbstsicheren Reaktion, wenn es sich um dieselbe Situation handelt; wenn deshalb mehr als ein Therapeut anwesend ist, erhalten die Teilnehmer die Gelegenheit, alternative Möglichkeiten, wie man mit der gleichen Situation umgeht, in Betracht zu ziehen.

Während unsere Gruppen in den meisten Fällen darin ähnlich sind, daß psychotische Mitglieder nicht daran teilnehmen, kann es jedoch große Unterschiede geben hinsichtlich sozio-ökonomischem Status, Vorbildung, Alter, Familienstand und Geschlecht. Diese Heterogenität der Gruppenmitglieder hat sich als sehr wertvoll herausgestellt, um den Teilnehmern die Möglichkeit zu geben, ihre selbstsicheren Fertigkeiten einem großen Spektrum anderer Individuen gegenüber auszuprobieren. Es ist auch günstig, wann immer es möglich ist, Klienten von beiden Enden des selbstunsicheren/aggressiven Kontinuums in derselben Gruppe zu haben. Dieses breite Spektrum erlaubt es den Individuen auf beiden Seiten des Kontinuums, den Haltepunkt und das »mittlere Gebiet« zwischen Selbstunsicherheit und Aggression leichter zu finden.

Beim Aufbau einer Selbstsicherheitsgruppe haben wir es nützlich gefunden, auf Band aufgenommene (»canned«) Situationen zur Verfügung zu haben, wo Ereignisse geschildert werden, die häufig auf eine selbstunsichere oder aggressive Art gehandhabt werden (zum Beispiel wenn man einem Freund sagt, daß er oder sie etwas tut, was einen ärgert, wenn man einem Verkaufsschlager widersteht oder einen Gegenstand zurückfordert, den man ausgeliehen hat). Diese gestellten Situationen sind besonders hilfreich, um während der ersten Sitzungen Beispiele für die Verhaltensproben zu liefern.

Beim Aufbau einer Selbstsicherheitsgruppe hat sich die Verwendung eines Feedback-Geräts als sehr nützlich herausgestellt. Ein audio recorder kann dem einzelnen noch einmal vorgespielt werden, nachdem er oder sie irgendeine selbstsichere Verhaltensweise geübt haben, um Feedback zu erhalten was Intonation, Lautstärke und Entschlossenheit anbelangen. (Wolpe & Lazarus, 1966; Lazarus, 1968; McFall & Marston, 1970; McFall & Lillesand, 1971; Cotler, 1973). Alberti und Emmons (1970, Melnick (1973) und Eisler, Miller, Hersen und Alford (1974) haben jedoch darauf hingewiesen, daß die Verwendung von einem Videotape noch wirkungsvoller sein kann. Die Verwendung von Audio- und Video-Geräten ist vielleicht nicht nur wichtig, indem sie dem Klienten wichtige Feedback-Information liefert, sondern zusätzlich, wie O'Connor (1969) mit jungen

Kindern in verschiedenen sozialen Interaktionen demonstriert hat und Rathus (1973) mit Studentinnen, kann es möglich sein, den Individuen selbstbehauptende Fertigkeiten zu vermitteln, indem sie anderen, die sich erfolgreich behaupten können, zusehen oder zuhören.

Eine Selbstsicherheits-Trainingsgruppe leiten

Der Anfang einer Selbstsicherheitsgruppe besteht darin, sich über die allgemeine Philosophie der Selbstwürde und ihrer Beziehung zu selbstsicheren Verhaltensweisen klarzuwerden. Es werden Fallbeispiele für selbstunsichere und aggressive und für selbstsichere Verhaltensweisen gegeben, zusammen mit einigen Methoden, wie man mit verschiedenen Problemsituationen fertig wird. Die verhaltenstherapeutischen Ziele der Gruppe werden diskutiert, zusammen mit den Verfahrensweisen, die angewandt werden können. Es wird erklärt, daß die Gruppe so geplant ist, daß Streß, Angst und Verwirrung möglichst niedrig gehalten werden; es ist demzufolge keine Art von »Encounter« oder »Sensibilisierungs«-Gruppe, wo das Angstniveau ganz bewußt für längere Zeiträume ziemlich hoch gehalten wird. Es wird auch beobachtet, daß die einzelnen, indem sie selbstsicherer werden, wahrscheinlich nicht mehr in der Lage sein werden oder nicht mehr gebeten werden, mit den Situationen umzugehen, die anfangs erhöhte Spannungen hervorriefen. Stattdessen werden die Klienten allmählich in eine Richtung gelenkt, ermutigt und zur aktiven Übung angeregt, mit immer schwierigeren Situationen zu arbeiten; man beginnt mit den am wenigsten angsteinflößenden Situationen und macht stufenweise Fortschritte. Gruppenteilnehmer werden auch vor den möglicherweise unangenehmen Konsequenzen ihrer selbstsicheren Handlungen gewarnt, und seit Beginn des Gruppenprozesses läuft ein Unterscheidungstraining nebenher, wann man sich behaupten soll oder wann eine andere Handlungsweise am angemessensten ist.

Zwei der ersten Schritte, die in der Gruppe unternommen werden, ist die Verwendung der »SUDS« und die »Regel, sich nicht zu entschuldigen«. »SUDS« steht für »Subjective Units of Discomfort Scale« und wird verwandt, um zu bestimmen, wie ängstlich sich ein Gruppenmitglied in einem bestimmten Augenblick fühlt. Die Skala entwickelte sich aus Wolpes (1969) Konzept der Subjective Unit of Disturbance (SUD). Die SUD-Skala, die wir verwenden, reicht von 0 bis 100, wobei 0 einen Zustand bezeichnet, wo keine Angst besteht und völlige Ruhe herrscht (genau das Gefühl, das man hat, bevor man einschläft oder nachdem man heiß gebadet hat) und 100 einen Zustand extremer Angst und Spannung (das Gefühl, das man haben kann, wenn man sich in einem großen Flugzeug befindet und gerade sieht, wie die Maschine plötzlich anfängt zu brennen). Während der Sitzungen werden die Teilnehmer gebeten, einen subjektiven Punktwert von 0 bis 100 anzugeben, wie entspannt oder ängstlich sie sich fühlen. Diese Information wird von den Gruppenleitern benutzt, die danach die Geschwindigkeit und die Richtung der Selbstbehauptungsübungen bestimmen. Weil wir uns bei unserem Selbstsicherheitstraining an ein »Desensibilisierungsmodell« (Wolpe, 1958) halten, und nicht an ein »Implosionsmodell« (Stampfl & Levis, 1967), bemühen wir uns besonders, das Individuum allmählich zu »formen«, damit es immer schwierigere Situationen meistern kann, während wir zur gleichen Zeit den Wert der subjektiven Störungseinheit (SUD) niedrig halten. (Schlagen Sie Kapitel 9 auf, um die beiden Modelle zu vergleichen.) Dieses Verfahren eines langsamen Fortschreitens von einem Item (oder einem Teil davon) zu dem nächsten, wird nicht nur von uns verwendet, sondern auch von anderen Autoren (Wolpe, 1969, 1970, 1973; Lazarus, 1968; Geisinger, 1969; Alberti & Emmons, 1970; Fensterheim, 1972; Booraem & Flowers, 1972).

Was die »Regel, sich nicht zu entschuldigen« anbelangt, wird den Teilnehmern erklärt, daß viele selbstunsichere Individuen dazu neigen, sich allzu oft zu entschuldigen und sehr oft »Es tut mir leid« sagen. In manchen Fällen entschuldigen sie sich sogar, daß sie den anderen Sauerstoff oder Platz wegnehmen, wenn sie mit anderen Menschen in einem Raum sind. Wir erklären ihnen, daß eine Entschuldigung zwar zu gewissen Zeiten durchaus angebracht sein kann, die Worte »Es tut mir leid« von selbstunsicheren Personen benutzt wird, um aus angstauslösenden Situationen herauszukommen (»Ich würde ihnen gerne unseren neuen Marken-Staubsauger zeigen.« »Es tut mir leid, ich habe bereits einen Staubsauger.« Beachten Sie: Es gibt keinen Grund, »es tut mir leid« zu sagen, wenn jemand keinen Staubsauger haben möchte oder keinen gebrauchen kann). Demzufolge soll, den Gruppenzielen gemäß, niemand während der Sitzung (die Therapeuten und die Mitglieder mit aggressivem Verhalten eingeschlossen) sagen: »Es tut mir leid.« (Sie können sich jedoch entschuldigen, indem sie andere Worte verwenden, wenn sie das Gefühl haben, daß es angebracht ist.) Wenn die Worte »es tut mir leid« während der Sitzung fallen, weist man das entsprechende Individuum darauf hin und bittet ihn oder sie, andere Worte dafür zu finden. Wenn zum Beispiel jemand zu spät zu einer Sitzung kommt und danach gefragt wird, warum er oder sie sich verspätet hat, lautet die Antwort sehr häufig: »Es tut mir leid, ich wollte die Sitzung nicht stören.« Diese Antwort, die Tadel und manchmal Schuld einschließt, ist oft alles, was notwendig ist, um die Aufmerksamkeit abzulenken und die Angst für das Individuum zu reduzieren. Aber wenn eine Klientin zum Beispiel glaubt, sie hat einen guten Grund gehabt, warum sie zu spät gekommen ist, oder sich einfach nicht entschuldigen möchte, so kann sie ermutigt werden, etwa folgendes zu sagen: »Ich mußte etwas sehr Wichtiges erledigen, bevor ich hierher kam.« (Beachten Sie: sie braucht nicht ins Detail zu gehen, wenn sie das nicht tun möchte) oder: »Ich bitte um Entschuldigung, daß ich zu spät komme; bei der nächsten Sitzung werde ich versuchen, pünktlich zu sein« oder »Weil diese Sitzungen niemals pünktlich anfangen, habe ich mich nicht so sehr beeilt; wenn wir uns jedoch einigen, pünktlich anzufangen, werde ich in der nächsten Woche zur vereinbarten Zeit hier sein.« Am Anfang könnte einer der Gruppenleiter es vielleicht vorspielen, wie man diese Situation meistern kann, ohne zu sagen »Es tut mir leid« (wobei der andere Therapeut und die Gruppenmitglieder als Protagonisten auftreten). Dann wird der Klient ermutigt und spielt die Rolle selbst in derselben Situation, bis er ohne Unbehagen auf eine selbstsichere Art antworten kann (wobei das Angstniveau beständig überprüft wird).

Wir haben das Gefühl, daß unsere beratende und ermutigende Funktion eine der wesentlichsten Bestandteile unserer Selbstsicherheitstrainingsgruppen ist. Es ist auch eine der schwierigsten Rollen, die man anderen beibringen kann (die anderen Therapeuten eingeschlossen). Die Aufgabe des Trainers ist in der Tat dreifach. Der eine Aspekt besteht darin, den »Selbstbehaupter« bei einer Interaktion, die er übt, bestimmte Worte sagen zu lassen, wenn dieser nicht weiß, was er noch sagen soll und/oder wenn seine Angst zu extrem wird, um weiter klar denken zu können. Die zweite Funktion des Trainers besteht darin, dem Selbstbehaupter beständiges Feedback zu geben (besonders positives Feedback), wenn er oder sie die Rolle spielt und eine spezifische Situation übt. Die dritte Funktion besteht darin, beständig das Angstniveau des Klienten zu überprüfen, das Tempo zu steuern und den Fluß der Interaktion zu lenken. Der Trainer hat eine sehr aktive Rolle, und sie verlangt auch ein beträchtliches Maß an praktischer Erfahrung. Zur gleichen Zeit dürfte sie eine der wichtigsten

Aspekte eines erfolgreichen Trainings der Selbstsicherheit darstellen.

Indem wir mit bestimmten selbstsicheren Fertigkeiten arbeiten, teilen wir die Gruppe oft in drei Teile ein: ein Individuum übernimmt die Rolle des »Selbstbehaupters«, eine Person handelt als »Trainer« und die dritte Person übernimmt die Rolle des »Empfängers« oder »Protagonisten«. Die Teilnehmer spielen dann in den verschiedenen Rollen die einzelnen Situationen durch (entweder gestellt oder wirklich) und vertauschen die Rollen, so daß jeder die Gelegenheit bekommt, den Selbstbehaupter, den Trainer und den Empfänger zu spielen. Bis den Gruppenmitgliedern dieses Rollenspiel gelingt, übernimmt der Gruppenleiter (die Gruppenleiter) häufig die Rolle des Empfängers; innerhalb einer kurzen Zeit jedoch kann jedes andere Gruppenmitglied diese Rolle sowie die Rolle des Trainers ebenfalls spielen.

Zusätzlich zu den Fragebögen, die den Selbstsicherheitsgrad feststellen sollen und die wir bei der ersten Einschätzung des Individuums benutzen, gibt es eine Reihe von anderen Selbstberichten, Papier- und Bleistiftmessungen, die wir während des ganzen Trainingsprozesses verwenden. Einer dieser Maßstäbe ist die Selbstsicherheits-Skala (Assertive Goal Scale), die Auskunft über die individualisierten kurz- oder langfristigen Selbstbehauptungsziele jedes Gruppenmitgliedes liefert, welche Bedeutung jedem dieser Ziele beigemessen wird, das voraussichtliche Angstniveau beim Erreichen dieser Ziele und die Länge der Zeit, mit der das Individuum rechnet, um jedes Ziel erfolgreich zu erreichen (Cotler & Guerra, 1976). Diese Skala wird jedem während einer der ersten Sitzungen überreicht und dann erneut zu verschiedenen Zeiten während des ganzen Trainingsprozesses. Man bittet die Teilnehmer ebenfalls, ihre selbstsicheren, selbstunsicheren und aggressiven Verhaltensweisen außerhalb der Gruppe in einem Selbstsicherheits-Trainings-Tagebuch festzuhalten (ähnlich sind Wolpe, 1958; Fensterheim, 1972; Shoemaker & Paulson, 1973 verfahren). Dieses Selbstsicherheits-Trainings-Tagebuch wir benutzt, um das mit dem Selbstsicherheitsproblem in Beziehung stehende Ereignis aufzuzeichnen, das Angstniveau der Person in dieser Situation, das Ergebnis (zum Beispiel was geschehen ist und wie sich die Person fühlte) und die zukünftigen Ziele der Person, die zu dieser oder zu einer ähnlichen Situation in Beziehung stehen. Dieses Tagebuch enthält viele Situationen, die während der Gruppensitzungen besprochen worden sind, deren Rollen man durchgespielt hat und die vom Trainer ermutigt worden sind. Beim Berichten dieser außerhalb der Gruppe stattfindenden Erfahrungen ist es von großer Wichtigkeit, daß die Klienten sowohl Lob und Unterstützung für ihre erfolgreichen Verhaltensweisen erhalten als auch, daß ihre Fehlschläge diskutiert werden.

Eng verbunden mit den Tagebucheintragungen ist die Verwendung der gestellten Hausaufgaben (Salter, 1949; Wolpe & Lazarus, 1966; Lazarus, 1968; Neuman, 1969; Alberti & Emmons, 1970; Fensterheim, 1972; Booraem & Flowers, 1972; Guerra & Horskey, 1973; Shoemaker & Paulson, 1973; Cotler, 1973, 1975; Cotler & Guerra, 1976). Fängt eine Person an, Fortschritte zu machen, indem sie oder er selbstsicherer wird, wird sie oder er gebeten, gewisse Aufgaben außerhalb der Gruppe durchzuführen. Diese Aufgaben werden in einem Hausaufgaben-Tagebuch-Bogen eingetragen und ihre Ergebnisse werden während der nächsten Gruppensitzung diskutiert. Beim Aufstellen dieser Aufgaben ist es sehr wichtig, daß sie hierarchisch angeordnet sind; die mit weniger Streß verbundenen Aufgaben werden zuerst gestellt, so daß die Wahrscheinlichkeit, erfolgreich zu sein, maximal ist. Die erste Aufgabe braucht keine personale Interaktion zu sein, wie zum Beispiel ein Buch über das Selbstsicherheitstraining zu lesen (zum Beispiel Alberti & Emmons, 1974; Phelps & Austin, 1975). Die folgenden Aufgaben hängen von den Zielen des Klienten ab, von seinem Angstniveau und von seinen Fortschritten; sie können folgende zusätzliche Aufgaben einschließen: die Telefonauskunft nach einer Telefonnummer zu fragen, zu einer Tankstelle zu gehen und um irgendeine Extraleistung zu bitten, wie zum Beispiel den Wasserspiegel nachzuprüfen, nachdem man nur für fünf DM getankt hat; eine vorher gekaufte Ware in ein Geschäft zurückzubringen, die Bedienung in einem Restaurant zu loben, mit irgendjemanden ein Gespräch anzufangen und so weiter. Die Klienten werden gebeten, ihre SUDS-Werte bei der Durchführung dieser Aufgaben einzutragen, und sie werden gebeten, allmählich schwierigere Aufgaben durchzuführen, und zwar auch solche, die sich auf spezifische Lebenssituationen beziehen, in denen sie selbstsicherer auftreten wollen. (Vgl. Cotler & Guerra, 1976, für eine ausführlichere Liste der gestellten Aufgaben.)

Um selbstsichere Verhaltensweisen zu unterrichten, wird eine Mischung verschiedener Verfahren häufig benutzt (zum Beispiel Verhaltensprobe, Verhaltensformung, Modellieren, Ermutigen, Hausaufgabenstellungen). Wie andere vor uns (Wolpe, 1958, 1969, 1970, 1973; Lesser, 1967; Lazarus, 1968; Wilson & Smith, 1968; Geisinger, 1969; Piaget & Lazarus, 1969) integrieren wir auch Muskelentspannungstraining und systematische Desensibilisierung in den Selbstsicherheitstrainigsprozeß. Dementsprechend wird den Teilnehmern in einer der ersten Sitzungen beigebracht, wie sie einen Zustand der Entspannung erreichen können. Bei diesem Training verwendet man die Vorstellungskraft, Atemübungen und in einigen Fällen Biofeedback-Geräte. Später werden die letzten zehn bis fünfzehn Minuten einer Sitzung dafür verwendet, einige Entspannungsübungen zu machen oder eine andere Aktivität, so daß die Gruppensitzung auf angenehme und freundliche Weise endet.

Während Alberti und Emmons (1970) darauf hingewiesen haben, daß sie vermeiden wollen, was nach »Kameraderie« (gamesmanship) aussieht, wenn sie die selbstsicheren Fertigkeiten vermitteln, glauben wir, daß eine gewisse »Technik der Kameraderie« in manchen Fällen durchaus recht adäquat sein kann, wenn eine andere Person eine ehrliche, direkte und klar formulierte Kommunikation nicht hören oder würdigen kann. Diese »Schutztechniken« können zum Beispiel benutzt werden, wenn eine Person fortfährt herumzunörgeln, nachdem man ihn oder sie gebeten hat, damit aufzuhören; zu einem aufdringlichen Verkäufer »Nein« zu sagen oder auch einem Freund, der Wünsche an sie heranträgt, die mit ihren Gefühlen nicht übereinstimmen; wenn jemand sie ständig unfair kritisiert und sie verbal angreift.

Einigen dieser »Schutztechniken« hat man anschauliche Namen gegeben, wie zum Beispiel »Schallplatte mit Sprung«, »Unterbrechung«, »Das Sichten von Problemen« und »Entwaffnender Ärger« (Cotler, 1973; Cotler & Guerra, 1976), und diese Schutzvorrichtungen werden in den Sitzungen diskutiert, modelliert und praktiziert. Man sollte erkennen, daß die Verwendung dieser Techniken zu einem zeitweiligen Bruch bei interpersonalen Beziehungen führen kann (ganz gleich, ob sie intim oder oberflächlich sind), bis die Klienten angemessenere Kommunikationsformen erworben haben. In einigen Fällen legt die andere Person keinen Wert darauf, eine ausgeglichenere Beziehung aufrecht zu erhalten; demgemäß kann es zu einem länger andauernden Bruch kommen (was zu einer Scheidung, den Verlust einer Freundschaft oder den Verlust eines Arbeitsplatzes führen kann). Aufgrund dieser Möglichkeit ist es sehr wichtig, daß die Personen sich der möglichen Konsequenzen ihrer Handlungen bewußt sind. In einigen Fällen können sie die Auflösung einer Beziehung als ein lohnendes Ergebnis betrachten, wenn sie dadurch größere Würde und Selbstachtung erwerben können. Es sollte ebenfalls beachtet werden, daß in vielen Fällen der Bruch einer Beziehung vermieden werden kann, indem man mit den beiden betreffenden Parteien zusammenarbeitet (zum Beispiel, indem man den Ehepartner mit zur Therapie bringt und dem Klienten sagt, was er zu erwarten hat und wie er eine ausgeglichenere Beziehung fördern kann) und/oder indem man dem Klienten beibringt, wie man auf Gegenseitigkeit beruhende Vereinbarungen durch »Kontingenzverträge« treffen kann.

Ein ebenso wichtiger Aspekt des Selbstsicherheitstrainings ist es, den Menschen beizubringen, wie sie mit anderen in ihrer Umgebung engere und intimere Kontakte eingehen können. Während einige mehr Schwierigkeiten haben, sich davor zu schützen, von anderen »ausgenutzt« zu werden, werden andere größere Mühe haben, Gefühle von Zärtlichkeit, Lob, Achtung und/oder Verständnis für andere Menschen ausdrücken zu können. Beispiele für diese Verhaltensweisen können sein, angenehme Gespräche anzufangen und aufrecht zu erhalten, anderen Komplimente zu machen und sie zu loben, von anderen Komplimente akzeptieren zu können, die eigenen Gefühle mitzuteilen, indem man »Ich«-Aussagen verwendet, und mit jemanden eine Vereinbarung zu treffen über gegenseitig zu befriedigende Bedürfnisse und Wünsche. Zum Beispiel, wenn wir üben wollen, angenehmere Gespräche anzufangen und aufrecht zu erhalten, lehren wir systematisch, wie man »offene Fragen« stellt (zum Beispiel jene Fragen, die dazu tendieren, mehr Diskussion von der anderen Person zu fördern); wie man zuhört und eine »freie Information« weiter verfolgt (das heißt eine Information, die freiwillig gegeben wird, nach der man aber nicht gefragt hat), wie man Selbstenthüllungen macht und frei Auskunft gibt über seine Gefühle, Meinungen und Erfahrungen; wie man Geschichten erzählt, und zwar in humoristischer Art; und wie man Komplimente verteilt, wie man Konversation beendet, wobei wir berücksichtigen, daß ein Individuum es nicht riskieren möchte, sich darin überhaupt einzulassen, es sei denn, es besteht eine Möglichkeit, sich nach Wunsch aus dem Staube zu machen. Was die Schutzfertigkeiten anbelangt, werden diese kontaktfördernden Verhaltensweisen durch Diskussionen, Rollenspiele, Ermutigungen, Hausaufgaben und andere mit der Förderung der Selbstsicherheit in Verbindung stehenden Verfahren gelehrt (Cotler & Guerra, 1976).

Beim Vermitteln dieser Fertigkeiten, nämlich sich zu schützen und Kontakte aufzunehmen, konzentrieren wir uns auf die nichtverbalen Aspekte der Kommunikation und verbringen sehr viel Zeit damit (Salter, 1949; Wolpe & Lazarus, 1966; Booraem & Flowera, 1972; Eisler und andere, 1973; Guerra & Horskey, 1974; Eisler und andere, 1974, haben auf diesem Gebiet ebenfalls gearbeitet). Wir beabsichtigen hiermit, daß es dem einzelnen gelingt, daß seine nichtverbalen Botschaften seinen Versuchen, verbal zu kommunizieren, entsprechen und sie ergänzen: Wir arbeiten deshalb mit Faktoren wie Augenkontakt, bestimmte Merkmale der Stimme, Körperabstand, Gesichtsausdruck, Wahl des richtigen Zeitpunktes und Berühren (Cotler & Guerra, 1976). Wir haben gefunden, daß es eine der schwierigeren nichtverbalen Verhaltensweisen ist, anderen positiven physischen Kontakt beizubringen (Therapeuten eingeschlossen), und dennoch kann dies eine der (selbstsicheren) Verhaltensweisen sein, die bei einer Beziehung besonders lohnend und bedeutungsvoll ist.

Bewertung der Ergebnisse des Selbstbehauptungstrainings

Wolpe und Lazarus (1966) haben darauf hingewiesen, daß bei den Personen, die ein Selbstsicherheitstraining erhalten, die Verbesserungen nach einem ähnlichen Muster zu verlaufen scheinen, besonders bei denen, die man über einen Zeitraum von drei bis sechs Monaten beobachten kann. Am Anfang wird sich der Klient des Ausmaßes seiner/ihrer selbstunsicheren oder aggressiven Verhaltensweisen bewußt und über die negativen Auswirkungen dieser Verhaltensmuster. Danach kommt eine Anerkennung für die Möglichkeiten der selbstsicheren Verhaltensweisen; es folgt ein probeweiser und manchmal etwas ungeschickter Versuch, auf eine selbstsichere Art und Weise zu handeln. Nachdem die Person bei diesen Versuchen, selbstsicher aufzutreten, einige Unebenheiten geglättet hat und jetzt für seine oder ihre Rechte einsteht, kann es zu einem Stadium kommen, wo die Reaktionen eines Individuums, die früher selbstunsicher waren, durch die negativen Folgen in der Umgebung und durch das Feedback, das es in der Gruppe erhält, modifiziert werden. Dann beginnt man die neu erworbenen selbstsicheren Fertigkeiten auf wesentlich angemessenere Art zu nutzen; der Klient drückt seine Gefühle aus und tritt für seine oder ihre Rechte gleichmäßiger ein, während er oder sie zur gleichen Zeit unterscheiden kann, unter welchen Umständen die selbstsicheren Reaktionen unangemessen oder unpassend sind. Schließlich gelangt der Klient zu einem Stadium, wo er sich einer wachsenden Meisterschaft bei den verschiedenen interpersonalen Situationen bewußt wird, und mit dieser Bewußtheit entwickelt sich ein besseres Selbstkonzept mit größerer Selbstachtung.

Die Veränderungen, die als Ergebnis eines Selbstsicherheitstrainings stattfinden, können in der Hauptsache von drei Richtungen her beurteilt werden: Maßstäbe infolge der Selbstberichte, Verhaltensänderungen und physiologische Veränderungen. Was den Selbstbericht, die Papier- und Bleistiftmessungen anbelangt (die wahrscheinlich die gebräuchlichsten Tests sind, die heute benutzt werden), benutzen wir momentan die Anzahl der Ziele, die auf der Skala der Selbstsicherheitsziele erreicht sind, die Zahl der gestellten Hausaufgaben, die erfolgreich ausgeführt worden sind, Veränderungen des Angstniveaus, wie aufgrund der verschiedenen SUD-Skalen berichtet wird und Änderungen anhand der Fragebögen, die vor und nach Beendigung des Trainings ausgefüllt werden. Was die Verhaltensänderungen anbelangt, so betreffen die meisten Messungen die Verhaltensweisen, die innerhalb der Gruppe in Erscheinung treten. Als solche sind Augenkontakt, Häufigkeit der Berührung, die Anzahl der Selbstenthüllungen, Körperabstand usw. alle innerhalb der Bereiche der Meßbarkeit und der statistischen Auswertung. Außerhalb des Gruppenverbandes gab es einen begrenzten Gebrauch an gestellten Situationen, wo zum Beispiel ein Kollege des Therapeuten den Klienten anruft und ihn/sie zu überzeugen versucht, irgendetwas zu tun (zum Beispiel Zeitschriften zu kaufen, seine Zeit freiwillig zur Verfügung zu stellen); hiervon haben wir jedoch bis jetzt nur Studentenberichte (McFall & Marston, 1970; McFall & Lillesand, 1971). Ein Beurteilungskriterium, von dem uns noch nichts bekannt ist, beinhaltet tragbare Biofeedback-Geräte, die, ungesehen, in der Umgebung des Klienten mitgeführt werden können und das Angstniveau festhalten und überwachen können, wenn diese Person verschiedenen interpersonalen Situationen gegenübersteht. Es ist versucht worden, physiologische Veränderungen während der Sitzung des Selbstsicherheitstrainings zu messen (McFall & Marston, 1970), und es ist wahrscheinlich nur eine Zeitfrage, wann physiologischen Messungen sowohl innerhalb als auch außerhalb der Gruppensitzungen größere Aufmerksamkeit für die Bewertung geschenkt wird.

Schluß

Es ist vielleicht noch zu früh, die Einwirkung und den Wert des Selbstbehauptungstrainings zu beurteilen, die es auf die Verhaltenstherapien oder auf die Psychotherapie im allgemeinen hat. Gewiß gab es zu den frühen Verfahren des Selbstsicherheitstrainings, die von Salter (1949) und Wolpe (1958) beschrieben worden sind, mehrere Ergänzungen. Diese Ergänzungen schlossen die Verwendung der Gruppenmethoden ein; die Arbeit mit hospitalisierten Patienten; die Benutzung von Marken, um Feedback zu liefern und Veränderungen innerhalb der Gruppe zu bewirken und die Verwendung von mehreren Therapeuten, die das Selbstsicherheitstraining in Gruppen durchführen. Die Verfahren des Selbstsicherheitstrainings haben sich bei den verschiedensten Situationen und mit den unterschiedlichsten Zielgruppen als nützlich erwiesen. Da die Therapeuten mehr Kenntnisse und Fertigkeiten auf dem Gebiet des Selbstsicherheitstrainings erwerben, ist es wahrscheinlich, daß sich der Anwendungsbereich und die Innovationen noch weiter ausdehnen werden. Unserer Meinung nach wird das Selbstsicherheitstraining in den unmittelbar folgenden Jahren seinen größten Einfluß bei Jugendlichen, jungen Erwachsenen und Frauen haben, weil diese drei Bevölkerungsgruppen aktiv auf der Suche nach mehr Freiheit, Anerkennung und Gleichheit in unserer gegenwärtigen Gesellschaft sind. Zahlreiche Bücher, die in jüngster Zeit auf diesem Gebiet veröffentlicht worden sind, bezeugen das (Alberti & Emmons, 1975; Cotler & Guerra, 1976; Fensterheim & Baer, 1975; Lazarus & Fay, 1975; Phelps & Austin, 1975). In der therapeutischen Literatur gewinnt das Selbstsicherheitstraining schnell immer größere Aufmerksamkeit. Vielleicht fangen wir erst gerade an, den wirklichen Einfluß und die Nützlichkeit dieser Verfahren zu erkennen, um die Selbstachtung zu erhöhen und mehr interpersonale und intrapersonale Bedürfnisse zu befriedigen.

IV

Therapien, die biologische Prozesse betonen

Der II. Teil dieses Buches handelte von Therapien, die beabsichtigten, das Selbstverständnis des Klienten durch kognitive und emotionale Prozesse zu verbessern. Der III. Teil befaßte sich mit Verhaltenstherapien, bei denen es weniger um das Selbstverständnis als um allgemein sichtbare Verbesserung ging. Wir kommen jetzt zu den beiden abschließenden Therapien, die beide ihr Hauptgewicht auf biologische Prozesse legen. Die erste Therapie, die LSD-Therapie, integriert die Benutzung eines biochemischen Agens innerhalb eines psychologischen Bezugssystems (gewöhnlich die Psychoanalyse), während sich die Megavitamin-Therapie vollkommen auf die biologische Funktionsfähigkeit des Klienten konzentriert. Viele in jüngster Zeit gemachte Fortschritte in der Psychobiologie und der Psychopharmakologie haben erneutes Interesse für die biologischen Ansätze zum Verständnis und zur Behandlung psychischer Krankheit stimuliert.

Cohen postuliert in seinem Kapitel über die LSD-Therapie, daß der Klient, unter dem Einfluß von LSD, eine Umgestaltung seiner Wahrnehmungsstrukturen und seiner kognitiven Strukturen erleben kann, in der Weise, daß er sich selbst, seine Gegenwart und seine Vergangenheit in einem neuen Licht sieht. Cohens Beschreibung von der Erfahrung seiner LSD-Klienten ist in der Tat so plastisch, daß der Begriff »in einem neuen Licht« als viel zu schwach erscheint. Der Gebrauch von LSD, für welchen Zweck auch immer, ist seit der für es ungünstigen allgmeinen Publikmachung seiner Gefahren und Mißbräuche äußerst kontrovers geworden.

Einige mit Kontrollgruppen durchgeführte Forschungsvorhaben sind jedoch weiterhin angestellt worden, und die Berichte über den Gebrauch von LSD bei periodisch kranken Klienten waren vielversprechend.

Rimland stützt sich in seinem Kapitel über die Megavitamin-Therapie mehr auf die Biochemie als auf psychologische Erfahrung, um beim Klienten eine Veränderung zu bewirken. Er unterscheidet sich in seiner Perspektive, Philosophie und in seinen Annahmen radikal von den anderen Autoren in diesem Buch. Rimland beharrt darauf, daß die Forschungsergebnisse weder die allgemein vertretene Überzeugung von der psychischen Krankheit unterstützen noch der psychotherapeutischen Behandlung solcher Störungen. Er glaubt, daß die zukünftigen Behandlungsmethoden zum großen Teil aus dem biochemischen Labor kommen werden; aber im Unterschied zu Cohen besteht er auf den Gebrauch von Substanzen, die normalerweise im menschlichen Körper vorhanden sind.

12

Der Gebrauch von Psychedelics als Hilfsmittel für die Psychotherapie

Sidney Cohen[1]

Bevor wir beurteilen wollen, ob eine Droge wie LSD als therapeutisches Hilfsmittel irgendeinen Wert hat, sollten wir die Wirkungen dieses Agens untersuchen, die es auf die menschliche Psyche hat. Vielleicht können einige Effekte ausgenutzt werden, um den Prozeß des Umlernens und Lernens, den wir Psychotherapie nennen, auf diese Weise zu intensivieren oder zu beschleunigen. Gewisse Effekte, die mit dem psychotherapeutischen Prozeß nicht im Zusammenhang zu stehen scheinen, werden im Augenblick nicht berücksichtigt.

Der psychedelische Zustand

Die Freudsche Topographie der menschlichen Psyche ist nicht sehr präzise, aber sie ist weithin bekannt, und deshalb werde ich sie verwenden. Jene Leser, die ein anderes Modell vorziehen, werden in der Lage sein, das Gesagte in die Sprache der Programmierungstheorie, der Lerntheorie, der Verhaltenstheorie, der Jungschen, Adlerschen oder selbst der Zen-Theorie zu übertragen.

Was ich betonen werde, ist die psychedelische Psychotherapie. Es handelt sich um den Gebrauch einer hohen Dosis (300 bis 1000 mcg) d-Lyserksäure Diäthyl (LSD), um eine maximale Wirkung zu erzielen. Psycholythische Psychotherapie ist eine Technik, die geringe Mengen LSD verwendet (25 bis 150 mcg), um die konventionellen psychotherapeutischen Methoden zu verstärken. Gelegentliche LSD-Erfahrungen werden in eine Reihe von drogenfreien Sitzungen eingestreut, in der Erwartung, daß sonst unerreichbares unbewußtes Material wieder zugänglich wird; während dieser LSD-Sitzung findet die emotionale Durcharbeitung wichtiger Problemgebiete statt, sowie auch in den folgenden Interviews. Die Tabelle 12-1 vergleicht einige Aspekte der psycholytischen und der psychedelischen Therapie.

Tabelle 12-1 Vergleich der Hauptansätze der LSD-Therapie

	Psycholytische Psychotherapie	Psychedelische Psychotherapie
Dosis	Niedrig (25 bis 150 mcg)	Hoch (300 bis 1000 mcg)
Häufigkeit	Viele Sitzungen mit zahlreichen drogenfreien Interviews für die Durcharbeitung in den LSD-Sitzungen.	Eine einzige oder sehr wenige LSD-Erfahrungen.
Ziel	Wiedergewinnung von unbewußtem Material, Verminderung der Abwehrhaltung, Intensivierung der Übertragung, Regression, Einsicht, Abreaktion. Persönlichkeitsreifung durch besseres Selbstverständnis.	Ein Zustand der transzendentalen oder mystischen Schwerelosigkeit; eine psychologische Erfahrung des Sterbens und Wiedergeborenwerdens. Ein neuer Anfang, wobei die alten, destruktiven Verhaltensweisen zurückgelassen werden.
Indikationen	Patienten, die bei der konventionellen Psychotherapie keine Fortschritte machen. Neurotiker, Psychopathen und Psychosomatiker können daran teilnehmen.	Existentielle oder situationsgebundene Probleme: Drogensucht, Alkoholismus, übertriebene Kummer-Reaktionen.

Das Es

Über die Wirkung des LSD auf das Es kann wenig ausgesagt werden, außer, daß die Triebstärke im allgemeinen abnimmt. Die libidinöse Energie wird auf andere Gebiete der Psyche umgelenkt. Wenn nicht die Situation selbst oder die ausdrückliche Absicht während der LSD-Erfahrung erotisch ausgerichtet ist, nimmt die Sexualität während der Periode der Drogeneinnahme ab.

Das Ich

Die Ich-Funktionen sind deutlich verändert. Wenn die Ich-Kontrolle während des LSD-Stadiums abnimmt, erhöht sich anfangs die Abwehrhaltung, was als Versuch anzusehen ist, die Integrität des Egos aufrechtzuerhalten. Im voll wirksamen LSD-Zustand ist die Intaktheit des Egos deutlich angegriffen oder vollständig verlorengegangen. Der Aspekt der Ego-Funktion, der als Selbstbeobachter bekannt ist, ist im allgemeinen außer Kraft. Während der Abwesenheit eines kritischen Selbst werden die einströmenden Sinneswahrnehmungen oder die ins Gedächtnis zurückgerufenen Daten mit einem überwältigenden Gültigkeitsgefühl aufgenommen. Dieses Fehlen der kritischen oder überwachenden Funktionsfähigkeit erklärt die Aussagen des einzelnen, daß er sich »wirklicher als wirklich« vorkommt. Ohne die kritische Funktion des Ichs wird die Person auf alle Sinneswahrnehmungen äußerst suggestibel. Diese Hypersuggestibilität kann man sich im therapeutischen Prozeß zunutze machen.

Der Verlust der Ich-Kontrolle bewirkt auch eine Intensivierung der Interaktion zwischen Therapeut und Patient. Weil die Fähigkeit der Realitätsprüfung beim Patienten außer Kraft ist, wird der Therapeut zum wichtigsten Objekt und nimmt eine zentrale, sogar umklammernde Rolle in der Phantasiewelt des Patienten ein. Die Beziehung intensiviert sich im allgemeinen, gelegentlich ist aber auch das Gegenteil der Fall. Die therapeutischen Tendenzen und Vorurteile des Therapeuten werden vom Patienten mit großer Sensitivität aufgeschnappt. Patienten Freudscher Therapeuten berichten von Freudschen visuellen Symbolen. Patienten von Jungschen Therapeuten berichten von Archetypen und von eindrucksvollen Einzelheiten aus dem kollektiven Unbewußten.

Die wohlbekannten visuellen Veränderungen, die durch das LSD hervorgerufen werden, können in einer therapeutischen Sitzung hilfreich sein. Die Symbolik, die aus dem Unbewußten projiziert wird, kann sich sehr lebhaft in polychromatischen Symbolen zeigen. Die Wiedergewinnung unterdrückten Materials wird eher gesehen als vorgestellt. Manchmal kann dies so intensiv sein, daß es für die einzelnen erschreckend und überwältigend wird. Zu diesem Zeitpunkt muß der Therapeut seinen Patienten aktiv unterstützen und beruhigen. Die Verarbeitung der ins Gedächtnis zurückgerufenen Information kann so schmerzhaft sein, daß die Funktion des Therapeuten darin besteht, den Patienten daran zu hindern, sich seines Repertoires ausweichender Taktiken zu bedienen, um sich der mörderischen Aufgabe der Konfliktlösung nicht stellen zu müssen.

Die besondere Synästhesie, ein sich Überkreuzen von Gefühlen und Gedanken, kann auch eine therapeutische Funktion ausüben. Der Patient sieht dann möglicherweise seine Probleme nicht nur, sondern er hört und fühlt sie auch; er erlebt sie in der Tat intensiv noch einmal. Seine Erinnerungen erhalten eine Vieldimensionalität, die im nüchternen Leben selten erfahren wird. Alte Erinnerungen werden der Vergessenheit entrissen und tauchen mit bestürzender Klarheit wieder auf; eine erstaunliche Übereinstimmung von Vision und Wirklichkeit wird erreicht. Die Erfahrung, sich an lange verloren geglaubte Details wieder erinnern zu können, kann sehr erhebend sein. Die Patienten berichten, daß sie das erinnerte Ereignis tatsächlich erneut erleben.

Die emotionale Reaktion wird auch verstärkt. Sie mag zwischen Panik und Ekstase schwanken. Die intensiven Gefühle, die durch das Auftauchen des unbewußten Materials erzeugt werden, können ein mächtiges und erschütterndes Ereignis sein. Wenn die emotionale Abreaktion und die emotionale Einsicht in das verdrängte Material therapeutischen Wert besitzen, dann ist die Therapie, die mit Hilfe von LSD arbeitet, sehr wohl in der Lage, dazu beizutragen.

Eine der häufigen Einschränkungen den Einsichten gegenüber, die mittels LSD erzeugt werden, ist, ob sie nicht vielleicht fiktiver Art sind, die aufgrund der toxischen Wirkung der Droge zustandekommen, ohne besondere Relevanz für die Probleme des Patienten zu haben. Außerdem machen sich einige über die Hypersuggestibilität dieses Zustandes Gedanken, ob die Einsichten der Patienten nicht von den verbalen oder nicht-verbalen Hinweisen des Therapeuten initiiert werden. Tatsächlich ist dies ein echtes Problem, dem sich alle auf Einsicht beruhenden Therapien stellen müssen. Es ist noch keine sorgfältige Studie durchgeführt worden, die die Einsichten, die mit Hilfe von LSD erreicht worden sind, bekräftigen. Vielleicht ist eine solche Studie auch nicht durchführbar. Es ist eine völlig negativistische Anschauung, daß eine Einsicht das ist, woran der Patient und sein Therapeut glauben. Wenn sie fest an die Wahrheit dieser Erfahrung glauben, dann kann sie dazu benutzt werden, Veränderungen in der neurotischen Lebensart zu erzeugen, und die sich daraus ergebende Veränderung ist der wichtige Teil der Transaktion. Selbst wenn man annimmt, daß eine Einsicht aufgrund der Droge und des Therapeuten stattfindet, müssen einige Aspekte den Bedürfnissen des Patienten entsprechen; andernfalls werden sie sofort oder später beim Durcharbeiten verworfen.

Das Über-Ich

Auf dem Gebiet des Über-Ichs finden die wichtigen Funktionsveränderungen statt, während der Patient unter dem Einfluß von LSD steht. Hierbei handelt es sich meiner Ansicht nach um Veränderungen, die die primären Quellen der Verhaltensveränderung ausmachen, wenn sie stattfinden.

Aufgrund der besonderen Art des Zustandes, der durch eine hohe Dosis LSD bewirkt wird, werden viele erworbenen Einstellungen, Glaubensüberzeugungen und Ziele weniger wichtig. Gefühle der Scham oder der Schuld werden als trivial oder absurd erkannt. Vorstellungen der Selbsterniedrigung und der Selbstmißachtung werden fallengelassen hinsichtlich der Wahrnehmung, daß im Universum »alles in Ordnung ist«. Die vollständige oder fast vollständige Auflösung der Ich-Grenzen führt zu dem starken Gefühl der universalen Verbundenheit. Die Existenz wird als bedeutungsvoll begriffen. Wie klein auch immer der eigene Beitrag sein mag, man hat das Gefühl, daß er irgendwie wichtig ist. Die Entpersönlichung fördert auch ein Verschmelzen mit allen Dingen und Menschen, weil das »Ich« nicht länger besteht, sondern mit allem eins wird.

Offensichtlich macht das Wertsystem des einzelnen eine große Transformation durch. Viele der kulturellen und provinziellen Tabus und persönlichen Aspirationen treten zurück. Werte erhalten mehr eine ewige und kosmische Qualität. Tatsächlich können sich auf dem Höhepunkt der Reaktion Gefühle der Allmacht und der Allwissenheit entwickeln, und diese erfordern therapeutische Hilfe. Auf alle Fälle erscheinen inmitten der transzendentalen Erfahrung alltägliche und prosaische Sorgen und Probleme unbedeutend. Diese zeitweilig veränderte Perspektive kann für jene Menschen eine Hilfe bedeuten, die von der Größe ihrer gewöhnlichen Probleme überwältigt werden. Wenn die alten Zwänge des Über-Ichs zu rigide und zu fordernd waren, bleiben sie vielleicht gelockert, nachdem sie vorübergehend mit dem neuen Bezugsrahmen mit seinen eher kosmischen Werten in Berührung gekommen sind. Aus dem bisher Gesagten läßt sich schlußfolgern, daß beim einzelnen drastische Veränderungen in seiner Einstellung dem persönlichen Tod gegenüber sich einstellen werden. Die Dichotomie zwischen Leben und Tod verschwindet. Manche Patienten berichten, daß sie in dem Stadium, in dem sie eine große Menge LSD zu sich genommen haben, absolut unfähig sind, zwischen Sein und Nichtsein zu unterscheiden. Die gewöhnlichen Todesängste werden fallengelassen. Die Auflösung der Ich-Grenzen können als eine Art psychischer Tod betrachtet werden, wobei eine psychische Wiedergeburt stattfindet, wenn die Ich-Grenzen wieder aufgebaut werden. Dieser psychologische Tod kann als eine Diskontinuität der Erfahrung verstanden werden, die einen neuen Anfang ermöglicht, der von allen alten Schwierigkeiten losgelöst ist.

Einige Probleme

Angesichts der potentiell günstigen therapeutischen Aspekte des kontrollierten LSD-Zustandes, müssen wir auf einige Probleme eingehen, die dabei entstehen. Zu allererst ist es möglich, daß ein ganzes Leben uneffektiver, destruktiver Verhaltensmuster durch eine oder einige wenige LSD-Perioden verändert werden kann? Es ist offensichtlich kaum zu erwarten, daß grundlegende Charakterstrukturen durch einen einmaligen Vorgang eine Revision erfahren können, ganz gleich, wie einzigartig dieser auch sein mag. Ein Teil der charakterologischen Matrix ist genetisch festgelegt, andere Elemente sind durch einen lebenslangen Konditionierungsprozeß tief verwurzelt. Was sich aber infolge eines einzigen dramatischen Ereignisses zu verändern scheint, ob aufgrund chemischer oder erfahrungsmäßiger Grundlage, sind Einstellungen, Wertvorstellungen und Glaubenssysteme. Es ist wohlbekannt, daß diese Eigenschaften plötzliche Veränderungen durchmachen können. Religiöse Konversion, maximale politische Indoktrination (Gehirnwäsche) und extreme emotionale Ereignisse sind andere Methoden, um bei diesen Über-Ich-Funktionen Veränderungen zu verursachen. Gefühle der Entfremdung und gesteigerte Todesangst sind für diese Art von Transformation besonders zugänglich (die LSD hervorrufen kann). In den letzten zehn Jahren habe ich mich in einer Studie mit todkranken, schmerzgepeinigten Krebspatienten auf diese Methode gestützt. Die günstigen Ergebnisse sind von Grof und Kast (in der Ausgabe, die von Gamage und Zerkin 1970 herausgegeben wurde, werden sie diskutiert) bestätigt worden. Abgesehen von einer Abnahme der Unruhe über den dicht bevorstehenden Tod, wird im allgemeinen eine Reduzierung des Bedarfs an schmerzlindernden Mitteln beobachtet. Auch dieses kann man als eine Veränderung in der Einstellung einer Person Schmerzen gegenüber auffassen. Die unbarmherzige Bedeutung der Schmerzen scheint eine große Menge von Betäubungsmitteln erforderlich zu machen. Wenn der eigene Tod und das Sterben eher akzeptiert werden, wird die überwältigende, fürchterliche Bedeutung der Schmerzen ebenfalls reduziert.

Wenn wir annehmen, daß im Bezugsrahmen schnelle Veränderungen stattfinden, wie kommt es, daß sie nicht »herausgewaschen werden«, und der Patient zu seinen früheren Verhaltensmustern zurückkehrt? Tatsächlich ist das genau die Tendenz. Mehr als ein Alkoholiker, der mit psychedelischer Therapie behandelt worden ist – hat »das Licht gesehen«, hat eingesehen, warum er sich selbst zerstört und hat sich entschlossen, niemals mehr zu trinken – glitt jedoch nach einer gewissen Zeit zu seinen exzessiven Trinkgewohnheiten wieder zurück. Vielleicht sollten wir das einzigartige LSD-Ereignis als eine Möglichkeit ansehen, daß es einem eher die Chance für eine Veränderung gibt, uns aber nicht vermuten läßt, daß es unvermeidlich eine Veränderung herbeiführen wird. Es wird zu oft ignoriert, daß ein Umerziehungsprozeß nach der LSD-Periode stattfinden muß. Die festgefahrenen unwirksamen Reaktionsweisen auf den alltäglichen Streß müssen umgewandelt werden in effektivere, das Leben meisternde Mechanismen. Angemessenes Verhalten muß belohnt werden, retrogressive Handlungen müssen überprüft und dürfen niemals belohnt werden. Ohne einen entsprechenden Umlernprozeß (oder Umkonditionierungsprozeß) scheint es unvermeidlich zu sein, daß die alte Abwehrmechanismen wieder die Oberhand gewinnen.

Aufgrund des bisher Gesagten ist es offensichtlich, daß die Stadien mit einer hohen Dosis LSD einen Zustand hervorrufen können, der mit der spontan auftretenden transzendentalen Erfahrung Ähnlichkeit hat. Solche Eigenschaften wie Unaussprechlichkeit, ein Gefühl des mystischen Einsseins, brillante Sinneswahrnehmung, gehobene Stimmung und heilige Scheu werden von mehr als der Hälfte der Personen erwähnt, denen die Droge unter den Bedingungen gegeben wird, die zu einer Spitzenerfahrung oder zu einer religiösen Erfahrung beitragen. Ob der chemisch verursachte transzendentale Zustand mit dem sich auf natürliche Weise einstellenden Zustand identisch ist oder ihn nur nachahmt, braucht in dieser Diskussion nicht entschieden zu werden. Wichtig bleibt, daß die Episoden der Selbst-Transzendenz, ob sie nun durch chemische Veränderung oder spontan erreicht werden, zu einer veränderten Persönlichkeit, zu einer Wandlung der Einstellung und des Verhaltens führen können, die erwünscht oder unerwünscht sein können.

Solche Transformationen, die momentanen religiösen Erfahrungen folgen, sind gut belegt. Individuen haben abrupte, anhaltende Veränderungen bei sich selbst wie auch in ihren Kulturen als Folge transzendentaler Ereignisse erfahren. Es ist wichtig darauf hinzuweisen, daß die Veränderungen sich viel seltener ereignen, als man es sich erhoffen würde. Eine große Anzahl von Menschen sind von diesen außergewöhnlichen, erschütternden Erfahrungen überwältigt worden, und hatten das Gefühl, daß ihr Leben von jetzt an anders sein werde und fanden, daß sie nach einer kurzen Zeit der »Flitterwochen« wieder auf ihr früheres Funktionsniveau zurückglitten. Einigen ging es vielleicht danach schlechter als vor der transzendenten Erfahrung, weil das Schuldgefühl sie stärker belastete, nachdem sie das Licht erblickt hatten und versagt hatten.

Indikationen und Gegenindikationen

Der ausgewählte, schwere Problem-Alkoholiker ist es, der ein Hauptziel für die psychedelische Psychotherapie gewesen ist. Oft ist er in der Gesellschaft entfremdet, eine »verlorene« Person, ohne anhaltenden Glauben oder Vertrauen. Es heißt, daß die Problem-Trinker erst einmal ganz »tief gesunken« sein müssen, bevor sie sich rehabilitieren können. Dieses »Tiefgesunkensein« scheint aus einer Anzahl von Faktoren zu bestehen. Es besteht aus der lange Zeit hinausgeschobenen Erkenntnis, daß man ein Alkoholiker ist, daß man sich beim Trinken nicht kontrollieren kann, daß man Hilfe braucht und daß die Situation katastrophal ist. Eine LSD-Erfahrung kann zu einer dieser Einsichten führen. Die Selbstachtung des Alkoholikers neigt dazu, niedrig zu sein, und seine destruktiven Lebensgewohnheiten sind offensichtlich. Außerdem kann sein auf LSD folgendes Verhalten ein leichter Maßstab für den Erfolg oder den Mißerfolg sein. Die anfänglichen Berichte von Osmond, Hoffer und anderen waren im allgemeinen günstig. Einige bemerkenswerte individuelle Resultate wurden erzielt. Die später durchgeführten Studien tendierten zu dem Ergebnis, daß die Gruppe der Alkoholiker, die LSD erhielten, über einen längeren Zeitraum nicht besser abschnitten als die Gruppe, die eine ähnliche Behandlung ohne LSD erhalten hatten. Der Mangel eines intensiven erzieherischen Nachbehandlungsprogramms für beide Gruppen, für die LSD- und für die Kontrollgruppen, war ein beinahe universaler Defekt bei der Planung dieser Studien.

Andere Behandlungsgebiete schließen Impotenz und Frigidität ein, gewisse Arten von Neurosen, Drogensucht und psychopathische Persönlichkeiten. Obwohl einzelne Forscher von erfolgreichen Ergebnissen berichten, ist das Verfahren noch nicht allgemein akzeptiert worden. Lauretta Bender hat eine Gruppe autistischer Kinder, denen eine tägliche Dosis von LSD gegeben wurde, untersucht. Sie berichtete von Verbesserungen und erhöhtem Kontakt mit der Umgebung. Es ist nicht klar, ob die Verbesserungen aufgrund der psychedelischen Wirkung der Droge zustande kamen, da Methysergide, ein ähnliches Mittel wie LSD, das aber keine Halluzinationen erzeugt, ebenfalls zu guten Resultaten führt. Der verbesserte Kontakt mag auch aufgrund der gesteigerten wohlwollenden Stimulation zu erklären sein, die beide Präparate hervorrufen.

Günstige Indikationen für die psychedelische Psychotherapie schließen ein hohes Motivationsniveau, sich zu verändern, ein, sowie ziemlich gute Erfolge in der Vergangenheit, bei nicht allzu rigiden Abwehrmechanismen des Ichs, einem entsprechenden Intelligenzniveau und einer Offenheit für den Zustand des »Außer-sich-Seins«, den LSD hervorrufen kann. Jene, die ein schweres, mit einer bestimmten Situation verbundenes Problem haben, welches sie nicht meistern können oder jene, die eine Verhaltensstörung haben, die ihnen schadet, sind günstige Kandidaten. Manche deprimierte Patienten eignen sich auch gut. Verständnis und Unterstützung von seiten der Familie sind bei diesem Verfahren bestimmt von Vorteil. Paranoide Persönlichkeiten und Grenzfälle werden besser nicht mit LSD behandelt. Bei der paranoiden Persönlichkeit kann der paranoide Mechanismus verstärkt werden; bei den Grenzfällen könnte ein plötzlicher psychotischer Ausbruch heraufbeschworen werden, der längere Zeit andauert. Unstete, labile und unreife Persönlichkeiten machen mit der psychedelischen Psychotherapie keine signifikanten Fortschritte und können zu Schaden kommen. Sehr rigide Individuen werden gegen die Reaktion ankämpfen und aus der Erfahrung keinen Nutzen ziehen. Die Behandlung schizophrener Reaktionen mit LSD wird nicht als ein befriedigendes Verfahren angesehen. Niemand glaubt, daß psychische Mängel eine Verbesserung erfahren.

Der Zusammenbruch des Therapeuten

Ich möchte noch eine abschließende Bemerkung über eine Komplikation der LSD-Therapie machen, die in der Literatur bis jetzt noch kaum erwähnt worden ist. Es handelt sich um den Zusammenbruch des Therapeuten. Ich war Zeuge einer unerwarteten Zahl von psychedelischen Therapeuten, die einen offenkundigen psychotischen Ausbruch, extreme paranoide Zustände, schwere Depressionen oder eklatant anti-soziales Verhalten entwickelt haben. Es gibt eine Reihe möglicher Erklärungen für diese überraschend hohe Verlustliste. Zu allererst, wann immer eine neue und spektakuläre Behandlungsmethode in Erscheinung tritt, ist es der am Rande stehende Therapeut, der sich am meisten angezogen fühlt. Mit den konventionellen Techniken hat er nicht viel erreicht, und bereitwillig greift er etwas Neues auf, in der Hoffnung, daß die Methode einen Mangel an Ausbildung oder irgendeine interpersonale Unzulänglichkeit aufwiegen wird. Die psychedelische Psychotherapie bedeutet eine besondere Gefahr für den Therapeuten, der paranoide Züge hat. Die Patienten sind so verwundbar, der Zustand ist so überwältigend, daß der Therapeut sich großartiger als gewöhnlich vorkommt. Seine Fähigkeit, das einzigartige Erlebnis bereitzustellen, verstärkt die privaten Vorstellungen von seiner Omnipotenz. Einige waren von ihrer gottähnlichen Macht so überzeugt, daß sie diese Ideen ausagierten. Einige werden im Laufe der Zeit, in der sie persönlich zu oft LSD nehmen, ohne sich einer Kontrolle zu unterziehen, aus dem Gleichgewicht gebracht. Und schließlich ist die Ausübung einer psychedelischen Psychotherapie eine sehr anstrengende Erfahrung. Die Arbeitszeit ist lang, und die Geschicklichkeit des Therapeuten und seine Energie werden oft bis zum äußersten beansprucht. Seine Verantwortung ist groß, denn ohne kenntnisreiche Anleitung und Hilfe kann der schutzlose Patient überwältigt werden, sich ausagieren und sich selbst verletzen oder auseinanderfallen und nicht mehr in der Lage sein, den Verlust wieder einzubringen.

Zusammenfassung

Es ist bedauerlich, daß die Aufmerksamkeit, die der Mißbrauch des LSD auf sich gezogen hat, eine Abnahme der Zahl der menschlichen Untersuchungen mit diesem interessanten Wirkstoff verursacht hat. Seine

Bewertung als ein psychotherapeutisches Hilfsmittel bleibt unvollständig. Es ist mein Eindruck, daß, wenn sich die momentanen Ängste über den LSD-Mißbrauch gelegt haben, wir seine Evaluation als ein beschleunigender Faktor der Psychotherapie wieder aufnehmen werden. Sicherlich wird man bessere Methoden ersinnen, um den Wandel der Einstellungen, den man mit Hilfe von LSD erzeugen kann, zu verstärken und zu perpetuieren. Noch wichtiger ist es vielleicht, daß dieses Agens uns noch viel über die Natur des menschlichen Denkens zu lehren hat.

13

Psychologische Behandlung kontra Megavitamin Therapie

Bernard Rimland[1]

Obwohl meine Hauptaufgabe darin besteht, die Rolle, die die hohe Vitamindosierung bei der Behandlung von Geisteskrankheiten spielt, zu diskutieren, habe ich das Gefühl, daß es am wirkungsvollsten ist, wenn ich zuerst die zugrundeliegende Konzeption diskutiere, auf die sich einige der Therapeuten stützen, die mit der Megavitamin-Therapie konkurrieren, von denen ich die meisten, um es milde auszudrücken, für überholt halte.

Über die Gültigkeit der Konzepte, die der Psychotherapie zugrundeliegen

Die meisten Arten der Behandlung von psychischen Störungen basieren auf der Vorstellung, und ich glaube demonstrieren zu können, daß es sich um eine irreführende Vorstellung handelt, daß psychische Störungen, teilweise oder ganz, durch die ungünstigen Erfahrungen des Patienten in seiner phychosozialen Umwelt verursacht worden sind. Genauer ausgedrückt, die meisten Psychotherapien basieren auf dem Konzept, daß der Patient psychologisch geschädigt worden ist, durch fehlerhafte Interaktionen mit anderen Menschen, gewöhnlich mit der Mutter oder anderen Familienmitgliedern und daß er deshalb nur an einem »funktionalen« Problem leidet. Es wird die Ansicht vertreten, daß mit seinem Gehirn oder mit seinen anderen Organen physisch nichts in Unordnung ist, was seine psychologischen Beschwerden oder sein seltsames Verhalten verursachen. Mit einem Wort, er ist »schlecht angepaßt« und nicht physisch beeinträchtigt. Diese Vorstellung wird in einem solchen Maße akzeptiert und ist so vorherrschend, daß meine Zuhörer es oft nicht fassen können, wenn ich ihnen ganz offen mitteile, daß meiner Ansicht nach diese Vorstellung in zehn oder zwanzig Jahren in den Bereich der Mythologie verwiesen wird.

Obwohl es mich in Verlegenheit bringt, meine Leichtgläubigkeit einzugestehen, muß ich zugeben, daß ich einige Jahre ebenfalls an die »Psychogenese« (»psychogenicity«) oder an die »Funktionalität« der Geisteskrankheit geglaubt habe. Als Student wurde mir die Psychogenese beigebracht, und anschließend brachte ich sie meinen Studenten bei, als ich Dozent wurde. Es ärgert mich, daß die Lehrbücher damals (und auch heute noch) nicht zugeben, daß sie nur Theorien unterbreiten – uns Studenten ließ man glauben, daß man *wußte,* daß psychosoziale Faktoren Geisteskrankheit nicht nur verursachen *konnten,* sondern tatsächlich *verursachten.* Sorgfältige Studien über diese Problematik lassen mich zu der Überzeugung kommen, daß die Autoritäten hierin im Irrtum sind, genauso wie es sich im Laufe der Geschichte häufig gezeigt hat, daß die Autoritäten auf anderen Gebieten im Irrtum waren.

Da viele Leser es bezweifeln werden, daß die Auffassung, daß die psychologische Ursache der Geisteskrankheit selbst fragwürdig ist, möchte ich einige Zitate aus den Werken anderer Autoren anführen, die meine Position in dieser Angelegenheit unterstützen. (Meine Position ist nicht die, daß es *bewiesen* ist, daß psychologische Faktoren eine psychische Krankheit nicht hervorrufen können, sondern daß es momentan keine wissenschaftlichen Beweise dafür gibt, die dafür sprechen – und ich bezweifle, daß solche Beweise gefunden werden.)

Ein Autor, der den Versuch unternahm, Beweismaterial für die Psychogenese der psychischen Störungen zu finden, ist der Psychiater Ian Stevenson. Er schreibt folgendes:

Wenn die Kindheitserlebnisse die spätere Persönlichkeit entscheidend beeinflussen, so würden wir erwarten, irgendeine Korrelation zwischen solchen Erlebnissen und dem späteren Auftreten der psychischen Störungen zu finden. Tatsächlich sind solche Korrelationen niemals festgestellt worden. (Stevenson, 1957, p. 153)

Es schließen sich weitere Zitate an, die, so hoffe ich, dazu beitragen werden, Ihre Überzeugung an die Gültigkeit zu erschüttern, was Sie bis jetzt für die Psychogenese der »psychischen« Störung gehalten haben:

Es gibt keine Daten, die beweisen, daß ... es eine Gruppe »funktionaler« Geisteskrankheiten gibt, die allein durch emotionale Störungen hervorgerufen wird und einer Heilung zugänglich ist, indem man nur mit dem Patienten spricht oder indem man den Patienten sprechen läßt. (Hebb, 1949, p. 271)

Es scheint keinen deutlichen Beweis dafür zu geben, daß entweder ein kultureller oder ein sozialer Faktor einen prädisponierenden Faktor bei der Geisteskrankheit darstellt ... Der Mangel an eindeutigen Beweisen zeigt nicht, daß die Hypothese falsch ist, sondern daß sie bis jetzt nicht ein einziges Mal nachgewiesen werden konnte. (Milbank Memorial Fund, 1961, p. 379)

Psychologen haben argumentiert, daß die Erfahrungen, die ein Individuum in seiner frühen Kindheit zu Hause macht ... die entscheidenden Faktoren bei ... der Entwicklung der Psychopathologie sind. Eine kritische Überprüfung der Forschungsergebnisse der letzten vierzig Jahre hat diese Annahme nicht bestätigen können. In der Eltern-Kind-Interaktion von Schizophrenen, Neurotikern oder von Personen mit Verhaltensstörungen sind keine Faktoren gefunden worden, die man bei ihnen als einzigartig feststellen konnte oder wodurch man eine Gruppe von einer anderen oder irgendeine der Gruppen von den Familien der Kontrollgruppen unterscheiden konnte. (Frank, 1965, p. 19)

Wenn es wahr ist, da ich jetzt sicher bin, daß Sie das bereitwillig anerkennen, daß der psychogenetische Standpunkt wissenschaftlich weniger fest begründet ist als man uns hat glauben lassen, wundern Sie sich vielleicht, so wie es mir in den letzten fünfzehn Jahren gegangen ist, warum man so weit und breit an der Psychogenese festhält, sowohl die Fachleute als auch die Laien. Es ist eine fesselnde Fragestellung, und ich habe auf verschiedene Weise nach Antworten gesucht. Zu diesem Zeitpunkt kann ich nur einige der Gründe erwähnen, aber wenn Sie sich für dieses Problem interessieren, möchten Sie vielleicht eine ausführlichere Behandlung über diesen Gegenstand in meinem Aufsatz »Psychogenesis versus Biogenesis« (Rimland, 1969) lesen.

In aller Kürze sind hier einige der wichtigeren Gründe für das besonders weitverbreitete Vertrauen auf die Psychogenese genannt.

Negative medizinische Untersuchungen

Wenn es bei medizinischen Untersuchungen nicht gelingt, einen physischen Defekt oder ein Problem zu finden, von dem man weiß, daß es in der Lage wäre, Verhaltensstörungen zu verursachen, so etikettiert man die Störung mit »funktional«. So eine Unlogik! Jedes menschliche Gehirn besteht etwa aus neun Milliarden Neuronen – dreimal so viele Neuronen wie es Menschen auf der Erde gibt! Keiner von uns – nicht ein einziger von den drei Milliarden Menschen, die momentan leben – versteht etwas davon, wie selbst das einfachste dieser Neuronen funktioniert. Unser Wissen darüber, wie das Gehirn arbeitet, ist beinahe gleich null. (Möglicherweise ist es sogar weniger als null, indem vieles, was wir zu kennen scheinen, sich als falsch herausstellen kann.) Da es sich so verhält, wie kann irgendjemand so arrogant sein und behaupten, daß ein bestimmtes Gehirn organisch gesund sei – daß die Probleme eines Menschen von einer fehlerhaften Erziehung stammen? Da es, gemäß der oben angeführten Zitate, keine wissenschaftlichen Beweise gibt, daß eine schlechte Erziehung psychische Störungen verursachen *kann*, schließt die Schlußfolgerung, daß Mary Smiths Problem »funktional« ist, eine dürftige Beweisführung ein.

Das »selbstverständliche« Argument

Angesichts der Auffassung einiger Autoritäten ist es selbstverständlich, daß schlechte Erfahrungen psychische Störungen hervorrufen, selbst wenn einige von uns eher prädisponiert dafür sind, psychisch gestört zu werden. Solche »Beweise« billige ich einfach nicht. Jahrhundertelang war es selbstverständlich, daß die Erde flach war, daß Erfindungen, die schwerer als Luft waren, nicht fliegen konnten, daß schwere Gegenstände schneller fallen als leichte, daß das Atom unteilbar ist usw. Nein, ich ziehe es vor, meine Überzeugung auf empirische Beweise zu gründen, und wie die Untersuchungsergebnisse, die ich vorher zitiert habe, zeigen, gibt es keine Beweise, daß psychologische Faktoren die Entstehung psychischer Störungen verursachen oder dazu beitragen können.

Fallstudien

Die Wurzeln der psychogenen Denkweise liegen häufig bei den plausiblen und überzeugenden Fallstudien, die wir alle in den Lehrbüchern und Romanen gelesen und in Kino- und Fernsehfilmen gesehen haben. Jene enggedruckten Geschichten im Lehrbuch waren gewöhnlich viel interessanter und erinnerungswürdiger als die technischen Diskussionen. Es ist zu schlecht, daß sie dazu benutzt wurden, um Gesichtspunkte zu veranschaulichen, die wahrscheinlich unwahr sind. Für den Autor eines Lehrbuches ist es leicht, über einen psychisch abnormen Patienten zu reden, dann auf die Familiengeschichte einzugehen (Geschwister-Rivalität, Pflegemutter, alkoholischer Vater usw.), um sehr geschickt zu zeigen, wie diese ungünstigen Erlebnisse das Problem verursacht haben. Die Schwierigkeit liegt nur darin, daß *wir alle* Kindheitserfahrungen gehabt haben, die man auftischen könnte, wenn wir geisteskrank geworden wären. Denken Sie darüber nach: nehmen wir an, Sie haben heimlich eine Droge genommen, die abweichenes Verhalten hervorruft. Würde der Autor eines Lehrbuches, ohne die Ursache Ihrer Störung zu kennen, aber in Ihrem Fall nach interessantem Material suchten, in der Lage sein, aus dem, was er über Sie herausfinden könnte, eine gute Geschichte zu konstruieren? Aber natürlich.

Vor einigen Jahren interviewten ein Psychiater und ein Psychologe an der University of California at Berkeley 100 normale junge Männer von überdurchschnittlicher Intelligenz (Renaud & Estess, 1961). Sie berichteten, daß sie überrascht waren, im Leben dieser Männer ebenso viele angeblich »pathogene« (Krankheit verursachende) Ereignisse zu finden wie in jeder anderen Gruppe »kranker« Patienten, die er gesehen hatte. Mich überraschten diese Ergebnisse nicht, denn Forschungen haben seit geraumer Zeit deutlich ergeben, daß die Beziehung zwischen einer ungünstigen familiären/sozialen Umwelt und psychischer Krankheit rein zufällig ist, und nicht die klare Ursache/Wirkung-Beziehung, wie man so lange angenommen hatte.

Ich habe nur drei der vielen Gründe erwähnt, die ich entdeckt habe, die meiner Ansicht nach gegen die irrtümliche Überzeugung sprechen, daß psychische Krankheit immer oder häufig einen psychologischen Ursprung hat, und nicht durch biogene Faktoren verursacht wird. Einige der anderen Gründe, wie der »Kontinuum Trugschluß«, die »diagnostische Problematik« und der »Irrtum vom Unglück« habe ich in meinem vorher erwähnten Aufsatz »Psychogenesis versus Biogenesis« diskutiert. Sie werden noch ausführlicher in dem Buch behandelt, an dem ich gerade arbeite. Platzmangel hindert mich daran, hier weiter darauf einzugehen. Ich habe meine Gründe vorgetragen, um Ihnen eine passende skeptische Haltung den Behauptungen der Psychotherapeuten gegenüber einzuimpfen.

Man stellt mir manchmal folgende Frage: »Wenn Sie nicht der Meinung sind, daß die psychosoziale Umwelt zur Entstehung der Geisteskrankheit beiträgt, wie erklären Sie sich die Effektivität der Psychotherapie (oder der Psychoanalyse), den Patienten mit »psychischen« (»mental«) Störungen zu helfen? Auf diese Frage gibt es, wie viele Leser jetzt wahrscheinlich wissen, eine sehr offensichtliche Antwort: Es gibt überhaupt keine wissenschaftlichen Beweise, daß die Psychotherapie den psychisch Kranken (psychotischen oder neurotischen) hilft, trotz der zahlreichen Untersuchungen, die versucht haben, die günstigen Auswirkungen zu zeigen.

Im Jahre 1949 gab D. O. Hebb in seinem berühmten Buch *The Organization of Belhavoir* einen kurzen Überblick über die Beweise von der Wirksamkeit der Psychotherapie und der Psychoanalyse und sagte abschließend rundweg: »Es gibt kein Tatsachenmaterial, das den Wert der Psychotherapie zeigt« (p. 271). Einige Jahre später gab Eysenck einen ausführlichen Überblick und kam zu derselben Schlußfolgerung (vgl. Eysenck, 1966 und Rachman, 1971 in jüngster Zeit). Die Literatur über die Effektivität der Kinderpsychotherapie ist von verschiedenen Autoren getrennt untersucht worden (Levitt, 1963; Lewis, 1965); die Befunde waren ähnlich. Levitt, der seine Schlußfolgerungen auf beinahe 60 mit Kontrollgruppen durchgeführte Studien stützte, bei denen es um tausende von Kindern ging, sagte, daß die Schlußfolgerung »unvermeidlich« war, daß die Psychotherapie nicht den Anspruch erheben könnte, effektiv zu sein.

Die Studien, die behaupten, daß aus der Psychotherapie Nutzen gezogen werden kann, scheinen zum großen Teil jene zu sein, in denen nicht mit Kontrollgruppen gearbeitet worden ist und in denen das Beweismaterial aus Anekdoten und aus Zeugenaussagen bestand, was die Befunde wissenschaftlich unbrauchbar macht. Die Medizin (abgesehen von der Psychiatrie) hat klugerweise gelernt, diese Art von Untersuchungen seit längerer Zeit zu ignorieren.

Aus Platzmangel kann ich keinen Überblick über die gewaltig angewachsenen Forschungsberichte über die Wirksamkeit der Psychotherapie geben. Es sei nur kurz erwähnt, daß die Vertreter der Psychotherapie (im allgemeinen Praktiker) kräftig zurückgeschlagen haben, aber ihre Ansprüche sind besonders bescheiden. Indem sie auf die sogenannten technischen Mängel der Forschungssituation hinweisen, sagen sie zum größten Teil: »Die Psychotherapie hat sich nicht als nutzlos erwiesen – man hat einfach noch nicht bewiesen, daß sie nützlich sei« (Astin, 1961). Sie betonen auch, wie Astin bemerkt hat, weniger die »Heil«-Aspekte und weisen stattdessen auf nebulöse allgemeine Nutzeffekte hin, wie zum Beispiel Selbstverwirklichung oder vielleicht Glück, aber wiederum fehlen die

Beweise der Effektivität. Traditionellerweise ruht die Beweislast über die Nützlichkeit auf den Befürwortern jeder Behandlungsmethode. Wie es sich damit auch verhält, der Mißerfolg der Psychotherapie (und ich bin der Meinung, daß es ein Mißerfolg ist, um es frei heraus zu sagen), psychische Störungen bei Kindern und Erwachsenen zu beheben, ist genau das, was man erwarten würde, weil die »Einsicht«, die das Ziel der Psychotherapie ist, was die Störungsursache anbelangt, nicht relevant ist.

Da jemand, der die Behauptungen der Psychotherapeuten bezweifelt, wahrscheinlich für noch anti-humanitärer gehalten wird als der, der die Psychogenese bezweifelt, möchte ich versuchen, mich davon zu befreien, möchte ich, als ein Aparte, hinzufügen, daß ich mit dem Standpunkt, den Schofield in seinem Buch *Psychotherapy: The Purchase of Friendship* (1964) vertritt, im allgemeinen übereinstimme. Die meisten Menschen haben den Wunsch, mit einer sympathischen Person über ihre Probleme zu sprechen, und man sollte ihnen auch die Gelegenheit dazu geben. Jedoch angesichts des bestehenden Beweismaterials so zu tun, als ob solche Gespräche eine heilende Wirkung haben oder daß der Zuhörer sich in Psychologie oder Psychiatrie hervorragend auskennen muß, ist ganz ungerechtfertigt.

Ich habe mich hauptsächlich mit den Psychotherapieformen beschäftigt, die auf »Einsicht« aufbauen. Die anderen psychologischen Behandlungsmethoden, die sich mit Verhaltensstörungen beschäftigen, nennt man manchmal, im Gegensatz dazu, »Handlungstherapie« oder Verhaltenstherapie; sie besteht daraus, den Patienten zu trainieren (oder erneut zu trainieren), damit er es lernt, die Symptome, die am offensichtlichsten sind und am meisten stören, zu kontrollieren. Im Gegensatz zur (Einsichts–)Psychotherapie scheint es einige Beweise dafür zu geben, daß die Handlungstherapien oft effektiv sind. Weil die Verhaltensmodifikation zu funktionieren scheint; behaupten viele Leute (auch einige ziemlich gebildete, die es eigentlich besser wissen sollten), daß ihr Erfolg ein Beweis dafür ist, daß die Störungen psychosoziale Ursachen hatten. Das ist ganz klarer Unsinn – es würde genau so viel Sinn ergeben, wenn man sagen würde, daß die Nützlichkeit von Aspirin bei der Behandlung von Kopfschmerzen anzeigen würde, daß ein Mangel an Aspirin die Kopfschmerzen verursacht habe. Es wäre dasselbe wie wenn man behaupten würde, daß die Nützlichkeit des operanten Konditionierens (eine Form der »Handlungstherapie«), Helen Keller Lesen und Schreiben beizubringen, ein Beweis dafür wäre, daß sie seit Beginn der Behandlung weder blind noch taub war.

Da ich aus Platzmangel auf diese Dinge nicht ausführlicher eingehen kann, werde ich nur geltend machen, daß ich glaube, daß es in den nächsten Jahrzehnten immer deutlicher werden wird, daß die Ursachen und die Behandlungsmethoden der Verhaltensstörungen besser verstanden werden, da unsere biochemischen Kenntnisse zunehmen werden und daß unsere momentane Hauptbeschäftigung, nach »psychologischen« Ursachen zu suchen, schnell in wohlverdiente Vergessenheit geraten wird.

Die Behandlung mit Megavitamin: Ein Experiment mit psychotischen Kindern

Meine Erfahrung mit der Megavitamin-Erfahrung basiert zum großen Teil auf meiner Arbeit mit Kindern, obwohl die meiste Arbeit auf diesem Gebiet, die von anderen geleistet worden ist, mit erwachsenen Patienten stattfand.

Eine der Funktionen des Institute for Child Behavior Research in San Diego liegt darin, als ein Clearinginstitut für die Information von seiten der Eltern und der Fachleute in der ganzen Welt zu dienen, für alle, die an der Erforschung der Ursachen und der Behandlung schwerer Verhaltensstörungen bei Kindern interessiert sind. Jedes Jahr erhalten wir im Institut Briefe und Telefonanrufe von tausenden von Menschen, die uns um Information bitten und uns mitteilen, was funktioniert oder was nicht funktioniert hat, um ihrem Kind oder ihren Kindern zu helfen, über deren Verhalten sie beunruhigt waren. Eine erstaunliche Vielzahl von Ideen ist ausprobiert worden – sie reichen von der Musik- und der Schattentherapie über die Psychotherapie und operantes Konditionieren bis zu Darmspülungen, Rückgratregulierungen und einer »Therapie zur Wutverminderung«. Es dauert nicht lange, bis man eine skeptische Haltung den meisten dieser »breakthroughs« gegenüber entwickelt.

Mitte der 60er Jahre hörte ich zum ersten Mal von verschiedenen Eltern, die von sich aus angefangen hatten, mit ihren psychisch kranken Kindern zu experimentieren, indem sie ziemlich große Mengen bestimmter, gewiß harmloser, in Wasser löslicher Vitamine anwandten. Diese unglücklichen Menschen pflegten mir über ihre bittere Enttäuschung und Entmutigung zu schreiben, die sie mit den üblichen Behandlungsmethoden erlebt hatten, wie zum Beispiel mit der Psychotherapie oder der Psychoanalyse, die sich wiederholt als nutzlos herausgestellt hatten, die jedoch weiterhin praktiziert werden, was mit großen Unkosten für die Familien verbunden ist. Sie teilten mir dann mit, daß sie in der *New York Times* und anderswo von der Arbeit von Drs. Abram Hoffer und Humphry Osmond verschiedene Artikel gelesen hatten, die von guten Resultaten berichteten, wenn sie bei erwachsenen Schizophrenen hohe Dosierungen bestimmter Vitamine benutzten; daraufhin hatten sie beschlossen, von sich aus damit zu experimentieren, nachdem sie festgestellt hatten, daß es nicht gefährlich war.

Anfangs war ich den Berichten gegenüber ziemlich skeptisch, die einige der Eltern mir schickten, in denen sie mir die Fortschritte mitteilten, die sie bei ihren kranken Kindern sahen. Wie Sie vielleicht wissen, machen diese Kinder heftige, kurze Anstrengungen, oder sie brechen periodisch ohne erkennbare Gründe auseinander, und die Behandlungsmethode, die gerade zu der Zeit benutzt wird, erntet dann entweder Lob oder Tadel. Als sich aber die Briefe häuften, nahm mein Interesse an den Berichten zu. Zum einen berichteten die Eltern oft davon, daß die Verhaltensänderungen deutlich mit der vermehrten oder verringerten Dosierung eines Vitamins oder mehrerer Vitamine zusammenhingen. Obwohl sich wenige der Eltern gegenseitig kannten und sie alle eine ganz stattliche Anzahl von Vitaminen ausprobierten, wurde immer wieder eine kleine Gruppe von Vitaminen erwähnt. Als die Zahl der Eltern wuchs, die mit Vitaminen experimentierten, befanden sich unter ihnen mehrere Eltern, die ich persönlich kannte und von denen ich wußte, daß sie intelligent und zuverlässig waren. Zu diesem Zeitpunkt nahm ich Kontakt mit einigen Ärzten in Kalifornien und an der Ostküste auf, die mit der Vitamin-Therapie experimentiert hatten. Die gemeinsame Information von seiten der Ärzte und der Eltern überzeugte mich, daß ich es guten Gewissens nicht unterlassen durfte, diesem Beispiel zu folgen. Ich war mir natürlich bewußt, daß meine Arbeit mit der Vitamin-Methode mir bei vielen Autoritäten auf dem Gebiet der Medizin, die fest und unwiderruflich davon überzeugt waren, daß der Gebrauch von Vitaminen keine Hilfe bedeuten würde, viel Feindseligkeit einbringen würde.

Bevor ich die Vitamin-Studie selbst beschreibe, möchte ich einige wichtige Punkte diskutieren, die damit in Verbindung stehen.

Es gibt erstens die häufig artikulierte Sorge über die Sicherheit. Abgesehen von den Vitaminen A und D, die sich bei einigen Menschen schädlich auswirken können, wenn sie in sehr großen Mengen über längere Zeit eingenommen werden, besteht wenig oder keine Gefahr beim Einnehmen großer Mengen von Vitaminen. Die meisten Vitamine sind in Wasser löslich, und der Körper scheidet nur die Stoffe aus, die er nicht gebrauchen kann. Die Vitamine sind unermeßlich sicherer als Drogen, die man routinemäßig den Kindern gibt. Ein jüngster Bericht hat zum Beispiel gezeigt, daß eine Beziehung besteht zwischen den medizinisch verabreichten Benzedrinen und dem späteren Auftreten der Hodgkinschen Krankheit (Newell, Rawlings, Kinnear, Correa, Henderson, Dworsky, Menck, Thompson & Sheehan, 1973).

Zweitens sollte man wissen, daß die allgemeine Überzeugung, daß jeder alle die Vitamine bekommt, die er braucht, indem er sich normal ernährt, reiner Unsinn ist. Den meisten von uns gelingt es offensichtlich ziemlich gut, ohne zusätzliche Vitaminzufuhr auszukommen, aber selbst bei normalen, gut funktionsfähigen Menschen schwankt der Vitaminbedarf von Individuum zu Individuum sehr stark. Es ist nicht ungewöhnlich, daß beim Vitaminbedarf ein Spielraum von 2000 Prozent zwischen einer gesunden Person und einer anderen besteht, wie der Biochemiker Roger Williams in seinem Buch *Biochemical Individuality* (1956) und anderswo gezeigt hat. Zusätzlich gibt es wohlbekannte Störungen, die gerade von diesen Unterschieden im individuellen Vitaminbedarf stammen. Man nennt dies »vitaminabhängige Zustände«, im Unterschied zum Vitaminmangelzustand einer normalen Person bei schlechter Ernährung. Jeder Arzt kennt die Vitamin D-Widerstandsdosen bei Rachitis, wo das Kind einige hundertmal mehr Vitamin D braucht als das normale Kind. Seit 1954 sind sechzehn Erbkrankheiten entdeckt worden, die als Hauptbehandlungsform sehr hoher Dosierungen des einen oder anderen Vitamins bedürfen (Rosenberg, 1970). Wer kann behaupten, daß, in Ermangelung gegenteiliger Information, irgendjemand von uns oder irgendein kranker Mensch, nicht das Opfer einer solchen genetischen Vitaminabhängigkeit ist?

Drittens, und wiederum im Widerspruch zur weitverbreiteten Auffassung, gibt es eine ansehnliche Menge an wissenschaftlicher Literatur, die sowohl Untersuchungen mit Kontrollgruppen über die Vitaminwirksamkeit umfaßt, als auch Laboruntersuchungen über die Wirkung der Vitamine auf den Stoffwechsel, die ohne jeden Zweifel demonstrieren, daß wenigstens eine Form von dem, was man psychische Krankheit nennt, eng verknüpft ist mit biochemischen Abweichungen im Körper. Jenen Lesern, die daran interessiert sind, mehr darüber zu erfahren, möchte ich das vor kurzem veröffentlichte Buch *Orthomolecular Psychiatry*, das von David R. Hawkins und Linus Pauling herausgegeben wurde, empfehlen. In dem von mir verfaßten Kapitel in diesem Buch (Rimland, 1973) gebe ich dem Leser nicht nur einen umfassenderen Bericht über die ICBR-Vitaminstudie als ich es hier tun kann, sondern dieses Kapitel enthält auch einen ausführlichen Überblick über die wissenschaftliche Literatur über die Vitamintherapie psychischer Krankheiten, insbesondere die Studien mit Kindern. Wenn Ihnen jemand sagt, daß es keine wissenschaftlich fundierte Grundlage zu der Annahme gibt, daß hohe Vitamindosierungen bei der Behandlung psychischer Krankheiten nützlich sein können, gibt er damit nur zu, daß er seine Hausaufgaben nicht gemacht hat. Es gibt bis jetzt ein beträchtliches und eindrucksvolles Datenmaterial auf diesem Gebiet.

Nachdem ich beschlossen hatte, das Problem zu untersuchen, schickte ich einen Fragebogen an die etwa 1000 Eltern und Fachleute, die sich zu der Zeit auf der Adressenliste des Instituts befanden, um so viele Menschen wie möglich ausfindig zu machen, die den Vitaminansatz probiert hatten. Aufgrund einer Analyse der Daten, die wir von 57 Eltern und 7 Ärzten erhalten hatten, die uns ausführlich geantwortet hatten, entwikkelten wir eine Vitamin- und Dosierungsselektion, die wir in unserer Studie anwandten.

Nachdem wir verschiedene Ernährungssachverständige, biochemisch orientierte Psychiater und Biochemiker konsultiert hatten, beschlossen wir, mit einer starken multiplen B-Vitamintablette sowie täglich mehreren Gramm Vitamin C zu beginnen. Nach zwei Wochen fügten wir zwei B-Vitamine, Nicotinsäure und Pyridoxin (B_6) hinzu; beide Male waren die Quantitäten einige hundertmal so stark wie bei der gewöhnlichen Dosierung. Schließlich fügten wir nach weiteren zwei Wochen große Dosierungen von Panthothensäure (ein anderes B-Vitamin) hinzu. Die tatsächliche Dosierung, die wir anwandten, richtete sich nach dem Gewicht des Kindes. Bei dieser Studie handelte es sich um Kinder aus hunderten von Familien aus verschiedenen Gebieten der USA und Kanada, die aufgrund unserer brieflichen Umfrage andeuteten, daß sie an der Studie gerne teilnehmen möchten und einen ortsansässigen Arzt finden könnten, der zur Mitarbeit bereit sei.

Die Studie dauerte etwa viereinhalb Monate pro Kind. Nach einer dreimonatigen Vitaminbehandlung war eine vitaminfreie Zeit eingeplant, so daß irgendwelche Veränderungen beobachtet werden konnten, die aus der Nicht-Einnahme der Vitaminpräparate resultierten. Die Vitamine wurden dann für eine kurze Zeit wieder gegeben als abschließendes Stadium in unserem Programm. Die Eltern füllten ein einfaches einseitiges Formular aus, auf dem sie den Zustand des Kindes alle zwei Wochen beschrieben; jeden Monat wurde von dem Arzt des Kindes ein ähnliches Formular ausgefüllt. Die Eltern füllten auch am Ende der Studie, an dem ihr Kind teilgenommen hatte, einen längeren Fragebogen aus.

Obwohl es eindeutig erwiesen war, daß alle Vitamine, die wir benutzten, keine toxische Wirkung hatten, selbst wenn sie in großen Mengen verabreicht wurden, verlangten wir von den Eltern, daß sie die Teilnahme eines Arztes ihrer Wahl mit einbezogen, sowohl um gegen die Möglichkeit einer ungünstigen Reaktion geschützt zu sein, als auch um eine unabhängige Meinung über die Reaktion des Kindes auf die Vitamine zu bekommen.

Die Ergebnisse, von denen ich berichten werden, basieren auf den vollständig ausgefüllten Daten der ersten 191 Kinder, die wir erhielten, einschließlich des abschließenden Berichtes. Sie enthalten sehr viele Informationen über jedes Kind: detaillierte, periodische Auswertungen über Sprache, Essen, Schlafen, Wutanfälle, Wachsamkeit und so weiter von seiten des Arztes und der Eltern sowie eine ausführliche Tabelle über positive und negative Nebeneffekte. Diese Daten verteilen sich auf etwa zwanzig IBM-Karten pro Kind. Viel Zeit und Mühe sind notwendig, um diese zu analysieren. Anfangs stützte sich unsere Analyse lediglich auf eine einfache zweiziffrige Skala, die von möglichen 99 Punkten (womit eine phänomenale Verbesserung angezeigt war) bis zu möglichen 10 Punkten (womit eine sehr starke Verschlechterung im Verhalten angezeigt wurde) variierte. Alle diese Punktwerte wurden angegeben und von zwei Personen unabhängig geprüft, nachdem alle Berichte der Eltern und Ärzte über jedes Kind eingehend studiert worden waren. Widersprüchliche oder zweideutige Bewertungen löste man durch Diskussionen oder man schloß sie von der Analyse aus.

Bevor ich Ihnen die Ergebnisse dieser statistischen Analyse mitteile, muß ich Ihnen das Grundprinzip erklären, das unserem ziemlich ungewöhnlichen Experiment zugrunde lag.

Unsere Entscheidung, eine Anordnung zu wählen, die sich von den traditionellen Kontrollgruppen und Placebo-Anordnungen unterscheidet, hat uns erhebliche Kritik von Leuten eingebracht, die nicht erkennen, daß es vielleicht bessere Alternativen gibt. Es gibt viele Gründe, die gegen die traditionelle Anordnung sprechen. In meinem Kapitel in dem Buch *Or-*

thomolecular Psychiatry diskutiere ich einige Mängel dieser Methode. Der wichtigste Grund ist der, daß diese Anordnung voraussetzt, daß die Versuchspersonen eine homogene Gruppe bilden.

Ich bin fest davon überzeugt, daß wenig Fortschritte erzielt werden, die Ursachen und die Behandlung für psychisch gestörte Kinder zu finden, bevor man die Klassifizierungen, die man ziemlich unscharf »autistisch«, »schizophren«, »psychotisch« oder »emotional schwer gestört« genannt hat, auf wissenschaftliche Art in kleinere homogene Untergruppen aufteilen kann (Rimland, 1964; 1971). Leo Kanner, der den »infantilen Autismus« entdeckte und den Begriff geprägt hat, hat darauf hingewiesen, daß die Medizin jahrhundertelang gegen die Krankheiten, die als »Fieberkrankheiten« bekannt waren, keine Fortschritte machen konnte. Erst als man die Fieberkrankheiten in verschiedene Syndrome oder Krankheitseinheiten wie Malaria, Diphterie, Tuberkulose, Cholera usw. einteilte, konnten Fortschritte bei der Entdeckung der Ursachen und Heilmittel erzielt werden. Geistige Retardierung kann uns als ein geläufiges Beispiel dienen – bevor es gelang, die große Zahl der »Retardierten« in kleinere Gruppen aufzuspalten wie PKU, Kretinismus, Galactosemia und Mongolismus, bestand keine Hoffnung, Mittel für ihre Verhütung oder Behandlung zu erfinden.

Meiner Ansicht nach verkörpern die Kinder, die man lose »autistisch« oder »schizophren« genannt hat, in Wirklichkeit ein Dutzend oder mehr verschiedene Krankheitsbilder oder Störungen, wobei jede Störung ihre eigene Ursache hat (Rimland, 1971). Es ist sehr wichtig, daß wir Mittel entwickeln, um die verschiedenen Untergruppen des Typus autistischer Kinder zu finden. Seit vielen Jahren beschäftige ich mich mit diesem Forschungsproblem. Die Computer-Technologie fängt an, nützliche Wege zur Klassifizierung dieser Problematik zu liefern.

Die Eltern eines jeden Kindes, welches an der Vitaminstudie teilnahm, mußten zu Forschungszwecken mehrere Fragebögen ausfüllen, einschließlich unseres diagnostischen Fragebogens, Formular E-2. Dieses Formular E-2 besteht aus über 100 detaillierten Fragen, die von den Eltern beantwortet werden müssen; es werden Fragen über die Geburt und über die Krankheiten des Kindes, über Symptomatologie und über weitere Dinge gestellt. E-2 war für die Computer-Analyse vorgesehen. Bei der Vitaminstudie hatten wir die Hypothese, daß man nur gewissen Untergruppen von Kindern helfen könnte, während andere Untergruppen keinen Nutzeffekt zeigen würden, weil die Ursache ihres Problems nicht zu ihrem Vitaminbedarf in Beziehung stand. Wir nahmen an, daß die Information auf dem Formular E-2, wenn sie auch keineswegs erschöpfend war, ausreichend sein würde, es einem Computer zu überlassen, die Kinder in geschlossene Erfassungsgruppen (clusters) zu klassifizieren, die die unterschiedlichen Reaktionen, die die Vitamine hervorriefen, zeigen würden.

Ich möchte Sie hier nicht mit den vielen Details der statistischen Analyse belästigen. Kurz gesagt waren, mit Hilfe der sehr komplizierten Computer-Programme verschiedene Forscher, die gemeinsam an dem Projekt arbeiteten, in der Lage, die Kinder, denen durch Vitamine geholfen werden konnte, in bestimmte Untergruppen einzuteilen. Zum Beispiel gelang es John H. Wolfe vom Naval Personnel and Training Research Laboratory in San Diego, der das Computer-Programm Normix benutzte, die 191 Kinder in sechs homogene Untergruppen oder clusters einzuteilen. Die clusters wurden zusammengestellt, ohne die Information zu haben, wie gut die Kinder auf die Vitamine reagiert hatten. Erst nach der Bildung der clusters wurden die Punktwerte, die die Verbesserungen aufgrund der Vitamineinnahme zeigten, in den Computer gefüttert, so daß der durchschnittliche Verbesserungswert für jeden cluster bestimmt werden konnte.

Die Unterschiede zwischen den mittleren Verbesserungswerten der 6 Gruppen waren signifikant auf dem 02 Niveau. Das heißt, die Chancen waren eins zu fünfzig, daß die Gruppendurchschnittswerte sich so verschieden auswirken würden, wenn die Vitamine nicht tatsächlich die Verbesserungswerte beeinflußt haben. Man kann also mit hoher Wahrscheinlichkeit sagen, daß die Vitaminbehandlung tatsächlich das Verhalten bestimmter Kinder wesentlich beeinflußt. Wie bereits vorausgesagt, reagierten bestimmte Untergruppen der Kinder viel stärker darauf als andere. Dr. James Cameron vom Napa State Hospital in Kalifornien und Drs. Raymond Christal und Janos Koplyay von der Lachland Air Force Base in Texas kamen aufgrund ihrer Analyse unserer Daten zu ähnlichen Ergebnissen, die statistisch hochgradig signifikant waren. Für diese Befunde gibt es keine andere vernünftige Erklärung, als daß die Vitamine einigen Kindern helfen.

Einer der Hauptvorteile unseres Typs der Anordnung liegt darin, daß wir jetzt wissen, daß wir die mehr als 4000 E-2-Formulare, die in unserem Institut lagern, herausnehmen können, sie einer Computer-Analyse unterziehen und mit ziemlicher Genauigkeit sagen können, ob ein bestimmtes Kind davon profitieren wird oder nicht, wenn es die Vitaminbehandlung so durchführt, wie wir sie benutzen.

Der nächste Schritt in unserer Datenanalyse der 191 Kinder wird der sein, die Befunde einer noch feineren Computer-Analyse zu unterziehen, um herauszufinden, ob wir feststellen können, welche Vitamine für jede Untergruppe am hilfreichsten war. Unsere Verwendung der sehr hohen Dosierungen der vier Vitamine war eigentlich eine »Schrotflinten«-Methode, und jetzt müssen wir unser Ziel einengen.

Die unterste Zahlenreihe der Tabelle 13-1 faßt die Befunde der Megavitamin-Studie zusammen.

Tabelle 13-1
Vergleich der Bewertung der Wirksamkeit aller Drogen, der besten Droge (Mellaril) und der Vitamine von Seiten der Eltern

Behandlung	insgesamte Wirkung	keine bestimmte Wirkung	etwas Hilfe	insgesamt	einige Verbesserungen	bestimmte Hilfe	insgesamt	geringe Verschlechterung	starke Verschlechterung	insgesamt
Alle Drogen	1591	402	324	726	202	238	440	209	216	425
(Average Drug)	100%	25,3	20,3	45,6	12,7	14,9	27,7	13,1	13,6	26,7
Beste Drogen	277	60	61	121	57	44	101	31	24	55
(Mellaril)	100%	21,7	22,0	43,7	20,6	15,8	36,4	11,2	8,7	19,9
Hohe Dosierung	191	20	37	57	41	86	127	4	3	7
Vitamine	100%	10,4	19,4	29,8	21,5	45,0	66,5	2,1	1,6	3,7

Quelle: von B. Rimland, »An Orthomolecular Study of Psychotic Children«, Journal of Orthomolecular Psychiatry, 1974, 3, 371 – 377.

Während unsere Vitaminstudie Fortschritte machte, sammelte unser Institut auch Daten für die Beurteilung von vierzehn Drogen, die bei der Behandlung von autistischen Kindern und bei Kindern mit einer ähnlichen Problematik benutzt wurden. Die Daten erhielten wir von Fragebögen, die wir den Eltern in allen Teilen der Vereinigten Staaten zugeschickt hatten. Die Drogen und ihre Dosierungen waren von dem jeweiligen Arzt des Kindes verordnet worden, und unsere Aufgabe bestand lediglich darin, die Reaktionen des Kindes zu sammeln und tabellarisch anzuordnen, so, wie sie von den Eltern beurteilt worden waren. Die Tabelle 13-1 bietet auch eine Zusammenfassung von den Ergebnissen der Drogen-Studie und ist zusammengestellt worden, um den Vergleich zwischen den Drogen- und den Vitaminstudien zu erleichtern.

Die Tabelle zeigt, daß es nicht nur viel wahrscheinlicher ist, daß die Vitamine mehr helfen als die Drogen, sondern daß es auch viel weniger wahrscheinlich ist, daß sie irgendeinen Schaden anrichten – sei es nun körperlicher Schaden oder eine ungünstige Wirkung auf das Verhalten.

Die Ergebnisse der Tabelle 13-1 sind besonders interessant hinsichtlich der Kritik, die gegen unsere Vitaminstudie erhoben wurde und zwar im allgemeinen von den Leuten, die die experimentelle Absicht unserer Studie nicht verstanden haben. Einige der Kritiker haben behauptet, daß unsere Ergebnisse nur unsere Wunschvorstellungen widerspiegeln – sie erklären, daß unsere positiven Resultate aus der Tatsache abgeleitet werden könnten, daß viele Eltern dazu tendieren würden, die Wirkung der Vitamine zu überschätzen, weil sie sich so dringend wünschen, eine Verbesserung bei ihrem Kind zu sehen. Diese Kritik ist nicht gültig, da die Erwartungen der Eltern die Gruppierung des Computers nicht beeinflussen können; aber wenn sie gültig wäre, sollte derselbe Scheineffekt in der Beurteilung der Eltern hinsichtlich der Wirkung der Drogen zu finden sein. Das ist nicht der Fall. Weil bei den Vitaminen von einer wesentlich stärkeren Verbesserung berichtet wird als bei den Drogen, muß das Argument, daß unsere Vitaminbefunde lediglich eine Wunschvorstellung der Eltern widerspiegelt, aus diesen zusätzlichen Gründen abgelehnt werden. Beachten Sie auch, daß die Drogen ganz spezifisch für jedes Kind von seinem eigenen Arzt verschrieben worden sind, während die Vitamine allen Kindern in der gleichen Form gegeben wurden, wobei die Dosierung lediglich vom Körpergewicht abhing.

Ein ganz unerwarteter positiver Nebeneffekt bei der Vitaminbehandlung bestand in vielen Fällen in einer Verbesserung des physischen Wohlbefindens des Kindes. Viele Eltern berichteten von solchen Dingen wie eine verbesserte Beschaffenheit der Haut oder der Haare, verringerte Muskelspannung und kein Zähneknirschen mehr. Am wichtigsten ist aber natürlich die Verhaltensverbesserung, die der eigentliche Grund für die Durchführung dieser Studie war. Bei vielen Kindern war die Verbesserung auffallend. Der Unterschied zeigt sich am deutlichsten, wenn man das Verhalten des Kindes innerhalb der Monate, während es die Vitamine nahm – während dieser Zeit trat oft eine allmähliche Verbesserung ein – kontrastiert mit dem Verhalten während der Nicht-Behandlungsperiode, als man mit den Vitaminen plötzlich aufhörte. Es folgen einige Beispiele solcher Veränderungen, wie sie von den Eltern berichtet werden:

Das Frustrationsniveau war ohne Vitamine äußerst hoch. Viel Schreien und große Reizbarkeit. Mußte immer alles dreimal sagen anstatt einmal. Veränderungen wurden deutlich nach dem dritten Tag, an dem keine Vitamine mehr gegeben wurden, und sie wurden jeden folgenden Tag immer schlechter... Ich setzte die Vitaminbehandlung am 14. Tag wieder fort. Am 5. August (am 10. Tag der Nicht-Behandlungsperiode) stimmten beide Eltern, die sich getrennt Notizen machten, darin überein, daß eine deutliche Verhaltensverschlechterung eingetreten war. William schien sich in sich selbst zurückgezogen zu haben; er zeigte nicht mehr das lebhafte Interesse an der Welt um ihn herum, das für den vergangenen Monat kennzeichnend gewesen war. Seine neugefundene Bereitschaft, mitzuarbeiten und solchen Anweisungen zu gehorchen, die er verstand, verschwand plötzlich. Sein altes Repertoire von Manierismen und bizarren Handbewegungen und Stellungen, die abgenommen hatten, machten sich jetzt erst recht wieder geltend...

Harriet scheint uns gegenüber wieder zunehmend weniger gesellig zu sein. Sie fängt wieder an, sich für längere Zeit in ihr Zimmer zurückzuziehen, wie sie es getan hatte, bevor sie mit der Vitamintherapie begann.

Seit zwei Wochen bekommt Mary keine Vitamine mehr. Ihre Sprache hat sich nicht verschlechtert, aber alle lästigen Geräusche sind zurückgekehrt. Ihre Hautfarbe ist nicht mehr so gut und ihre leicht bläuliche transparente Gesichtsfarbe ist wieder sichtbar. Sie hat Mühe, ihre Augen auf einen Punkt zu konzentrieren, und ihre Pupillen scheinen erweitert zu sein, und ihr Gesichtsausdruck ist ganz abwesend und verträumt, ihr Kinn schlaff...

Genau vor fünf Tagen hörte er auf, die Vitamine zu nehmen. Ich hätte niemals diese bestimmte Reaktion erwartet, die sich allmählich zweifellos während dieser letzten fünf Tage gezeigt hat – zuerst langsam, und dann nahm sie mit einer erstaunlichen Geschwindigkeit zu. Sein Arzt ist verreist, und wir können seinen Vertreter nicht vor nächsten Donnerstag sehen. Heute morgen nahm ich es jedoch auf mich, mit der vollständigen Dosierung wieder zu beginnen. Ich hoffe nur, daß dadurch seine momentanen Symptome bald gelindert werden. Symptome, die man nur darauf zurückführen kann, daß er in den letzten Tagen keine Vitamine bekommen hat.

Allmählich zeigte sich bei ihm eine Verbesserung auf jedem Gebiet der Kontroll-Liste – selbst dort, wo ich es gar nicht als eine Verhaltensverbesserung bemerkt hatte, weil er jetzt auf diesen Gebieten eine so schlimme Regression zeigt. Er ist sehr erregt und schreit praktisch die ganze Zeit, zittert nervös, versteckt sich unter der Decke, schlägt überall leicht mit dem Löffel an, gerät in Dinge hinein, in die er vorher nicht hineingeraten ist und in die er nicht hineingeraten sollte, ißt schlecht und nicht am Familientisch und scheint physisch an irgendeinem inneren Elend zu leiden und macht beständig seltsame Geräusche. Zweifellos schreibe ich seinen früheren verbesserten Zustand den Vitaminen zu. Er wurde ruhiger, schien anderen Leuten gegenüber normal zu sein, machte keine Geräusche und verbalisierte vernünftig, war geselliger, und es ging ihm viel, viel besser.

Das waren nur die Berichte einiger Beispiele, die wir aufbewahrt hatten. Es gibt bei uns noch sehr viel mehr davon. Eindrucksvoll sind ebenfalls, abgesehen von den statistischen Daten, die Berichte, die wir von den Lehrern erhielten, die ebenfalls Verbesserungen festgestellt hatten, in der Zeit, in der die Kinder die Vitamine einnahmen und Verschlechterungen, wenn sie keine einnahmen – *und dies waren Lehrer, die keine Ahnung hatten, daß die Kinder an unserer Studie teilnahmen oder daß die Kinder zu irgendeiner Zeit die Vitamine einnahmen oder auch nicht.* Wir hatten die Eltern gebeten, die Schule nicht zu informieren, daß ihre Kinder an der Studie teilnahmen, bis sie vorüber war.

Ich habe vorhin die Tatsache erwähnt, daß einige Kinder bei Einnahme der Vitamine negative Wirkungen gezeigt haben. Eine kleine Anzahl der Kinder wurde reizbar, überaktiv, empfindlich gegenüber Geräuschen und Lauten und enuretisch, als sie die Vitamine bekamen. Diese Wirkungen verschwanden jedoch schnell, als die Eltern mit der Vitaminbehandlung aufhörten. Das bereitete uns Kopfzerbrechen. Die Universitätsprofessoren für Medizin konnten uns nicht helfen. Die Antwort erhielten wir in Form eines Telefonanrufs von der bekannten Ernährungswissenschaftlerin Adelle Davis, die während unserer Planungssitzungen eine beratende Funktion einnahm. Sie wollte die Einzelheiten unserer Untersuchung kennenlernen, damit sie sie in dem Buch *Let's Have Healthy Children* (1972), an dem sie damals gerade arbeitete, einbeziehen konnte. Als ich ihr erzählte, welche Vitamine wir benutzten und auf welchem Niveau, erinnerte sie mich, daß sie bereits seit längerer Zeit darauf gedrängt hatte, daß wir das Mineral Magnesium mit in unser Programm aufnähmen: »Wo ist das Magnesium, das sie ebenfalls benutzen sollen?« Etwas in Verlegenheit geraten erklärte ich, daß jedes Kind bereits eine ganze Handvoll Tabletten nimmt, und wenn man etwas Magnesium hinzufügen würde, so würde man nur einige weitere Tabletten hinzufügen. »Nun«, sagte sie, »sie werden Probleme haben, wenn sie es nicht tun.« »Was für Probleme?« fragte ich. Ihre Antwort erstaunte mich: »Reizbarkeit, Geräuschempfindlichkeit und Enuresis.« Sie hatte es genau getroffen! Anscheinend gehen einige Vitamine (besonders B-6) im Körper mit Magnesium eine Bindung ein, um ihre Funktionen zu erfüllen, und indem wir B-6 ohne die ergänzende Menge von Magnesium hinzufügten, erzeugten wir einen relativen Mangel an Magnesium. Die Symptome, die die Kinder erlebten, waren auf leichten Magnesiummangel zurückzuführen.

Dieser Zwischenfall veranschaulicht zwei Punkte; erstens, daß gewisse Zustände, die aufgrund bestimmter Ernährungsmängel eingetreten sind, sehr genau vorhersehbare Verhaltensäußerungen hervorbringen und zweitens, daß die Vitaminbehandlung ziemlich komplex sein kann, wenn sie korrekt durchgeführt wird. Zweifellos hätten wir in unserer Studie noch bessere Ergebnisse erhalten, wenn wir Magnesium einbezogen hätten und vielleicht noch Zink und einige andere Spurenelemente. Heute wissen wir nur wenig, was es über die Megavitaminmethode noch zu lernen gibt, aber wir lernen beständig.

Einige Jahre nach der Beendigung meiner Studie haben die Verwendung der Megavitamin-Therapie und das öffentliche Interesse daran enorm zugenommen. Ende der 60er Jahre gab es in den Vereinigten Staaten nur zwei Laboratorien, die die Vitamintabletten in der Megadosierung auf den Markt brachten. Heute (im Jahre 1976) gibt es mindestens dreißig kommerzielle Zentren für die Herstellung von Megavitaminen. In den letzten drei Jahren wurden mindestens ein Dutzend Bücher veröffentlicht, die sich bei der Behandlung von psychischen Störungen hauptsächlich oder vollkommen auf die Benutzung von Megavitaminen spezialisierten.

Für das plötzliche lebhafte Interesse an der Megavitamin-Methode gibt es zahlreiche Gründe. Einer davon ist die wachsende öffentliche Desillusionierung sowohl mit der Psychotherapie als auch mit den Drogen, die beiden gebräuchlichsten Behandlungsformen für psychische Störungen. Die Psychotherapie ist in Ungnade gefallen, weil sich ihre allgemeine Unbrauchbarkeit in der Öffentlichkeit immer mehr herumzusprechen scheint. Drogen fallen in Ungnade, weil sie nicht nur weit gefährlicher sind als man ursprünglich angenommen hatte, sondern es wird auch zunehmend deutlich, daß sie lediglich einige der besonders hervorstechenden Symptome unterdrücken, ohne an die Störung wirklich heranzukommen, die den emotionalen oder Verhaltensstörungen zugrunde liegen. Ganz sicherlich liegt der Unterschied zwischen einer schizophrenen und einer normalen Person nicht darin, daß der Schizophrene einen Mangel an Chlorpromazin hat. Der Unterschied zwischen Jane Doe, wenn sie unerklärlich große Angst hat und wenn sie ruhig ist, liegt nicht darin, daß es ihrem Körper an Librium fehlt.

Ich habe in diesem Kapitel häufiger auf das Buch *Orthomolecular Psychiatry* hingewiesen. Der Terminus »orthomolecular« wurde im Jahre 1967 von dem Gewinner des Nobelpreises Linus Pauling geprägt. »Ortho« bedeutet »richtig machen« oder »wieder gutmachen« und »molekular« bezieht sich auf die chemische Zusammensetzung des Körpers. Die orthomolekulare Psychiatrie unternimmt den Versuch, die Funktion des Gehirns zu verbessern, indem sie ein optimales Konzentrat der Substanzen liefert, die *normalerweise* im menschlichen Körper *vorhanden* sind. Solche Substanzen schließen Vitamine, Mineralstoffe und Hormone ein; Drogen und andere Medikamente, die im menschlichen Körper zum großen Teil Fremdkörper sind, werden von diesem Konzept ausgeschlossen. Beachten Sie, daß die Konzeption weit genug ist, um die Substanzen auszuschließen oder zu entfernen, die normalerweise im Körper *nicht* vorhanden sind, wie zum Beispiel Nahrungszusätze, Quecksilber und Blei, Schädlingsbekämpfungsmittel und andere Pollutionsmittel, die sich störend auf die Gehirnfunktionen auswirken können.

Das orthomolekulare Konzept ist für mich sehr sinnvoll, so wie ich mir vorstellen kann, daß es das für die meisten vernünftigen Leute ebenfalls ist. Ich habe den Begriff »toximolekular« geprägt, um die orthomolekulare Methode mit derjenigen zu kontrastieren, die die meisten Ärzte heute benutzen. (Wußten Sie, daß verschreibungspflichtige Drogen jedes Jahr mehr Patienten töten als Brustkrebs und daß die Reaktionen der verordneten Drogen die Zahl von mehr als 50 Millionen Tagen der Krankenhauspatienten pro Jahr erklären? [Silverman & Lee, 1974]).

Im Jahre 1972 kamen einige hundert Ärzte aus allen Teilen der Vereinigten Staaten zusammen, die mit der Megavitamin-Methode und mit verwandten Methoden Erfolge erzielt hatten und gründeten die Academy of Orthomolecular Psychiatry (AOP). Wie man erwarten konnte, runzelten die Vertreter der offiziellen Medizin über diese Innovation die Stirn (so wie sie es im Grunde bei jeder Innovation bei der Behandlung von physischen und psychischen Krankheiten getan hatten) und beschlossen, die Dinge wieder in Ordnung zu bringen.

Im Jahre 1973 veröffentlichte die American Psychiatric Association ihren Bericht *Task Force Report on Megavitamin Therapy.* Aus Platzmangel kann ich auf diesen Bericht und auf seine zahlreichen Mängel nicht näher eingehen. Vielleicht reicht es aus, darauf hinzuweisen, daß, obwohl es zahlreiche Psychiater gibt, die sowohl Mitglieder der AOP und der APA sind, kein AOP-Mitglied eingeladen wurde, um an dieser Sonderstudie teilzunehmen; vor der Veröffentlichung des Berichts wurde nicht einmal ein Mitglied der AOP konsultiert, selbst nicht ein einziges Mal. Drei der fünf APA-Autoren waren ausgesprochene Kritiker der Megavitamin-Methode, bevor sie diese Aufgabe überhaupt übernahmen, und die beiden anderen waren bestenfalls neutral – sicherlich waren sie nicht für die Vitaminbehandlung. Das Ergebnis war voraussagbar.

Der Bericht wurde vielen Zeitungen zugeschickt, und heute beziehen sich Zeitungen und Zeitschriften häufig darauf. »Die Megavitamin-Behandlung ist geprüft und für wertlos befunden worden«, so schreiben die *Consumers Reports,* die *Los Angeles Times* und zahlreiche andere Veröffentlichungen, die den APA-Bericht für bare Münze genommen haben. *Glauben Sie es nicht!*

Früher oder später wird die American Psychiatric Association zugeben müssen, daß die Psychotherapie und die Drogentherapie, deren Mitglieder momentan ihre Hauptstütze sind, jeweils nutzlos und gefährlich sind. Sie wird den herausragenden Erfolg anerkennen müssen, den die orthomolekularen Methoden bei vielen Patienten erzielt haben, bei denen die traditionellen Methoden erfolglos gewesen waren. Sie wird anerkennen, daß die orthomolekularen Methoden sicherer, wirksamer und rationaler sind als die Methoden, die gegenwärtig so häufig angewandt werden.

Diese Veränderungen werden kommen. Es ist nur eine Frage der Zeit.

V

Schlußbetrachtung

Die Proliferation der neuen Therapien innerhalb der letzten fünfzehn bis zwanzig Jahren ist in der Tat auffallend. Sobald sich die Information über eine Methode ausbreitet, zieht sie Enthusiasten an, die ihre Wirksamkeit bezeugen. In einigen Fällen werden diese Aussagen durch wissenschaftliche Forschungsergebnisse erhärtet, in anderen Fällen können diese Beweise nicht überzeugen, und in noch anderen Fällen sind keine Forschungsvorhaben durchgeführt worden.

In der Schlußbetrachtung konzentrieren wir uns auf die Schwierigkeiten, die darin bestehen, in systematischer Weise zu versuchen, den Wert der verschiedenen Therapien zu beurteilen. Meinungsverschiedenheiten gibt es über solche Dinge wie die adäquate Auswahl der Versuchspersonen, die Maßeinheiten und das Forschungsprogramm. Die Bewertungsstrategie einer jeden dieser Therapien, die in diesem Buch dargestellt worden sind, wird beschrieben, und es wird angedeutet, daß es (auf der Basis des zur Verfügung stehenden Beweismaterials) noch zu früh ist, die unterschiedliche Effektivität zu bestimmen.

14

Evaluation der Wirksamkeit der Psychotherapie

Virginia Binder[1]

Bei so vielen therapeutischen Ansätzen, die demjenigen, der einer Therapie bedarf, zur Verfügung stehen – wie kann er oder sie vorgehen, um die Therapieform zu wählen, die seinen oder ihren Problemen gerecht wird? Gibt es ein bestimmtes Organ oder eine Gruppe von Therapeuten, die Empfehlungen geben, wo man sich nach Hilfe umsehen kann? Gibt es irgendeine Beratungsstelle, die man in Zeitungsanzeigen oder in Telefonverzeichnissen finden kann? Haben die Forschungsergebnisse deutlich nachgewiesen, welcher der vielen therapeutischen Ansätze für ein bestimmtes Problem am besten geeignet ist?

Die Antwort auf diese Fragen ist ein schallendes NEIN! Die einzelnen Klienten scheinen ihre Therapieform und ihren Therapeuten sehr formlos zu wählen – großenteils mündlich. Wenn sie einen Therapeuten konsultieren wollen, fragen sie wahrscheinlich ihren Arzt, Lehrer, Geistlichen oder selbst ihren Freund, um eine Empfehlung zu erhalten. Gewöhnlich wollen sie wissen, um was für eine Therapie es sich handelt. Oft haben sie vielleicht in Zeitungen, Zeitschriften oder Büchern etwas über die Therapie gelesen. Wenn sie ihnen vernünftig erscheint (der Begriff »vernünftig« wird im 1. Kapitel diskutiert), dann bildet das die Basis für ihre Entscheidung.

Hat es angesichts der oben erwähnten Situation irgendwelche Versuche gegeben festzustellen, welche Therapieformen wirksam sind, oder weiß man etwas über die relative Effektivität der verschiedenen Therapieformen? Ja, Studien, die sich mit diesen Fragen beschäftigen, nennt man

»therapy outcome studies«. Solche Studien variieren in ihrem intellektuellen Anspruch; sie reichen von der Darstellung eines einzigen Falles, der hauptsächlich aus Anekdoten besteht, bis zu einer Multifaktorenanalyse, die zahlreiche Variablen kontrolliert.

Viele Jahre lang war Eysenck (1952, 1961) der Name, der am häufigsten mit der Erforschung dieser Therapieergebnisse in Verbindung gebracht wurde. Er ist für seine Kritik an der psychotherapeutischen Literatur bekannt, die zu dem Schluß kommt, daß zwei von drei Neurotikern, die von einem Psychotherapeuten behandelt worden sind, eine Verbesserung zeigen. Diese Zahlen sind so lange eindrucksvoll, bis Eysenck darauf hinweist, daß zwei von drei Neurotikern, die sich keiner formalen Therapie unterziehen, ebenfalls Verbesserungen zeigen. Während Eysencks Methoden sowohl von Therapeuten als auch von Forschern kritisiert worden sind, werden seine Statistiken weit und breit zitiert. Andere Forscher (Truax & Carkhuff, 1967; Levitt, 1957, 1971) sind hinsichtlich des totalen Mangels der Wirksamkeit der Therapie zu ähnlichen Schlußfolgerungen gekommen.

In jüngerer Zeit haben Meltzhoff und Kornreich (1970) über 100 Untersuchungen geprüft (alle erfüllten ein Mindestkriterium, indem sie irgendeine Art von Kontrollgruppe benutzten) und sind zu dem Schluß gekommen, daß die Mehrzahl der Untersuchungen die Effektivität der Therapie erhärten. Luborsky, Singer und Luborsky (1975) vertreten eine ähnliche Auffassung, daß Beweise für den Wert der Therapie bestehen.

Um zu verstehen, wie es dazu kommen kann, daß verschiedene Forscher zu solch unterschiedlichen Schlußfolgerungen gelangen, obwohl sie viele derselben Untersuchungen überprüfen, ist es notwendig, die Probleme in Betracht zu ziehen, denen man begegnet, wenn man versucht, solche Ergebnisstudien durchzuführen.

Definition des Erfolges

Zuallererst ist es notwendig festzustellen, was eine erfolgreiche Therapie ausmacht. In anderen Worten, worin liegen die Ziele der Therapie? Nachdem Sie jetzt die Beschreibungen von mehr als einem Dutzend Therapien gelesen haben, sind Sie sich wohl bewußt, daß es das Ziel der meisten Therapien ist, dem Klienten zu helfen, seine Funktionsfähigkeit auf irgendeine Weise zu verbessern. Aber die Art der Funktionsfähigkeit, die bei einer therapeutischen Veränderung für wichtig gehalten wird, variiert sehr. Für jemanden wie Cohen, der die LSD-Therapie als Hilfsmittel für die Psychoanalyse benutzt, könnten die Ziele darin bestehen, »nicht mehr zugängliches unbewußtes Material wiederzugewinnen, die Funktion des Über-Ichs zu ändern oder zu erreichen, daß das Wertsystem des Klienten eine mehr ewige und kosmische Qualität annimmt«. Im Gegensatz dazu haben die Verhaltenstherapeuten ein bestimmtes Ziel, wie zum Beispiel die Beseitigung der Furcht in der Implosionstherapie oder eine Verminderung der schlechten Laune eines Kindes in der operanten Therapie. Andere Methoden schreiben Ziele vor, die zwischen der sehr allgemeinen, abstrakten Verhaltensänderung liegt, wie sie von Cohen vorgeschrieben wird, bis zu den speziellen, genau definierten Veränderungen der Verhaltenstherapeuten. Zum Beispiel bemüht sich der Gestalt-Therapeut Yontef bei seinen Klienten um »Bewußtheit«; Karle, Woldenberg und Hart hoffen, daß die Klienten von ihren Gefühlen leben; Glasser ermutigt die Entwicklung einer erfolgreichen Identität; Ellis strebt die Beseitigung des gestörten Denkens an; Cotler hilft den Klienten, sich zu behaupten; und Runciman ist seinen Klienten dabei behilflich, wenn sie nach einer angemessenen und/oder lustvolleren sexuellen Funktionsfähigkeit streben – das ist grob genommen die Richtung vom Allgemeinen zum Spezifischen.

Der Erfolg wird gemessen

Obwohl man die Ziele der Therapie allgemein halten kann, verlangen die tatsächlichen »outcome studies«, daß eine bestimmte Zahl angegeben wird, so daß unterschiedliche Änderungen beim Klienten beurteilt werden können. Während viele Therapeuten argumentieren können, daß keine einzelne Zahl oder ein Zahlenmuster die Erfahrungen des Klienten wiedergeben können, können selbst die Therapien, die die erhabensten Ziele anstreben, wie zum Beispiel dem Wertsystem ihres Klienten eine mehr kosmische Qualität zu verleihen, auf irgendeine Weise quantifiziert werden bzw. sind sie quantifiziert worden.

Häufig benutzte Messungen

Bewertungsskalen. Die gebräuchlichste Art einer therapeutischen Veränderung eine Zahl zuzuordnen besteht darin, eine Bewertungsskala für die Zahlen, sagen wir von 1 bis 5, zu benutzen, um die verschiedenen Verbesserungswerte darzustellen. Der Therapeut, der Klient oder eine andere Person, wie zum Beispiel der Arbeitgeber oder ein Verwandter können solch eine Skala ausfüllen, oder in manchen Fällen können mehrere Personen daran beteiligt sein. Diese Bewertungsmethode ist von Cohen, Rimland und Glasser erwähnt worden. Messungen, die jedoch auf eigenen Berichten oder auf den Beurteilungen der Therapeuten beruhen, sind im allgemeinen zugunsten der Verbesserung voreingenommen. Wie viele Klienten, die viel Zeit und möglicherweise Geld investiert haben, werden bereit sein zuzugeben, daß die Therapie eine Zeitvergeudung war? Und es scheint ebenso wahrscheinlich zu sein, daß die Therapeuten jede Art von Veränderung, die sie beobachten, wenigstens als eine leichte Verbesserung interpretieren.

Psychologische Tests. Eine andere, anscheinend objektivere Art und Weise, Veränderungen zu messen, geschieht durch die Veränderungen bei den psychologischen Testergebnissen. Sowohl die projektiven Testverfahren, wie der Rohrschach Tintenklecks Test, als auch die Persönlichkeitsfragebogen, wo die Klienten einer Reihe von Aussagen zustimmen oder nicht zustimmen, sind benutzt worden, um die Veränderungen bei den Klienten zu beurteilen.

Die projektiven Testverfahren, die oft von psychoanalytisch orientierten Forschern benutzt werden, sind bei den Wissenschaftlern nicht sehr angesehen, weil die Zuverlässigkeit (Konsistenz) und die Validität (Brauchbarkeit der gelieferten Informationen) viel zu wünschen übrig lassen. Einige Persönlichkeitsfragebögen sind viel zuverlässiger und stichhaltiger als die projektiven Tests, aber nur sehr wenige der standardisierten Fragebögen, deren Zuverlässigkeits- und Validitätskoeffizienten weithin bekannt sind, beziehen sich auf die spezifischen Ziele der Therapie. Die Implosionstherapeuten haben berichtet, daß sich auf dem häufig benutzten Minnesota Multiphasic Personality Inventory (MMPI) Veränderungen abzeichnen hinsichtlich geringerer Verhaltensabweichungen, aber solche Veränderungen können nur schwer mit den Zielen der Therapie in Zusammenhang gebracht werden. Objektive Fragebögen sind auch von den Forschern benutzt worden, die das Programm der Transzendentalen Meditation bewertet haben.

Physiologische Messungen. In den Augen mancher würde eine noch objektivere Methode darin bestehen, die physiologischen Veränderungen zu messen, um den Erfolg der Therapie zu bestimmen. Diese Meßverfahren sind von den Therapeuten der systematischen Desensibilisierung benutzt worden, um zu versuchen, eine Angstreduktion an Hand der Veränderungen der galvanischen Hautreaktion (galvanic skin response, GSR) und der Pulsschläge zu messen. Das Programm der Transzendentalen Meditation wurde ebenfalls auf die gleiche Weise untersucht. Physiologische Veränderungen jedoch, die selbst mit den teuersten und kompliziertesten Apparaturen gemessen werden, sind, was die Aufzeichnung und die Interpretation anbelangt, beträchtlichen menschlichen Irrtümern unterworfen (Lang, 1971). Obgleich diese Probleme, verglichen mit der Subjektivität der projektiven Testinterpretation, wahrscheinlich gering sind, leiden physiologische Messungen an ähnlichen Problemen wie wir sie bei dem MMPI-Test beobachtet haben. Auf welche Weise soll sich der physiologische Zustand verändern, um bei der Therapie eine Verbesserung widerzuspiegeln? Es ist nicht unvernünftig zu erwarten, daß ein entspannterer Zustand eine Begleiterscheinung der Angst- oder Furchtreaktion ist, aber welche Veränderungen sollte man erwarten, wenn physiologische Messungen verwendet werden, um eine Therapie zu bewerten, die für Gefühlsveränderungen eintritt, wie die Therapie von Karle, Woldenberg und Hart?

Das Messen von Verhaltensweisen. Forschungsmethodologen auf dem Gebiet der Forschungsresultate ziehen häufig Verhaltensmessungen vor, die man unzweideutig messen, zählen und registrieren kann. Implosionstherapeuten und systematische Desensibilisierungstherapeuten behandeln Phobiker und finden die Benutzung von Verhaltensmessungen günstig. Wenn der Klient Angst vor Schlangen hat, ist es möglich, die kürzeste Entfernung zu messen, bei der der Klient eine Schlange erträgt. Wenn der Klient Angst davor hat, einem Mädchen gegenüber selbstsicher zu sein, könnte man die Zahl der Verabredungen, die er getroffen hat, zählen. Die Beobachter sind oft gut ausgebildet, so daß selbst naive Personen, die für die Messungen verantwortlich sind, das in Frage stehende Problem kontinuierlich messen können. Wie bei allen anderen Ansätzen, haben auch die Verhaltensmessungen ihre Grenzen. Verhaltenstherapeuten ziehen sie vor, weil sie anhand von beobachtbaren Veränderungen arbeiten. Für die Therapeuten jedoch, die daran interessiert sind, die Ich-Strukturen zu ändern, jemandem zu helfen, seine Gefühle zu intensivieren oder zu größerer Reife beizutragen, wäre es äußerst schwierig, ein Bewertungssystem auszuwählen, mit dessen Hilfe man beobachten und zählen könnte, wobei der Therapeut ebenfalls der Meinung wäre, daß man damit das Wesen seiner Methode erfassen könne.

Allgemeine Empfehlungen für die Messungen

Es sollte also ohne weiteres offensichtlich sein, daß es kein einziges optimales Bewertungssystem für die Effektivität der Therapie gibt. Methodologen (Bergin, 1971; Fiske, Hunt, Luborsky, Orne, Parloff, Reiser und Tuma, 1970; Green, Gleser, Stone & Seifert, 1975; Luborsky, Singer & Luborsky, 1975) haben einige Vorschläge gemacht, auf welche Art die Messungen bei den Psychotherapie-Studien durchgeführt werden sollten. Zuallererst ist es ganz unwahrscheinlich, worauf Kiesler (1966) hinweist, daß jede Therapie ähnlich oder gleich ist. Die Frage zu stellen, ob die Therapie im allgemeinen effektiv ist, ist demnach nach Kiesler inadäquat. Stattdessen sollte man untersuchen, welche Therapieform unter welchen Bedingungen effektiv ist; denn die therapeutischen Ansätze sind, wie Sie bereits entdeckt haben, sehr unterschiedlich. Bei der Planung einer »outcome study« sollte man die Dinge messen, die für die zu vergleichenden Therapien relevant sind. Zur gleichen Zeit wäre es auch hilfreich, Messungen einzuschließen, die auch Gebiete betreffen, in denen mit keiner Veränderung gerechnet wird. Zum Beispiel könnte der Implosionstherapeut auf irgendeine Art die Angstreduktion messen und ebenfalls die Veränderungen im Wertsystem. Auf diese Weise wäre es möglich, festzustellen, welche Therapieformen welche Änderungen bewirken und in welchem Ausmaß. Es ist denkbar, daß eine therapeutische Methode, die sich theoretisch nur mit Verhaltensänderungen befaßt, auch auf anderen Gebieten Veränderungen zeigen könnte. Während außerdem eine Reihe der Meßtechniken, die vorher beschrieben worden sind, mit Problemen beladen waren, könnte es klug sein, sie weiterhin zu benutzen, um eine Vergleichsbasis zwischen den alten und den neuen Evaluationen zu bekommen. Um diese Empfehlungen zusammenzufassen: vielfältige Messungen sollten vorgenommen werden, wobei besonders die Faktoren erfaßt werden sollen, die für die Therapie relevant sind. Bloomfield berichtet von der Verwendung vielfältiger Bewertungsskalen, die für die gedacht sind, die sich für das Programm der Transzendentalen Meditation interessieren.

Im Hinblick auf die Therapie-Messungen sind zwei weitere Vorschläge gemacht worden. Weil keines der geläufigen Meßsysteme völlig zufriedenstellend ist, ist es nötig, neue Bewertungssysteme zu entwickeln. Ein

Vorschlag läuft darauf hinaus, unauffällige Messungen vorzunehmen, auch nicht-reaktive Messungen genannt, bei denen die Klienten nicht wissen, daß sie beobachtet oder untersucht werden. Diese nicht-reaktiven Messungen tragen dazu bei, die Neigungen der Klienten auf ein Minimum zu reduzieren, die entstehen, wenn sie bewußt oder unbewußt versuchen, einen gewissen Eindruck zu machen. Unauffällige Messungen sind bei den »outcome studies« bis jetzt noch nicht häufig benutzt worden. In einem meiner Projekte hoffte ich herauszubekommen, ob die Einkäufe in der Kantine einer Krankenhausstation bei einem »token economy«-Programm Verhaltensverbesserungen widerspiegeln (vgl. Kapitel 10). Es gab die Hypothese, daß die Patienten, deren soziales Verhalten am geringsten war und die das inadäquateste Verhalten im allgemeinen zeigten, die Items kaufen würden, die primäre Verstärker waren – wie Süßigkeiten. Die Patienten mit dem besten sozialen Verhalten würden die Items kaufen, womit sie ihre äußere Erscheinung verbessern würden – wie Make up und Kleidungsstücke – so wie ihre Interaktion mit anderen – wie beim Spielen oder beim Lesen von Zeitungen. Weil die Patienten nicht wußten, daß man ihre Einkäufe überwachte, deutet die Beziehung, die man zwischen der Sozialisierungsfähigkeit und der Art der Einkäufe gefunden hat, darauf hin, daß solche unauffälligen Messungen in der Beurteilung von Verhaltensänderungen vielversprechend sind.

Die zweite zusätzliche Empfehlung betrifft die Verwendung der Kriterien, die genau zugeschnitten sind, um die Veränderung bei jedem einzelnen Individuum zu messen. Es sollte möglich sein, die Art von notwendigen Veränderungen zu bestimmen, die auf der geschilderten Beschwerde basieren. Man würde also für jeden Klienten die gewünschte Veränderung vor dem Beginn der Therapie genau festsetzen. Cotlers Selbstsicherheits-Ziel-Skala (»Assertive Goal Scale«) ist hierfür ein Beispiel. Bis jetzt gibt es noch keine guten Forschungsprojekte, die solch ein Programm unterbringen können.

Es war typisch für die Therapeuten, daß sie beim Planen der »outcome studies« die Werte auswählten, die die Veränderungen ihrer Klienten, die sie zuwege zu bringen hoffen, widerspiegeln. Vor kurzem sammelten einige Therapeuten die mannigfaltigen Maßstäbe, die bei der Beantwortung folgender Frage am hilfreichsten sein würden: »Welche Behandlung durch wen ist für dieses Individuum mit dieser spezifischen Problematik und unter welchen Bedingungen am effektivsten?« (Paul, 1967, p. 111).

In ihrem gegenwärtigen ausgeklügelten Zustand scheint es unwahrscheinlich zu sein, von den Therapien zu erwarten, daß sie simultan auf allen möglichen Gebieten Veränderungen zustande bringen könnten – kognitive, emotionale und verhaltensbedingte. Es scheint vernünftiger zu sein, einen Ansatz zu erwarten, der auf kognitive Veränderung abzielt, wie es die Rational-emotionale Methode von Albert Ellis versucht, auf intellektuellen Meßskalen die größten Veränderungen zu bewirken; oder die LSD-Therapie, die bei den emotionalen Skalen am besten abschneidet; und die Verhaltenstherapien, wie das Selbstsicherheitstraining, die die größten Veränderungen auf den Handlungsskalen zeigen.

Die Notwendigkeit für kontrollierte Evaluation

Die Mehrzahl erfolgreicher Therapie-Studien, von denen in der Literatur berichtet wird, sind individuelle Fallstudien oder eine Sammlung von Fallstudien. Bei den meisten dieser Studien ist es unmöglich festzustellen, ob die Veränderungen beim Patienten (wobei angenommen wird, daß es sich um eine wirkliche Veränderung handelt und nicht um ein Produkt der Wunschvorstellungen des Therapeuten), der spezifischen Charakteristiken der Therapie selbst zuzuschreiben sind oder einigen anderen Faktoren, wie zum Beispiel dem Vertrauen in die Behandlung oder anderen Placebo-Effekten, wie es im 1. Kapitel beschrieben wurde; oder einer Verminderung des Stresses in der Umwelt des Patienten, dem Erwerb einer guten Freundschaft, oder sogar lediglich dem Zeitfaktor im Leben des Klienten. (Vergl. Campbell & Stanley, 1963, wenn Sie daran interessiert sind, mehr darüber zu erfahren, welche anderen Faktoren als die Behandlung selbst eine Veränderung erklären können.)

Da sich die westlichen Therapien in ihrer Form als wissenschaftlich verstehen, muß die Bewertung ihrer Effektivität im Rahmen der wissenschaftlichen Methode stattfinden. Und die Verwendung einer Kontrollgruppe ist eine Bedingung der wissenschaftlichen Methode, wenn Behandlungsergebnisse beurteilt werden. Eine Kontrollgruppe besteht aus Menschen, die keine Behandlung erhalten, die aber mit den Menschen, die eine Behandlung erhalten, möglichst viel Ähnlichkeiten haben. Eine Kontrollgruppe ist nötig, weil sich Menschen während eines Zeitabschnitts aus einer ungeheuren Menge von Gründen verändern, und keiner kann sicher sein, daß eine bestimmte Veränderung sich aufgrund der Behandlung ergeben hat und nicht aufgrund von irgendeinem der anderen Faktoren, die ich gerade erwähnt habe, nur wenn die behandelte Gruppe die Veränderung zeigt, und eine ähnliche, aber nicht-behandelte Gruppe das nicht tut.

In der Therapie-Forschung kann man für die Benutzung der Kontrollgruppen zwei Ansätze finden. Beim ersten Ansatz werden Personen, die eine Behandlung erhalten, mit denen verglichen, die, wenigstens theoretisch, nicht behandelt werden. Beim zweiten Ansatz werden die Personen als ihre eigene Kontrollgruppe benutzt und im Laufe der Zeit miteinander verglichen. Ob der letzte Ansatz eine Verbesserung der altmodischen Methode darstellt, hängt von der Art der gewählten Anordnung ab.

Im psychologischen Laboratorium ist es eine klare Sache, Versuchspersonen einer Behandlungs- und einer Kontrollgruppe zuzuteilen. Viele Akademiker nehmen deshalb an, daß es bei der Therapie-Forschung ähnlich einfach zugehen würde. Ein Hindernis tritt nämlich sofort auf, weil viele Kliniker aus ethischen Gründen nicht bereit sind, Klienten, die der Hilfe bedürfen, einer unbehandelten Kontrollgruppe zuzuweisen. Diese Kliniker sind besorgt, daß den Menschen, die in Not sind, eine möglicherweise hilfreiche Behandlung vorenthalten wird. Demgemäß kann man den Typus der unbehandelten Kontrollgruppe, den man in der Literatur findet, selten mit den Gruppen vergleichen, die eine Behandlung erhalten. Viele Therapeuten scheinen den Punkt zu vergessen, daß die zu vergleichenden Gruppen auf allen Gebieten so ähnlich wie möglich sein sollen, nur mit dem Unterschied, daß die einen behandelt werden und die anderen nicht. Sie bieten also als geeigneten Vergleichsmaßstab die Personen an, die von der Therapie abgelehnt worden sind oder ausschieden. Die Motivation für jene, die abgelehnt werden oder ausscheiden, unterscheidet sich zweifellos von den übrigen.

In der Praxis ist es äußerst schwierig, bei einer »outcome study« eine unbehandelte Kontrollgruppe mit einzubeziehen. Um die Werte zu erhalten, die notwendig sind, um die Veränderung zu beurteilen, muß man mit jenen Personen in der unbehandelten Kontrollgruppe in gewisser Weise Kontakt aufnehmen, und so erhalten sie möglicherweise durch diesen Kontakt gewisse Hilfe. Die Hilfe kann in Form eines kathartischen Erlebnisses während der Einschätzung kommen, in der vermehrten Aufmerksamkeit liegen oder mittels anderer Placebo-Komponenten, die während dieses Anfangsstadiums auftreten können.

Wartelisten-Kontrollgruppen. Eine bessere Methode, sowohl aus ethischen Gründen als aus der Planungsperspektive, ist es, die Versuchspersonen auf eine Warteliste-Kontrollgruppe zu setzen. Jene Therapeuten, die ehtische Bedenken haben, sagen sich, daß den Personen, die sich in der Gruppe auf der Warteliste befinden, die Behandlung nicht vorenthalten wird, sondern man bittet sie einfach, eine bestimmte Zeitspanne zu warten, bevor sie eine Behandlung erhalten. Solch eine Warteperiode ist bei vielen therapeutischen Einrichtungen allgemein üblich aufgrund der großen Nachfrage. Aus der planerischen Perspektive kann man die Personen, die eine Behandlung erhalten und die auf einer Warteliste stehen, für gleichwertig ansehen, wenn sie aufs Geratewohl der entsprechenden Gruppe groß genug ist. Betrachtet man jedoch einige »outcome studies« genauer, so stellt man fest, daß die Personen auf den Wartelisten-Kontrollgruppen nicht aufs Geratewohl dieser Gruppe zugeteilt worden sind. Stattdessen gibt es dafür mehrere Erklärungen, wie zum Beispiel die Motivation für eine Behandlung oder die Schwere der Problematik, und sie können sich von den behandelten Personen aufgrund dieser Variablen unterscheiden. Demnach sind sie also keine geeigneten Versuchspersonen für einen Vergleich. Wie es ebenso schwer ist, eine unbehandelte Kontrollgruppe zu finden, ist es praktisch ebenfalls schwierig, die Personen in der Gruppe auf der Warteliste zu behalten. Es geschieht oft, daß die Personen in solchen Gruppen die Gegend verlassen oder sich woanders nach Hilfe umsehen. Diese Methode funktioniert nur, wenn die Wartezeit relativ kurz ist.

Zuwendungs-Placebo-Gruppen. Ein anderer Typus der Kontrollgruppe ist ebenfalls in den besser geplanten »outcome studies« eingebaut. Diese Gruppe nennt man die Zuwendungs-Placebo-Gruppe. Wie bereits im 1. Kapitel ausgeführt wurde, hängt beim Erfolg einer neuen Methode wahrscheinlich viel von verschiedenen Placebo-Komponenten ab wie Neuartigkeit, Erwartung, daß einem geholfen wird, und Enthusiasmus ihrer Befürworter. Eine Placebo-Kontrollgruppe ist eine Gruppe, in der man den Versuch unternimmt, allen Schmuck einer Therapie zu liefern, außer der tatsächlichen Behandlung, von der der Therapeut glaubt, daß sie für die Veränderung bei seinen Klienten verantwortlich ist.

Bei einer Implosionstherapie-Studie gibt man zum Beispiel der Zuwendungs-Placebo-Gruppe Instruktionen, therapeutische Zuwendung (wirklich eine gewisse Zeit mit einem Therapeuten zusammen zu sein), eine Rechtfertigung für das Vorgehen, und alle anderen Aspekte der Behandlung, wie gleiche Zeitdauer und gleiche Anzahl der Sitzungen. Man bietet ihnen vielleicht sogar angsteinflößende Vorstellungen an, aber nicht jene, die wichtig sind für ihre spezifischen Ängste. Wenn die Zuwendungs-Placebo-Gruppe tatsächlich eine Verbesserung zeigt, dann ist es wahrscheinlich, daß ein großer Teil des Therapieerfolgs außer-therapeutischen Aspekten zuzuschreiben ist.

Versuchspersonen als ihre eigenen Kontrollpersonen. Die Arten der Kontrolle, wie sie oben beschrieben worden sind, werden benutzt, wenn eine Gruppe von Versuchspersonen mit einer anderen verglichen wird. Bergin (1971) hat das Argument angeführt, daß bei einem Vergleich die wahren Wirkungen der Therapie oft verschleiert werden. Er vertritt die Auffassung, daß es gewissen Klienten besser gehen mag, anderen wiederum schlechter, und wieder andere bleiben ziemlich gleich. Wenn man von allen Werten den Durchschnitt nimmt und dann vergleicht, dann verlieren wir möglicherweise ein beträchtliches Maß an Information, was die spezifischen Wirkungen der Therapie ausmachen.

Eine andere Hauptstrategie beim Aufbau dieser Kontrollgruppen besteht darin, die Versuchspersonen als ihre eigenen Kontrollpersonen zu benutzen. Dies kann beiläufig oder auch mit angestrebter Präzision gemacht werden und entspricht oft der Entscheidung der Verhaltenstherapeuten, die sich dafür entscheiden, anhand von weniger Versuchspersonen eine größere Zahl an Daten zu sammeln. Leitenberg (1973) hat die Hauptarten dieser zur Verfügung stehenden Anordnung geschildert, aber die Anordnung, die am häufigsten benutzt wird, nennt man die Anordnung des Rückzugverhaltens. Ein operanter Therapeut kann hier grundlegende Daten sammeln und dann etwas Unvorhergesehenes machen, indem er zum Beispiel die Sozialisierungsversuche des Patienten lobt. Wenn das soziale Verhalten nach dem Lob zunimmt, nimmt man das unvorhergesehene Verhalten zurück. Wenn das Lob tatsächlich für die Veränderung in der Sozialisierung verantwortlich ist, dann sollte die neue Leistung abnehmen, bis das Lob wieder erfolgt. Auch hier bietet eine Anordnung, die gewisse Probleme löst, ihre eigenen Schwierigkeiten. Bei dieser Rückzugsanordnung kann der Therapeut sich dagegen sträuben, die bereits erzielten Erfolge wieder aufzugeben – wenn auch nur vorübergehend. Manchmal ist es auch nicht möglich, mit der Behandlung auszusetzen, wie bei der LSD-Therapie oder bei einer Mutter, die man nach den Prinzipien der Verstärkung trainiert hat. Die Anordnung ist ebenfalls inadäquat, wo bestimmte Behandlungsziele nicht aufgestellt werden können oder wo für längere Zeit keine Veränderungen zu erwarten sind.

Die Methode, Klienten als ihre eigene Kontrollgruppe zu benutzen, wurde in der Studie der unauffälligen Messungen benutzt, wie ich in meiner Diskussion über das »token economy«-Experiment bemerkt habe. Ein vielfältiger, grundlegender Ansatz wurde benutzt, wobei man kontinuierlich die Einkäufe in verschiedene Kategorien einteilte. Man erwartete eine Veränderung des Kaufmaßstabes in einer Kategorie, nachdem man begonnen hatte, auf diesem Gebiet bei der Behandlung besonderen Wert zu legen. Zum Beispiel erwartete man, daß die einzelnen mehr für die Pflege ihrer Kleidungsstücke ausgeben würden, wenn in der Station auf die äußere Erscheinung Wert gelegt wird, und daß sie mehr Bücher und Schallplatten kaufen würden, wenn man auf der Station die Freizeitaktivitäten betont.

Während die beiden Hauptkontrollmethoden, wie sie oben beschrieben worden sind, diejenigen sind, die am meisten benutzt werden, wird man mit Hilfe des Computers in die Lage versetzt, mit einer Vielzahl verschiedener Daten umzugehen und die statistische Kontrolle bei den Therapiestudien mühelos zu einer alternativen Methode zu machen. Bei der Bewertung der Nützlichkeit der Megavitamine für psychotische Kinder wandte Rimland diese Methode an (vgl. Kapitel 13).

Zusätzliche Probleme beim Forschungsresultat

Die Probleme des Messens und der Auswahl adäquater Kontrollgruppen sind die größten Hindernisse für die definitiven Forschungsresultate (outcome research). Der Forscher muß sich aber mit zahlreichen anderen Problemen herumplagen. Ein besonderes Dilemma für das ganze Gebiet der psychiatrischen Diagnose taucht hier ebenfalls in seiner ganzen Häßlichkeit auf. Wenn man eine gewisse Art von Menschen aussuchen soll, für die eine bestimmte Therapie am besten geeignet ist, braucht man ein System der Etikettierung und der Klassifikation. Die gängige Kategorisierung in chronisch Schizophrene, Depressive, Angstneurotiker, Soziopathen und so weiter übersieht die beträchtlichen individuellen Unterschiede. Das Klassifikationsschema ist häufig als unzuverlässig, mit dem Prinzip von Ursache und Wirkung in keinem Zusammenhang stehend und als erniedrigend angefochten worden. Bis jetzt ist aber noch nichts Besseres an seine Stelle getreten. Die meisten »outcome studies« verwenden diese Etiketten für die Beschreibung ihrer Klienten. Folglich ist der Leser dieser Forschungsergebnisse unsicher über das Ausmaß, mit dem die Befunde generalisiert werden können. Je mehr Informationen man über die Therapie-Patienten erhält, desto besser, soweit man weiß, für wen die Therapie funktioniert.

In jüngerer Zeit sind die Klienten aufgrund ihrer gegenwärtigen Problematik ausgewählt und beschrieben worden und nicht nach ihrer psychiatrischen Klassifizierung. So kann eine Therapie für jene als effektiv bekannt sein, die an Sprachängsten leiden, impotent sind oder auch für Gören geeignet sind. Eine Person mit zahlreichen, vagen oder auch unbestimmten Beschwerden weiß vielleicht nicht, an wen sie sich wenden soll.

Einige »outcome studies« konzentrieren sich darauf zu zeigen, daß die Wirksamkeit der Therapie nicht direkt von der Behandlungsmethode abhängt, während andere die relative Effektivität einer Anzahl von Therapien zu demonstrieren versuchen. Bei der Messung, Kontrolle und Beschreibung der Klienten bleibt die gleiche Art von Problemen, aber es entstehen auch noch neue, hinsichtlich solcher Fragen wie Behandlungsdauer, Häufigkeit der Sitzungen und der bestimmte Typ des Therapeuten, der die Behandlung durchführt. Therapien mit unterschiedlicher Behandlungsdauer sollten auf irgendeine vergleichbare Weise verglichen werden. Ist es aber fair, der Gestalt-Therapie eine ähnliche Zeitdauer einzuräumen, um eine Veränderung hervorzubringen wie dem Selbstsicherheits-Training? Ist die Persönlicheit und das Charisma des Gestalt-Therapeuten oder des Implosionstherapeuten der Faktor, der bei den Klienten eine Verbesserung bewirkt oder ist es die Methode selbst? Bei der idealen Therapiegestaltung würden dieselben Therapeuten alle Behandlungen durchführen – ihre eigene bevorzugte Therapie wie auch die anderen, die verglichen werden sollen. Wenn dann eine Methode den anderen deutlich überlegen wäre, ungeachtet des praktizierenden Therapeuten und seines oder ihres Enthusiasmus, dann hätte man eine sichere Bestätigung für die Therapie. Oft ist es jedoch schwierig, Therapeuten so auszubilden, daß sie andere Therapien so kompetent durchführen wie ihre eigene.

Im Licht der Fragen, die über die Gestaltung der »outcome studies« erhoben werden, wird es für uns leichter zu verstehen, wie es zu solchen Meinungsverschiedenheiten über die Wirksamkeit der Therapie, wie sie von Eysenck (1952) kontra Meltzhoff und Kornreich (1970) vorgetragen worden sind, kommen konnte. Die Wirksamkeit der Therapie zu testen, erfreut sich immer größerer Beliebtheit. Ob für Sie viele dieser Studien eine Untermauerung der Therapie bedeutet, hängt von Ihren Wertmaßstäben ab, womit Sie die Anordnung einer bestimmten Studie als beweiskräftig beurteilen. Aufgrund meiner eigenen Untersuchung der vielen Studien, die von Meltzhoff und Kornreich zitiert werden, fand ich weitaus weniger Forschungsarbeiten, die ich als adäquat einstufen würde, um daraus Schlußfolgerungen zu ziehen.

Therapeuten und Forscher sind sich in immer stärkerem Maße der möglichen Irrtümer bewußt geworden, die bei der Erfassung dieser Untersuchungsergebnisse bestehen, und sie haben einige geistreiche Lösungen vorgeschlagen. Die Studie von Paul (1966), die in dem vorliegenden Buch im 8. Kapitel von Storms zitiert wird, war der Anfang dieses Trends. Pauls Studie bot Lösungen an für die Probleme, die bei den Messungen entstehen, für die Wahl der Kontrollgruppen, die Auswahl der Klienten und Therapeuten und für die Mittel, um die Voraussetzungen innerhalb der verschiedenen Gruppen vergleichbar zu halten.

Schlußbetrachtung

Die Therapien, die in diesem Buch beschrieben werden, unterscheiden sich in der Zahl der Forschungsergebnisse, die ihre Behauptungen stützen.

Man sollte jedoch nicht automatisch annehmen, daß eine Therapie die wenig oder gar kein Gewicht auf die Forschung legt, ineffektiv sei. Es ist ebenfalls möglich, daß die Therapie zu neu ist, daß die Therapeuten weniger daran interessiert sind, Daten zu sammeln oder daß die gewünschten Veränderungen mit Hilfe der traditionellen Maßstäbe kaum zu erfassen sind. Sicherlich ist es für viele beruhigend, einen Therapeuten zu finden, der die Erfolgsrate seiner Methode dokumentieren kann, aber viele wählen gerne einen Therapeuten, dem sie vertrauen, ungeachtet der Statistiken. Angesichts unseres gegenwärtigen Wissenstandes auf diesem Gebiet kann das Vertrauen des Patienten ein wichtiger Faktor sein, um eine Veränderung zustande zu bringen. Ob also der Klient sein Vertrauen auf Fakten und Zahlen oder auf seine inneren Reaktionen gründet, können seine Vorliebe und sein Vertrauen erheblich zu dem Resultat beitragen.

Anmerkungen und Bibliographie

1. Kapitel

[1] Dieser Artikel von Arnold Binder erscheint im Druck zum ersten Mal in diesem Buch. Arnold Binder promovierte im Jahre 1976. Er ist der Begründer des Programms der sozialen Ökologie an der Universität von Kalifornien, Irvine. Er besitzt Lehrerfahrung als Professor (manchmal als Gastprofessor) an verschiedenen amerikanischen Universitäten (New York University, UCLA, University of Colorado und Indiana University). Er hat zahlreiche Artikel veröffentlicht, die von mathematischen Theorien der Statistik bis zur klinischen Psychologie reichen. Momentan interessiert er sich für jugendliche Ablenkungen.

Frank, J. D. *Persuasion and healing.* Baltimore: John Hopkins University Press. 1961

Frank, J. D. The role of hope in psychotherapy. *International Journal of Psychiatry,* 1968, 5,

Gould, R. E. The marginally asocial personality: the beatnik-hippie alienation. In: Arieti, S. (Ed.) *The world biennial of psychiatry and psychotherapy* (Vol. 1). New York: Basic Books, 1970

Kennedy, J. G. Cultural psychiatry. In: Honigmann, J. J. (Ed.) *Handbook of social and cultural anthropology.* Chicago: Rand McNally, 1973

Kiev, A. The study of folk psychiatry. In: Kiev, A. (Ed.), *Magic, faith and healing.* New York: Free Press of Glencoe, Macmillan, 1964

Prince, R. H. Indigenous Yorub psychiatry (siehe unter Kiev)

Seguin, C. A. Folklore psychiatry. In: Arieti (siehe unter Gould)

Shapiro, A. K. Placebo effects in medicine, psychotherapy, and psychoanalysis. In: Bergin, A. E. & Garfield, S. L. (Eds.) *Handbook of psychotherapy and behavior change: an empirical analysis.* New York: Wiley, 1971

Torrey, E. F. *The mind game: witchdoctors and psychiatrists.* New York: Emerson Hall Publishers, 1972

2. Kapitel

[1] Dieser Artikel von Albert Ellis, Ph. D. erscheint im Druck zum ersten Mal in diesem Buch. Ellis ist der Gründer der Rational-Emotionalen Therapie und Direktor des Institute for Advanced Study in Rational Psychotherapy. Er ist der Autor verschiedener Bücher, die eine hohe Auflage haben, wie z. B. *Reason and Emotion in Psychotherapy, A Guide to Rational Living,* and *The Art and Science of Love.*

Adler, A. *Understanding human Nature.* New York: Greenberg, 1929
Adler, A. *Menschenkenntnis,* Frankfurt a. Main, Fischer V., 1973
Ellis, A. *Reason and emotion in psychotherapy.* New York: Lyle Stuart, 1962. *Die rational-emotive Therapie. Das innere Selbstgespräch bei seelischen Problemen und seine Veränderung,* übers. von Brigitte Stein, München, Pfeiffer, Leben lernen 26, 1977
Ellis, A. A weekend of rational encounter. In: Burton, A. (Ed.) *Encounter: the theory and practice of encounter groups.* San Francisco: Jossey-Bass, 1969
Ellis, A. *Growth through reason: verbatim cases in rational-emotive therapy.* Hollywood: Wilshire Books, 1973
Ellis, A. *Humanistic psychotherapy: the rational-emotive approach.* New York: Julian Press and McGraw-Hill Paperbacks, 1974. (a)
Ellis, A. The group as agent in facilitating change toward rational thinking and appropriate emoting. In Jacobs, A. & Spradlin, W. W. (Eds.), *The group as agent of change.* New York: Behavioral Publications, (b)
Ellis, A. *How to live with a »neurotic«.* (Rev.ed.) New York: Crown Publishers. 1975
Ellis, A. *Sex and single man.* (Rev.ed.) New York: Lyle Stuart, 1976
Ellis, A. & Harper, R. A. *A new guide to rational living.* Englewood Cliffs, N. J.: Prentice-Hall, and Hollywood: Wilshire Books, 1975
Goldfried, M. R. & Merbaum, M. (Eds.) *Behavior change through* self-control. New York: Holt, Rinehart and Winston, 1973
Kelly, G. *The psychology of personal constructs.* New York: Norton, 1955
Korzybski, A. *Science and sanity.* Lancaster, Pa.: Lancaster Press, 1933
Masters and Johnson, V. E. *Human sexual inadequacy.* Boston: Little Brown, 1970
Masters & Johnson, *Impotenz u. Anorgasmie. Zur Therapie funktionaler Sexualstörungen;* übersetzt von Gerlinde Supplitt. Wissenschaftl. Bearb. d. dt. Ausgabe von Volkmar Sigusch und Bernd Meyenburg, Frankfurt a. M. Goverti Krüger Stahlberg 1973
Maultsby, M. C., Jr. & Ellis, A. *Technique for using rational-emotive imagery.* New York: Institute for Rational Living, 1975
Meichenbaum, D. H. *Cognitive behavior modification.* Morristown, New York: General Learning Press, 1974
Raimy, V. *Misunderstandings of the self.* San Francisco: Jossey-Bass, 1975
Rokeach, M. *Beliefs, attitudes, and values.* San Francisco: Jossey-Bass, 1968
Shelton, J. L. & Ackerman, J. M. *Homework in counseling and psychotherapy.* Springfield, Ill.: Charles C. Thomas, 1974
Skinner, B. F. *Beyond freedom and dignity.* New York: Knopf, 1971
Skinner, B. F. *Jenseits von Freiheit und Würde,* dt. von Edwin Ortmann, Rowohlt, 1973

3. Kapitel

[1] »Transaktions-Analyse: Eine Einführung« von Thomas A. Harris. M. D. ist eine Zusammenfassung des Vorwortes und der ersten fünf Kapitel seines Buches *I'm OK - You're OK: A Practical Guide to Transactional Analysis.* Copyright 1967, 1968, 1969. Die deutsche Übersetzung dieses Buches stammt von Irmela Brender (*Ich bin o.k. Du bist o.k. Wie man über seinen Schatten springen lernt.* Stuttgart/München 1974; Rowohlt Verlag). Thomas A. Harris, M. D. ist Psychiater und Gründer des Institute for Transactional Analysis in Sacramento.

[2] Berne, E. *Transactional Analysis in psychotherapy.* New York: Grove Press, 1961, S. 24. Gesell, A. & Ilg, F. L. *Infant and child in the culture of today.* (Rev.Ed.) New York: Harper, 1974, S. 120-121.

Gesell A. & Ilg, F. L. *Säugling und Kleinkind in der Kultur der Gegenwart. Die Förderung der Entwicklung im Elternhaus und Kindergarten;* herausg., von der Hochschule für intern.

Pädag. Forschung. Frankfurt a. M. (Ins Deutsche übersetzt von Ilse Bangmann-Heckerback. Bad Neuheim, Christi Verl. 1952
Berne, E. *Games people play.* New York: Grove Press. 1964

[3] Berne, E. *Spiele der Erwachsenen: Psychologie der menschlichen Beziehungen.* Deutsch von Wolfram Wagmuth, Rowohlt 1967

[4] Piaget, J. *Der Aufbau der Wirklichkeit beim Kinde* (La construction du réel chez l'enfant). Mit einer Einführung von Hans Aebli. Die Übersetzung besorgten Johann-Ulrich Sandberger, Christian Thürion und Hanne-Lore Wunberg, Stuttgart, Klett 1974

[5] Kubie, L. S. The neurotic process as the focus of physiological and psychoanalytic research. *The Journal of Mental Science,* 1958, 104, S. 435.
Penfield, W. Memory mechanism. *Archives of Neurology and Psychiatry,* 1952, 67, S. 178-198

4. Kapitel

[1] Dieser Artikel von William Glasser erscheint im Druck zum ersten Mal in diesem Buch. William Glasser ist der Begründer der Realitätstherapie. Momentan leitet er das Institute of Reality Therapy in West Los Angeles und das Education Training Center. Er ist als Autor verschiedener Bücher bekannt, die einen weiten Leserkreis ansprechen. Folgende Bücher seien genannt: *Reality Therapy: A New Approach to Psychiatry; (Realitätstherapie. Neue Wege der Psychotherapie.* Übersetzt von Bernt Schriever und Karin Bolte. Mit einem Vorwort von O. H. Mowrer, Basel, Beltz, 1972. Sozialpädag. Reihe 7); *Schools Without Failure; The Identity Society (Identität und Gesellschaft,* aus dem Amerikanischen von Bernt Schriever und Elke Eißrich, Weinheim, Basel: Beltz 1974) und *Positive Addiction,* alle bei Harper & Row erschienen.

5. Kapitel

[1] Dieser Artikel von Gary M. Yontef, Ph. D. erscheint im Druck zum ersten Mal in diesem Buch. Der Autor bedankt sich bei Jeffrey Hutter, Ph. D., Robert Martin, D. S. W., Robert Resnick, Ph. D. und Lolita Sapriel, M. S. W., die ihm bei Abfassung dieses Kapitels behilflich waren. Gary Yontef ist Präsident und Vorsitzender des Training Committee of the Gestalt Therapy Institute of Los Angeles. Er war Mitglied der Psychologischen Fakultät an der UCLA. Momentan ist er als klinischer Psychologe und als klinischer Sozialarbeiter tätig und hat eine Privatpraxis mit Mitgliedern der Gestalt-Therapie in Santa Monica. Er ist der Autor des Buches: *A Review of the Practice of Gestalt Therapy.*

Beisser, A. The pradoxical theory of change. In Fagan, J. & Shepherd, I. L. (Eds.) *Gestalt therapy now.* Palo Alto, Cal.: Science and Behavior Books, 1970
Latner, J. *The gestalt therapy book.* New York: Julian Press, 1973
Perls, F. *Ego, hunger and aggression.* New York: Vintage Books, 1969
Perls, F. *The gestalt approach.* Palo Alto, Cal.: Science and Behavior Books, 1973
Perls, F. *Gestalttherapie in Aktion* (Gestalt Therapy verbatim); dt. aus dem Amerik. von Josef Wimmer, Stuttgart, Klett, 1974
Perls, F. *Grundlagen der Gestalttherapie* (The gestalt approach and Eye witnesses to therapy, dt.) *Einführung und Sitzungsprotokolle.* Übersetzt von Monika Ross, München, Pfeiffer, 1976
Perls, F., Hefferline, R. & Goodman, P. *Gestalt therapy.* New York: Dell Books, 1951
Polster, E. & Polster, M. *GT integrated.* New York: Brunner/Mazel, 1973
Polster, E. & Polster, M. *Gestalttherapie,* dt.; Therapie und Praxis der integrativen Gestalttherapie. Übertragen von Mina Waeber und Michael Wittelmeyer; Dt. Originalausgabe;

München, Kindler Verl., 1975. Kindler Taschenbücher 2150 = Geist und Psyche
Resnick, R. Chicken soup is poison. In Stephenson, F. D. (Ed.) *GT primer* (siehe unter Stephenson)
Stephenson, F. D. (Ed.), *GT primer.* Springfield, III.: Charles Thomas, 1975
Yontef, G. *A review of the practice of GT.* In: Stephenson, F. D. (Ed.) *GT primer* (siehe unter Stephenson)

6. Kapitel

[1] Dieser Artikel von Werner Karle, Ph. D., Lee Woldenberg, M. D. & Joseph Hart erscheint im Druck zum ersten Mal in diesem Buch. Die drei Autoren sind Mitglieder einer therapeutischen Gemeinschaft, die unter dem Namen Center for Feeling Therapy in Los Angeles, gegründet 1971, bekannt ist. Joseph Hart hat mit zwei Mitarbeitern vom Zentrum, Richard Corriere und Jerry Binder, das Buch: *Going Sane: An Introduction to Feeling Therapy* geschrieben. Die Autoren gehören ebenfalls dem Center Foundation an, das wissenschaftliche Untersuchungen und bestimmte Projekte, die mit der Gefühlstherapie im Zusammenhang stehen, fördert. Ihre Veröffentlichungen umfassen Artikel über die physiologischen Korrelate der Psychotherapie.

[2] Wenn wir von Gefühlen sprechen, beziehen wir uns nicht nur auf private und geheime Gedanken, emotionale Ausbrüche, physische Empfindungen oder »gefährliche Sachen, die man kontrollieren muß«. Hierbei handelt es sich um falsche Auffassungen von dem, was Gefühle sind. Mit »Gefühlen« meinen wir *integrierende* Gefühle – Empfindungen, Bedeutungen und Äußerungen, die miteinander im Einklang stehen, so daß das, was die Person im Innern an Intensität fühlt, dem gleicht, was sie nach außen hin zeigt. Integrierende Gefühle sind transformativ, wenn ihre Äußerung sowohl vollständig ist (bis zu Ende durchgeführt wird) als auch geordnet (vergangene Impulse beeinflussen das Verhalten nicht – der Patient gehört ganz der Gegenwart an). Genauere Definitionen finden Sie in dem Buch *Going Sane.*

Binder, J. A. *A process projective assessive instrument and it's psychotherapeutic application.* (Doctoral dissertation, University of California, Irvine, 1975). (University Microfilms)
Hart, J., Corriere, R. & Binder, J. *Going Sane: an introduction to feeling therapy.* New York: Jason Aaronson, 1975
Karle, W. A new orientation for sleep research: the alteration of sleep patterns in psychotherapy. (Doctoral dissertation, University of California, Irvine, 1975) (University Microfilms)
Karle, W., Gold, S., Maple, C., Corriere, R. & Hart, J. Maintenance of psychophysiological change in feeling therapy. Part I: physiological changes. *Social Sciences Working Papers,* 1975, 71, 1-22
Woldenberg, L. S., Karle, W., Gold, S., Corriere, R. & Hart, J. Psychophysiological changes in abreactive-cathartic therapy. Study II: feeling therapy. *Social Sciences Working Papers,* 1975, 71, 1-23

7. Kapitel

[1] Dieser Artikel von Harold H. Bloomfield erscheint im Druck zum ersten Mal in diesem Buch. Der Autor ist Direktor für Psychiatrie am Institute of Psychophysiological Medicine in San Diego, California und Ko-Autor des Bestsellers: *TM: Discovering Inner Energy and Overcoming Stress.*

[2] Ein Mantra ist ein Laut bzw. ein Wort, das dem Temperament einer bestimmten Person entspricht und den Mittelpunkt der Meditation bildet. Man übt diesen Laut, den man nicht mit anderen teilen soll, für sich alleine.

[3] Das Institute of Social Rehabilitation of Maharishi International University bietet solche

speziellen Programme an, die dafür bestimmt sind, ein integrierender Bestandteil der Zentren für geistige Gesundheit und Rehabilitierung zu bilden.

[4] B. C. Glueck, *A Psychodynamic and Neurophysiologic Assessment of Transcendental Meditation.* Einleitender Vortrag, der beim internationalen Symposium über die Wissenschaft der kreativen Intelligenz in Fiuggi Fonte, Italien, im April 1972 gehalten wurde.

[5] Maharishi Mahesh Yogi, *The Science of Being and the Art of Living* (Stuttgart, Spiritual Regeneration Movement Publications, 1966), S. 264

[6] F. S. Perls, *Gestalt Therapy Verbatim* (Lafayette, Cal.: Real People Press, 1969), S. 30, 37 *(Gestalttherapie in Aktion,* dt. aus dem Amerikanischen von Josef Wimmer, Stuttgart, Klett, 1974)

Banquet, J. P. Spectral analysis of the EEG in meditation. *Electroencephalography and Clinical Neurophysiology,* 1973, 35, 143-151

Benson, H. & Wallace, R. K. Decreased blood pressure in hypertensive subjects who practiced meditation. *Circulation,* 1972, XLV, XLVI, Suppl. II.

Bloomfield, H., Cain, M., Jaffe, D. & Kory, R. *TM: discovering inner energy and overcoming stress.* New York: Delacorte Press, 1975

Carrington, P. & Ephron, H. S. Meditation as an adjunct to psychotherapy. In: Arieti, S. (Ed.), *New dimensions in psychiatry: a world view.* New York: Wiley & Sons, 1975

Ferguson, P. & Gowan, C. G. Psychological findings on transcendental meditation *Journal of Humanistic Psychology,* (in press)

Gellhorn, E. & Kiely, W. F. Mystical states of consciousness: neurophysiological and clinical aspects. *Journal of Nervous and Mental Disease,* 1972, 154 (6), 399-405

Glueck, R. C. & Stroebel, C. F. Biofeedback and meditation in the treatment of psychiatric illnesses. In Masserman, J. H. (Ed.), *Current psychiatric therapies* (Vol. 15) New York: Grune & Stratton, 1975

Kanellakos., D. P. & Lukas, J. S. *The psychobiology of transcendental meditation: literature survey.* Reading, Pa.: W. A. Benjamin Co., 1974

Orme-Johnson, D. W. Autonomic stability and Transcendental Meditation. *Psychosomatic Medicine,* 1973, 35 (4), 341-349

Orme-Johnson, D. W. & Farrow, J. T. (Eds.) *Scientific research on the transcendental meditation program: collected papers* (Vol. 1), New York M.I.U. Press, 1975

Seeman, W., Nidich, S. & Banta, T. H. Influence of transcendental meditation on a measure of self-actualization. *Journal of Counseling Psychology,* 1972, 19 (3), 184-187

Shafii, M. Adaptive and therapeutic aspects of meditation *International Journal of Psychoanalytic Pschotherapy,* 1973, 2 (3), 364-382

Shafii, M. Meditation and marijuana. *American Journal of Psychiatry,* 1974, 131 (1), 60-63

Wallace, R. K. Physiological effects of transcendental meditation. *Science,* 1970, 167, 1751-1754

Wallace, R. K. Physiological effects of transcendental meditation: a proposed fourth state of consciousness. (Doctoral dissertation, University of California, Los Angeles, 1970)

Wallace, R. K., Benson, H. & Wilson, A. F. A wakeful hypometabolic physiologic state. *American Journal of Physiology,* 1971, 221 (3), 795-799

Wallace, R. K. & Benson, H. The physiology of meditation. *Scientific American,* 1972, 226 (2), 84-90

Wenger, M. A., Clemens, T. L. & Cullens, T. D. Autonomic functions in patients with gastrointestinal and dermatological disorders. *Psychosomatic Medicine,* 1962, 24, 267-273

West, L. J. Transcendental meditation and other non-professional psychotherapies. In Freedman, A. M. & Kaplan, H. I. (Eds.) *Comprehensive textbook of psychiatry* (2nd ed.). Baltimore: Williams & Wilkins, 1974

8. Kapitel

[1] Dieser Artikel von Alexander Runciman, Ph. D. erscheint im Druck zum ersten Mal in diesem Buch. Der Autor hat eine Privatpraxis für Eheberatung und ist Associate Professor für Soziologie an der San Fernando Valley State University. Er war der erste Sozialpsychologe, der sich dem Team Masters und Johnson, den Autoren des Buches *Human Sexual Inadequacy,* anschloß.

Belliveau, F. & Richter, L. *Understanding human sexual inadequacy.* New York: Bantam Books, 1970

Brecher, R. & E. (Eds.), *An analysis of human sexual response.* Boston: Little, Brown and Co., 1966

Hunt, M. *Sexual behavior in the 1970's* . Chicago: Playboy Press, 1974

Kinsey, A. C., Pomeroy, W. B. & Martin, C. E. *Sexual behavior in the human male.* Philadelphia: Saunders Co., 1948

Kinsey, A. C. *Das sexuelle Verhalten des Mannes.* Übers. von Marianne v. Eckardt-Jefeé; M. Baacke, Walter Seemann. Wissenschaftl. Gesamtredaktion Marianne v. Eckardt-Jafeé, Berlin-Frankfurt a. M., Fischer V., 167

Kinsey, A. C., Pomeroy, W. B. Martin, C. E. & Gebhard, P. H. *Sexual behavior in the human female.* Philadelphia: Saunders Co., 1953

Kinsey, A. C. *Das sexuelle Verhalten der Frau,* dt. Übers. von M. Baacke, Wissenschaftl. Gesamtred.: Marianne v. Eckardt-Jafeé; Berlin, Frankfurt a. M., Fischer, 1967

MacDonald, J. M. *Rape: Offenders and their victims.* Springfield, III.: Charles C. Thomas, 1971

Masters, W. H. & Johnson, V. E. *Human sexual response.* Boston: Little, Brown and Co., 1966

Masters, W. F. & Johnson, V. E. *Die sexuelle Reaktion.* Mit einer Einführung von Hans Giese. Wissenschaftl. Bearb. d. dt. Ausgabe: Volkmar Sigusch; übersetzt v. Sigusch und J. D. Wilson; Frankfurt a. M.: Ver. Ges. 1967

Masters, W. H. & Johnson, V. E. *Human sexual inadequacy.* Boston: Little, Brown and Co., 1970

Masters, W. F. & Johnson, V. E. *Impotenz u. Anorgasmie. Zur Therapie funktionaler Sexualstörungen;* übersetzt von Gerlinde Supplitt. Wissenschaftl. Bearb. d. dt. Ausgabe v. Volkmar Sigusch und Bernd Meyenburg; Frankfurt a. M., Goverti Krüger Stahlberg, 1973

9. Kapitel

[1] Dieser Artikel von Lowell H. Storms, Ph. D. erscheint im Druck zum ersten Mal in diesem Buch. Der Autor ist Professor für Psychiatrie an der University of California, San Diego School of Medicine und klinischer Psychologe am San Diego Veterans Administration Hospital. Für das Krankenhauspersonal und für die Insassen hält er Vorträge über Verhaltenstherapie, über die psychologische Beurteilung und über abnorme Psychologie. Er leitet auch Einzel- und Gruppenpsychotherapie. Er führt auch eine Reihe klinischer Aktivitäten durch und stellt wissenschaftliche Forschungen über Schizophrenie, Verhaltenstherapie und Evaluation an.

[2] Nachdem einige Leute etwas über die Implosionstherapie erfahren haben, haben sie Bemerkungen über die Ähnlichkeit der Implosion mit den Konditionierungstechniken gemacht, die in dem Film »A Clockwork Orange« (Uhrwerk Orange) benutzt worden sind. Die beiden Methoden sind jedoch *nicht* identisch und sollten *nicht* verwechselt werden. Bevor der Therapeut mit der Implosionstherapie beginnt, beschreibt er dem Klienten das Verfahren und erhält freiwillig seine/ihre Zustimmung. Die Verhaltensweisen, die verändert

werden sollen, werden vom Klienten mit Konsultation des Therapeuten ausgewählt. Die dargebotenen Szenen soll sich der Klient in seiner/ihrer Phantasie vorstellen. Am Ende der Sitzung ist der Therapeut darauf bedacht, daß der Klient seine Angst kontrollieren kann. Vergleichen Sie dieses Verfahren mit dem Held im »Clockwork Orange«, der *unfreiwillig* an einer Behandlung teilnahm, die ihn mit »realen« unangenehmen Stimuli und mit »wirklichen« physischen Schmerzen bombardierte.

Barrett, C. L. Systematic desensitization versus implosive therapy. *Journal of Abnormal Psychology,* 1969, 74, 587-592

Baum, M. Extinction of avoidance responding through response prevention (flooding). *Psychological Bulletin,* 1970, 72, 276-284

Boudewyns, P. A. Implosive therapy and desensitization therapy with inpatients: a five-year-follow-up. *Journal of Abnormal Psychology,* 1975, 84, 159-160

Boudewyns, P. A. & Wilson, A. E. Implosive therapy and desensitization therapy using free association in the treatment of inpatients. *Journal of Abnormal Psychology,* 1972, 79, 259-268

Boulougouris, J. C., Marks, I. M. & Marset, P. Superiority of flooding to desensitization for reducing pathological fear. *Behaviour Research and Therapy,* 1971, 9, 7-16

Crowe, M. J., Marks, I. M., Agras, W. S. & Leitenberg, H. Time-limited desensitization, implosion, and shaping for phobic patients: a crossover study. *Behavior Research and Therapy,* 1972, 10, 319-328

Dee, C. Instructions and the extinction of a learned fear in the context of taped implosive therapy. *Journal of Consulting and Clinical Psychology,* 1972, 39, 123-132

DeMoor, W. Systematic desensitization versus prolonged high intensity stimulation (flooding). *Journal of Behavior Therapy and Experimental Psychiatry.* 1970, 1, 45-52

Fazio, A. F. Treatments components in implosive therapy. *Journal of Abnormal Psychology,* 1970, 76, 211-219

Hekmat, H. Systematic versus semantic desensitization and implosive therapy. *Journal of Consulting and Clinical Psychology,* 1973, 40, 202-209

Hodgson, R. J. & Rachman, S. An experimental investigation of the implosion technique. *Behaviour Research and Therapy,* 1970, 8, 21-27

Hogan, R. A. Implosive therapy in the short-term treatment of psychoties. *Psychotherapy: Theory, Research and Practice,* 1966, 3, 25-32

Hogan, R. A. & Kirchner, J. H. Preliminary report of the extinction of learned fears via short-term implosive therapy. *Journal of Abnormal Psychology,* 1967, 72, 106-109

Jones, M. C. A laboratory study of fear: the case of Peter. *Pedagogical Seminary,* 1924, 31, 308-315. (a)

Jones, M. C. The elimination of children's fears. *Journal of Experimental Psychology,* 1924, 7, 382-390. (b)

Lang, P. J., Melamed, B. G. & Hart, J. A. Psychophysiological analysis of fear modification using an automated desensitization procedure. *Journal of Abnormal Psychology.* 1970, 76, 220-234

Leitenberg, H., Agras, W. S., Barlow, D. H. & Oliveau, D. C. Contribution of selective positive reinforcement and therapeutic instructions to systematic desensitization therapy. *Journal of Abnormal Psychology,* 1969, 74, 113-118

Marks, I., Boulougouris, J. & Marset, P. Flooding versus desensitizations in the treatment of phobic patients: a crossover study. *British Journal of Psychiatry.* 1971, 119, 353-375

Mealiea, W. L., Jr. & Nawas, M. M. Systematic desensitization versus implosive therapy. *Journal of Behavior Therapy and Experimental Psychiatry.* 1970, 2, 85-94

Morganstern, K. P. Implosive therapy and flooding procedures: a critical review. *Psychological Bulletin,* 1973, 79, 318-334

Paul, G. L. *Insight vs. desensitization in psychotherapy.* Stanford, Cal.: Stanford University Press, 1966
Paul, G. L. Two-year follow-up of systematic desensitization in therapy groups. *Journal of Abnormal Psychology,* 1968, 73, 119-130
Prochaska, J. O. Symptom and dynamic cues in the implosive treatment of test anxiety. *Journal of Abnormal Psychology.* 1971, 77, 133-142
Rachman, S., Hodgson, R. & Marks, I. M. The treatment of chronic obsessive-compulsive neurosis. *Behaviour Research and Therapy.* 1971, 9, 237-247
Watson, J. P. & Marks, I. M. Relevant and irrelevant fear in flooding – a crossover study of phobic patients. *Behavioural Therapy,* 1971, 2, 275-293
Willis, R. W. & Edwards, J. A. A study of the comparative effectiveness of systematic desensitization and implosive therapy. *Behaviour Research and Therapy.* 1969, 7, 387-395
Wolpe, J. *Psychotherapy by reciprocal inhibition.* Stanford, Cal.: Stanford University Press, 1958
Wolpe, J. *The practice of behavior therapy,* New York, Pergamon Press, 1969
Wolpin, M. & Raines, J. Visual imagery, expected roles and extinction as possible factors in reducing fear and avoidance behavior. Behaviour Research and Therapy, 1966, 4, 25-37

10. Kapitel

[1] Dieser Artikel von Virginia Binder, Ph. D. erscheint im Druck zum ersten Mal in diesem Buch. Die Autorin ist Associate Professor für Psychologie an der California State University, Long Beach. Sie hat auch als Psychologin am Metropolitan State Hospital, Norwalk, Kalifornien, gearbeitet und war Beraterin im Veterans Administration Hospital, Long Beach, und an der Ballymun Child Guidance Clinic in Dublin, Irland.

[2] Dr. Carl E. Thoresen von der Stanford University hat zahlreiche Bücher veröffentlicht, die für den Laien geschrieben wurden und erklären, wie diese selbstanzuwendenden Techniken für die Selbstbeherrschung von Rauch- und Trinkgewohnheiten, Schlaflosigkeit, Angstreduktion und sexueller Funktionsstörung geübt werden.

Atthowe, J. W. & Krasner, L. A. A preliminary report of the application of contingent reinforcement procedures (token economy) on a »chronic psychiatric ward«. *Journal of Abnormal Psychology,* 1968, 73, S. 37-43
Ayllon, T. & Azrin, N. H. *The token economy: a motivational system for therapy and rehabilitation.* New York: Appleton-Century-Crofts, 1968
Ayllon, T. & Haughton, E. Modification of symptomatic verbal behavior of mental patients. *Behaviour Research and Therapy,* 1964, 2, S. 87-97
Bandura, A. Psychotherapy as a learning process. *Psychological Bulletin,* 1961, 58, S. 143-159
Berkowitz, B. P. & Graziano, A. M. Training parents as behavior therapists: a review. *Behaviour Research and Therapy,* 1972, 10, S. 297-317
Bernal, M., Duryee, J., Pruett, H. & Burns, B. Behavior modification and the »brat syndrome«. *Journal of Consulting Psychology,* 1968, 32, S. 447-455
Cohen, H. L. Educational therapy: the design of learning environments. In: Schlien. J. M. (Ed.), *Research in psychotherapy.* Washington, D. C.: American Psychological Association, 1968
Girardeau, F. L. & Spradlin, J. E. Token rewards in a cottage program. *Mental Retardation,* 1964, 2, 345-351
Goldfried, M. R. & Merbaum, M. *Behavior change through self-control.* New York: Holt, Rinehardt and Winston, 1973
Herman, J., LoPiccolo, L. & LoPiccolo, J. *Becoming orgasmic; a sexual growth program for women.* Englewood Cliffs, N. J.: Prentice-Hall, 1976

Isaacs, W., Thomas, J. & Goldiamond, I. Application of operant conditionig to reinstate verbal behavior in psychotics. *Journal of Speech and Hearing Disorders,* 1960, 25, 8-12

Jefferey, D. B. & Katz, R. *How to help yourself lose weight.* Englewood Cliffs, N. J.: Prentice-Hall, 1972

Krumboltz, J. & Krumboltz, H. *Changing children's behavior.* Englewood Cliffs, N. J.: Prentice-Hall, 1972

Lovaas, O. I., Berberich, J. P., Perloff, B. F. & Schaeffer, B. Acquisition of imitative speech by schizophrenic children. *Science,* 1966, 151, 705-707

Lovaas, O. I., Freitag, G., Kinder, M.I., Rubenstein, B. D., Schaeffer, B. & Simmons, J. Q. Establishment of social reinforcers in two schizophrenic children on the basis of food. *Journal of Experimental Child Psychology,* 1966, 4, 109-125

Martin, R. *Legal challenges to behavior modification.* Champaign, Ill.: Research Press, 1975

Miller, W. & Munoz, R. *How to control your drinking.* Englewood Cliffs, N. J.: Prentice-Hall, 1976

O'Leary, K. D. & Becker, W. C. Behavior modification of an adjustment class: token reinforcement program. *Exceptional Children,* 1967, 33, 637-642

Patterson, G. R. Behavioral intervention procedures in the classroom and in the home. In Bergin, A. E. & Garfield, S. L. (Eds.), *Handbook of psychotherapy and behavior change.* New York: Wiley, 1971 (a)

Patterson, G. R. *Families.* Champaign, Ill.: Research Press, 1971 (b)

Patterson, G. R. & Guillion, M. E. *Living with children: new methods for parents and teachers.* Champaign, Ill.: Research Press, 1968.

Rosen, G. *Don't be afraid: a guide to dealing with your fears.* Englewood Cliffs, N. J.: Prentice-Hall

Schaeffer, H. & Martin, P. *Behavioral therapy.* New York: McGraw-Hill 1968

Skinner, B. F. *Beyond freedom and dignity.* New York: Knopf, 1971

Staples, F. R., Sloane, B., Whipple, K., Cristol, A. H. & Yorkstone, N. J.: Differences between behavior therapists and psychotherapists. *Archives of General Psychiatry,* 1975, 32, 1515-1522

Stuart, R. B. Behavioral control of overeating. *Behaviour Research and Therapy,* 1967, 5, 357-365

Thoresen, C. E. & Coates, T. *How to Sleep better: a Drug-Free Program for Overcoming Insomnia.* Englewood Cliffs, N. J.: Prentice-Hall

Thoresen, C. E. & McAlister, A. *How to Become an Ex-Smoker.* Englewood Cliffs, N. J.: Prentice-Hall

Thoresen, C. E. & Mahoney, M. J. *Behavioral self-control.* New York: Holt Rinehart and Winston, 1974

Tharp, R. B. & Wetzel, R. J. *Behavior modification in the natural environment,* New York: Academic Press, 1969
deutsch: Verhaltensänderung im gegebenen Sozialfeld. Übers. v. Ulrich Stuck u. Sylvia-Gicia Caesar; München 1975, Klinische Psychologie 7

Ullman, L. P. & Krasner, L. *A psychological approach to abnormal behavior* (2nd ed.). Englewood Cliffs, N. J.: Prentice-Hall, 1975

11. Kapitel

[1] Dieser Artikel von Sherwin B. Cotler, Ph. D. erscheint im Druck zum ersten Mal in diesem Buch. Der Autor drückt Dr. Julio Guerra gegenüber seine Dankbarkeit aus, mit dem er zusammen viele seiner Selbstsicherheitsgruppen und seiner workshops durchgeführt hat und dem er viele Ideen und Verfahrensweisen verdankt, die in diesem Kapitel beschrieben werden. Dr. John Flowers möchte ich ebenfalls dafür danken, daß er dieses Kapitel ediert hat und mir mit konstruktiven Kommentaren behilflich war.

Sherwin B. Cotler hat als Psychologe eine private Praxis in Huntingdon Beach, Kalifornien, und gehört ebenfalls dem Personal des North Orange Country Child Guidance Center an. Er hat verschiedene akademische Positionen inne und hat in den vergangenen Jahren Kurse abgehalten, Artikel geschrieben und auf dem Gebiet der Verhaltensmodifikation eine beratende Funktion ausgeübt. Als Ko-Autor hat er gerade ein Buch über das Selbstsicherheitstraining geschrieben: *Assertion Training: A Humanistic-Behavioral Guide to Self-Dignity.*

Alberti, R. E. & Emmons, M. L. Your perfect right: a guide to assertive behavior. San Luis Obispo, Cal.: Impact, 1970

Alberti, R. E. & Emmons, M. L. *Stand up, speak out, talk back!* New York: Pocket Books, 1975

Alberti, R. E. & Emmons, M. L. *Your perfect right* (2nd ed.) San Luis Obispo, Cal.: Impact, 1974

Bloomfield, H. H. Assertive training in an outpatient group of chronic schizophrenics: a preliminary report. *Behaviour Therapy,* 1973, 4, 277-281

Booream, C. D. & Flowers, J. V. Reduction of anexiety and personal space as a function of assertion training with severely disturbed neuropsychiatric inpatients. *Psychological Reports,* 1972, 30, 923-929

Cotler, S. B. *A cassette tape on relaxation training.* Huntington Beach, Cal.: Continuing Education Seminars, 1976

Cotler, S. B. Assertion training: a road leading where? *The Counseling Psychologist.* 1975, 5, 20-29

Cotler, S. B. *How to train others to do assertion training: a didactic group model.* Paper presented at Western Psychological Association meetings, Anaheim, Cal., April, 1973

Cotler, S. B. & Guerra, J. J. *Assertion training: a humanistic-behavioral guide to self-dignity.* Champaign, Ill.: Research Press, 1976

Eisler, R. M., Miller, P. M., Hersen, M. & Alford, H. Effects of assertion training on marital interaction. *Archives of General Psychiatry,* 1974, 30, 643-649

Fensterheim, H. Behavior therapy: assertive training in groups. In: Sager, C. J. and Kaplan, H. (Eds.) *Progress in group and family therapy.* New York: Brunner/Mazel, 1972

Fensterheim, H. & Baer, J. *Don't say yes when you want to say no.* New York, David McKay, 1975
deutsch: Sage nicht Ja, wenn du Nein sagen willst, übers. v. Christian Röthingshöfer, München, 1977

Flowers, J. V. & Guerra, J. The use of client-coaching in assertion training with large groups. *Community Mental Health Journal,* 1974, 10, 414-417

Garlington, W. K. & Cotler, S. B. Systematic desensitization with test anxiety. *Behaviour Research and Therapy,* 1968, 6, 247-256

Geisinger, D. L. Controlling sexual and interpersonal anxieties. Im Krumboltz, J. D. and Thoresen, C. E. (Eds.), *Behavioral counseling: cases and techniques,* New York: Holt, Rinehart and Winston, 1969

Hedquist, F. J. & Weinhold, B. K. Behavioral group counseling with socially anxious and unassertive college students. *Journal of Counseling Psychology.* 1970, 17, 237-242

Lazarus, A. A. Behavior therapy in groups. In Gazda, G. M. (Ed.), *Basic approaches to group psychotherapy and group counseling.* Springfield, Ill.: Charles C. Thomas, 1968

Lazarus, A. A. & Fay, A. *I can if I want to.* New York: William Morrow & Co., 1975

McCall, R. M. & Marston, A. R. Behavior rehearsal with modeling and coaching in assertion training. *Journal of Abnormal Psychology.* 1971, 77, 313-323

Melnick, J. A comparison of replication techniques in the modification of minimal dating behavior. *Journal of Abnormal Psychology,* 1973, 81, 51-59

Neuman, D. Using assertive training. In Krumboltz, J. D. and Thoresen, C. E. (Eds.), *Be-*

havioral counseling: cases and techniques. New York: Holt, Rinehart and Winston, 1969
O'Connor, R. D. Modification of social withdrawal through symbolic modeling. *Journal of Applied Behavior Analysis,* 1969, 2, 15-22
Phelps, S. & Austin, N. *The assertive woman.* San Luis Obispo, Cal.: Impact, 1975
Rathus, S. A. Instigation of assertive behavior through videotape-mediated assertive models and direct practice. *Behaviour Research and Therapy,* 1973, 11, 57-65
Stampfl, T. G. & Levis, D. J. Essentials of implosive therapy: a learning-theory-based psychodynamic behavioral therapy. *Journal of Abnormal Psychology.* 1967, 72, 496-503
Wolpe, J. The instigation of assertive behavior: transcripts from two cases. *Journal of Behavior Therapy and Experimental Psychiatry,* 1970, 1, 145-151
Wolpe, J. Supervision transcript: V. Mainly about assertion training. *Journal of Behavior Therapy and Experimental Psychiatry,* 1973, 4, 141-148
Wolpe, J. & Lazarus, A. A. *Behavior therapy techniques: a guide to the treatment of neuroses.* New York: Pergamon Press, 1966

12. Kapitel

[1] Dieser Artikel von Sidney Cohen, M. D. erscheint im Druck zum ersten Mal in diesem Buch.

Sidney Cohen ist Direktor des Council on Alcohol and Drug Abuse, UCLA. Er ist Autor des Buches *The Beyond Within – The LSD Story, Psychochemotherapy: The Physician's Manual,* und Ko-Autor des Buches *LSD.* Er ist auch Berater am National Institute of Mental Health.

Abramson, H. A. (Ed.), *The use of LSD in psychotherapy.* Josiah Macy, Jr. Foundation transactions. Madison, N. Y.: Madison Printing Co., 1960
Abramson, H. A. (Ed.), *The use of LSD in psychotherapy and alcoholism.* New York: Bobbs-Merrill, 1967
Cohen, S. *The beyond within: the LSD story.* New York: Atheneum, 2967
Cohen, S. *The drug dilemma* (2nd ed.). New York: McGraw-Hill, 1976
Hoffer, A. & Osmond, H. *The hallucinogens.* New York: Academic Press, 1967
Ling, T. M. & Buckman, J. *Lysergic acid and ritalin in the treatment of neurosis.* London: Lambarde Press, 1963
Pahnke, W. N., Kurland, A. A., Unger, S., Savage, C. & Grof, S. The experimental use of psychedelic (LSD) psychotherapy. In Gamage, J. R. and Zerkin, E. L. (Eds.). *Hallucinogenic drug research.* Beloit, Wis.: Stah Press, 1970

13. Kapitel

[1] Dieser Artikel von Bernard Rimland, Ph. D. erscheint im Druck zum ersten Mal in diesem Buch.

Bernard Rimland ist Direktor des Institute of Child Behavior Research, San Diego, und Autor des Buches *Infantile Autism.* Er hat ebenfalls viele Artikel über die Megavitamin Therapie in Zeitschriften und Büchern geschrieben.

Davis, A. *Let's have healthy children.* New York Harcourt Brace Jovanovich, 1972
Eysenck, H. J. *The effects of psychotherapy.* New York: Science House, 1969
Hebb, D. O. *Organization of behavior.* New York: Wiley, 1949
Levitt, E. E. Psychotherapy with children: A further evaluation, *Behaviour Research and Therapy,* 1963, 1, 45-51
Lewis, W. W. Continuity and intervention in emotional disturbance: a review. *Exceptional Children,* 1965, 31, 465-475
Milbank Memorial Fund Quarterly. *The causes of mental disorder.* New York: Milbank Memorial Fund, 1961

Newell, G. R., Rawlings, W., Kinnear, B. K., Correa, P., Henderson, B. E., Dworsky, R., Menck, H., Thompson, R. & Sheehan, W. W. Case-control study of Hodgkin's disease. I. Results of the interview questionnaire. *Journal of the National Cancer Institute,* 1973, 51(5), 1437-1441

Rachman, S. *The effects of psychotherapy.* Oxford: Pergamon, 1971
deutsch: Wirkungen der Psychotherapie. Übers. v. Alois Angleitner, Susanne Biggs César. Darmstadt 1974, UNI TB 282

Rimland, B. *Infantile autism.* New York: Appleton-Century-Crofts. 1964

Rimland, B. Psychogenesis versus biogenesis: the issues and the evidence. In Plog, S. C. and Edgerton, R. B. (Eds.), *Changing perspectives in mental illness.* New York: Holt, Rinehart and Winston, 1969

Rimland, B. The differentiation of childhood psychosis: an analysis of checklist for 2, 218 psychotic children. *Journal of Autism and Childhood Schizophrema,* 1971, 2, 161-174

Rimland, B. The effect of high dosage levels of certain vitamins on the behavior of children with severe mental disorders. In: Hawkins, D. R. and Pauling, I. (Eds.), *Orthomolecular psychiatry.* San Francisco: W. H. Freeman, 1973

Rosenberg, L. E. Vitamin-dependent genetic disease. *Hospital Practice,* 1970, 5, 59-66

Schofield, W. *Psychotherapy: The purchase of friendship.* Englewood Cliffs, N. J.: Prentice-Hall, 1964

Silverman, M. & Lee, P. R. *Pills, profits and politics.* Berkeley: University of California Press, 1974

Stevenson, I. Is the human personality more plastic in infancy and childhood? *American Journal of Psychiatry,* 1957, 114, 152-161

Williams, R. J. *Biochemical individuality,* New York: Wiley, 1956

14. Kapitel

[1] Dieser Artikel von Virginia Binder, Ph. D. erscheint zum ersten Mal im Druck.

Bergin, A. E. The evaluation of therapeutic outcomes. In Bergin, A. E. & Garfield, S. L. (Eds.), *Handbook of psychotherapy and behavior change.* New York: Wiley, 1971

Campbell, D. T. & Stanley, J. C. *Experimental and quasi-experimental designs for research.* Chicago: Rand McNally, 1966

Eysenck, H. J. The effects of psychotherapy. In: Eysenck, H. J. (Ed.), *Handbook of abnormal psychology.* New York: Basic Books, 1961

Fiske, D., Hunt, H. F., Luborsky, L., Orne, M., Parloff, M., Reiser, M. & Tuma, A. H. Planning of research on effectiveness of psychotherapy. *American Psychologist,* 1970, 25, 727-737

Green, B. L., Gleser, G. C., Stone, W. N. & Seifert, R. F. Relationships among diverse measures of psychotherapy outcome. *Journal of Consulting and Clinical Psychology,* 1975, 43(5), 689-699

Keisler, D. J. Some myths of psychotherapy research and the search for a paradigm. *Psychological Bulletin,* 1966, 65, 110-136

Leitenberg, H. The use of single case methodology in psychotherapy research. *Journal of Abnormal Psychology,* 1973, 82, 87-101

Levitt, E. E. The results of psychotherapy with children an evaluation. *Journal of Consulting Psychology,* 1957, 21, 189-196

Meltzhoff, J. & Kornreich, J. *Research in psychotherapy.* New York: Atherton, 1970

Paul, G. L. *Insight vs. desensitization in psychotherapy.* Stanford, Cal.: Stanford University Press, 1966

Truax, C. B. & Carkhuff, R. R. *Toward effective counseling and psychotherapy.* Chicago: Aldine, 1967

Personen- und Sachregister